美丽之海亦是战争之海

A History of Wars in the Mediterranean

地中海战史

文聘元 著

商务印书馆
The Commercial Press
2018·北京

序

受"南岛语族"问题启发，我想弄清环南海（大南海，非专指南中国海）周边国家的民族交往、文化互动以及国家关系史，进一步看看这些国家民族之间是否形成了一种人类文明史上的特殊形态。我把这种在南海陆海地理空间由诸多亚洲国家族群的互动方式和生存方式所构成的文明称作"南海文明"。但是，"南海文明"的概念是否能够成立，这需要深入分析和论证。其中，从与"地中海文明"比较去观察"南海文明"不失为一种有效地把握其特征的方法。然而"地中海"那些事我知之不多且不系统，于是只好求助于博闻强记、知识面甚广的文聘元教授。

也就几个月，聘元教授就将他亲自整理的地中海资料交给了我，打开像书一样已经打印好的厚重的资料，封面上赫然写着一行大字："地中海战史"，这让我大吃一惊又感动不已。

由欧洲大陆、亚洲的小亚细亚半岛和非洲北部疆域合围而成的海域十分辽阔，不知道是谁给它起了个优雅的名字，叫"地中海"，一直沿用至今。在人类演变的足迹中，地中海及其周边发生过无数的故事，这种故事的声韵及其合成，创造了一种人类伟大的文明，人们把它叫作"地中海文明"。

地中海文明是伟大而辉煌的，它创造了人类文明最初的法律、架构起人类早期的民主制度。它成就了古希腊罗马文明，书写了人类智慧的新篇章。它开启了人类贸易的先河，奠定了古代贸易和商品市场。它突破世俗的生活，创造了诗、歌剧、艺术和哲学。……它是欧洲文明的源头，是人类文明的重要发祥地。

阅读地中海，使我们知道它又是苦难的救赎地，资源的匮乏与争夺导致生命的无常与生存的苦难，奴役与流亡又加重着族群的不祥与命运的莫测。这里成为人类几大宗教的诞生地，众神被活着的生命创造出来，救赎成为人类安详的期待……

同样令人震惊的是，地中海又是人类战争的渊薮。五千年的人类文明史上，围绕地中海及其周边，资源的掠夺、土地的侵占、民众的奴役、宗教的冲突，导致一波又一波持续的战争。据不完全统计，期间发生的战争竟达2000次以上。这些战争，短的有数年，长的竟有200年以上。值得注意的是，这些战争不是发生在小的族群和部落之间，而是发生在国家之间、发生在宗教之间或是发生在国家集团之间，从小亚细亚到土耳其海峡、从埃及尼罗河三角洲到北非海岸、从希腊半岛到意大利半岛，再到地中海数以百计的无数岛屿，战争自古及今，连绵不断，或屠城杀戮、或奴役强占、或毁焚消灭，无数古代文明被湮灭、无数伟大城邦被化为灰烬、无数文明奇迹被断送。……地中海文明创造了哲学和艺术，却在无奈中把人类命运交给上帝和宗教。它创造了人类早期的法律和民主，却让人类饱尝了君主专制的残忍。它以霸占和殖民为目标，开启和积累了人类殖民主义话语及其行为体系。它以战舰和刀枪为利器，奉行着霸权至上的邪恶价值观。它以战火为节日，将战争燃向整个欧陆、推向全世界。利益至上的私欲给今天的世界蒙上了不安全的阴云，干预和侵害成为人类和平的新难题。……什么是"地中海文明"？诚如聘元教授在《地中海战史》开篇中所说："战争，可以说是整个地中海历史的图腾——如果如此复杂的地中海可以有一个图腾或者说象征的话，……地中海乃是一个不折不扣的战争之海。"

与这个战争之海的"地中海"相呼应，在亚洲，也有一个"地中海"，早期的荷兰探险家称之为"亚洲地中海"，我们则把它称为"南海"。不同的是，"地中海"是由欧、亚、非三大洲的陆地板块合围而成，而"南海"则纯由亚洲陆地板块合围形成。这些亚洲陆地板块上存在着不同的区域，依次是：中国华南地区、中南半岛、马来群岛、印尼群岛、菲律宾群岛、中国的台湾岛和海南岛及其附属群岛。这片合围的海域面积只比地中海稍大，但其文明形态却差之天壤。

"南海"周边的国家和族群是怎样形成的，是一个更深的民族国家起源的话题，但是，一个确定的事实是，生活在南海周边的国家和民族，千百年来没有发生过大的冲突和战争，尤其是国家之间的战争。多少代以来，南海从没有为争夺霸权而引发的国家和民族的争斗。人们从民间出发，观察着星辰和海潮，自由往来、互通有无。迁徙互往、随遇安家，过着相安无事、互利和谐的生活。这里的人们各有信仰，但大多以鬼神为宗。没有宗教的裁决与厮杀，这里的民众创造着自己的语言，却由于面临类似的物事和生存方式，以致鉴于诸多词根的关联而被域外人称为"南岛语族"。他们农耕辅之渔樵，并和谐相处，构成不同于"地中海文明"的"南海文明"。

"南海文明"确实与"地中海文明"不同：

与"地中海文明"以征服占领为目标不同，"南海文明"是由民间自由贸易来搭建的。

与"地中海文明"的形成以国家主导不同，"南海文明"则更多体现了以民间迁徙与交往为基础。

与"地中海文明"以掠夺与奴役为目的不同，"南海文明"以天命共生与自我繁衍为取向。

与"地中海文明"以宗教裁判为由大肆挞伐不同，"南海文明"以多元共存、信仰自由为原则。

因此，就其特征而言，"南海文明"是自足内敛的、民间互助的、贸易促进的、知足自在的、多神共存的、相安无事的，所以是和谐的文明；而"地中海文明"则是占领扩张的、国家主导的、侵略奴役的、改革创新的、宗教裁判的、霸权争夺的，由此说明它是战争的文明。

战争与恶一样，有哲学家把它描述为进步的动力，战争让人知弱，会催生更新，从而走向强大。和谐虽然令人向往，但因缺乏鞭策，从而使生气漫怠，有西方人就把亚洲称为"停滞的东方"。西方的史家称"战争是万事之父"。东方的哲人则说："中庸之为德"。西方文明与东方文明，确像地中海文明和南海文明所展示的差异那样，构成不同的文明形态与文明理念。

成就了西方文明源头的"地中海文明"将战争演绎得淋漓尽致，追逐霸主和霸权的"正当性"仍被保留在当下世界政治理念的版图中央，向往和谐的"南海文明"在殖民主义话语体系中实难强势生存，现代化以来的全球文明主流依然使其身处弱势。在"文明冲突与世界秩序重建"的情境中，人类未来的文明走向仍处在迷茫之中。

感谢聘元教授的《地中海战史》给人的启发与思考，使人们不能忘记文明史上的经验与教训。在苍天的昭示下，"南海文明"所追求的和谐价值也许能给人类的努力增添新的启示与引导，帮助人类闯过霸权主义和恐怖主义的双重难关，重走和平与友善之大道……

曹锡仁　于海南海甸岛

目 录

第1章 美丽的地中海
——美丽之海也是战争之海   1

第2章 特洛伊战争
——既是传说也是史实的战争   14

第3章 希波战争
——东方与西方、亚洲与欧洲之间的第一场大战   22

第4章 双雄争霸
——自相残杀的结果是希腊民族的衰落   41

第5章 亚历山大大帝的传奇人生
——一场人类史上堪称奇迹的征服之战   59

第6章 继业者之战
——大帝的遗产成了他人的嫁衣   75

第7章 罗马人的崛起与征服
——整个地中海成了一国之内湖   95

第8章 西罗马的崩溃与东罗马的雄起
——此罗马非彼罗马,但也很强大   124

第 9 章　阿拉伯人的诞生与争霸地中海
　　——新的民族、新的宗教、新的战争　　143

第 10 章　十字军东征
　　——人类历史上最臭名昭著的战争　　160

第 11 章　海洋帝国威尼斯
　　——新型的帝国、新型的强大与失败　　192

第 12 章　奥斯曼土耳其的崛起与征服
　　——这是有史以来最强大的伊斯兰帝国　　210

第 13 章　"征服者"穆罕默德二世
　　——他将无数欧洲基督徒纳入伊斯兰的统治之下　　230

第 14 章　摩里亚战争
　　——西方文明的祖庭从此由异族异教来统治　　239

第 15 章　西西里之战
　　——这是史上最多战的岛屿，打了几千年　　253

第 16 章　克里特岛战争
　　——这里发生了史上长达 21 年的围城战　　277

第 17 章　罗德岛之战
　　——这是一场艰苦卓绝的战斗，骑士们虽败犹荣　　288

第 18 章　马耳他之战
　　——基督徒们终于胜利了　　303

第 19 章　塞浦路斯之战
　　——这是最残酷的血战，战败者被活剥人皮　　　　　　　　311

第 20 章　勒班陀之战
　　——这是史上最著名、最血腥的大海战　　　　　　　　　　319

第 21 章　地中海海盗
　　——不知海盗，无以知地中海　　　　　　　　　　　　　　328

第 22 章　拿破仑的埃及之战
　　——这是拿破仑的失败，但更是东方的失败　　　　　　　　366

第 23 章　希腊独立战争
　　——这里一度是西方文明的中心，却沉落千年　　　　　　　377

第 24 章　意大利之战
　　——两个英雄、一个国家统一了意大利　　　　　　　　　　394

第 25 章　达达尼尔海峡之战
　　——这是一场不应该被遗忘的地中海大战　　　　　　　　　426

第 26 章　二战中的地中海搏杀
　　——更大规模的战斗，更加惨重的损失　　　　　　　　　　435

第 27 章　新时代的地中海战事
　　——这是一种新的、极不对称的战争　　　　　　　　　　　456

尾声：地中海的新海霸
　　——地中海的未来将会怎样？请拭目以待　　　　　　　　　467

第1章 美丽的地中海

——美丽之海也是战争之海

地中海的名字大家都耳熟能详，因为它算得上是世界上最为著名的海，人类最早的文明就发生在地中海一带。这样的文明一共有两个，一个就是古埃及文明，另一个就是古代西亚文明。此后，另一个伟大的古代文明克里特文明或者说古希腊文明，更是如此。而这些文明又是现代世界文明的主要推进者之一，所以，从这个角度上来说，地中海对于全世界包括我们中国都有着深远的影响。

为什么叫地中海

地中海的名字也很有特色，为什么叫地中海呢？因为从古代起，人们就知道了这片大海位于三大洲之间，于是就称之为"地中海"（Mediterranean），这个名字来自拉丁语 Mare Mediterraneum，其中"medi"意为"在……之间"，"terra"就是"陆地"，所以地中海的含义就是"陆地中间的海"，我们就简译为地中海了。

中国古人早就知道地中海了，如中国古籍《岭外代答》称其为西大食海，大食就是指古代的阿拉伯地区，也就是今天的西亚一带了，西大食海指的当然就是阿拉伯人所在地区之西的海，这正是地中海所处的位置。

就地理位置而言，地中海位于西经 5° 22′ 到东经 36° 15′ 之间的地区，最西端是直布罗陀海峡，最东端是土耳其东部海岸的伊斯肯德伦，东西全长约 3700 公里。但就南北而言就比较复杂了，因为南北尤其是北部的海岸线非常不规则，宽度变化极大，但科学家们也测出了一个大致的平均值，约 650 公里。地中海的整个面积则有近 300 万平方公里，算得上是一个面积较大的海了，是另一个"地中海"加勒比海的约 2 倍。

地中海气候也是独特的，也有一种名字来命名这种气候，就是"地中海式气候"。

这幅画描绘了圣保罗在雅典大街布道的情形。

地中海式气候的分布地区主要位于地中海及其沿岸一带，这种气候的特点是一年主要分冬夏两季，夏天炎热干燥，冬天温和多雨，最冷月平均温度也在4℃之上。当然不同地方也有区别，例如在地中海沿岸最著名的城市雅典，它居于北纬38°线和东经24°线的交叉点附近，与中国的兰州和青岛大致是同一个纬度，但气候与兰州、青岛可大不一样，如兰州一月平均气温一般在0℃以下。有时在-10℃以下，雅典则有约9℃，对最冷的一月来说相当温暖，是比较典型的地中海式气候。

还有，雅典的夏天虽炎热，但由于地中海近在咫尺，因此无论白天还是黑夜都有凉爽的海风吹来，特别是到了夜晚，清凉的海风徐徐而来，沁人心脾。因此雅典人大都是夜猫子，从晚上8点开始，大街上人流熙熙攘攘，大家听音乐、聊天、争着请朋友喝一杯，一直快活到很晚。

这种适宜户外活动的气候对希腊人和希腊文明的影响是十分强烈的。我们知道，在古希腊，戏剧家们演剧是在露天剧场的，公民大会是在城市广场进行的，艺术家们的作品——主要是大理石雕像，也大都是摆在露天供人们欣赏的，连哲学家们的辩论或者宗教家的布道也都是在通衢大道上进行的。如果没有希腊这种适宜于户外活动的气候，那些希腊文明的代表者将会是什么样子呢？还会有如此之美吗？甚至说，还会存在吗？恐怕很难说吧。

当然，历史是不能假定的，我们现在只能说：雅典的地中海气候特点使它的环境很适宜于户外活动，这对他们的文明形态产生了很大影响。

地中海是最著名的海，不但地中海自己是著名的，它的周围和海上也同样著名，例如有着众多著名的国家，流入它的河流，以及海中的岛屿。它们的名字对于我们都是如雷贯耳的，在西方与人类的历史中起了举足轻重的作用。

海与岛

地中海沿岸的国家不用说了，那是鼎鼎有名的，如埃及、巴勒斯坦、以色列、土耳其、希腊、马其顿、意大利、法国、西班牙，等等。还有许多有名的城市，如亚历山大港、雅典、那不勒斯、威尼斯、马赛，等等。罗马、开罗等也位于地中海沿岸附近。

虽然流入地中海的河流并不是特别多，但大都很有名，如人类文明的摇篮之一尼罗河、古罗马文明的摇篮台伯河，还有法国南部的罗讷河等。

地中海是一个很大的海，中间还有很多的岛屿与半岛，它们又在地中海中划分出了不同的海，这些海不但很有名，在西方历史与文明之中同样扮演了十分重要的角色。

这些海从西到东主要有四个，即第勒尼安海、伊奥尼亚海、亚得里亚海、爱琴海。

第勒尼安海是由意大利半岛、撒丁岛、科西嘉岛、西西里岛等环绕而形成的，意大利半岛南端与西西里岛之间有狭窄的墨西拿海峡，自古就是交通要道与兵家必争之地。

伊奥尼亚海位于意大利半岛与希腊半岛之间，是一片相当开放的海，南面向地中海敞开。

从伊奥尼亚海往北，过了奥特朗托海峡就是亚得里亚海了。亚得里亚海位于意大利半岛与巴尔干半岛之间，是这几大海中最封闭的海，要往南通过奥特朗托海峡到达伊奥尼亚海，然后才能与地中海相通。

爱琴海位于欧洲的巴尔干半岛、克里特岛与小亚细亚半岛或者说安纳托利亚半岛之间，也就是位于亚洲与欧洲之间。

爱琴海也是几大海中最著名的海，几

乎与地中海齐名，因为它承载着西方文明的始祖——古希腊文明——中最优秀而悠久的分子。古希腊文明中最杰出的两个代表性城邦雅典和斯巴达就位于爱琴海附近一带，我们以后要讲的发生在地中海的战争最主要也发生在爱琴海上。

我们现在来看看地中海中的半岛与岛屿，它们同样是著名且重要的。

地中海中最大的半岛当然是最西边的伊比利亚半岛了，就是今天的西班牙与葡萄牙的所在地，它位于大西洋与地中海之间，往北是大西洋，往南就是地中海。

从伊比利亚半岛往东就是意大利半岛，或者也叫亚平宁半岛，它位于西边的第勒尼安海与东边的亚得里亚海之间，是从欧洲大陆中部往南突出来的一个半岛，形状很有特点，就像只女士所穿的靴子，不但细又长，而且有高跟，它的面积看上去大，实际上并不大，只有约25万平方公里。

从意大利半岛再往东就是巴尔干半岛了，它位于西边的亚得里亚海与东边的黑海之间，生活着许多不同的民族，各个民族之间一向不怎么和睦，自古就是多战之地。

在这个巴尔干半岛的最南端实际上还有一个半岛，这就是希腊半岛了，它总的来说是巴尔干半岛的一部分，但也可以单独拿出来看，不但因为它的形状与位置都很像一个单独的半岛，而且因为它在西方与世界历史上扮演了极为重要的角色——繁衍出了伟大的古希腊文明，其重要性自不待言，所以我们要在这里特别说明一下它的地形地貌。

希腊的地形是非常复杂的，主要就是因为它有着十分复杂的海岸线。我们从地图上一眼可见，希腊的海岸线除了东面有一小段不那么曲折外，其他地方简直曲得一塌糊涂，主要是因为半岛太多了。我们从东面看过来吧。从东往西不远就可以看到一个卡启第吉半岛，它这么往海中一突，那海岸线怎能不猛地一曲？尤其是它这个半岛上还有半岛——从它又往海中一下伸出了三个小半岛，就像三个手指头一样。

这样类似的半岛在希腊沿海一个接着一个，比比皆是，包括南面那弯曲得不得了的，也非常著名的伯罗奔尼撒半岛。

伯罗奔尼撒半岛位于希腊大陆的最南端，地理上讲它是一个岛屿，并非真正的半岛，因为它与大陆虽然很近，但实际上是隔开的，不过由于隔开的科林斯地峡不够深，海水未能侵入，没有形成海峡，人们就称它为半岛了。

从地图上我们可以看到，伯罗奔尼撒半岛像一个只有4个指头的手掌，中间形成了几个小海湾，例如拉哥尼亚湾和亚哥利斯湾。半岛通过十分狭窄的科林斯地峡与大陆相连。半岛的面积相当大，超过2万平方公里，地形主要是山，只在半岛四周有一些小型平原，这些平原中的一个叫拉哥尼亚平原，它位于半岛南部，在它上面有一条小河，小河边有个地方叫斯巴达。

正因为有了这许多的半岛，所以小小的希腊，面积不及我们中国一个普通的省，大陆海岸线却超过4000公里，若加上岛屿，海岸线总长达1.5万公里。

除了海岸线十分曲折之外，希腊地形的第二个特色是岛屿众多。

我们可以看到，就在希腊东面，属于地中海之一部分的爱琴海中，岛屿密密麻麻，一个接着一个。甚至有人夸张地说，爱琴海上的岛屿多得你大可以从西岸的希腊起由一个岛跳到另一个岛，一直跳到东岸的小亚细亚半岛。这些岛虽然位于土耳其与希腊之间的海上，但几乎全部属于希腊，许多岛屿别看差不多要碰到土耳其的海岸线了，但它们偏偏就是希腊的领土。这些岛屿像繁星一样遍布整个爱琴海，被分成三大群岛，分别是北部的北斯波拉泽斯群岛、西南的基克拉泽斯群岛、东南的佐泽卡尼索斯群岛，属于它的罗德岛发生过非常多的战争，自古就是兵家必争之地。

在希腊半岛以西还有一个依奥尼亚群岛，它就位于依奥尼亚海中，但岛的数目不是很多，沿着大陆从西北往东南伸展，主要大岛有科孚岛和凯法利尼亚岛，其中的科孚岛也发生过不少战争。

希腊南面和西面的海上也有一些岛屿，这些岛屿加起来超过2000个。

说完了希腊诸岛，我们再来看地中海在其他地方的几个大岛。

这些大岛在地中海中从东往西分别是马略卡岛、科西嘉岛、撒丁岛、西西里岛、克里特岛、塞浦路斯岛等。

其中马略卡岛位于西班牙近海，自古就比较平静，也比较平凡，少有战事，不必多说。

科西嘉岛和撒丁岛一北一南，分别靠近法国与意大利，虽然是有名的大岛，但自古也比较平静，其中科西嘉岛最有名的是它诞生出了西方历史上最伟大的政治家与军事家之一，那就是拿破仑了。

西西里岛是整个地中海中最大和人口最稠密的岛，但也只有近2.6万平方公里。它与意大利只隔着一条狭窄的海峡，并不自古就属于意大利，实际上整个意大利半岛南部在古代都是希腊的一部分，在这里有大量的希腊殖民地，因此又称大希腊，西西里岛也是大希腊的一部分。这里还有着当时最著名的古希腊城邦之一叙拉古。不过除了希腊人外，还有其他民族也曾染指这里，并且试图将这里当成北进意大利的跳板，如迦太基人、汪达尔人、拜占庭人、诺尔曼人、土耳其人等，因此这里自古就是多战之地。

从西西里岛再往东就是克里特岛了。

克里特岛应该是所有地中海岛屿，也是全世界所有岛屿之中最著名者之一了。因为这里孕育了伟大的古代文明之一克里特文明，它是比古希腊文明还要古老的文明，也是古希腊文明的源头，我们所熟悉的古希腊最早的古迹之一迷宫就位于此，其重要性不言而喻。

其实，从一个古希腊的神话传说就可以看出来克里特的古老。

据说很久很久以前，在亚细亚西部的腓尼基，国王有个女儿名叫欧罗巴，长得非常美丽，身为万神之王的宙斯爱上了她。有一天，欧罗巴与几个姑娘来到海边玩耍，突然看见一头漂亮强壮的公牛向她跑来，毛像金子一样闪闪发光，双角像轮弯弯的新月，更让她高兴的是，这头漂亮的公牛像只温柔的小猫蹲在了她的身边。她像所有顽皮贪玩又勇敢的少女一样，快活得叫了起来，飞身跳上了这只猫咪样温柔的公牛，她也许以为公牛会驮着她慢慢地在海滩漫步，但她真是太天真了，她一跳上牛背，那公牛就飞奔起来。欧罗巴吓得花容失色，只好死死抱住牛背。

不知带着她跑了几百几千里后，公牛终于停下来，摇身一变，变成了万神之王宙斯。他对哭泣的姑娘说："亲爱的，你休要哭泣，你的名字将成为不朽，因为我要把这片土地叫作欧罗巴！"

这就是欧罗巴洲的来源，欧洲就是欧罗巴洲的简称。这个公牛所到达之地就是克里特，后来公主与宙斯所生的儿子之一就是弥诺斯，他就是迷宫的建筑者。所以，从遥远的神话之中，我们就可以看到克里特的古老——它比欧洲本身还要古老！

就位置而言，克里特岛位于地中海中北部，它也是希腊的第一大岛，不过面积并不大，只有8300平方公里，它距本土约130公里，算是较远了。克里特岛的形状有一个特点，就是东西狭长，就像一根横放在地中海中的棍子，东西长约260公里，南北宽最宽处有约60公里，最窄只有约12公里。克里特岛的另一个地形特点是多山，岛上从东到西横亘着克里特山脉。

从克里特岛再往东就是塞浦路斯岛了。

塞浦路斯岛也自古就负有盛名，在古希腊神话中，美与爱之神阿芙洛蒂忒——也就是罗马神话中的维纳斯——就诞生在这里，而她的诞生也很有意思，可以一直上溯到天地万物的起源。

根据古希腊神话，在很早很早以前，天

提香这幅名作描绘的就是欧罗巴的诞生,可以看见公牛正背负美女欧罗巴飞奔前行。

地间本来是一个空壳子,像一只被抽成了真空的玻璃瓶。后来不知道历经了几世几劫,渐渐地在其中有了一个东西,名叫"混沌"。这个混沌既非天亦非地,就像盘古诞生前的那个东西一样。

或者说我们也可以像古人一样把它比做一个鸡蛋,正在茫茫宇宙中慢慢孵化。

又不知过了几千几万年,一天终于有个东西破壳而出。它就是古希腊的第一个神——该亚。

这个该亚就是大地母亲,或者甚至可以称是万物之母。正是她诞下了我们极目所见的世界万物。

她首先生下的是儿子乌拉诺斯,与该亚的大地身份相对,乌拉诺斯则是昊天,或者称天父。生下儿子后,由于这个世界上尚无别的男人，该亚便嫁了自己的儿子。

后来他们两个生下了许多孩子，如先生了三个妖怪，后来又生了12个漂亮且强壮的孩子，被称为提坦神族。

他们的父亲却不爱自己的孩子，甚至恨他们，因此孩子们一生下来他就把他们重新塞进母亲的身体——也就是大地——或者说打入地底之牢，看到丈夫如此对待自己的孩子，该亚决定奋起反抗，她同地底下的儿女们商量，但只有最小的儿子克洛诺斯响应母亲的号召，母子俩便暗暗设定了复仇大计。

该亚弄来了一把大弯刀，把它交给儿子。这天，夜色朦胧，乌拉诺斯像往常一样走进妻子的卧房，宽衣解带，赤条条走向在香榻上横卧的一丝不挂的妻子，准备享受温柔艳福。克洛诺斯突然打暗处冲过来，一刀把他的"那话儿"割了下来。乌拉诺斯就这样稀里糊涂地变成宦官了！

他痛苦得大吼，漆黑的血淌向大地，立刻化成了一些怪物，例如巨人族，一帮身体像山一般巨大的怪物。最有趣的是他的"那话儿"，被割下来后掉到了海上，它一直漂到了塞浦路斯岛，在那里化成了一片雪白的泡沫，在这些泡沫之上慢慢浮起了一个绝色美女，有闭月羞花之貌、沉鱼落雁之容。这就是爱与美之神了。

对了，塞浦路斯岛之所以有这个名字，是因为岛上盛产一种丝柏树叫"Cypress"。此外，塞浦路斯岛在古代曾经盛产铜，所以铜的单词"copper"也是来自这个岛名的，其本义就是"塞浦路斯的金属"。

就地形而言，塞浦路斯岛也是东西比较狭长，东西长约240公里，南北宽近100公里，总面积将近1万平方公里。

在这几个大岛之中，塞浦路斯岛的历史是最为复杂的，因为它虽然在地理上往北很靠近土耳其，但土耳其人是后来的民族，此前曾经生活着不同的民族，也为不同的民族所统治。如早在公元前800年左右，亚洲西部的航海民族腓尼基人就来到了这里，后来亚洲的亚述人和波斯人、非洲的埃及人、欧洲的马其顿人和希腊人以及罗马人甚至威尼斯人和英国人等都曾经统治或占领过这里，其中东罗马帝国统治最为长久，从公元400年左右一直延续到公元1200年左右，其次是土耳其人，它从17世纪初一直统治到20世纪初被英国人占领。

即使到了现在，塞浦路斯岛还是处于动荡之中，因为现在这里生活着两大民族即土耳其族与希腊族，一开始在英国人的统治下倒相安无事，但从英国独立出来后，希族与土族的矛盾日益加剧，终于分裂，希族和土族分别占据了领土的约60%

和40%，使小小的塞浦路斯岛陷入长久的分裂与动荡之中。

除了以上几个大岛外，地中海中还有两个小岛也非常重要，这就是马耳他岛和罗德岛。

马耳他面积只有300来平方公里，岛上也没有什么重要的矿产资源，然而它的地理位置极为重要。因为它处在地中海东西方的交界处。地中海有一条天然的分界线，就是从意大利半岛往南到西西里岛，再到马耳他岛，从这条线往西就是西地中海，往东就是东地中海。

自古以来，东西地中海有着很大的差异，古代西方主要文明都孕育于东地中海，绝大部分战争也发生在东地中海，而马耳他岛就位于这条东西地中海分隔线的南端，可以说是东西地中海的门户，倘若占领了这里，不但往北可以窥视西西里岛甚至整个意大利半岛，往西还可以进入西地中海，往东则可以直指东地中海，往南不远就是非洲了。总之，只要占领了马耳他岛，那么就等于占领了整个地中海的心脏，而就地理位置而言，马耳他岛也的确位于地中海的心脏地带，因此它一向有"地中海心脏"之称。

正由于如此重要而复杂的位置，因此马耳他岛自古就是兵家必争之地，我们所要讲述的地中海中的战争，从遥远的古代一直到第二次世界大战，不少将要发生在这小小的岛屿上，从这个意义上说，马耳他岛乃是小小的"战争之岛"。

至于罗德岛，它位于爱琴海东南部，属于多德卡尼斯群岛。

罗德岛大致呈梭子形，中间大两头小，长近80公里，中间宽近40公里，总面积约1400平方公里，距土耳其海岸相当近，不到20公里，但距希腊本土相当远，有360多公里。

罗德岛的地理位置并不特别重要，但却有着十分悠久的历史，早在史前的新石器时代就有人居住了，据说公元前16世纪时，属于克里特文明的米诺斯人就来到了这里，建立了最早的文明。此后这里一直有人生活着，后来的希腊人在这里留下了最伟大的遗迹，这就是太阳神巨像，它被称为古代世界七大奇迹之一。当然，这七大奇迹只是针对古代的西方人而言，只是他们所能见到的奇迹，所以中国的长城并不包括在内。除了罗德岛上的太阳神巨像外，其他六个分别是：埃及的吉萨大金字塔、巴比伦的空中花园、以弗所的阿尔忒弥斯神庙、奥林匹亚的宙斯神像、摩索拉斯陵墓、亚历山大城的灯塔。这些奇迹之中除了巴比伦的空中花园之外全都位于地中海及其周边地带。由此可见，环地中海也是古代西方与东方文明的核心地带。

以上我们比较详细地讲述了地中海中的五个大岛，之所以要如此，主要是因为在它们上面将发生大量的战争，可以说是地中海中的"战争之岛"，由于这些战争多且复杂，我们将专章讲述。

咽喉之地

我们知道，地中海是亚欧非三大洲的交通要道，地理位置重要。倘若说地中海太大，不能说是交通要道的话，那么从地中海中的几个小地方就可以更加清楚地看到它的地理位置之重要了，这样的地方主要有三个，即直布罗陀海峡、博斯普鲁斯海峡与苏伊士运河。

直布罗陀海峡位于地中海最西端，其地理位置的重要性一看便知：从它往北是欧洲、往南是非洲、往西是辽阔的大西洋、往东则是地中海。它的总长约有60公里，最窄处在西班牙的马罗基角和摩洛哥的西雷斯角之间，只有13公里宽。这就是说，倘若站在这两个地方往北或南看，可以看到另一个大洲上的山山水水呢！

不过，直布罗陀海峡虽然位于摩洛哥与西班牙之间，但现在控制它的并不是这两个国家，而是英国，因为直布罗陀海峡最南端的地方自从1704年以来直到现在都是由英国人控制的，算得上是英国的殖民地，也是欧洲最后一块殖民地了。因此直到现在也处于西班牙与英国的争夺之中，不过没有诉诸武力罢了。

苏伊士运河的地理位置也很重要，它位于地中海的东南端，沟通红海与地中海，但重要的不是红海，而是从红海可以直达辽阔的印度洋，而由印度洋又可以往东直达太平洋以及印度与中国这些古代经济与文明都十分发达的地区。这就是说，苏伊士运河实际上连通了欧洲、中国和印度三大文明。当然，这里的连通指的是它大大地缩短了从欧洲前往这些地方所需要的距离，比传统上绕道整个非洲前往印度与中国的距离要缩短约1万公里，其间节省的时间与经济成本之大可想而知。

不过，由于苏伊士运河只是一条人工开凿的运河，而且并不是自古就有的，因此在这里并没有发生过多少战争，实际上直到第二次世界大战之后这里才发生了战争，这也可以说是在地中海中最晚发生的战争之一，我们到本书的最后也会说到。

我们在本章最后要说的，也最重要的，是博斯普鲁斯海峡。

博斯普鲁斯海峡又称伊斯坦布尔海峡，它位于地中海之东北角，沟通了黑海与马尔马拉海。所以我们在这里只提博斯普鲁斯海峡实际上是不准确的，因为这样一来，就还有其他两个地方也都是地中海中的交通要道了，即马尔马拉海与达达尼尔海峡，它们从北到南而列，构成了亚洲与欧洲的天然分界线，全长约30公里，北面入海口最宽处不到4公里，其中段的鲁梅利希萨勒和阿纳多卢费内里两座城堡之间最窄处只有约750米，完全处于普通狙击步枪的射程之内，甚至分别从两岸射出一支箭都可以在中间相撞。只是由于传统上博斯普鲁斯海峡最有名，所以我们就这么称呼罢了。三部分合在一起也有两个名字，即土耳其海峡、黑海海峡。

从土耳其海峡往西是欧洲、往东是亚洲、往北是黑海，往南则是地中海，其地理位置之重要性更胜于直布罗陀海峡。原因很简单：在它两边自古就是文明发达之地，有文明就会有战争，所以在这里自古就是战争多发之地，也是欧亚文明的必争之地，若讲发生的战争之多，世界上其他所有海峡加起来恐怕都不如它多。甚至在整个地中海之中，它也是战争最多之地，从遥远的古希腊与波斯人在这里发生战争起，直到第二次世界大战，数千年以来这里几乎没有平静的时候，一直处于各个民族、各种文明还有宗教之战的最前沿。

我在这里还提到了宗教，因为我们在后面将会看到，土耳其海峡不但是文明的冲突，实际上在漫长的历史时期——长达千余年——里更是世界两大甚至三大宗教即天主教、东正教与伊斯兰教之间战争的最前沿，当然由于天主教与东正教都属于大基督教，因此主要是在基督教与伊斯兰教之间进行战争，这也是整个地中海战争中主要的战争形态之一。

当然，总的来说，地中海中进行的战争主要是一种"文明之战"，即不同文明之间的战争，而不同宗教之间的战争也是不同文明之间的战争形式之一。

战争之海

从地图上我们可以清楚地看到，地中海位于地球的西部，在它周边是亚洲、欧洲与非洲三大洲，自古它就成为了三大洲之间的交通要道，倘若谁控制了地中海，那就意味着控制了通往亚欧非三大洲的门户。

因此，生活在地中海周边的各个民族，从古老的埃及人、腓尼基人、迦太基人、波斯人，到后来的希腊人、马其顿人、罗马人、土耳其人、意大利人特别是威尼斯人——在长久的历史之中它们都是独立而强大的国家——到更后来的法国人、西班牙人甚至并不靠近地中海的英国人与美国人，都将控制地中海作为自己的主要国家目标之一，其原因就在于谁控制了地中海，谁就无异于控制了地中海周边这许多的国家。而从西方文明的角度而言，地中海乃是其整个文明的心脏，所以谁若控制了这里，同样意味着谁就控制了世界文明的中心，成为世界文明的主宰者。例如英国，它虽然不是地中海国家，但自从近代成了世界上最强大的国家之后，马上也成为了地中海的主宰。还有美国，它距地中海更是万里之遥，但因为其乃是世界第一强国，所以也将控制地中海作为自己国家的重要使命，在这里建立了一支强大的舰队——第6舰队，也可以称为"地中海舰队"，直到今天它都是地中海中最强大的力量，是地中海的新"海霸"。

当然，要想控制甚至统治整个地中海是很困难的，这里有世界的三大洲亚、欧、非，生活着无数的民族，有着不同的文化与历史，他们哪个不想统治地中海，成为地中海的海霸？于是这就必然地导致了战争，因此可以说，从古至今，围绕地中海的战争就是一种争霸战争，是不同文明之间的争霸，就如著名的历史学家布罗代尔在有关地中海最著名的一部史学著作《菲利普二世时代的地中海和地中海世界》中所言：

在地中海，规模巨大的争斗在东西方之间进行，在永远存在的"东方问题"上进行，从根本上讲，这个问题是一场文明之间的冲突。[1]

我们在后面可以看到，倘若要从复杂的地中海战争之中找到一条线索，就是这条"文明之战"的线索，我们将清楚地看到，从古至今在地中海中爆发的最主要的战争一直是不同文明之间的战争。大致而言，这些战争从古至今依次主要是：希腊人与迦太基人之间的战争；希腊人与波斯人之间的战争；罗马人与迦太基人之间的战争；东罗马帝国或者说拜占庭人与阿拉伯人以及土耳其人之间的战争；威尼斯人、西班牙人还有法国人与土耳其人之间的战争，如此等等，无不是文明之间的战争，是一种"文明争霸战"。

说到这里，我不由又想起来了布罗代尔在《菲利普二世时代的地中海和地中海世界》中的话：

……战争通过它自身的变化、更替、伪装、复活和退化，再度肯定和表明它的永恒的性质，"战争是万事之父"这句古老的格言。……战争是万物之父，万物之子，是万源之河，无岸之海。[2]

这个意思可以简而言之地说：战争是永恒的，因为只要有人就会有战争。

总之，在土耳其海峡、在整个地中海，自古以来就是战争频发之地，生活在地中海周围的众多国家、民族、文明、宗教甚至人种，为了争夺地中海，为了自己民族的利益与宗教信仰展开了前仆后继、几乎无休无止的争斗。战争，可以说是整个地中海历史的图腾——如果如此复杂的地中海可以有一个图腾或者说象征的话。

从这个意义上说，地中海乃是一片不折不扣的战争之海。

---

1 ［法］费尔南·布罗代尔 著：《菲利普二世时代的地中海和地中海世界》（下），唐家龙等 译，商务印书馆1996年12月第一版，第224—225页。
2 ［法］费尔南·布罗代尔 著：《菲利普二世时代的地中海和地中海世界》（下），唐家龙等 译，商务印书馆1996年12月第一版，第381页。

第 2 章　特洛伊战争

——既是传说也是史实的战争

德国人埃米尔·路德维希在其《地中海历史》一书中开篇不久就说道：

在所有的海洋之中，地中海无疑是最迷人的一个：无论是从位置、地形还是气候的角度。它是最具有优势，也最早为人类所发现并通航的。它就像绝世美女海伦，被一群仰慕者包围，被有力者争夺。不过，它所引起的战争远远不止 10 年，而是整整延续了 2000 年。[1]

这句话是很优美的，但并不准确，因为地中海中的战争延续的可不止是 2000 年，而是 3000 年都不止。

在这些于遥远的古代发生在地中海地区的战争之中，最古老且有名的是特洛伊战争（Trojan War）。

特洛伊战争

特洛伊战争的声名主要来自著名的《荷马史诗》，史诗分成两部分，分别叫《伊利亚特》和《奥德赛》。《伊利亚特》讲特洛伊战争，《奥德赛》则讲特洛伊战争结束后，希腊人的英雄之一奥德修斯从特洛伊历尽千辛万苦回到希腊故乡的故事。

点燃特洛伊战争导火索的是帕里斯，因为他将据说属于最美女人的金苹果交给了爱神维纳斯，于是与维纳斯争美的天后赫拉与智慧女神雅典娜发誓要报复特洛伊人，这就是战争直接的源头。

具体的起因是帕里斯有一次去斯巴达时，爱神用神力令斯巴达王墨涅拉俄斯的妻子爱上了帕里斯，使她离开丈夫而与帕里斯私奔到了特洛伊。

这斯巴达王的妻子就是人间最美丽的女人——海伦。

为了报夺妻之恨，墨涅拉俄斯就和他的哥哥、希腊最强大的城邦迈锡尼和阿尔戈斯的王阿伽门农率领全希腊的勇士们乘船通过爱琴海前往讨伐特洛伊，特洛伊起而抵抗，由此爆发了长达 10 年的特洛伊

鲁本斯的画作《帕里斯的裁决》，为了得到人间最美的女人，他将金苹果给了维纳斯，正是这导致了特洛伊战争。

战争。

从这里可以看到，特洛伊战争一开始就与地中海的一部分即爱琴海紧紧连在一起，当希腊的英雄们前往征讨特洛伊时，也是从地中海启航的，而且故事的许多情节也发生在地中海上，这里试举几例。

战船就要出发之前，阿伽门农为了散心，同众位英雄出去狩猎，消磨时光。这天，他看到一头漂亮的鹿，就一箭射去，射个正着。阿伽门农不由得得意忘形，竟然夸口说就是阿尔忒弥斯本人也不过如此。

阿尔忒弥斯乃是狩猎女神，以贞洁闻名，并且是很骄傲的，这下可给气坏了，决心报复。

几天后大军要出发了，可港口里没有一丝风。几天过去了，还是一样。急坏了的希腊人请来了预言家卡尔卡斯，他告诉他们，这是因为阿伽门农触怒了神的缘故。因此他必须赎罪，把他同妻子克吕泰涅斯特拉所生的女儿伊菲革涅亚作为祭品奉献给阿尔忒弥斯神。

预言家的话顿时令阿伽门农陷入了极

端痛苦之中。他岂不爱自己的女儿？而且这个女儿又是如此聪明美丽。他便公开宣布辞去联军统帅之职。

但联军统帅岂是这样随便就能辞掉了事的？希腊将士们愤怒了，他们觉得阿伽门农实在太自私，他们为了他家族的荣誉而舍身参战，现在他竟然如此自私！他们公开宣称要反叛了，也就是说，他们将要把阿伽门农同他的兄弟抓起来，弑之以剑！

面对这样的情形，阿伽门农没办法了，只得答应。他写了一封信告诉老婆，请她把女儿带来，说是要让她同伟大的英雄阿喀琉斯结婚。

他的妻子克吕泰涅斯特拉当然高兴，因为阿喀琉斯可不是一般的英雄，而是当时全希腊最有名的英雄。她连夜带着女儿赶到了军营。

阿伽门农又一次后悔了，想改变主意，然而箭在弦上，不得不发。他了解自己的妻子是何等地爱这个美丽聪慧又善良的女儿，他想把此事瞒过妻子。不幸的是克吕泰涅斯特拉发现了真相，她愤怒地找到丈夫，指责他这种禽兽之行。

他们的孩子伊菲革涅亚也跪在地上求父亲不要这么早就结束她青春的生命，海伦同帕里斯私奔与她何干？为什么要由她来付出生命的代价呢？

然而阿伽门农这时候已经打定主意，拒绝了她们的恳求，走了出去。

阿喀琉斯这时候站了出来，愿意用生命来保护伊菲革涅亚——她是如此美丽可爱，他已经爱上她了。

然而伊菲革涅亚自己冷静地做出了抉择，她愿意为了希腊献出自己的生命。因为她已经看出来了，如果她不献出自己的生命，那么她所有的亲人都将失去生命。

她平静地制止了已经热烈地爱上她、想为她牺牲生命的阿喀琉斯的拯救行动，从容走向祭坛。

此后海上马上吹来了顺风，在希腊人的欢呼声中，战舰千帆竞发，驶出了港口。

另外，在地中海上，他们也遭遇了不少磨难，例如菲罗克忒忒斯（Philoctetes）本是希腊英雄中的重要人物，箭术极其高明。当船队到达地中海中一个叫卡律塞岛时，他在上面发现了一座祭坛。他是个顶虔诚的人，高兴地上去献祭，想不到神坛边盘踞着一条大毒蛇，一口就把英雄咬着了。

他痛得大叫起来，被同伴抬上战船后，毒性发作，痛得一天到晚呼天抢地，这下其他战士烦死了，于是由奥德修斯主谋，乘其睡着的时候将他扔到了地中海中的一座荒岛上。

后来希腊人又在地中海上经历了一番

艰苦努力，包括同最伟大的英雄赫拉克勒斯的儿子们乱战了一场，费尽千辛万苦才到达了特洛伊城外。

到了特洛伊后，希腊英雄们的营地就建在海滩上，而特洛伊城就在海边附近。据记载，两边都可以听到对方发出的号角声。

战斗当然也主要发生在海岸及其附近，例如其中有这么一场重要战斗，战斗中特洛伊人最伟大的英雄赫克托耳像一头雄狮疯狂地扑向希腊人，他双眼血红，像喷着火焰，口里发出惊雷般的吼叫。希腊士兵吓得手脚发软，逃都逃不快。只有最勇敢的英雄们才能像平时一样飞快地跑动，躲开这位死神的追逐。就这样，赫克托耳和特洛伊人一直把希腊人驱赶到他们停泊在地中海中的船舷边，就像群狼追逐群羊，一直追到夜神藏起阿波罗的光亮，海天一片漆黑。

即使这样，赫克托耳没有如往日一样让特洛伊人回城。他大声地宣告：他们要就地驻扎，明天拂晓再向希腊人的船只猛攻，只要突破这最后的防线，希腊就只能用双臂从宽阔的爱琴海游回老家了。

第二天，战争继续在海边进行，黎明一到，特洛伊人便杀上来了。今天对于希腊比昨天更惨。一会儿工夫，狄俄墨得斯这位曾被雅典娜赋予神力、现在希腊英雄中最强大的战士，被帕里斯一箭射伤了脚背。那位最聪明的英雄奥德修斯和全体希腊人的统帅阿伽门农也受了伤，特洛伊人仍像追逐群羊的猎犬，凶猛地扑了上来。

希腊人抵挡不住，不停地后退，一直退到了他们的船边，在甲板上抵抗特洛伊人。

现在希腊人当中剩下的最有力量的战士只有埃阿斯了。他也退到了战船上，同赫克托耳死命地争夺着：一个想保住这条船，这就是他的生命；另一个则想烧了它，他知道一旦失去了船，希腊人就全完了。

他们在四处飞溅的血花中挥舞着已经被过多的屠杀砍钝的利剑，但见赫克托耳杀得口喷白沫，两眼在浓眉下闪着凶狠的光芒。

在如此疯狂的击打之下，连埃阿斯也抵挡不住了，不停后退，赫克托耳则不停地前进，直到他把一支熊熊燃烧着的火炬扔到希腊人的战船上。

战船烧起的熊熊大火让正待在希腊人最伟大的英雄阿喀琉斯船上的帕特洛克罗斯看见了，他知道希腊人今天遭受了惨重的挫败，甚至有被毁灭的危险。于是恳请他勇敢的挚友阿喀琉斯出战。由于受到阿伽门农的侮辱，阿喀琉斯一直拒绝出战。现在他也没有答应。但他看到希腊人已经面

这幅画描绘了阿喀琉斯与赫克托耳之间的决战。
(Artist:Antonio Galliano)

临毁灭之虞，便允许帕特洛克罗斯穿上他的盔甲，代替他出战特洛伊人，他知道在全军之中帕特洛克罗斯是仅次于他的勇士。

帕特洛克罗斯立即披上了阿喀琉斯由匠神精心打造的宝甲，还有那几匹由神所生的骏马，向特洛伊人冲去，虽然他在海滩上打退了敌人，但最后被杀死了。而这激起了阿喀琉斯的愤怒，他为朋友报仇而出战，杀死了赫克托耳，但最终自己也被太阳神阿波罗一箭射中了唯一可以被伤害的地方——脚踵——而死去。

特洛伊战争中最有名的场面——木马计——同样也发生在地中海边。那位预言家卡尔卡斯想出了一个好主意，他叫希腊人造了一个巨大的木马，宣称这是献给神的祭品，然后率领大家扬帆出海，回希腊去了。那些特洛伊人上了当，将木马当作战利品从海边拖进了特洛伊城，夜里，英雄们从木马中跳出来，希腊的大军也从海上回到了岸边，直扑特洛伊城，里应外合，特洛伊城被攻陷了，长达10年的特洛伊战争也就此结束。

如此等等，从这些情景之中可以看到特洛伊战争称得上是一场属于地中海的战争，也是最早的地中海战争。

施里曼的伟大发掘

在漫长的历史时期里，人们一直将荷马史诗看成是纯粹的虚构，但有个人偏偏认为它是真的，这就是施里曼。

施里曼 1822 年 1 月出生在德国，从小爱读荷马，与一般人不同的是，小施里曼相信史诗里所说的每句话都是真的，并且决心找到特洛伊。

长大后，他经过一番艰苦奋斗，终于发财致富，有了这个经济基础，他决心实现自己的童年梦想。

经过一番努力，他从土耳其苏丹那里获得了发掘的许可，来到了小亚细亚西部靠近爱琴海的地方。但去哪里发掘呢？他知道有个法国学者勒舍瓦里曾经说古代特洛伊就在现在一个叫布纳尔巴希的村子。他到了那里后，却发现那里不可能是古代特洛伊的所在，因为那里的地形与荷马所说的完全不一样。例如《伊利亚特》里说，一天之内，希腊战士可以在自己的海边军营与特洛伊城之间往返几次，他们甚至可以听到特洛伊人的幽幽长笛声。这说明特洛伊离海边肯定不远。但布纳尔巴希却离海边足有 13 公里之遥。而且布尔纳巴希周围有好多悬崖峭壁，这样一来也不可能发生史诗中所说的阿喀琉斯把赫克托耳追得绕着特洛伊城兜圈子的事。

所以施里曼断定特洛伊肯定不在这里，他在小亚细亚半岛爱琴海沿岸一带漫游起来，后来到了一个叫希沙里克的小山脚下，他立即发现这里就是特洛伊的所在。因为它的地理位置、周遭环境与荷马所说的简直一模一样！就如英国著名史学家诺威奇在《地中海史》中所引用的施里曼的话所言：

我在山顶离开牵马的领路人，然后走下峭壁，这个斜坡首先是一个 45°的角，然后是 65°的角，于是我不得不爬下去。最后花了将近 15 分钟才下来，于是我确信没有一个人，甚至没有一只羊能从 65°的斜坡上跑下来，对地形考察严谨的荷马不会让我们相信赫克托耳和阿喀琉斯从这个不可思议的峭壁上跑下三次。

希沙里克的情况则不同：

必经的环城斜坡坡度小，他们跑着越过它也不会有摔倒的危险。赫克托耳和阿喀琉斯绕城跑三次总共 15 公里。[2]

施里曼相信这里就是特洛伊的所在，于是在这里开始了发掘。

具体的过程且不多说，总之他的发现比他想要发现的多得多。他在这座不起眼的小山上一共找到了七座城市，这些城市不是一座挨着一座，而是叠罗汉一样一座压在另一座上面，它们每个都是在前一个毁灭之后于它的废墟之上重建起来的。在第二层里，他发现这里宽阔的大街上到处铺满了灰烬，他认为这就是他要找的、史诗中载明被一场大火烧毁的特洛伊。不久，他又在那里找到了大量的金银珠宝。联想起荷马所说的特洛伊之王普里阿摩斯是大富翁，这就让他更加确信是特洛伊城的故地了。

施里曼至死都不明白，他所发掘的"特洛伊"实际上与发生特洛伊战争的地方远着呢！不是空间上的远，空间上的确是同一个地方，不过就时间而言，就像汉朝与宋明之间一样遥远。他所谓的特洛伊实际上是比真正的特洛伊要早得多的另一种文明，那时人们对这种文明还全然无知。

施里曼死后，他的助手费尔德主持后续发掘，他写了一本叫《特洛伊与伊里翁》（*Troy and Ilios*）的著作，将在特洛伊所发掘的城市分成了九层，也就是所有九座一座叠压一座的城市。他认为发生特洛伊战争的地方是第六层。费尔德与大老粗施里曼不一样，是一个训练有素的考古学家，他什么都对了，单单没有找对特洛伊。他的分层是正确的，但特洛伊不在他所说的第六层，而在第七层，精确地说，是在第七层的初期。这里才是真正的普里阿摩斯与帕里斯的特洛伊，是更伟大的阿喀琉斯把伟大的赫克托耳追得四处狂奔、最后被箭射中脚踵而死的地方，是世上最美丽的女人海伦曾经生活过10年的地方，是最后被狡猾的希腊人用木马计胜了并化为灰烬的地方。因为的的确确地，考古学家们发现，这座一度伟大的城市于公元前1200年左右被一场大火毁灭！

找到特洛伊后，施里曼没有停止发掘的脚步。

我们知道，特洛伊战争中的一方是普里阿摩斯为王的特洛伊，另一方则是阿伽门农为统帅的希腊盟军。阿伽门农是迈锡尼的王，迈锡尼是古代希腊最强大的城邦。

找到特洛伊后，施里曼带着满身小亚细亚的征尘，风尘仆仆地来到了希腊，他的下一个发掘对象就是迈锡尼。

与找特洛伊时大费工夫不同的是，迈锡尼是不用去找的。因为荷马所说的巍峨、庄严的迈锡尼狮子门虽然经过了三千余年的风吹日晒，依旧傲然挺立在伯罗奔尼撒的大地之上。

根据古希腊神话，阿伽门农在灭了特洛伊回国后，被他的妻子克吕泰涅斯特拉和她的奸夫埃吉斯图斯给杀了。所以在迈锡尼城内城外都有墓，但城外埋葬的是不配葬在城里的奸夫淫妇，城内才是阿伽门农的墓。施里曼来时迈锡尼的城内城外还都有古墓，他相信波桑尼阿，就没理睬城外的古墓，而专心地在城内挖了起来，结果发现了足有五座古墓，里面直直地立着古代的英雄们——施里曼相信这五位英雄就是阿伽门农王和他的朋友们,其中一个人身材伟岸,他的骷髅旁边放了大量的青铜武器。他断定这就是伟大的阿伽门农,那统率希腊英雄们战胜特洛伊的人。当然,对于他更加重要的是尸体旁边的东西:盔甲、酒杯、饭碗、许多的小装饰品,甚至有能戴在整张脸上的大面具——那些东西统统是金子做的!这更加印证了施里曼的想法:这些墓就是古希腊英雄们的。因为荷马早就说过,迈锡尼有的是金子。

像在特洛伊一样,施里曼什么都对了,但只有一样错了,他找到的并不是希腊英雄们的墓,而是另一些希腊人的墓,他们比阿伽门农们要大了足足400岁!

我们有理由相信,这些人也是古代的英雄,他们也许曾经与阿伽门农一样有过伟大的业绩,曾经是一国之君,但他们的英名,像那逝去的时光一样,已经永远消失了,沉没在遗忘的长河里。

上面的一切证实了荷马的史诗并非传说,而是史实,我们据此完全可以也应该相信,在遥远的3000余年前,在爱琴海边的确发生了一场规模巨大的战争。这也应该是地中海一带发生的第一场大规模的战争——特洛伊战争。

---

1 [德]埃米尔·路德维希 著:《地中海历史》,刘毅 译,人民日报出版社2015年3月第一版,第3页。
2 [英]约翰·朱利叶斯·诺威奇 著:《地中海史》,殷亚平等 译,(中国出版集团)东方出版中心,2011年7月第一版,第11—12页。

第3章 希波战争
——东方与西方、亚洲与欧洲之间的第一场大战

历史上最可靠的第一次大规模的海战乃是在希腊人与波斯人之间进行的，这就是著名的希波战争。

伊奥尼亚起义

波斯人生活在小亚细亚半岛，建立了世界历史上第一个跨洲大帝国——波斯帝国。它第一个伟大的王叫居鲁士，第二个叫冈比西斯，第三个叫大流士，他们通过大规模征服建立了一个横跨亚、欧、非三大洲的庞大帝国，把整个小亚细亚、叙利亚、埃及、地中海东岸等直到印度河都收进了帝国版图。

我们知道，小亚细亚半岛西部和南部以及沿地中海一带自古以来就有了希腊人的殖民地，特洛伊战争实际上就是希腊本土的希腊城邦与小亚细亚半岛上的希腊城邦之间的战争，也可以说就是希腊人之间的内战。

但那是很早以前的事了，后来，波斯人来了，建立了强大的波斯帝国，到公元前540年左右时，波斯帝国的势力延伸到了小亚细亚半岛，征服了这里的希腊城邦——这些希腊城邦有一个共同的名称叫伊奥尼亚。正是这些城邦引发了希腊与波斯之间最早的战争。

这是怎么回事呢？原来，波斯人自己并不直接统治希腊人，而是派出所谓的总督，这些人就像希腊人的太上皇一样，他们在小亚细亚半岛西部的萨底斯坐镇，并指定一些当地的人去统治各希腊城邦。但他们指定的这些人不少是暴君，残酷地压榨人民，因此激起了人民的激烈反抗。特别是米利都的人民，他们的统治者是阿里斯塔戈拉斯，他本来就是一个暴君，有一次为了私利而与波斯人一起去征服另一个希腊城邦，结果被打得大败，他看到自己的人民很快就可能起来推翻他，也看到了波斯人似乎并不是那么强大，于是干脆起

居鲁士大帝及其后人建立了世界上第一个地跨亚欧非三大洲的帝国。

来反抗波斯人,他的号召得到了本来就对波斯人的统治没有好感的许多伊奥尼亚希腊城邦的响应,这就是伊奥尼亚起义的起源。这是公元前499年的事。

伊奥尼亚起义自然得到了来自希腊本土特别是雅典人的大力支持,据说主要是因为阿里斯塔戈拉斯派出使节告诉雅典人说波斯军队只是徒有虚名,实际上不堪一击,雅典人相信了他的话,不但同意结盟,还派出了军队经由爱琴海开赴伊奥尼亚,与参加起义的伊奥尼亚城邦组成了联军。联军旋即向波斯人在伊奥尼亚的统治中心萨底斯发动了进攻,占领并且摧毁了它。

这时候的波斯统治者是大流士,他立即派出军队反击,当他们到达萨底斯时,发现城市已被毁,敌人已经走了,于是跟踪追击,在小亚细亚半岛西南海岸的名城以弗所附近追上了敌人,立即发动进攻。由于波斯人是抱着复仇之心而来的,并且是精锐的骑兵,起义军则是步兵,不但刚战斗过,而且已经走了很长的路,又累又饿,当然不是波斯人的对手,在波斯骑兵的大砍大杀之下,交战不久就大败,很多战士被杀,剩下的四散奔逃,雅典人则跑到已经等在以弗所岸边的战船上回去了。这就是以弗所之战。

但以弗所之战的失败并没有使得伊奥尼亚的希腊人颓丧,甚至更激起了他们的斗志,更多的城邦参加了起义队伍,甚至连爱琴海中的大岛塞浦路斯的不少城邦也参加了进来,而且是主动参加的。

在伊奥尼亚,战斗一直在如火如荼地进行,但这时候已经是波斯人在进攻了,换言之就是镇压起义。大流士派他的三个女婿统领三支大军，他们将反叛的地区分成三大块，分别进击。他们一路顺利，很多城市都是在一天之内就投降了。其中一个女婿道里色斯兵力最强，他率军镇压卡里亚一带的起义军。卡里亚在小亚细亚半岛东南部一带，有许多希腊城邦。

一开始，道里色斯节节胜利，两次将卡里亚人打得惨败，都想要投降了，后来米利都人派出了援军，促使他们继续作战。由于在此前的战斗中大胜，道里色斯不由得有些轻敌。这导致了他在培达索斯遭到起义军的伏击，几乎全军覆没，他自己也战死了，这是公元前495年的事。此后卡里亚的战争暂时终止了。

而在伊奥尼亚，主要由大流士的另一个女婿奥塔勒斯和他的部将阿塔斐勒斯负责镇压起义军，他们一开始取得了一些胜利，降服了一些城邦，但后来双方陷入了僵持局面。正在这个关键的时候，起义军的领袖，就是那位阿里斯塔戈拉斯，可能知道终究打不过波斯人，因此心生恐惧，也可能是由于其他原因，反正突然率领他的队伍脱离了起义军，他向西进发，到了色雷斯一带，在那里与色雷斯人打了起来，后来被杀。领袖的出走极大地挫伤了起义军的力量与勇气。

到了公元前494年，波斯人开始向起义军的中心米利都发动了进攻。伊奥尼亚的起义城邦集聚起来商议对策，决定不与波斯进行他们擅长的陆上作战，而要在海上击败他们。于是他们尽可能多地召集战舰，总数达350多艘，不用说是一支强大的海上力量。这确实也吓着了波斯人。于是他们想出了一个主意，这时候在波斯一边有不少的暴君，本来就是波斯人任命的，后来被自己的人民赶走了，就跑到波斯主人那儿去了。波斯人的主意就是要他们偷偷地跑到这时候起义军的海军舰船聚集的拉德岛上去，劝说他的人民不要与波斯为敌。这些暴君当然从命，于是跑去了拉德。一开始并不成功，后来终于得到了萨摩斯人的同意，他们决定秘密地和波斯人合作。

得到了这样的好消息后，波斯舰队于是放心大胆地向起义者们发动了进攻。双方开战不久，萨摩斯人就率领他们的军舰逃跑了，要知道他们可是义军的主力之一，他们一跑，另外一些城邦以为出了什么大事，也跟着跑了，只有希俄斯人继续奋勇作战，但他们人数太少，打不过波斯海军，后来也只能一跑了之。这就是拉德之战了。

拉德之战的失败也决定了整个起义的失败，其原因也是希腊人很多失败的主因，就是内部的不团结，并且总有背叛者。这样的情形一直贯穿了整个希腊人的历史，这也是希腊人虽然智慧且勇敢，但从来没有建立一个统一的国家，并且在悠久的历史中大部分时间都处于异族统治之下的主要原因。

此后，波斯人就集中力量围攻起义的中心之地米利都，通过凿地道攻入了米利都城，结果，大部分米利都的男人都被杀了，女人和孩子则成了奴隶，一度繁荣昌盛并且诞生了西方哲学史上最早学派——米利都学派的这座伊奥尼亚名城就此被毁。

摧毁米利都之后，起义者们并没有投降，还有许多人在战斗，波斯人也继续镇压。首先是希俄斯人，在拉德岛之战中他们奋勇战斗，因此米利都被毁后希俄斯岛便成了起义军的新中心，这时候的领袖则是希斯蒂亚乌斯。

这位希斯蒂亚乌斯本来也是米利都的统治者，也曾经追随大流士一起作战，因此颇得波斯皇帝的好感。后来大流士将希斯蒂亚乌斯召到了宫廷里当顾问，而将米利都交给他的侄子去统治，这位侄子就是阿里斯塔戈拉斯了。但希斯蒂亚乌斯在宫廷里感到不快乐，因此设法回到了米利都，在米利都被毁后他就承担起了起义军领袖的责任。他首先率领一支舰队到达了希俄斯，打败了希俄斯人的海军，希俄斯人于是接受了他的统治。希斯蒂亚乌斯率领他已经相当强大的军队在小亚细亚半岛西部与阿塔斐勒斯统领的波斯大军展开了战斗。然而在马勒内之役中，他的军队被波斯骑兵击败，他本来就曾经臣服于波斯人，一看到形势不对，很快就投降了。他想要阿塔斐勒斯把自己送回大流士那里去，凭他的三寸不烂之舌说动君主原谅他。但阿塔斐勒斯哪里会上他的当，立马将他的头砍了，不过倒是将头送到了大流士那里去了。

希斯蒂亚乌斯被杀后，起义军更是群龙无首了，不久各个反叛的城邦就被波斯人一个个地击破，起义也就彻底失败了。这时已经是公元前493年左右了。

其他城邦没有像米利都那么惨，波斯人并没有摧毁它们，而是让它们继续存在，不过它们已经不是独立的城邦了，而成了波斯的一部分。各城邦还是有一定的自主权，也有自己的统治者。甚至于后来在阿塔斐勒斯的主导下，希腊人讨厌的那些暴君都被赶下台了，许多城邦建立了希腊所喜欢的民主制。阿塔斐勒斯也因此赢得了希腊人的敬爱，波斯人与希腊人的关系也和好了，他们可以说是心甘情愿地接受了波斯人的统治。

由于波斯人的统治总的来说是和平且仁慈的，加上他们在镇压伊奥尼亚起义中所表现出来的强大武力，因此后来，当大流士以雅典曾经帮助起义者为名要降服整个希腊时，大多数希腊城邦都愿意接受他的统治。具体方式就是当大流士派出使节到各城邦要他们献上土与水时，他们都献上了。当然，也有拒绝的，主要就是雅典与斯巴达，据伟大的历史学家希罗多德记载，斯巴达人将使者扔进了一口井里，叫他们自己去取土和水。

这自然激起了大流士的愤怒，于是他亲自率军出击，这就是第一次希波战争。

第一次希波战争

公元前490年，为了惩罚雅典人支援伊奥尼亚起义以及拒绝臣服，大流士发动了第一次希波战争。

波斯大军正是从地中海攻入希腊本土的，为此大流士建立了一支庞大的舰队，横越爱琴海，在希腊的马拉松平原一带登陆。

马拉松平原坐落在雅典东北约40公里左右的爱琴海海边，面海背山，呈新月状，有近10公里长，但中间狭窄，最宽处只有约3公里，总的特点是易守难攻。

这时候大流士统率的波斯大军约有10万人，而雅典的总兵力只有约1万人，雅典也向各邦求救，结果只有普加太亚提供了1000援军，但雅典人凭借有利的地形，还有合理的战斗队形，也就是著名的希腊长矛密集阵战术——希腊方阵，以及强大的重装步兵，当然更加重要的是为了保家卫国而激起的无畏斗志，打败了不可一世的波斯大军，先在方阵作战中以少胜多，打败了敌人，逼使其撤退，后又乘胜追击，一直把波斯军队追赶到海边，波斯军队慌忙登船而逃。

战役结束之后，波斯军队死亡达6000余人，而希腊军队只损失了近200人。

据说，胜利之后，为了把胜利的喜讯告诉雅典人，雅典军队的统帅米太亚得派了一名士兵斐第庇德斯去报讯，他全力奔跑，一直从马拉松跑到雅典城的中央广场，对正等待消息的雅典人喊了一声："大家欢乐吧，我们胜利了！"之后就倒地而死了，可以说是活活累死的。为了纪念这位伟大的神行太保和这次伟大的胜利，以后希腊人便在每届奥林匹克竞技会都跑这么一次，这就是现代马拉松长跑的起源，跑程大致相当于马拉松到雅典城的距离，约42.195公里。

第二次希波战争

10年之后，公元前480年，波斯大军在薛西斯一世的统领之下再次猛扑过来，爆发了第二次希波战争，这次战争更加有名，并且爆发了世界上最早的有确切

这幅画描绘了斐第庇德斯跑到雅典报告胜利的消息后累死的情景。
(Artist:Merson Luc-Olivier)

记录的大规模海战。

希罗多得曾经对希波战争时期波斯帝国的军队有过一个精确的描述：波斯帝国海军有1207艘战舰，官兵有57万，另有陆军约30万，这次前来征伐雅典人的战舰就有约1000艘，规模之大前所未有。

其实，波斯人本是陆上民族，并没有强大的海军，它们的海军力量主要来自当时地中海的两个强大的航海民族——腓尼基人和迦太基人，他们在两次希波战争中都站在波斯一边，还有古老的埃及，它也被波斯人征服了，海军归属了波斯人，于是波斯人得以利用这三个民族的庞大舰队建立了波斯海军，并成了当时地中海的霸主，包括爱琴海在内实际上都在庞大的波斯海军的控制之下。

这次薛西斯将军队分成海陆两路，陆路从赫拉斯滂海峡——达达尼尔海峡的古名——进入欧洲，通过色雷斯和马其顿，从希腊北部攻来，不久爆发了著名的温泉关战役。

温泉关战役

温泉关位于希腊中部，是一个十分狭窄的通道，一边是大海，另一边则是十分陡峭的悬崖，通过这里可以直抵雅典等希腊的心脏地区。斯巴达王李奥尼达（Leonidas）率领300斯巴达勇士坚守咽喉要地温泉关。

其实一开始不但有300名斯巴达战士，还有数千名其他希腊城邦的战士。战斗共持续了三天。在第一天的战斗中，薛西斯一世先派出了弓箭手，向斯巴达人射出了如雨般的利箭，然而斯巴达人的盾牌既宽大又坚固，再多的箭也奈何他们不得。薛西斯一世又先后派出了两支多达万人的军队进行攻击，但斯巴达战士们退守在温泉关最狭窄的地方，结成了严密的人墙，由于通道太狭窄，波斯人的人数优势难以发挥，攻击再次失败。特别是在第二波的攻击中，薛西斯一世派出的是他最精锐的部队，被称为"不死之士"，但同样没有奏效。

在第二天的战斗中，薛西斯一世再次派出了上万的士兵向斯巴达人发起了攻击，但结果一样，他们寸步难进。看到这种情形，薛西斯一世只得退回军营，愁眉不展。这时候，像在前面的伊奥尼亚起义中的情形一样，又有一个背叛者来了，他是特拉奇尼亚人（Trachinian），名叫埃菲阿尔特斯，为了获得奖赏，他告诉波斯王，有一条秘密的小路可以绕过温泉关。薛西斯一世大喜，立即派出了一支强大的军队，在这个希腊人的带领之下绕到了温泉关的背后。

第三天，黎明时分，李奥尼达已经得到了波斯人从背后杀来了的消息，据说他召集大家开了一个会，要求所有非斯巴达的战士都离开，由他们来单独对抗敌人。其他希腊人都走了，只有数百名底比斯人坚决不肯走，要和斯巴达人并肩战斗到底。

战斗的具体情景就不用说了，成千上万的波斯人围住斯巴达人和底比斯人，向他们发动了猛烈的攻击。这时候已经不是在狭窄的通道上了，斯巴达人四面受敌，依然殊死战斗。他们用长矛刺，长矛折断后就抽出短剑砍，短剑也折了之后就用双手搏斗，甚至连牙齿也用上了，但依然难以抵挡，纷纷战死，包括李奥尼达在内。后来有一些底比斯人投降了，但斯巴达战士没有一个投降，最后全部壮烈牺牲。

温泉关失守后，波斯大军长驱直入，逼近雅典城。雅典人弃城退往萨拉米斯岛（Salamis），波斯军队进占雅典城，将其付之一炬，随后大军追击到萨拉米斯岛对岸，与正在蜂拥而来的波斯战舰群配合，欲将雅典人一网打尽。

阿特米西翁战役

其实，就在温泉关之战发生的同一天，还发生了一次海战，这就是阿特米西翁战役。

阿特米西翁战役发生在优卑亚岛旁边的阿特米西翁海峡，这是一条狭窄的水上通道，就像温泉关是一条狭窄的陆上通道一样。希腊人的策略是想同时在海上与陆上这两条狭窄通道上阻止波斯人。陆上的指挥者是李奥尼达，海上的指挥者则是米斯托克利，他统领由270余艘战舰组成的希腊联军，先期到达阿特米西翁海峡，等待着波斯人的到来。

这时候，像拥有一支庞大的陆军一样，波斯人也拥有一支庞大的海军，战舰总数达上千艘，但他们运气不好，到达阿特米西翁海峡之前就遭遇风暴，近三分之一的战舰被毁。好不容易到达海峡之后，他们先派出了200来艘战舰，想引诱希腊海军前来作战，然后以优势兵力一举围歼，然而不久又遭遇了一场海上风暴，200来艘战舰几乎全被摧毁，也就是上千艘战舰这时只剩下了约一半。不过，波斯海军的实力貌似比希腊海军强大得多。

所以，当波斯人看到希腊人的舰队后，立即扑了上去，希腊舰队则布成了阵势，所有舰只船尾朝内，船头朝外，构成一个环形，这样一来，波斯人的军舰无论从哪个方向来袭他们都可以抵挡，这样就有效地阻止了波斯人利用舰只数量上的优势进行围攻。至于战斗结果，虽然希腊人击毁了一些波斯战舰，但他们自己受到的损失也不小。相对于波斯人多得多的战船数量而言，希腊人在这第一天的战斗中算是失败了。

第二天，双方继续交战。不过这一天交战的规模很小，希腊占了上风，摧毁了一些波斯人的舰只。

第三天，波斯人出动了全部战舰，依仗数量上的优势摆出一个半圆的阵形朝希腊舰队猛扑过来，想要包围住数量少得多的希腊战舰。希腊人当然不能让敌人得逞，于是迎上前去，双方就在阿特米西翁海峡中展开激战。

激烈的战斗持续了一整天，到傍晚结束时，双方的损失大体相当，但要知道希腊人舰只数量可少得多，因此这对于他们来说等于失败。

然而希腊人并不打算退缩，依然想将波斯人堵在海峡，不让他们通过，但不久之后得到了温泉关失守的消息。知道波斯人已经可以从陆上直扑雅典了，他们在海上的堵截也就没有了意义，于是撤退了。

到了第四天，当波斯准备再战的时候，发现昨天还满是希腊战船的海上已经空荡荡的了！

这些希腊战舰退守到了萨拉米斯湾，波斯舰队立即跟踪追击，于是，公元前480年9月的一天，就发生了在第二次希波战争中决定性的战役——萨拉米斯海战。

萨拉米斯海战

萨拉米斯岛夹在希腊半岛和伯罗奔尼撒半岛之间，东面和希腊半岛仅仅相隔一条海峡，十分曲折且狭窄，希腊海军有约300艘战舰，就停泊在海峡内，面对波斯人的近千艘战舰，双方实力对比悬殊。

对雅典人更加不利的是，波斯海军封锁了海峡的两端出口，雅典人成了瓮中之鳖。

面对这样的局势，雅典人逃无可逃，只有决一死战。

这时候雅典海军的统帅仍是米斯托克利，他采取了疑兵之计。一开始好像要逃跑。波斯人立即上当了，舰队追了过来，不久进入了狭窄的海峡，中了雅典人的计。因为波斯人的军舰不但大，而且数量众多，在狭窄的水域内行动极为不便。相反，雅典海军的军舰是长但低矮的三层桨座的桨帆战船，灵活且坚固，特别是它们的船上有一种非常厉害的武器——撞角。

所谓撞角就是在舰首水线下用青铜包裹的巨大而坚固的突出部，就像牛羊的角一样，所以叫撞角。据说早在公元前9世纪希腊人就在船头装了这样的撞角，这也从此成了希腊人的主要海战方式，就是用自己的船去撞击敌人的船，将之撞伤甚至撞沉。要知道希腊的每艘战船上有150名桨手，分坐在三层甲板上，一齐划动长桨推动战船向前突进，速度可以超过7节，大约相当于每小时11公里多，这在古代船舶是很快的速度了，在这个速度之下那撞角猛撞过来，可以想象将给予被撞的战船以巨大的撞击力。

现在波斯人就尝到了这种撞角的厉害。雅典军舰看到波斯舰队进了海湾，立即掉转船头，向敌舰冲去，而波斯人的桨帆战舰既大又不灵活，只能与希腊人的战舰迎头相撞，一撞之下，有的当时就被撞毁了，有的则只能后退，于是与后面自己的军舰相撞了，而希腊人的船还在一次又一次地撞向他们。不但如此，船上的弓箭手们还手挽强弓、万箭齐发，其中甚至有燃烧着的火箭。当然，更加重要的是，他们是为了保家卫国、反抗侵略，那种气势与勇敢是由无数民族组成的波斯杂牌军无法相比的。

约8个小时之后，大海战结束了，波斯舰队有约200艘战船被击沉、50艘被俘获，剩余的波斯舰船掉头逃跑了。其实这时候余下的波斯战舰依然比希腊人多，只要他们拼死一战，希腊人是难以打过的，但他们怎么会有这样的勇气呢？

不但波斯的士兵们没有勇气，就是薛西斯也如此。事实上，他站在山头上，从头到尾目睹了这场海战，看到他庞大的舰队被摧毁、逃跑，像拜伦一首诗里面所说的一样，波斯王一觉醒来，发现他繁星般的舰队已经灰飞烟灭。

希波战争之后

薛西斯自知不可能征服雅典人了，于是率残军逃回了小亚细亚。萨拉米斯亚湾海战以希腊人的大胜而告终。

不过，薛西斯一世并没有完全结束对希腊人的战争，而是留下了一位大将马多尼乌斯，将一些精锐之士交给了他，希望他来完成征服希腊人的使命。

这位马多尼乌斯算得上是个勇士，是他自愿留下来继续与希腊人作战，因为在他看来，倘若就此全军退回波斯，那简直是一种耻辱，这是他不能接受的。

他先将军队带回希腊北部，进行了休整。过冬之后，第二年，公元前479年，又向希腊人杀来，双方在科林斯地峡之北的普拉太亚展开了激战，这就是普拉太亚之战。

普拉太亚之战

对于参加这次作战的双方兵力现在一般的说法是双方都在10万人左右。这对于波斯人当然是不利的，因为此前他们都是以十倍于希腊人的兵力作战，现在却只是兵力相当了，不过这都是波斯人的精锐兵力，也足堪一战。

战斗开始前，是马多尼乌斯先率军攻向希腊人，他越过大半个希腊，抵近了雅典与伯罗奔尼撒半岛，大有要一举征服全希腊之势。他还在普拉太亚附近建立了坚固的营垒，准备在这里与希腊人决战。

战斗开始的时候，希腊人采取诱敌之计，当马多尼乌斯率军从营垒里冲出来的时候，他们抵抗了一阵，然后装着失利退却，马多尼乌斯以为希腊人真的被打败了，于是率领一部分精锐步兵追击，但中了圈套，陷入希腊人的重重包围之中。于是波斯人组成了阵形与希腊人对战。这时候希腊人就显示了他们在武器装备上的优势。希腊人步兵的主要装备是柄很长的长矛和短剑以及盾牌，波斯人的则是又笨又大的盾牌和短柄的长矛。这样一来,在两阵对攻时,希腊人可以轻易地用他们的长矛刺到敌人,波斯人却做不到,自然十分被动。甚至只能用双手去抓刺过来的长矛,但这时候希腊人就抽出了短剑,波斯人的双手甚至头被一剑斩掉。但这些波斯人毕竟是精选之士,依然死战不退。此时,另一幕发生了。就是当战斗正进行时,马多尼乌斯骑在一匹白色的高头大马之上,看着双方激战,在人群中十分显眼。一个斯巴达战士阿里勒斯图斯看见了,从地上拾起一块石头,朝他砸了过去,正砸在他的头上,马多尼乌斯一下子被砸死了,从马上掉了下去。

波斯人群龙无首,顿时大乱,被希腊人一顿砍杀,绝大部分被杀,一小部分逃回了营垒里。希腊人接着包围了营垒。在希腊人的猛攻之下,营垒破了,里面的波斯人又被歼灭殆尽。

普拉太亚战役以希腊人的大胜而告终。

就在普拉太亚战役进行的大致同时,公元前479年8月,另一场战役也进行了,这就是米凯勒之战。

米凯勒之战

米凯勒之战是一场比较特殊的海战,也许是西方历史上最奇特的海战之一,因为它一方面是海战,但另一方面却没有舰只参战。

为什么呢?原来在萨拉米斯湾大败后,波斯海军对希腊海军产生了恐惧心理,不敢再战,于是他们将残余的舰队,也有200来艘战舰,开到了小亚细亚半岛西部的米凯勒。他们也预料到希腊人会来进攻,于是将船只停泊在紧靠海岸的地方,并且在海边建立了营垒用以保卫之。这就是说,想通过陆军去保卫舰队。

希腊海军在列奥蒂奇德斯的统领之下,一路追踪到了米凯勒,看到波斯人的情形,知道他们已未战先怯,于是决心一定要抓住机会将波斯舰队一网打尽。但用舰队从海上去攻击在陆军保护下的舰只是不明智的,从陆上打击海上毕竟比从海上打击陆上要容易得多。于是他们采取了海军陆战的办法,将舰队停泊在附近,然后率军登陆,杀向米凯勒。就在舰队停泊地附近一座小山坡下,与波斯人的陆军展开了激战。

激战的情形和前面的普拉太亚之战差不多,这时候希腊人的方阵和重装步兵的武器优势又起了决定性作用,这次战斗中希腊人在兵力上还占了优势,波斯人大概是四万,而希腊人则有六万,分成左右两翼杀来,右翼以雅典军为主,左翼则以斯

这幅画描绘了米凯勒之战中，波斯人与雅典人在波斯营垒外展开激战。

巴达人为主，右翼的雅典人先发动进攻，他们想在斯巴达人到达之前先解决敌人，于是人人奋勇、个个争先。在他们的猛烈打击之下，波斯人不久就崩溃了，纷纷逃入营垒。但这时候他们阵营中的萨摩斯人——他们也是希腊人——倒戈了，向波斯人举起了战刀，一顿砍杀，波斯人更加混乱了，纷纷向营垒外逃去。逃跑途中又遇到了另一群米勒希安人，他们与此前被毁灭的米利都人是一个族群，这时候也在波斯军中，他们把波斯人诱到了错路上，然后同样反戈一击。

这样的结果就是，四万波斯人中只有极少数逃走了，绝大部分被杀。

至于波斯人的舰队，当然被雅典人俘获了，但他们没有要，而是将之焚毁在海上。

这样一来，就意味着波斯的海军被雅典人彻底毁灭了，再加上陆上的失败，波斯人在这场希波战争之中也就完败了。

希腊人所取得的这些胜利大大地鼓舞了小亚细亚半岛上的希腊城邦，他们纷纷起来反抗，最先的当然是萨摩斯和米勒希安了，此后其他城邦也纷纷效法，向统治他们的波斯人开战了。

乘此机会，希腊人继续进攻，他们首先去了赫勒斯滂海峡即今天的达达尼尔海峡，那里有一座波斯人搭建的浮桥，这是他们向希腊发动进攻的主通道。他们到达之后，发现浮桥已经被拆掉了，估计是波斯人自己拆掉的，以免希腊人利用它来进攻小亚细亚。

至此，斯巴达人觉得大事已成，就回去了。只有雅典人觉得还要继续战斗。于是他们就在克森尼索，即今天的加利波里半岛一带，发动了攻击，那里有波斯人一个重要的城市西图斯，将之包围起来。几个月之后，弹尽粮绝的波斯人打开城门逃走了，但许多人包括波斯人的首领都被抓住杀掉了。不久整个加利波里都在雅典人的控制之下了，这就意味着波斯人已经被完全逐出了欧洲。此后雅典人才胜利班师了，还将浮桥的一些残片带回去当战利品炫耀。这些都是公元前479年的事。

第二年，希腊人派出了一支由数十艘军舰组成的舰队前往地中海中的大岛塞浦路斯，占领了大片地方，不过似乎没有长久留驻，很快就走了，然后前往一个今后将名闻遐迩的地方——拜占庭。

拜占庭是一个古老的希腊城邦，早在公元前7世纪就由从麦加拉（Megara）来的希腊人建立了殖民地，由于它位于亚洲与欧洲之间的交通要道上，所以很快发展起来，成了一座繁荣的大城。但后来被波斯人控制了。这次希腊人的联合舰队开向了拜占庭，不久就包围并攻克之。

由于拜占庭主要位于达达尼尔海峡的亚洲一边，而此前希腊人已经占领了欧洲一边的西图斯，这就意味着他们控制了海峡两边，也等于控制了整个海峡。由于这里不但是欧洲通向亚洲或者亚洲通向欧洲的门户，而且同样控制着通往黑海的商路，这就意味着希腊人——主要是雅典人——不但可以获得军事上的优势，更可以获得巨大的经济收益。

提洛同盟

占领拜占庭后，在希腊人的两大主要力量——斯巴达人与雅典人——之间又发生了分歧，主要是斯巴达人认为既然已经将所有希腊人包括小亚细亚半岛上的希腊人都从波斯人的统治之下解放出来了，他们的使命也就功成事遂，应该休战了。然而雅典人不这么认为，在他们看来，要找到一个办法，不但现在，而且在未来也能够保证小亚细亚半岛上的希腊人不再受到波斯人的威胁。斯巴达人认为这是不可能的，除非将这些希腊人全都移居到欧洲这边来！这等于是要将所有小亚细亚半岛上的土地都让给波斯人，要知道这些城邦绝大多数都是由雅典人建立起来的，他们如何会答应！双方分歧的结果就是斯巴达人带着自己的伯罗奔尼撒盟友拍拍屁股走了，让雅典人自个儿去玩。

见此情景，雅典人便召集他们的盟友在爱琴海中部的提洛岛上的一座庄严的神庙里召开了大会，成立了提洛同盟，正式的名称则是第一雅典联盟。主要成员包括雅典在希腊半岛上的盟友，还有爱琴海中的绝大多数岛屿以及小亚细亚半岛上的希腊城邦。

雅典人建立同盟的目标主要有两个：一是为了联合起来对付波斯人，二是为了在战胜敌人、从敌人那里获得战利品之后进行合理的分配。但盟约也规定了每一个城邦都要向同盟做贡献：或者提供军队，或者提供金钱。绝大多数城邦都只愿意提供金钱，这正是雅典人所希望的，因为他们可以用得来的巨额金钱建立自己的军队，特别是耗资巨大的舰队。这是公元前477年的事。

到了公元前454年，伯利克里（Pericles）当政时，乘雅典的势力达到了极盛，便将同盟的总部由提洛岛迁移到了雅典。

优利米冬之战

同盟的目的当然主要是对付波斯人，因此同盟建立不久，就发动了对波斯人的战争。到了公元前469年左右，在西门的统领之下，爆发又一次大战，这就是优利米冬之战。

战争的主要起因是这时候波斯人又建立了一支大舰队，听说了这个消息之后，虽然波斯并没有利用舰队去攻击希腊人，但在希腊人看来，波斯人建立舰队本身就是一种威胁，在他们看来，波斯人建立海军除了想要攻击希腊人之外不可能有别的用途。于是，西门立即率领他的舰队扑向波斯人，在小亚细亚半岛南部的潘菲利亚一带找到了波斯舰队。

波斯人这时候实际上已经对希腊人望而生畏了，有如惊弓之鸟，因此千方百计想要逃避与希腊人交战。看到希腊舰队驶向他们时，他们的舰队正位于优利米冬河的入海口附近。于是，为了躲避雅典人，他们将舰队驶进了入海口，也许以为希腊人不会这么穷追猛打，万一要是打起来，他们在岸上还有一支陆军可以保护他们。

但西门毫不犹豫地追着波斯人的舰队也冲进了优利米冬的入海口，不久就追上了波斯舰队，双方展开了激战。

是时同盟的舰队大约有200艘舰只，波斯人更多，可能多达350艘，本来是有数量优势的，但问题是波斯人十分畏敌，根本不敢交战，当希腊人的军舰已经冲向他

提洛岛景色，在古希腊它被尊为神圣之岛。
(Artist:Carl Anton Joseph Rottmann)

们，逃无可逃时，才只得勉强回过头来迎战，但在这样的心态之下如何可能取得胜利呢？因此不久波斯人就大败，他们将舰只冲向了河岸，然后逃到了岸上。这时候岸上已经有波斯陆军在接应了，他们在岸边列阵，准备迎击希腊人。

看到这样的情形，西门也毫不犹豫地同样将船冲向岸边，然后率军登岸，列成他们擅长的希腊方阵，向波斯陆军攻去。

战斗的结果与前面讲过的米凯勒之战高度相似。波斯人武器装备的劣势再次明显地暴露出来，他们的短矛哪敌得过希腊人的长矛？矛不行，盾一样不行，总之都不是希腊人的对手。于是在希腊方阵的打击之下，波斯人的陆军又崩溃了，纷纷逃跑，逃进了营垒，但营垒也很快被攻破了，大批波斯人被俘被杀。

至于舰队，除了少部分逃走了，其余都被希腊人摧毁了。

总之，像在米凯勒之战中一样，在这次的优利米冬之战中，希腊人又同时在海上与陆上击败了敌人，取得了大胜，使波斯人对希腊人更加恐惧、更不敢攻击希腊人了。

惨败埃及

但所谓树欲静而风不止，虽然波斯人不想与希腊人作战，然而几年之后，公元前460年左右，战争再起。而且这次的战场已经不是小亚细亚半岛或者爱琴海中的希腊城邦了，而是到了地中海南岸的非洲、古老的埃及。

原来，这时候的埃及一直处于波斯人的统治之下，波斯人在埃及的总督伊拉罗斯二世看到波斯人被希腊人打得如此狼狈不堪，便公开反叛波斯人了，并且在战斗中多次打败波斯军队。

这时薛西斯一世已死，他的第三个儿子继位，称亚达薛西斯一世，他派出了一支多达30余万人的大军开赴埃及。埃及人自知不敌，赶忙向雅典人求救。根据一条古老的规则，"我的敌人的敌人就是我的朋友"，以雅典为首的提洛同盟决定支援埃及人。于是派出了一支强大的舰队越过地中海，驶向埃及，不久到达。

这时候波斯大军已经杀来了，于是双方在尼罗河三角洲一带展开大战。

一开始，由于波斯军队在人数上占有很大优势，希腊人处于被动，但他们依然信心百倍、奋勇作战，并且他们的方阵的确比波斯人的先进不止一点点，很快扭转了颓势，击溃了波斯大军，大批波斯人被杀。据说多年以后，当希罗多德去寻访旧战场时，还在那里看到了数不清的波斯人白骨。

此后，波斯人在埃及的主要兵力就集中在了中部的古城孟斐斯，雅典和埃及的联军将这里包围了起来，但孟斐斯城内的波斯人坚决不肯投降，猛烈抵抗，成功地守住了城市。

这时候，亚达薛西斯一世再次派出了一支人数达30余万的大军。不止于此，他又建立了一个庞大的舰队，拥有300艘以上的舰只，他还用一年时间训练了海军士兵，训练完成之后才在麦加比佐斯的统领之下攻向埃及。

由于几年时间都未能攻下孟斐斯，雅典人将海军舰队停泊在尼罗河三角洲中的一个小岛普罗索庇底斯附近，也许因为他们没有料到已经被吓破了胆的波斯人竟然敢主动进攻，所以未加防卫，因此麦加比佐斯成功地率军包围了普罗索庇底斯的整支雅典舰队以及陆军。雅典人这次陷入被动了，屡次攻击不能脱围，但波斯人也攻不进来。

但后来，波斯人成功地挖掘了一条河沟，舰队通过这里杀进了雅典舰队的锚地，很快击溃了雅典人。不但消灭了整支舰队，还几乎全歼了雅典大军，只有极少数人逃到了毗邻的利比亚，然后经由地中海南岸的昔兰尼港回到了雅典。这是公元前455年左右的事。

雅典人真是祸不单行，就在波斯人在普罗索庇底斯击溃雅典舰队不久，另一支雅典舰队又来了，原来他们是被派来支援普罗索庇底斯的雅典舰队的，不知道这时候它们已经被波斯人消灭了。结果，当这支舰队抵达尼罗河口时，遇到了强大的波斯舰队，一番交战之后，士气旺盛的波斯大军又击溃了这支雅典舰队。

这时候，在地中海中的塞浦路斯一直有一支希腊舰队，在西门的指挥之下，其目的就是要征服塞浦路斯岛，在这里牢固地建立雅典人的统治，但他只取得了部分成功。当雅典军队在埃及被波斯人打败之时，雅典人已经与一个新敌人——斯巴达——开战了，这就是伯罗奔尼撒战争。这种要同时面对两大强敌的局面对雅典人显然是不利的。于是，他们决定迅速解决塞浦路斯，于是又派出了一支由多达200艘军舰组成的舰队开赴塞浦路斯，包围了大城基顿，然而不久就遭遇危机，因为他们的统帅西门病死了。

西门之死对雅典人是致命的打击，因为他一直是雅典军队特别是其海军最重要的统帅，西门死后，雅典人知道再打下去很难胜利，于是决定撤退。他们将西门的死讯严密地封锁起来，然后准备从基顿撤军了。

这时候的波斯人已经在主动寻求与希腊人作战了，将舰队开向塞浦路斯，两军就在塞浦路斯东部的萨拉米斯展开了大战。雅典人宣称战斗是由西门指挥的，西门的大名波斯人还是害怕的，于是，就像在三国时死了的诸葛亮还打败了魏军一样，死了的西门也指挥雅典人打败了波斯人，此即塞浦路斯的萨拉米斯之战。这是公元前450年左右的事。

希波战争大结局

雅典人自知无法再同时与波斯人和斯巴达人作战了，于是开始同波斯人和谈，波斯人当然也乐意。到公元前449年，希波战争双方签订《卡里阿斯和约》，和约大致包括以下四点内容：

这幅画描绘了波斯王冈比西斯征服埃及,到达孟斐斯的情形。
(Artist:Adrien Guignet)

一、所有亚细亚的希腊城邦都不再由波斯人统治。

二、波斯军队或者总督不能越过克泽尔河,在没有河流的地方,不能靠近距爱琴海少于一天马程或者三天步程的距离。

克泽尔河是小亚细亚半岛中部的一条河流,也是半岛上最大的河流。这等于说是承认了希腊人对大致一半的小亚细亚半岛的统治。

三、波斯舰队不能越过从瑟里斯往南的爱琴海海域;在达达尼尔海峡,不能越过赛纳安岩。前者是位于土耳其西南部的城市,后者是位于达达尼尔海峡最东端的一块岩石。这就意味着希腊可以控制绝大部分爱琴海以及整个达达尼尔海峡。

四、倘若波斯人遵守了上述协议,雅典军队将不会进入由波斯统治的地域。

此后,漫长而血腥的波斯人与希腊人之间的战争暂时告一段落了。

但对于希腊人而言,战争并未结束,因

为一场更大的、对全体希腊人而言都不再是胜利而是灾难的战争已经开始。

　　这就是希腊人的内战——伯罗奔尼撒战争，正是这场战争决定了希腊世界的命运：虽然击败波斯帝国之后，走向了其最繁荣的时代，然而这却是黑暗时代的开始，最终的结果就是整个希腊世界的衰落，而且永无再起之日。

第4章 双雄争霸
——自相残杀的结果是希腊民族的衰落

上章我们已经看到，雅典是希波战争实际上的领导者，因此在战争之中以及战争结束后，雅典成了整个希腊的霸主。它联合许多希腊半岛上的城邦，加上爱琴海中的各个岛屿和小亚细亚半岛上的希腊人城邦，建立了提洛同盟，实际上操纵着整个同盟和盟友们交纳的盟金。

到公元前450年左右时，雅典城邦实际上已经变成了雅典帝国，它的实力从希腊半岛一直扩展到整个地中海，甚至整个地中海几乎都在雅典人的统治之下，这应该是地中海第一次归属一个民族的控制。

这时候，骄傲的雅典人正如他们的伟大统帅伯利克里（Pericles）向雅典人民发表演说时所说，雅典已经是"整个希腊的学校"，他说：

我们的政体并不与他人的制度相敌对。我们不模仿我们的邻人，但我们是他们的榜样。我们的政体确可以称为民主政体，因为行政权不是掌握在少数人手里，而是掌握在多数人手中。当法律对所有的人都一视同仁、公正地调解人们的私人争端时，民主政体的优越性也就得到了确认。一个公民只要有任何长处，他就会受到提拔，担任公职，这是对他优点的奖赏，跟特权是两码事。贫穷也不再是障碍，任何人都可以有益于国家，不管他的境况有多黯淡。[1]

伯利克里统治雅典30余年，为雅典建立了由全体男性公民组成的公民大会，把国家最高权力集中到它手中，让每一个雅典人都自由地生活、尽情地创造。

他统治的这段时期仍是希腊古典文明的巅峰，也是整个西方古代文明的巅峰。

但这巅峰时刻并不长久，因为雅典人与另一支同样强大的力量斯巴达发生了矛盾，到公元前431年，终于爆发了持续数十年之久的伯罗奔尼撒战争。

这是伯利克里的情妇阿帕西娅，她当时在雅典的名气几乎不亚于她的著名情夫。

(Artist:Marie Bouliard)

战争概况

这是西方历史上的另一场著名的战争，也是第一场由历史学家进行了详细记述的战争，这就是修昔底德，他的名著《伯罗奔尼撒战争史》详细地记录了战争之中发生的各种事件，直到公元前411年冬，此后雅典将军色诺芬——他的另一个身份是苏格拉底的弟子——续写了《希腊史》，记录了战争中发生在公元前411年之后的事件。

其实伯罗奔尼撒战争最早开始于公元前431年，直到公元前404年才结束，长达27年。

战争的起因主要是希波战争之后，雅典人依仗其强大的实力压迫其他希腊城邦，甚至有建立雅典帝国之势。于是，另一个强大的城邦斯巴达自然不会答应，便也建立了以它为首的伯罗奔尼撒同盟，与提洛同盟分庭抗礼，这样一来，双方的利益不可避免地发生了冲突，而冲突的最终结果就是战争。

战争主要分三个阶段：

第一阶段从公元前431开始，一直持续到公元前421年，这时候雅典在伯利克里的领导之下，实力强大，特别是拥有无敌的海军，纵横地中海。他针对雅典人的优势，扬长避短，采取了陆地防御、海上进攻的大战略。斯巴达人则相反，他们这时候的领袖是阿基达摩斯二世，由于没有强大的海军，便主攻陆上。公元前425年，他率军攻打雅典及其主要盟友所在的阿提卡半岛，所到之处大肆抢掠摧毁。但雅典人也展开反击，公元前424年，在斯法特克里亚岛一带进行的海战中大胜。

由于互有胜负，于是公元前421年双方签订了《尼西阿斯和约》，各城邦恢复了战前疆界，等于战争没有发生过一样。

但和平只持续了短短六年，到公元前415年，战争重新爆发，进入了第二个阶段。

这个阶段的战争中心是意大利半岛南面的西西里岛。这时候南意大利和西西里一带有许多希腊城邦，因此被称为大希腊。这里有着斯巴达人的重要盟友叙拉古，结果雅典大败，派往叙拉古作战的大军几乎全军覆灭。这是公元前413年的事。

此后战争进入第三阶段，斯巴达人已经取得了优势，特别是公元前408年，斯巴达竟然与希腊人的宿敌波斯人建成了同盟，得到了波斯人的巨额资金援助，战争对雅典人更加不利。虽然期间雅典人也取得了一些胜利，但终归失败。到公元前405年，在另一场大海战即羊河口大海战中，雅典海军被莱山德率领的斯巴达海军大败。

不久，从陆上到海上雅典都被封锁

了，饥寒交迫之下被迫投降。公元前404年双方签署和约，雅典承认失败，接受斯巴达的领导。伯罗奔尼撒战争结束。

这就是伯罗奔尼撒战争的大致经过了，下面我们再来比较详细地讲解一下其具体过程，主要讲述在地中海之中进行的海战。

第一阶段

伯罗奔尼撒战争的起因当然是雅典与斯巴达的争霸，具体的导火索则是公元前433年，属于伯罗奔尼撒同盟的大城邦科林斯与本是其殖民地的克基拉发生了纠纷，科林斯想用武力压服克基拉，但雅典公开支持克基拉，同样用武力压迫科林斯，要求其退兵。科林斯向所属的伯罗奔尼撒同盟求援，当然也获得了援助。到第二年，公元前432年，伯罗奔尼撒同盟与雅典领导的提洛同盟之间已经公开决裂，用武力相威胁，战争迫在眉睫。

又次年，年初，属于伯罗奔尼撒同盟的底比斯人与属于提洛同盟且是雅典最忠诚的盟邦的普拉太亚人之间又有了纷争。斯巴达人主动出击，派出强大的军队集结于半岛北部的科林斯地峡。据说事前还派了一名使者去雅典，但雅典人将其拒之门外，使者是一个有智慧的人，见此情景，不由感叹道："今天将是希腊大难临头之始。"

此后，斯巴达正式向雅典宣战，并将大军开过地峡，往地峡之北的阿提卡半岛扑去。这是公元前431年的事，标志着伯罗奔尼撒战争的正式开始。

此役斯巴达人及其盟友动用了大部分兵力，有步骑兵约3万余人，这在当时的希腊已经是一个巨大的数字了，即使面对波斯大军也未曾如此。

我们知道，当时的希腊是城邦制，所谓城邦就是一座座的小城市，基本上一座小城市就是一个城邦，城邦外面则是乡村，一般城邦的公民总数不过万人，有两三万就是大城邦了。斯巴达的战略就是在陆地上打垮敌人，具体地说就是先摧毁城邦没有城墙防卫的乡村，然后逼迫城邦投降。于是斯巴达大军所到之处，大批乡村被毁，农民们只能逃入城中避难。

伯利克里深知无力在陆上与强悍无比的斯巴达大军对抗，只能顺应时势，开门接纳公民们入城，尽量帮助他们在城中安居，并加固城墙，准备抵抗斯巴达人的进攻。

同时，他派出强大的舰队，沿着伯罗奔尼撒半岛的海岸航行，一遇到防卫不强的城邦就打上岸去，像斯巴达人一样进行破坏，以图摧毁敌人的后方基地。

另外，斯巴达人居民结构有一个特点，就是分成三个截然不同的阶级：希洛人、裴里欧齐、斯巴达人，裴里欧齐是自由民，他们自耕自作，不是奴隶，但也没有政治权利、不能做官。斯巴达人则是斯巴达的主人。他们是奴隶主，占有几乎所有的土地，享有所有政治权利。并且斯巴达人极其鄙视生产劳动，甚至用法律来禁止斯巴达人干活。他们终生只有一个工作——战争。希洛人占了总人口的一大部分。他们是原来生活在伯罗奔尼撒一带的自由的人民，由于被斯巴达人征服，成为了奴隶。他们要替斯巴达人耕种土地，供养主人。但他们的生活却相当优裕而且自由。平时主人绝不会去地里监工，用鞭子逼他们干活。他们每年只要将相当有限、数量固定的一部分收获交给主人，其余的全归自己。所以他们都有相当数量的私有财产，主人也绝不会肆意勒索他们。不过他们也有危险，由于希洛人生活好，养得起孩子，他们的人口往往比斯巴达人增长得还快。他们痛恨奴隶的生活，一有机会就起来造反。为了削弱希洛人，斯巴达人每年都会向希洛人搞一次"宣战"，就是随意杀害看上去强壮或者聪明的希洛人。于是，雅典便派人到了希洛人那里，鼓动他们起来反抗斯巴达人。

不止如此，伯利克里还获得了重要的外援，就是与希腊北部相当强大的色雷斯人和马其顿人建立了同盟。

伯利克里的战略无疑是十分高明的，加上雅典有着斯巴达人望尘莫及的巨大财富，倘若战争能够这样平衡地进行下去，雅典人是很可能取得优势甚至胜利的。

然而，一场天灾降临了。

公元前430年，斯巴达再次派大军攻入阿提卡半岛，大批人再次涌入雅典城避难，由于城中集聚了太多的人口，卫生工作很难得到足够的保障，这时正值炎热的夏天，蚊子苍蝇成堆，终于使雅典爆发了可怕的瘟疫，大批人像苍蝇一样死去。即使活着的人也因为恐惧而失去了战斗的意志。而他们又出不了城，因为城外已经被斯巴达人摧毁得残破不堪。

面对如此天灾，伯利克里倒还镇定，他只能在海上战斗，于是派出了强大的舰队，在伯罗奔尼撒半岛沿海一带展开攻击，还派遣了一支军队北伐属于色雷斯人的一部分、却与斯巴达人结盟的卡尔西斯人和波提狄亚人，伟大的哲学家苏格拉底就参加了这场战斗。

据说苏格拉底一共参加了伯罗奔尼撒战争中的三次战役，哲学家黑格尔是这样记载的：

在这几次战役中，他不仅获得了勇敢战士的荣誉，而且最漂亮不过的是他还获得了拯救其他公民生命的功绩。第一次，是在色雷斯的波提代亚长期被围。……在这个战役的一次战斗中，他看见阿尔其比亚德在一群敌人中间受了伤，他于是杀开一条血路，带着他冲出来，终于救出了他和他的武器。将军们为此颁发了一个花冠给他，作为对最勇敢的人的奖励；苏格拉底没有接受，并坚持这应该给阿尔其比亚德。……在波奥底亚他参加了另一次战役，雅典人占领着一个离海不远的小城堡德利欧，在这里他们吃了一次不太大的败仗。苏格拉底在这里救了他的另一个得意门生克塞诺封；他看见克塞诺封受了伤倒在地上，马也丢了，正在想要逃走。苏格拉底把他背起来，非常从容不迫地抵御着追击的敌人，把他救出。最后他在斯特吕摩尼亚海湾附近埃多尼的安费波利参加了他的最末一次战役。[2]

上面所说的阿尔其比亚德是苏格拉底最心爱的学生，也是雅典甚至整个古希腊历史上的著名人物，不过也是一个反面人物，他极其聪明俊秀，拥有超人的天赋，后来成为了雅典的将军，但他天性轻浮且不负责任，正是他的所为将最终导致雅典走向失败。

这是后话，我们先来看战争。

另一场大战发生在爱琴海海上。

这时候的斯巴达人经过努力，已经拥有了相当强大的舰队，他们想在海上同样打败雅典人，这当然正中雅典人的下怀。是时雅典海军的统帅是福密俄，他率领舰队将伯罗奔尼撒同盟舰队逼到了培特利和埃维那斯河口之间的水域。为了防卫，伯罗奔尼撒人将舰队分成两层，外面一层是重型大舰，船头向外，列成紧密的圆圈队形进行防卫，内圈则是轻型舰只，中心还有5条装备精良的快船。

福密俄对这样布局的缺点了然于胸，他将自己的舰队呈纵线排列，围绕着敌方的舰队行进，装出随时要大举进攻的态势，伯罗奔尼撒人的舰队为了防卫，只得不停收缩。经过一整夜这样的佯攻，到了第二天黎明，伯罗奔尼撒人的舰队已经在海面上挤成了一堆。这时候一阵强风吹来，雅典人乘机发动真正的进攻，伯罗奔尼撒舰队立刻秩序大乱，各船之间不再互相呼应，而是乱成一团，只能各自为战，甚至相互碰撞受伤。不久其海军统帅所乘的大船也被击沉了，其他军舰争相逃命，结果雅典人大胜，俘获了12艘军舰以及大批水手。

但斯巴达人的海军依然有着强大的力量，不久就再次集结，两军在爱琴海上再次对峙。几天之后的这一战更有意思。本来，伯罗奔尼撒人已经按计划将雅典人的不少军舰引进了一个狭窄的小海湾，可以一举歼灭之，但由于他们在追击敌人时自己打乱了队形，被雅典人击沉了一艘，立马军心大乱，再次失败，又被俘了6条船。

这样算来，公元前430年可以说是各有胜负。然而厄运再一次降临到了雅典人头上——他们的伟大领袖伯利克里被瘟疫夺去了生命，这是公元前429年的事。

雅典人再次受到沉重打击，但战争仍在进行。

到了公元前427年，斯巴达人又用上了老办法，进军阿提卡半岛，雅典人当然也只能用老办法对抗，将公民们撤进了城里。这次又是一样，由于雅典人的坚壁清野，斯巴达的大军只能随军携带粮食，粮尽时就退兵了。

到了公元前425年，斯巴达人再次蹂躏了阿提卡，雅典人又出动了海军，这时候雅典海军的统帅是狄摩西尼，他想到了一个妙计，就是要在伯罗奔尼撒半岛的西南海岸上，也就是麦西尼亚湾的派罗斯建立一个一面筑有防御工事，另一面靠海的永久性基地，这无异于在斯巴达人的后背插了一把尖刀，他还极力鼓动那些并不愿意屈从于斯巴达统治的当地居民起来反抗。这对斯巴达当然是极大的威胁，于是，斯巴达人一等雅典海军离开，就派了约400名士兵乘船从皮洛斯靠海且没有防御城墙的地方登陆，但这时候雅典海军突然返回，这几百名孤军全部被俘。这对斯巴达人是莫大的失败与耻辱，所以他们一度向雅典建议休战，但遭雅典人的拒绝。

到了公元前424年，主要战争地移到了希腊北部，这时候斯巴达人的统帅是布拉西达斯，他在这年夺取了爱琴海北部的重要港口安菲波利斯，这对雅典人是一个相当重大的损失，因为这里盛产造船所需的木材，而且是雅典的一个重要盟邦。这时候雅典军的主将就是修昔底德，由于没有保住安菲波利斯，他遭到了雅典人的放逐。

不过这对修昔底德并不是坏事，此后，不再是将军的他写下了一部著作，就是著名的《伯罗奔尼撒战争史》，直至今天依然是对该次战争最好最重要的记录。

两年之后，公元前422年，打败了修昔底德的布拉西达斯在保卫安菲波利斯而与这时候雅典人的统帅克里昂的战斗中阵亡，不过克里昂同样死于是役。

安菲波利斯之役中，斯巴达与雅典的统帅都战死了，双方也看到了短时间内不可能打败对方，于是决定停战议和。结果，在斯巴达国王普雷斯托安那克斯与雅典将军尼西阿斯的努力下，取得了成功。大致的内容是双方同意将在这次战争中取得的对方的土地归还原主——这是雅典人最想要的，并交换战俘——这是斯巴达人最想要的。这就是著名的《尼西阿斯和约》了。这是公元前421年的事。

阿尔其比亚德之罪

倘若伯罗奔尼撒战争至此为止就结束了，那将是全希腊之福，这也是当初伟大的伯利克里所预想的。但这时候另一个人物出来捣乱了，这就是我们前面提过的阿尔其比亚德。

对这个人我们要好好说说，因为一般人不大了解他，他却是雅典甚至希腊历史上一个转折性的人物。

我们知道，伟大的哲学家苏格拉底是被雅典的法庭判处了死刑的，他的两个主要罪名之一就是腐蚀年轻人，也许在一般人看来苏格拉底之死是一场冤案，但倘若从这个罪名看就不一定如此了。

因为这个指控是有根据的。

这里的根据有两种，一种是具体的，就是法庭认为苏格拉底教坏了两个人，一个是克里蒂亚斯，另一个是阿尔其比亚德。对于这个指控《不列颠百科全书》是这样说的：

他被指控与克利梯阿斯和亚西比德这两个人有亲密的友谊关系，而这两个人的所作所为则是民主派所深恶痛绝的：克利梯阿斯是公元前404年恐怖统治派中最凶狠的人物；亚西比德的任性则是雅典帝国衰落的主因。在审判苏格拉底数年后由智者派的波利克拉特斯写的小册子在历数判决的理由时突出了苏格拉底"曾经教育过亚西比德"这一条罪状。半个世纪之后，演说家埃斯基涅斯还提醒他的听众：苏格拉底被判处死刑是因为他被认为当过克利梯阿斯的老师。[3]

上面的亚西比德就是阿尔其比亚德的汉语不同译法，从这段话中可以看到，在法庭看来，苏格拉底最大的罪过就是他是克里蒂亚斯和阿尔其比亚德这两个人的老师，克里蒂亚斯是雅典历史上著名的三十僭主中最有实力的人物，也是雅典民主派最大的敌人和雅典人民最凶狠的刽子手，苏格拉底是他的老师当然难辞其咎，但阿尔其比亚德又是何人呢？

阿尔其比亚德可以说是当时雅典最知名的人物之一，他生于约公元前450年，死于公元前404年，是雅典最有名的将军和政治家之一，也是苏格拉底最亲密的朋友和弟子。我们前面提到了，在色雷斯的波提代亚战役中，阿尔其比亚德受了伤又被敌人包围，正是苏格拉底杀开一条血路，把他救了出来，将军们为此颁发了一个花冠给他，作为对最勇敢的人的奖励，苏格拉底还不要，而是把奖给了阿尔其比亚德，两人的关系可见一斑，恐怕就是柏拉图也比

一幅描绘苏格拉底与阿尔其比亚德在一起的画作。
(Artist:Jean-Baptiste Regnault)

不上。

但这位阿尔其比亚德可不是好人,就像上面《不列颠百科全书》所言,他乃是"雅典帝国衰落的主因",作为公认的权威的知识来源,《不列颠百科全书》当然不会瞎说,这原因就与他在伯罗奔尼撒战争中的所作所为有关。

阿尔其比亚德出身于雅典富贵之家,和伟大的伯里克利也有着亲密的关系——伯里克利曾当过他的法定监护人,他也许是整个希腊或者西方历史上最矛盾的人物之一:从某个角度上说,他称得上是人中之龙,古今罕有其匹:长相极其俊秀、才智超群,而且身强体壮又英勇无畏,曾经在一次奥林匹亚赛会上,一人驾驶七车参加大赛,获得冠、亚军和第四名,顿时名闻全希腊。

然而,在另一个角度上,他却有着一个致命的缺陷,就是极其自私,没有丝毫仁心,为了一己之私不惜国家受损,而且特别爱出风头,时刻静不下心来,唯恐天下不乱,越乱越高兴。

这些因素结合起来,就造成了他自己以及他的祖国的悲惨结局,最后也导致了他老师的悲剧。

斯巴达与雅典签订了《尼西阿斯和约》后,这本来对于全希腊都是最好的,但这位阿尔其比亚德却不甘天下太平无事,决心破坏和约。

于是，在公元前420年他当上将军后，千方百计破坏了和约，与一些城邦建成了反斯巴达同盟，向斯巴达发动了攻击，但在公元前418年于曼提尼亚附近爆发的战役中被斯巴达打得大败。

但他仍不甘心，想方设法要雅典政府同意他率军向西西里发动攻击，但走前竟然无聊地将雅典各街口指路用的赫尔墨斯神像的脸都毁坏了，不过据《美国百科全书》说是因为"讪笑伊路西斯的神秘宗教仪式"[4]，总之做了渎神之事，这在古希腊是莫大的罪过，于是国内反对他的民主派找到了起诉他的借口，要他回国接受审判，但他没有回去，而是投靠了雅典的死敌斯巴达，并怂恿斯巴达人出兵西西里，与在那里的雅典军队决战，结果雅典惨败，海陆军主力被全歼，从此一蹶不振。

不但如此，阿尔其比亚德还在西西里战役结束后，与斯巴达人一起在亚细亚的伊奥尼亚地区策动雅典的盟国反叛，使伊奥尼亚各邦纷纷脱离雅典。

更有甚者，他还将全希腊最大的敌人波斯人拉了进来，以让波斯控制伊奥尼亚的希腊城邦为代价，获取波斯对斯巴达人的金钱支持，好彻底打垮雅典，他也因此得到了波斯人的青睐。不过他所作所为也在斯巴达人那里引起了广泛的猜疑与愤怒，斯巴达当局甚至想处死他，于是他逃到了波斯的小亚细亚总督那里。他又向波斯人建议，说波斯人应该坐山观虎斗，让斯巴达和雅典两败俱伤。这样自然最对波斯有利，于是波斯人不再援助斯巴达攻击雅典了。

这时候雅典由于西西里的惨败已经实力大损了，于是他又跑回了雅典，凭他的三寸不烂之舌，再次当上了将军，率军攻打斯巴达，获得大胜。但斯巴达人继续作战，又获得了波斯人的帮助，实力大增，把阿尔其比亚德统领的雅典军队打败了，雅典人准备要他为此付出代价，他闻讯又是脚底板抹油——溜之大吉，跑到波斯人那里去了。他这一走，雅典人更加不行了，到公元前404年终于战败投降，也就是在这一年，由于斯巴达人的要求，波斯总督将这个反复无常的小人杀掉了。

这就是阿尔其比亚德的命运，看得出来，雅典之所以失败，和他是有极大关系的，他因为一己之利，甚至是为了过不惯太平日子，就恣意妄为，终于将雅典和整个希腊拖入了失败的深渊。

而这个人就是苏格拉底最钟爱的弟子，关于苏格拉底和阿尔其比亚德的亲密关系，一直是西方人议论的话题之一，有几幅名画还描述了他们的关系，画中的情形多半是这样的：苏格拉底站在阿尔其比亚德旁边，握着他的手，满是怜爱，就像一个慈父，而阿尔其比亚德呢，一只手让老师握着，另一只手却抱着美女，甚至是裸体的美女，这画的名字就叫《苏格拉底和阿尔其比亚德》。试问，教出这样的弟子来，苏格拉底要不要负责呢？

我想应该是的，这就叫"养不教，父之过；教不严，师之惰"。[5]

这阿尔其比亚德便是法庭认为苏格拉底教坏了青年人最大的证据，但还不止于此，还有证人证明苏格拉底说服那些青年人，要他们服从他而不是服从他们的父母，这个证人叫安尼托，他证明苏格拉底曾经要他的儿子不服从他的教导，去从事制革的工作，他儿子果真这样，后来彻底堕落了。这也是事实。所以，法庭指控苏格拉底教坏了年轻人，这确实是有根据的，并非冤枉他，也因此是公正的，就像黑格尔所言：

由此可见，这种控诉并不是没有根据的，而是有充分的根据。因此法庭判定这个控诉有根据；这并不是不公正的。[6]

对于苏格拉底被指控的这个罪名，黑格尔是相当认同的，他认为苏格拉底在道德上干预了父母和子女之间的绝对关系，这是不应该的，"谁这样做了，谁就是损害了最重要的伦理"。[7]

在谈完苏格拉底的罪名时，他还总结说：

妨害父母与子女的关系，这一点也是不假。父母与子女之间的伦理关系，在雅典人那里，比起在有了主观自由的我们这里来，还要更坚固些，还要更是生活的伦理基础。孝道乃是雅典国家的基调和实质。苏格拉底从两个基本点上对雅典生活进行了损害和攻击；雅典人感觉到这一点，并且意识到了这一点。既然这样，苏格拉底之被判决有罪，难道还值得奇怪吗？[8]

《不列颠百科全书》则比较综合地说：

但是，苏格拉底不得不为这两个人的罪过而受牵连是很自然的，尤其是他曾经对民主政治和著名的民主派领导人持严厉批评的态度，而且没有像一些有名望的民主派那样在"恐怖统治"时期从雅典撤退。事实是，人们怀疑苏格拉底曾利用他的伟大才智和天赋使他的年轻朋友们不再效忠于民主原则，而那些在公元前403年光复了雅典城的坚定的民主派们是不情愿（正如伯内特所说）"听任他们的工作由反动势力来摆布"的。[9]

在这里我们看到，无论黑格尔还是《不列颠百科全书》，都一致认为虽然苏格拉底有值得同情的地方，然而他的被捕与被判罪都称不上是冤枉，法庭更不是平白无故地抓捕他，而是有着正当的至少是可以理解的缘由。他的被判处死刑也算不上是多大的冤案。

惨败西西里

阿尔其比亚德最大的罪责就在于西西里的远征。

具体情形是这样的。

公元前415年，大军出发前往西西里，不久阿尔其比亚德得到了因破坏神像而被指控的消息，于是佯装回国，结果不但一走了之，而且投奔到雅典人的死敌斯巴达人那里去了。

雅典大军到达西西里的时候就遭遇了当地人的激烈抵抗，特别是强大的叙拉古人是雅典人最强的对手，使雅典人蒙受了重大的损失。叙拉古人还去到大希腊也就是意大利半岛南部沿海各城邦，号召他们抵抗雅典人的侵略。

到了公元前414年春，雅典人本来想完全包围叙拉古城，但计划失败，也使叙拉古人的信心大增，这时候的尼西阿斯已经感到了形势的危急，写信回国，提出要么立即撤军，要么雅典再派大军前来增援，结果雅典人不肯就此撤退，于是再派了强大的援军前来。

这时候叙拉古人与已经到达的斯巴达援军——正是阿尔其比亚德怂恿斯巴达人这样做的——相互配合，叙拉古人攻击海上，斯巴达人则攻击陆上。叙拉古人在海战中差点打败了雅典海军，只是因为自己的舰队发生混乱而丧失了几乎到手的胜利，但他们成功地占据了一个重要的雅典基地，基地中存放着雅典人大量的战役物资，这对于远在异地作战的雅典人是巨大的损失，造成了巨大的恐慌。

叙拉古人乘机又拦劫了雅典人的补给船，并焚烧了雅典人的大批造船木材，取得了越来越大的战略优势。这时候，绝大多数西西里人都到了叙拉古人一边，他们的实力更加强大。

于是，强大的叙拉古人决定用海军打败敌人，发动了一场大规模的海战。

这些叙拉古人也学着雅典人，加固了船头，主动用撞角向雅典人的军舰撞去，然后站在甲板上的标枪手向雅典人投掷标枪，杀死了许多敌人。更可怕的是，另有许多的叙拉古人乘着小船溜到雅典船的桨下，紧靠着船边航行，向船中的水手们投标枪，又杀死了许多的桨手。

这些战术都是针对雅典海军的弱点来的，由于作战的水面狭小，雅典人的船只不能运用他们的强项，也就是先包围环绕敌舰再撞击其侧面或船尾。结果不用说，叙拉古人取得了海战的胜利，使强大的雅典海军遭受了第一次重大失败，打破了不可战胜的神话。

正当叙拉古人准备乘胜前进，彻底打败敌人的时候，由德莫斯提尼和攸利密顿率领的雅典援军到了，但不久再次被打败。

统军的德莫斯提尼极力主张立马从西西里撤退，因为这时候雅典海军并没有遭受致命损失，依旧可以保留海上优势，与主要对手斯巴达人作战。

但是尼西阿斯由于在叙拉古人手里吃了大败仗，可能怕受到惩罚，不愿撤退，但也没有采取积极的进攻举措，这样一来等于耽搁了宝贵的时间，贻误了战机。叙拉古人乘机从海陆两路同时发动了攻击，还成功地封锁了港口，将雅典大军挡在港内。

这时候雅典人的军粮已尽，要么投降，要么决战，他们选择了后者，据说尼西阿斯向雅典人发表了演说，声明整个雅典的命运就在此一役，要战士们为了祖国与家乡决一死战。

但叙拉古人更是为祖国与家乡而战，他们严阵以待，统帅也号召战士们要向侵略者复仇。

不用说，这是一场空前激烈的海上大决战，双方将士们都毫不畏惧地冲向敌人，一面想撞沉敌舰，同时从船上向敌人发射标枪与弓箭，一旦两舰因相撞而纠缠相接，双方的战士都扑向对方，就在甲板上展开殊死的肉搏砍杀，顿时血肉横飞。双方战舰共达200余艘，全都挤在一个狭小的水面上。拼命相撞，可以说撞成一团。船舰互相撞击的声音还有战士们呐喊砍杀的声音有如雷霆巨响，震撼天地。大海、甲板都因之变得殷红一片。

但战斗的主旋律是雅典人拼命想要冲出港口，夺路奔向大海，然后回家；叙拉古人则全力阻止他们，一定要将他们全歼在港口之内。

这时候陆战还没有爆发，两方的战士们站在岸边注视着海上的血战，个个怒目圆睁，满面通红，有时候因激动而呼喊，有时候又不断地祈祷诸神的庇佑——其实双方祈祷的是同样一些神。

如此残酷的海战持续了很长时间，最后占据有利地形的叙拉古人取得了胜利，雅典人的战舰开始逃跑，奔向岸边，叙拉古人则在后面猛追，直到将所有雅典人赶上岸为止。

这时候，在岸上的希腊战士还有4万之多，足可以一战，本来统帅德莫斯提尼和尼西阿斯想连夜率军登上残余的舰只，乘着夜色冲出去；但水兵们经过白天的激战与失败已经对叙拉古人产生了恐惧，不愿意上船，这样一来，就只能从陆上撤退了。

但要知道这里可是叙拉古人的地盘，他们怎么可能让现在等于是瓮中之鳖的雅典人退走呢！具体的经过就不用说了，总之，经过一次次的突围与血战，雅典人全军覆灭，来到叙拉古的5万名战士一个也没有逃掉，除了约7000人被俘之外，其余全被杀死，统帅尼西阿斯和德莫斯提尼虽然已经投降，但也被杀死。

总之，雅典人的西西里远征彻底失败，占据雅典军力之大部的海军与陆军被彻底摧毁了，经此一役，雅典元气大伤，也注定了在整个伯罗奔尼撒战争中的失败。这一切最主要的罪魁祸首就是阿尔其比亚德，这是公元前413年的事。

这之后，伯罗奔尼撒战争进入了第三个也是最后一个阶段。

最后阶段：德凯利亚战争

这个阶段有一个特别的名字，叫"德凯利亚战争"。

所谓德凯利亚又与阿尔其比亚德有关。我们前面说过，阿尔其比亚德已经逃到了斯巴达，他竟然向斯巴达人和盘托出了雅典人的作战计划，还煽动斯巴达人，要他们与雅典人战斗到底，并说他们一定可以得到胜利，结果斯巴达人在他的蛊惑下决心与雅典死战到底，伯罗奔尼撒战争再次展开，规模更加巨大。

于是，就在雅典在叙拉古惨败的这一年即公元前413年，斯巴达王阿基思（Agis）再次率军侵入阿提卡，并且在阿尔其比亚德的建议之下，在雅典之北仅23公里的德凯利亚建立了一个永久性的军事基地，并且利用这里作为根据地劫掠雅典城外的乡村。

这使雅典蒙受了巨大损失。

因为此前斯巴达人入侵的时间都不长，他们一走雅典人就可以回来利用他们的土地继续耕作了。但现在敌人长年驻扎在城外了，斯巴达人随时都会出来蹂躏附近各地，雅典人等于失掉了全部的农村土地和羊群役畜，大批奴隶也逃亡了，这对于雅典的损失之巨大可想而知。

这时候，西西里惨败的消息已经传到了雅典，虽然一度引起了巨大的恐慌，因为他们很清楚，那损失的大批战士是不可能得到弥补的，不过他们并没有绝望，因为他们的国库里还有巨额的金钱，这些钱主要是伟大的伯利克里为他们积存下来的，足可以重新征募兵员、制造战舰，建立强大的陆军与海军，而且斯巴达人也并没有乘机猛攻雅典城，只是建立了德凯利亚的基地，给了他们喘息之机。

于是，他们将伯利克里存的钱拿了出来，不久之后就重建了一支强大的舰队，而斯巴达王阿基思看到雅典人可以通过比雷埃夫斯港将大量补给源源不断地从海上运进雅典城，也明白了倘若只有强大的陆军，他们是不可能彻底打败雅典人的。于是，他下定决心也要建立强大的舰队。

也就是说，此后，决定整个战争胜败的将是在地中海或者说爱琴海上的大战。

但要建立强大的舰队需要巨额的金钱，这向来不是斯巴达人的强项，因为斯巴达人是不爱钱的，他们的奴隶希洛人都比他们有钱。怎样弄到建造舰队的巨额资金呢？斯巴达人想到了两个办法，一个是派人向盟国筹款，以建造战舰，这样就得到了建造大约100艘军舰的资金，但对于打败强大的雅典海军还远远不够。于是，无奈之下，也是在阿尔其比亚德的怂恿之下，斯巴达人竟然决定向希腊民族的死敌波斯人求援。经过谈判，斯巴达人与波斯人达成了一个协议，主要内容是波斯答应提供斯巴达建立一支强大海军需要的经费，条件是一旦斯巴达击败了雅典，那些位于小亚细亚沿岸且曾加入雅典帝国的希腊城邦都应割让给波斯。这样一来，斯巴达人就得到了足够的经费，可以建立一支强大的舰队了。

这时候，在另一个地方，阿尔其比亚德又在卖力地帮助斯巴达人了，他跑到了小亚细亚，策动雅典的重要盟邦叛变，但斯巴达人这时候也不相信他了，看出来他是个反复无常的小人，打算要杀掉他。阿尔其比亚德于是跑到了波斯，当了小亚细亚的波斯总督的顾问，他这时候公然站在了全体希腊人的对立面，劝说萨斐尼不要着急结束战争，而是要让希腊人彼此互相残杀，这样一来波斯人就可以坐收渔翁之利，这样的建议波斯人当然赞同。

但这时候，公元前411年，雅典发生了寡头政变，统治雅典许久的民主政府被推翻，但不久寡头政府就失败了，此时阿尔其比亚德又想回到雅典了，他利用如簧巧舌竟然成功地说服了雅典人将他召回，并选他为将军，统帅已经重建的雅典海军，这也是雅典的最后一支强大武力了。

阿尔其比亚德诚然是一个了不起的将才，他率领雅典由百余艘军舰组成的舰队，在赫勒斯滂海峡，也就是今天的达达尼尔海峡，与新建的斯巴达海军进行了一场大战。

这时候，阿尔其比亚德可以投入战斗的舰只还没有斯巴达人多，所以斯巴达舰队主动出击，想将雅典人的舰队在近岸处围而歼之，但阿尔其比亚德识破了敌人的计策，他将舰队的右翼延长，超过了敌人的左翼，包围就不能形成了。但这样一来，舰队的中间部分就薄弱了，斯巴达人乘机猛攻敌人的中军，成功地将他们逼向岸边。但斯巴达人毕竟经验不足，他们开始分散队形，想将雅典舰只各个击破，这样一来反而给了雅典人可乘之机，他们立即停止延长阵线，并且马上回过头来攻击向他们冲来的敌舰，由于斯巴达舰队的阵形已乱，这样一来就更加混乱，大部分战舰一看局势不妙，一走了之，雅典人取得了胜利，这场难得的胜利也重树了他们的信心。

第二年，在达达尼尔海峡附近的基齐库斯，雅典人又一次大败斯巴达海军，重新控制了色雷斯沿海地区以及通往黑海的重要航道，这就是基齐库斯之战。

这时候，由波斯人提供巨额资金建立起来的强大舰队已经成型了，斯巴达任命莱山德担任了这支舰队的指挥，他随即率军与雅典海军展开了战斗。

这位莱山德也是海军史上的著名人物，他率领斯巴达的海军与由阿尔其比亚德统帅的雅典海军展开了大战。

第一场大海战发生在公元前406年，是役，莱山德听说阿尔其比亚德不在军中，便乘势奇袭，打了一个小胜仗，摧毁了雅典人的15艘战舰。这只是一场小小的失利，但雅典人却据此认为阿尔其比亚德已经无用了，也不再相信他了，他被罢免并赶离了雅典。

这是斯巴达海军对雅典海军的第一次重要胜利，莱山德因此威信大增，雅典的不少盟友看到雅典不但陆军不是斯巴达人的对手，现在连海军也不行了，立即甩掉了雅典，投向斯巴达。然而不久之后，莱山德根据斯巴达的法律，任期届满而离职了。接任莱山德的将领于是向雅典人主动出击，第一次取得了胜利，摧毁了雅典30艘战舰。但第二次，在阿吉纽西群岛附近的一次大海战中，被雅典海军大败，损失了约70艘战舰，统帅也阵亡了。

这本来是雅典人的大胜，然而其中发生了一个插曲，在这次大海战中，为了追击逃跑的斯巴达战舰，雅典舰队没有全力抢救因船只被毁而落水的雅典士兵，使大量战士溺水而死，根据雅典法律这是严重的失职，于是，雅典公民大会竟然判处了取得胜利的8名将军死刑，其中包括伯利克里的儿子，这些人可以说是雅典海军最后的精英。

斯巴达人在失败中也看到了只有莱山德才有能力打败雅典人，于是便任命莱山德为海军统帅助理，实际上是真正的统帅，莱山德还得到了统治小亚细亚的波斯王子小居鲁士的倾囊相助。据说小居鲁士不但把所有的现金都交给了莱山德，而且答应他可以在自己辖区内征税，甚至说必要时可以切割他那金银包裹的宝座，总之要斯巴达人务必帮他彻底打败曾经彻底打败过波斯人的雅典人。

这样一来，莱山德的势力更加强大，于是，就发生了另一场海战史上著名的大战——羊河口之战。

羊河口之战

战役发生在赫勒斯滂海峡的阿哥斯波塔米一带,所以又叫阿哥斯波塔米战役,羊河是一条小河,它的河口处就是阿哥斯波塔米,也是战役的发生之地。

莱山德先是率军从海上包围并攻占了雅典的盟友拉姆普萨科斯城邦,这里可是雅典从黑海北岸运粮的航线,也是雅典粮食的主要来源,如果这里被占领了,雅典人就要饿肚子了,于是雅典人立即派出了一支庞大的舰队,拥有多达180艘战舰,这也是雅典现存最大的舰队了。

雅典舰队到达了与拉姆普萨科斯隔岸相对的羊河口,在那里靠岸建立了一个基地。但见到斯巴达人已经做好作战准备,不但有海军,还有强大的陆军也摆好了阵势,所以不敢主动进攻,只是用海军发出挑战,但莱山德怎会上当?他按兵不动。雅典人只好回到羊河口登陆休息,这样一连4天,雅典海军天天来挑战,但斯巴达海军并不理睬。这样一来,雅典人就滋长了麻痹轻敌的心理,以为敌人怕他们。

到了第5天,雅典人依然这样来挑战,他们大喊大叫之后斯巴达人依然没有理睬,便驶回驻地了,并且纷纷下船上了陆地。这时候莱山德派来跟踪的小船立刻回返并发出了信号——在船头举起一面发光的盾牌。莱山德见状,立刻下令所有舰只全速冲向敌军。雅典的统帅科农最先发现了疾驶而来的敌舰,命令士兵立即登船,但雅典人哪想得到敌人会在这时候来攻,顿时乱成一团,根本来不及上船,许多军舰上空无一人,上了船的人也不知所措,根本不能作战。这样一来,斯巴达人几乎不付吹灰之力就将雅典人的所有战舰有的毁坏、有的拖走当战利品了,庞大的雅典舰队毁于一旦。只有科农带着仅存的9艘战舰逃走了。

不久,斯巴达的陆军也上岸了,片刻之间就将岸上的雅典军队打败了,俘虏并处死了大批雅典人。这是公元前405年的事。

经此一役,雅典的海军几乎荡然无存了,不久之后,斯巴达人在陆上和海上都包围了雅典城,经过长达数月的围困,城内粮食已尽,绝望的雅典人只能投降。

据说,本来有些城邦如科林斯人和底比斯人想要彻底消灭雅典人,但斯巴达人却不愿这样,一则因为他们不想底比斯这样本来就强大的城邦势力太过坐大,以致成为斯巴达的敌人,所以需要雅典保存适度的力量以制衡它们;二则他们没有忘记雅典人曾经立过的大功:在希腊最危险之际——当波斯人入侵的时候——拯救过全体希腊人，所以不应当毁灭之。

结果就是，雅典人同意了斯巴达人提出的条件，毁掉了连接雅典城与比雷埃夫斯港之间的长城，并交出全部剩余舰队，只保留12艘担任安全警戒的船只；召回被民主政府流放的人，并且同意采用斯巴达的政治制度，即寡头制，由30位亲斯巴达的寡头政治人物领导建立新政府。这是公元前404年4月的事，随着这一和约的签订，持续达27年之久的伯罗奔尼撒战争结束了。

对于这场战争的后果，《美国百科全书》是这样说的：

寡头政治的政府虽然很快被废黜，雅典海军也终于得到重建，但是伯罗奔尼撒战争仍是雅典和希腊历史上的分水岭，战争的残酷和各城邦佣兵的增加结束了希腊打局部战争的传统。政治社会的形态和各城邦间外交关系的形式，都受到这次战争的经验所影响而产生无法逆转的变化。雅典的悲剧和旧喜剧都随着这次战争的结束而终止。因此伯罗奔尼撒战争可说是希腊"黄金时代"的结束。[10]

---

[1] ［美］斯塔夫里阿诺斯 著：《全球通史》，吴象婴等 译，北京大学出版社，2005年1月第一版，第107页。
[2] ［德］黑格尔 著：《哲学史讲演录》（第二卷），贺麟 王太庆 译，商务印书馆，1960年6月第一版，第46页。
[3] 《不列颠百科全书》（第15卷），中国大百科全书出版社，1999年第一版，第460页。
[4] 《美国百科全书》（第21卷），光复书局、外文出版社，1994年第一版，第401页。
[5] 《三字经》。
[6] ［德］黑格尔 著：《哲学史讲演录》（第二卷），贺麟 王太庆 译，商务印书馆，1960年6月第一版，第99页。
[7] ［德］黑格尔 著：《哲学史讲演录》（第二卷），贺麟 王太庆 译，商务印书馆，1960年6月第一版，第98页。
[8] ［德］黑格尔 著：《哲学史讲演录》（第二卷），贺麟 王太庆 译，商务印书馆，1960年6月第一版，第100—101页。
[9] 《不列颠百科全书》（第15卷），中国大百科全书出版社，1999年第一版，第460页。
[10] 《美国百科全书》（第21卷），光复书局、外文出版社，1994年第一版，第402页。

第 5 章　亚历山大大帝的传奇人生

—— 一场人类史上堪称奇迹的征服之战

讲亚历山大大帝要从马其顿讲起。

马其顿是一个古老的国家，它的人民很早以前就在爱琴海西北岸、希腊半岛北部一带繁衍生息了，他们与希腊人大体是同一个种族，不过希腊人一向有点儿看不起这个北面的小邻邦，觉得他们是半野蛮人。然而他们没有想到，这种野蛮正是他们希腊人所缺乏的素质，也正是因为他们缺乏这种素质，所以他们从来都没能够征服异族，建立起堪与他们优秀的文明相称的强大帝国。

马其顿是在他们一个叫腓力二世的国王统治下开始强大起来的。这个腓力二世虽然是马其顿人，可从小就在希腊的底比斯当人质，在底比斯的生活使得腓力二世接受到了希腊最好的教育，同时他也看到了希腊人的致命弱点——不团结。

公元前359年，腓力二世当上了国王，立即着手把他从希腊学来的东西付诸实践，首先就是改造自己的国家，建立起强大的军队。他从朴实而勇敢的农民、猎人中招兵买马，训练他们掌握密集的底比斯方阵，并且做了不少改进，使之更加强大，史称马其顿方阵。

建立起这支厉害无比的军队后，他就率领他们迈向第二个伟大的目标——统治全希腊。

当时的希腊正处在各城邦互相混战之中，雅典和斯巴达都已无力称霸，这种群龙无首的局面更配合了马其顿人的征服。公元前338年爆发了喀罗尼亚之战，腓力二世大败希腊联军，整个希腊再也没人敢与他为敌了。次年他在科林斯召开了全希腊大会，会议正式宣布建立全希腊大同盟，并将这个同盟置于腓力二世的监控之下。同时宣布腓力二世将统率希腊大军前去攻伐波斯帝国，掠夺它庞大的土地与财富。

当腓力二世正要启程去开始他的征服时，一件事情决定他永远迈不开脚步了：

当他参加他女儿和小舅子的婚礼时，他的一个卫兵向主人举起了战刀。这年他还不到50岁。

我们可以相信，倘若他不死，这个年纪本来完全可能干出辉煌的事业。然而命运决定他只能像摩西一样远远地看一眼行将征服的流奶与蜜之地，实际的征服事业则交给他的儿子——亚历山大大帝。

这一年，即公元前336年，亚历山大大帝只有20岁。

然而，令人感到奇异的是，承命之后，亚历山大完全没有显示出年轻人的幼稚，相反，他立即表现出他甚至是一个比父亲更加强大的统帅和征服者。

——这里要提醒一句，他父亲在他还是一个六七岁的顽童时就筹划对他的训练了，尽了一个国王和一个父亲所能做到的一切来教导他，一方面使他具备当时最先进的知识，另一方面令他成为一名伟大的统帅。我们只要从两件事就可以知道他如何为培养儿子而殚精竭虑了：他替他聘请了亚里士多德做家庭教师，并在他还是一个少年郎时就让他学习挥军作战。

皇天不负有心人，儿子以后的表现证明了父亲教导的成功，也许比他自己当初设想的还要成功。

继位伊始，亚历山大大帝立即着手开始父亲的未竟之业——远征亚细亚。但他也深知攘外必先安内，对于他而言，安内就是彻底压服希腊人，使他们不但不能乘他远在东方时在后院放火，还要他们成为他征服的大后方，因为他的母邦马其顿实在太小了，只是一袋米，成不了一个粮仓。

他压服希腊人的关键一役是毁灭底比斯。

底比斯是北希腊的一个大城邦，当亚历山大大帝北上色雷斯时，他们乘机作乱，大帝立即回师希腊，向底比斯杀去，那结果可想而知，底比斯陷落了。亚历山大大帝不是占领了它，而是毁灭了它，城中所有建筑物均被摧毁，绝大多数人民被杀，活下来的则被卖为奴隶。只有一样东西例外——他保全了著名诗人品达的居屋，以表达他对文明的尊敬。

一向文明的希腊人被亚历山大大帝的野蛮吓蒙了，随即停止所有抵抗，老老实实地当起了大帝的附庸。

安定后方之后，亚历山大大帝立即将矛头指向他期待已久的目标——波斯帝国。

征服波斯

公元前334年，他率领大军越过现在的博斯普鲁斯海峡，侵入波斯帝国。据说，进入亚洲之后，他所做的第一件事就是到了传说中的特洛伊城的所在地，在那里举行了一个特殊的仪式，仪式中他举起了据说是阿喀琉斯的盾牌，象征自己继承了古老的特洛伊战争的传统：他是像伟大的阿喀琉斯一样代表希腊人去和亚洲人作战的，这是一种"圣战"。

不久，他在格勒奈克斯河畔遇上了波斯军队，大帝几乎像老鹰抓小鸡似的消而灭之，这就是格勒奈克斯河之战了。这也更增添了他的信心，令他觉得消灭波斯帝国简直用不着多少奇谋诡计之类的东西。

不过总的战略还是要有的，大帝没有海军，这时也没有得到希腊海军的直接援助，所以为了避免被波斯帝国海军抄后路，他必须先消灭之。

然而没有舰队的大帝如何去消灭海军呢？他的方法是这样的：他沿着海岸前进，沿途毁灭波斯每一个海军基地，这真是一个釜底抽薪的妙招，须知没了基地的海军无异于剥了壳的乌龟。

接着他沿海岸进行了一系列攻城略地，把经过的帝国诸重要海港悉数占领。

伊苏斯之战

出征第二年，也就是公元前333年，他发动了入侵波斯以来第一场真正的征服之战。

大帝这时仍在沿海，波斯帝国的皇帝大流士三世，率军前来迎击大帝，两军间仅隔一重山。

亚历山大大帝知道波斯大军来到之后，并没做许多战备工作，只率领他的军队向波斯大军冲去，结果并不如许多书上所说是一场空前激烈的大战，大帝在这场战争中的表现更像是此后200年恺撒所说的一样："veni, vidi, viei"，翻译成汉语就是："我来，我看见，我征服。"

为什么这样说呢？这从当时双方军队的情形就知道了，一方是大帝久经沙场、士气高涨的常胜之师，另一方却是波斯皇帝只能用乌合之众来形容的所谓军队。士兵来自各个种族、无数个民族，彼此言语不通，情感不睦，压根儿谈不上什么统一的指挥和严明的军纪。甚至还在军中带着成百上千的妇女儿童，以及大批乐师仆侍之类。皇帝如此，皇帝的那些将领也是如此。

这样，后宫嫔妃大老婆小老婆丫鬟小姐成群结队跟在后面，打扮得花枝招展，好像不是来进行一场有关家国兴亡的血战，而是来看戏找乐子。

如此，两边战斗的情形可想而知了。甫一接战，亚历山大大帝的大军如虎扑群羊一样向数量庞大但纯粹是散沙一盘的波斯军扑去。波斯人呢，就像看到老虎扑上来

这幅画所描绘的就是格勒奈克斯河之战的情形了。
(Artist:Charles Le Brun)

的羊儿一样，惊呆了一会儿，回过神来，拔腿就跑。以后的战斗就纯粹是屠杀了，大流士从他的战车里跳将出来，骑上马发狂似的从战场逃走了。他的三宫六院、母后公主统统落到了马其顿人手里。

这就是古代历史上著名的伊苏斯之战。

推罗围城之战

战后，亚历山大大帝没有追赶大流士，他很宽厚地对待波斯王的妻子儿女，接着便掉转锋芒，重新回到了大海边，这次他要征服的对象是腓尼基人，不过这时的腓尼基既不是一个国家，也不是一座城市，而是一片地区了。大帝所注目的主要是两座城市——西顿和推罗。它俩，尤其是推罗，很早以前就是名城了，强大的新巴比伦帝国之王尼布甲尼撒二世曾经围攻它整整14年——不过没攻下来。现在轮到亚历山大大帝了，他是否能打破推罗坚不可摧的美誉呢？

这时候，我们有必要先来讲讲推罗的特殊性，这也是它难于被攻克的原因。

推罗位于地中海东岸，是腓尼基人两

这幅画所描绘的就是伊苏斯之战。

(Artist:Albrecht Altdorfer)

个最强大的城邦之一，远在千年之前就存在了，北面是西顿，东面与南面紧靠以色列，从今天的位置来看位于黎巴嫩的贝鲁特与以色列的海法港之间。但它最特殊的地方不是这里，而且它分为两部分：一部分是陆上的推罗城，本身城池坚固；另一部分是与陆地相距约1600米的一个海岛，在那里还有一座城池，同样固若金汤。据说正对大陆东面的城墙竟然有50米高，环绕城池的海水也深达5米。这座岛城的东面还有两个葫芦状的港口，北面的叫西顿，南面的叫埃及，两个港口都是肚大口小，因此同样易守难攻。腓尼基人还在城内储备了大量财物与粮食，因此足可维持数万人生活数年之久，总之是城池坚厚、兵精粮足。也正因为如此，他们才敢公然对抗强大无比的亚历山大大帝。

不用说，这将是亚历山大大帝进军亚洲以来面临的最为强大的敌人，也是最难打的一仗。

但大帝毫不畏惧，也许他想小小的推罗再强也不能强过整个波斯帝国，否则它也不必臣服于波斯人了，波斯人尚且不是他的对手，何况它的臣属推罗呢？

但战役的发展出乎亚历山大大帝所料，可谓漫长而艰苦。这就是著名的推罗围城之战。

这时候，陆上的推罗实际上已经没有了，被尼布甲尼撒摧毁了，所以亚历山大大帝要征服的只是海上的推罗。

一开始，大帝的想法很简单而实用，由于这时候他还没有正式的海军，所以想通过陆战的方法打。这个办法看上去是很行得通的，因为小岛距大陆不过一千余米，海水也不是特别深，因此完全可以将之填成陆地，直抵海岛，然后从这片新造的陆地发动进攻，打下推罗。

亚历山大大帝立即动手这么做了，他的大批战士都成了搬运工，从附近运来巨量的石头，投进大海，大帝也亲力亲为，成天和扔石头的战士们待在一起，对勤快的人予以鼓励，对懒惰的人加以申斥，对干得特别来劲的还会发奖品。

一开始，筑路工程很顺利，因为靠近海岸的地方当然比较浅，很容易填出陆地来，但越往海中海水就越深了，工程也变得越来越困难了。加之推罗的战舰不断从南北两面向填海的士兵发动攻击，造成伤亡。特别是当靠近了岛城时，那高达50米的城头上，推罗的战士们居高临下，朝下面的人扔石头、射箭，而马其顿的战士们无法还击。

后来，亚历山大大帝想到了一个办法，他下令制作了两座高高的木塔，一直推到已经建好的路——就是一道海中的堤坝——的尽头，木塔外面裹生牛皮，上面又安装了许多擂石器，不但可以将石头抛向高处，杀伤高城上的或者两边来袭的军舰上的推罗士兵，而且可以防止敌人伤害到填海的战士。工程于是又顺利地进行下去了。

但聪明的推罗人很快又找到了对付木塔的高招，他们在一只大船里装满了干柴、木屑、松油、硫黄等易燃物，然后用一艘战舰拖着它冲向那两座木塔，接近时就把那些易燃物点着，变成一艘火船，一撞上木塔，它立刻着了火，不久成为灰烬。这样一来，工程就进行不下去了。

到这时，亚历山大大帝终于知道了要攻克推罗可不是想的那么简单，纯粹靠陆军打海战是不行的，必须得有强大的海军。于是，他立即着手建立海军。

这对他不是难事，因为这时候他已经在伊苏斯之战中大败了不可一世的波斯王，那些本来臣服于波斯帝国的腓尼基城邦还有地中海中的塞浦路斯人纷纷转而臣服于大帝了。一接到召唤，立即率领他们的海军前来相助，不久大帝就获得了约80艘腓尼基战舰，塞浦路斯人更带来了多达120艘战舰，从希腊本土也来了20艘战舰，这样一来，不久之后亚历山大大帝就拥有了一支多达约220艘战舰的强大的海军，已经是当时整个地中海中最为强大的海上力量。

当看到这支庞大的舰队朝推罗城驶来时，城上的推罗人不由得大惊失色，他们赶紧将舰队驶回了岛上的两个港口，由于港口口小肚大，敌人也难以攻入。

不过亚历山大大帝的目的可不是摧毁推罗人的舰队，而是打下推罗城。他只是命令舰队封锁这两个港口，然后全力攻城。

但这依然不容易，因为推罗人从高处不停地扔下巨大的石头，那石头从数十米的高处扔下，威力惊人，马其顿人根本难以接近城墙，又由于海上被扔了许多石头，成为一个个的人造小礁石，马其顿的战舰也靠近不了城墙。

推罗人还想出了另一个妙计，就是将他们的战船披上铁甲，当马其顿舰只想在近城处抛锚停泊时，他们的"铁甲舰"就冲过来，靠近马其顿的战舰，然后跳过去将其锚索砍断，让它们根本停不下来。

但这倒帮了亚历山大大帝的忙，他立刻如法炮制，也制造了自己的铁甲舰，用来对付推罗人的铁甲舰。但善于潜水的推罗人又有新招，改派一些潜水员从水下过来切断马其顿舰队的锚索，但这办法不久也不顶用了——因为马其顿人改用大铁索当锚索，这可是割不断的。这时，推罗人终于无计可施了，只能任由马其顿人从已经建好的堤道上用长绳扣住水面下的那些大石头，将之从海中拖走，这样一来，马其顿的人和船终于都可以直抵城墙下面了。

于是，围攻推罗城之战就开始了，这也是亚历山大大帝一开始就想要的：用陆战的办法来打海战。

推罗人一看这局面，知道一旦开始攻城他们是坚持不下去的，于是决定冒一次险，想用他们还算强大的海军歼灭马其顿海军，使战况回到原来的老路上去。

某天中午，一批最精良的推罗战舰悄悄驶向马其顿海军中的塞浦路斯舰队，一开始的时候，他们只呈单独一行慢慢前进，好像在进行日常的巡逻，并不打算交战，于是那些塞浦路斯人便放松了警惕，而是像平常一样在这个时候上岸吃饭休息。突然，推罗战舰加快了速度，全力朝塞浦路斯舰队冲去，展开了猛攻，许多战舰立即被撞坏甚至撞沉。

这时候，亚历山大大帝听到了战斗的声音，他毫不惊慌，立即亲自率领大批战舰冲向敌人，那有限几艘推罗战舰哪是大帝舰队的对手，经过一番激烈的战斗，除了少数几艘逃回港内，其他全部被歼，大帝取得了这场推罗之战中唯一的一次海战的胜利。

余下的任务就是攻下坚固无比的推罗城了。

现在是真正的攻城战了，这可是亚历山大大帝的强项。他先从朝向陆地的正面攻击，但这里的城墙不但厚达数十米，而且极其坚固，再强大的投石器也打不垮它。

这时候，大帝已经用强大的海军将推罗岛城团团围住，他开始从各处同时进攻，亲自率领一批军舰到了东南面，用投石机猛烈轰击，这里的城墙远没有正面那么坚固，不久就被轰开了一个缺口，马其顿战士们立即猛扑过去，推罗人赶忙将守城的主力全部调向这里，想堵住缺口，但缺口一旦打开，想堵住就难了！在马其顿大军的全力攻击下，不久就有大批战士冲了进去，同时，其他地方的战士也加紧攻城，特别是在两个港口，马其顿的军舰成功地冲了进去，将港口内的推罗舰队彻底歼灭了。

据说在战斗中亚历山大大帝总是身先士卒、冲锋在前，并且总是出现在战斗最激烈、最危险的地方。身边总是跟着他最忠勇的贴身卫队。例如在东南面的战斗中，第一个冲进城去的就是他的卫队长阿德米塔斯，但旋即被长矛刺死了，这时候亚历山大大帝亲自率军冲了上去，据说他一手持盾，一手持着长矛，冲向敌人，几个敌人也朝他扑来，大帝挺起长矛，左挑右刺，连着刺死了好几个敌人，一员敌将在大帝还没有收回长矛时，扑过去抢刀就朝他头上砍去，但大帝立即松开了执着长矛的手，闪身躲开砍来的大刀，抽出随身短剑，一剑就刺死了敌将。这下敌人都不敢靠近他了，只能远远地向他射箭扔石头。但他后面大批马其顿战士蜂拥而来，推罗城就这样被攻克了。

这也是整个漫长的亚历山大大帝东征过程中遭遇的最猛烈的抵抗，这场推罗围城之战前后持续约7个月。马其顿人的损失并不太大，只有约400人阵亡，但大都是精英之士，也是他出征以来最大的损失了。而推罗一方，城内共有约4万名战士，阵亡者不到1万，其余少数被亚历山大大帝处死，另外约有3万人被卖为奴隶，但他却赦免了最大的对手，也就是推罗的国王。不过，为了报复，他将这座历史悠久的岛城彻底摧毁，并且从此没有恢复。

这时候，我们或者要提到《圣经·旧约·以西结书》中的一段经文了：

所以，主耶和华如此说，推罗阿，我必与你为敌，使许多国民上来攻击你，如同海使波浪涌上来一样。他们必破坏推罗的墙垣，拆毁她的城楼。我也要刮净尘土，使她成为净光的磐石。她必在海中作晒网的地方，也必成为列国的掳物。这是主耶和华说的。属推罗城邑的居民必被刀剑杀灭，他们就知道我是耶和华。主耶和华如此说，我必使诸王之王的巴比伦王尼布甲尼撒率领马匹、车辆、马兵、军队，和许多人民从北方来攻击你推罗。他必用刀剑杀灭属你城邑的居民，也必造台、筑垒，举盾牌攻击你。他必安设撞城锤攻破你的墙垣，用铁器拆毁你的城楼。因他的马匹众多，尘土扬起遮蔽你。他进入你的城门，好像人进入已有破口之城。那时，你的墙垣必因骑马的和战车、辎重车的响声震动。他的马蹄必践踏你一切的街道，他必用刀杀戮你的居民。你坚固的柱子（或作"柱像"）必倒在地上。人必以你的财宝为掳物，以你的货财为掠物，破坏你的墙垣，拆毁你华美的房屋，将你的石头、木头、尘土都抛在水中。我必使你唱歌的声音止息，人也不再听见你弹琴的声音。我必使你成为净光的磐石，作晒网的地方。你不得再被建造，因为这是主耶和华说的。[1]

在这里清楚地预言了推罗城的命运，这是令人惊诧的。

告加米拉战役

占领推罗后，大帝就完全控制了大海，取得了进一步前进的可靠的后勤补给线。此后，他便统军进入埃及。

注意这个词是"进入"，不是"攻入"，因为埃及人并没有对亚历山大大帝进行任何抵抗，他们原来处在暴虐的波斯帝国统治之下，对较为文明的希腊人代替波斯人并

这个浮雕所描绘的就是告加米拉战役，上面的绘画则是由Charles Le Brun所绘的原作，浮雕系由原作而来。

不反感。尊贵的阿蒙神庙的僧侣们还郑重宣布：亚历山大大帝乃是埃及的宙斯和上帝——阿蒙神——的儿子，是古代法老们的合法继承人。

大帝就这样简简单单地成了世界上最古老文明的统治者。

他在埃及做的第二件大事是建立亚历山大城，那里一度是世界上最大的城市之一，现在还是一座繁荣的大城。

离开埃及后，大帝挥军北上，直指又一个古老文明的发祥地两河流域。这两河就是底格里斯河与幼发拉底河，它俩哺育了更加古老的古巴比伦文明。

当他的大军到达古老的尼尼微时——它是一座当时就已经成为废墟的十分古老而著名的城市，在这里大帝终于发现了他一直想要寻找的波斯大军。这支大军是大流士在伊苏斯惨败后聚集起来的，不用说，又是一群数量庞大的乌合之众。

战斗一开始，波斯帝国的军队就露出了他们技术上的致命弱点：他们采用的依旧是古老过时的战车，这些战车外面绑着锋利的刀刃，看上去吓人得很，但实际上是根本不实用，为什么？一是缺乏机动性，这是其致命弱点；另一个致命弱点是只要拉战车的几匹马之中有一匹受伤跑不动了，整个战车就完了，因为其他马总不能拖拉着受伤的马跑吧？而且上面的士兵们都披着厚铠重甲，一旦没有战车就成了任人宰割的羔羊。相对于波斯帝国的笨重士兵，大帝的军队却是灵活勇敢，且军容严整。因此虽然人数上居于劣势，然而无不以一当十，奋勇接战。

先发动攻击的是大流士，他命令他的战车们朝马其顿的骑兵步兵们冲去，但刚一冲，战车上面的毛病一下就都出来了，还没来得及冲到敌人面前，许多在半路上就坏了。亚历山大大帝的骑兵们随即劈波斩浪般向已经开始溃散的波斯中军冲去，直指在那里指挥作战的大流士，波斯人的阵线顿时波开浪裂，纷纷败退，一看这情形，大流士不但没有组织抵抗，反而吓得魂飞魄散，像在伊苏斯之战中一样没命地逃走了。

失去了统帅的波斯大军像被捅了一棍子的马蜂窝，更加混乱了，在漫天黄沙笼罩下拼命飞逃，亚历山大大帝的士兵们像在舞台上表演一样任意地砍杀着，波斯人的血染红了莽莽黄沙。

这就是著名的告加米拉战役，发生在公元前331年10月1日。

这也许是迄今为止第一场精确到日的大战。之所以得到了这样精确的数据，是因为这场战役开始前双方占卜师都看到了一次月蚀，而月蚀，无论是几千年之前发生的还是几千年之后发生的，天文学家们都可以精确地推算出来。

在告加米拉战役中大奏凯歌后的亚历山大大帝，继续麾军前进，下一个目标是巴比伦。它是与中华文明齐名的人类四个最伟大的古代文明之一，曾出过一个伟大的领袖——汉谟拉比，他制订过人类历史上第一部成文法典，即"汉谟拉比法典"。

不过，当亚历山大大帝来时，汉谟拉比古老的巴比伦已经消失了，连尼布甲尼撒大帝的新巴比伦也已经湮没在历史的萋萋荒草丛中，现在的巴比伦不过是波斯帝国辖下无数大城之一。

亚历山大大帝没有为难驯服的巴比伦人，他越过巴比伦，直趋波斯帝国的首都波斯波利斯。在那里，他继毁灭底比斯、推罗之后又将波斯帝国的首都，这座壮丽辉煌堪称当时举世无匹的宫殿之城一把火烧了个精光。他这样做的借口是为波斯人曾经破坏雅典卫城进行报复。

此后大帝开始追逐大流士了。

这时的大流士呢？他在两次大战中的怯懦表现令他的将军们极度失望，他们不再听从他。当他因为害怕想向亚历山大大帝投降时，他们气得发狂，将这个令他们蒙受耻辱的王囚禁起来，挟持着他往帝国的东方逃去。

这幅画描绘了亚历山大大帝进入巴比伦的情形。
(Artist:Charles Le Brun)

大帝知道他们的去向，率领铁骑日夜不停地追击，最后，终于可以看到在前面奔逃的波斯人战车扬起的烟尘了。他们发出了喜悦的呐喊，冲将上去。波斯人呢，他们甚至到现在还带着老婆孩子、金银财宝。这时候也只好扔下了，骑到马上没命地逃跑了。

那被扔下的除了美女财宝，还有一个人，当马其顿的士兵们跑到他跟前时，发现那个衣裳异常华丽的人已经死了，他胸前有一个可怕的洞，血都快流干了。他们告诉大帝，大帝奔来，一眼就看出来了，他就是号称"万王之王"的大流士三世。

一度统治欧亚非三大洲广大地区，作为世界上第一个超级大帝国的波斯帝国就这样覆灭了。这是公元前330年的事。

此时，大帝年仅26岁，正是热血沸腾、豪气干云的时节，要他就此束手、化干戈为玉帛、安享帝皇权威那是太难了。他生来是个征服者，停止征服对他意味着生命失去了意义。

于是他将鹰鹫般锐利、饿狼般贪婪的目光投向了更遥远的东方。

那时，在那更遥远的东方，也就是现

在的伊朗、阿富汗、巴基斯坦和印度北部一带居住着一些迄今为止西方人几乎尚未谋面的民族，如粟特人、巴克特里亚人、帕提亚人，等等，多得很，他们是一些比希腊人落后不少的游牧或半游牧民族，原来大部分都归顺波斯帝国了，亚历山大大帝一来，没经过大战斗就把他们一一收服了，亚历山大大帝一直打到帕米尔高原的莽莽群山下后，他没有再东进，转而南下，直抵北印度。

大帝到印度时，统治印度早已经不是那个建造伟大的摩亨佐-达罗的四大古代文明之一的人们了，而是一群来自北方、自称"雅利安人"的部族。

雅利安就是"高贵"、"高等"的意思。这群雅利安人的自豪与勇敢殊不亚于马其顿人，当亚历山大大帝率军来到时，他们立即奋起抵抗。他们的领袖是有着巨人般身材的保雷瓦，领导着当时整个印度最强大的国家，他率领他的大军，包括由许多头大象组成的特殊骑兵，与亚历山大大帝决战。结果，一向以为天下无敌的保雷瓦始知强中自有强中手、一山更比一山高。他心悦诚服地向大帝投降了，亚历山大大帝便命他仍旧领导他的人民，不过不再是国王，而是亚历山大帝国的总督了。

依着亚历山大大帝的意志，他还要再往南下，去攻击那里从未面对过的民族，然而他的部下实在受不了了，越来越炙热的太阳、越来越茂密的森林、越来越众多的蚊子令他们感到前所未有的恐慌，而且他们离开家乡已经差不多10年了，思乡之情与日俱增，坚决不肯再打下去。

面对将士们坚决而愤怒的要求，大帝只好同意回去。这时他们已经抵达印度文明的摇篮——恒河——岸边了。这里成为大帝东征的最后一站。

在东征的过程中，亚历山大大帝除了东征西讨之外，还做了一件对历史有重大影响的事。由于大帝一贯自称是伟大的希腊文明的代言人，负有开化野蛮人的神圣使命，因此每到一地，他都要建立起新城市，把他带来的大批希腊人安置在里面，这些希腊人也把希腊当时先进的技术，例如制陶、榨油等带了过来，在新城市里开铺子做起了生意。那些被征服的民族看到这些外来人不但会打仗，而且制作的东西也这般精巧，自然心甘情愿地当起学生来，在各个方面，从语言习俗到衣食住行等都模仿希腊人。不但如此，大帝还鼓励部下们同亚洲美女结婚，据说他曾举行过一个盛大的集体婚礼，他的90个将领同时娶了亚洲妻子，他自己也娶了巴克特里亚美女罗克姗娜为妻，她是一个波斯将军的女儿，据说亚历山大大帝对她一见钟情。他的好几千名士兵也这样做了。大帝鼓励他们这样

地中海战史 ——— 第 5 章 亚历山大大帝的传奇人生

这幅画描绘了亚历山大大帝击败保雷瓦的情景。
(Artist:Charles Le Brun)

做,并给他们送了新婚礼物。他要使欧亚合为一体,犹如夫妇。

诸如此类的措施最后造就了历史上一个重要的时代——希腊化时代。

这个时代在地理上属于东方,但在文化上属于西方,所以它既属于东方,又属于西方。

再来说亚历山大大帝,他如何回去呢?要知道他已经距故乡万里之遥,兴冲冲打过来时不知疲倦的亚历山大大帝和他勇敢的战士们这时却陷入了深深的苦恼。斟酌再三后,大帝采取了兵分两路的办法。

他组建了一支舰队,令其沿印度河顺流而下,他自己则率领陆军沿岸而行,两军就这样平行走着,直到大海,然后转而向西,也是舰队在海上航着,陆军在岸上走着,一直走到波斯湾。一路上的困苦不用说了,无数人倒毙在炎炎烈日、莽莽黄沙下,没死的人继续在他们意志如钢的领袖带领下跋山涉水。

这幅画所描绘的就是亚历山大大帝对罗克珊娜美女一见钟情的样子——简言之看呆了!
(Artist:Pietro Rotari)

一路无话，有一天，终于走完了大海，看到了在波斯湾尽头飘荡的亚历山大大帝的军旗。这大约是公元前324年的事。

从公元前330年灭波斯帝国起到现在，在这漫长的6年之中，亚历山大大帝成了一个不折不扣的游牧民族首领，几乎每天都在奔波跋涉，寻找水草和敌人。这样的征服称得上是一部宏伟的史诗。

回来后，亚历山大大帝离开了征战连绵的日子，过上了和平的生活，这对于有些人是一种快乐，然而对于大帝是否如此就不知道了。他天天沉湎于无穷无尽的酒宴和娇妻美妾软绵绵的怀抱里，戎马倥偬的岁月与他已经无关。

大家都知道，美女同美酒这两样东西固然迷人，然而也是害人的妖精，正所谓酒色伤人，对普通人是如此，对伟大的帝王也是如此。

接下来的事就不用多说了，有一天，大帝像往常一样，喝得酩酊大醉，回宫后，突然感到不适，他新婚的妻子罗克珊娜摸了摸他的额头，感到火热，立即召来了御医，然而被美女美酒掏空了身子的大帝已是油尽灯枯，回天乏术了。

当然，亚历山大大帝之所以如此年纪轻轻就辞世，也与他参加过的战斗有关，由于他总是身先士卒，虽然没有被杀，但受伤不止一次，其中有两次还受了重伤，其中最近的一次就是在印度与婆罗门大军的血战中受的。

但无论是什么原因，总之西方历史上第一个大帝，也是西方整个历史上最伟大的帝王和征服者之一、被《美国百科全书》称为"古代最伟大的将军"的亚历山大大帝就这么迅速地死掉了，死在了距家乡万里之遥的地方，年仅33岁。

---

1 《圣经·旧约·以西结书》第26章，第3—14节。

第6章 继业者之战
——大帝的遗产成了他人的嫁衣

亚历山大大帝死后，他的帝国迅速瓦解了，国土成了部将们任意争抢的战利品，帝国的继承人们——他的儿子、弟弟、母亲和妻子也迅速地被杀掉了，他所拥有的一切对他而言已经荡然无存。

但对地中海的争夺不会因为亚历山大大帝的死去而终止，在地中海上、地中海周围，一场又一场的战争将接踵而来。

就在公元前323年亚历山大大帝去世后，不久就出现了一个新名词"继业者"。

所谓继业者指的是大帝死后的继承人，他可不止一个，而是许多个，包括大帝尚未出生的遗腹子和他奶奶即大帝的母亲，还有大帝同父异母的傻瓜哥哥和他傻哥的妻子，以及他的许多将领，他们都争相瓜分大帝庞大的遗产——地跨三大洲的辽阔帝国。

这种瓜分不可能是和平的，由此引发了四次"继业者之战"，从公元前322年一直延续到公元前301年。还有其他各种复杂的斗争，例如马其顿内部的宫廷斗争、利西马科斯与塞琉古之争以及野蛮的高卢人的入侵，等等。直到亚历山大大帝死后约50年才终于恢复了基本的秩序，即达到了大致三分帝国的情形：以非洲的埃及为中心的托勒密王朝、以安条克（又译为安提阿）为都城的占领帝国原亚洲庞大领土的塞琉西王朝（或称塞琉古王朝）、马其顿本土。总之，在大体上环绕着地中海的辽阔土地上，一场接着一场的战斗此起彼伏。

罗马与希腊

当亚历山大大帝死了的消息传到希腊和雅典后，雅典立即在当时最伟大的演说家德摩斯梯尼——他曾经在公元前344年做了一场古代最著名的演说之一即《反腓力辞》——的煽动下决心从马其顿的统治下获得独立，并发动了对马其顿的战争，这

这幅图反映了伊苏斯战役中亚历山大大帝与波斯国王大流士三世作战的情形。

就是拉米亚战争。战争中将马其顿当时的统治者安提帕特围困在拉米亚城数月之久，但后来马其顿人的援军到达，成功解围，在此后的战争中，马其顿人打败了希腊联盟，德摩斯梯尼被迫服毒自杀，希腊人失败了，雅典也再度失去了它的自由。

但这并不是战争的结束，而是战争的开始。此后，希腊人依然在反抗，不但自己反抗，还经常联络其他人，例如统治安纳托利亚的安提柯和他的儿子德米特里一世、埃及的托勒密王朝等，以反抗马其顿人。总之谁想剥夺希腊人的自由他们就反抗谁，成功就获得自由，失败就失去自由，如此他们便断断续续地轮流获得与失去自由。

不过，这只是对于希腊北部而言，在希腊的中部与南部又是另一番气象。

这时候，希腊中部的许多城邦组成了一个同盟——埃托利亚同盟。

埃托利亚同盟一直致力于反抗马其顿人的统治，亚历山大大帝去世后，埃托利亚同盟立即乘机起来反抗马其顿人，并多次打败前来镇压的马其顿人，势力不断壮大，终于称霸希腊中部。

在希腊南部还有另一个同盟——亚该亚同盟。

亚该亚同盟是非常古老的，早在公元前5世纪就有了，但一直不强大，然而到了公元前280年，同盟乘着当时的希腊世界一片混乱之际迅速崛起，囊括了伯罗奔尼撒半岛和中部希腊的许多城邦，迅速强大起来。

在这两大同盟之外，还有另一个非同盟的独立城邦——斯巴达。

我们前面说过，在伯罗奔尼撒战争中，斯巴达击败了雅典，但被打败的雅典人并没有甘心服输，它联合底比斯人展开了反击，公元前371年，底比斯人彻底击败了斯巴达人，把他们几百年来的威名扫个一干二净。

此后，斯巴达也一度臣服于马其顿，然而那只是暂时的，亚历山大大帝死后，他们又迅速地重获自由，虽然他们的实力已经无法与过去相比，但他们的野心从来没有放弃，后来出现了一位克里昂米尼三世，他进行了一连串的改革，大大扩充了公民的数量，此后便又想争霸了，对手就是同在希腊南部和伯罗奔尼撒半岛的亚该亚同盟。起初，他们一次又一次地打败了对手，后来，眼看抵挡不住的亚该亚同盟竟然和马其顿人结了盟，这样一来，双方实力顿时悬殊，公元前222年，同盟和马其顿联军在塞拉西亚战役中彻底打败了斯巴达，斯巴达也有史以来第一次本土遭到外来势力的直接军事占领。这就是所谓的克里昂米尼战争了。

但占领军很快撤走了，斯巴达只是不能称霸了，并没有失去它的独立。

这时候的希腊，至少它的中部与南部，总的来说是有一定独立性的，尽管时不时遭到马其顿人的入侵，马其顿人也时断时续地似乎统治着希腊，然而总的说来希腊是比较独立的，它的文化与艺术也在自由地发展。原因是很简单的：马其顿人也是希腊人，并且以自己是希腊人而自豪，怎么会限制希腊人发展自己的文化包括哲学呢？

希腊的独立一直到罗马人的入侵才被彻底地改变了。

这时候已经到了公元前2世纪，罗马人已经很强大了，罗马人一直非常崇敬希腊文明，并没有想主动介入希腊事务。然而，公元前215年，当时在希腊拥有强大影响力的马其顿腓力五世和罗马的死敌迦太基人组成了联盟，这等于直接与罗马为敌，从此罗马人的势力便开始进入了希腊。

这样的结果就是著名的马其顿战争。公元前200年的第二次马其顿战争中，罗马人和许多希腊城邦包括埃托利亚同盟结盟取得了大胜，根据和约，马其顿不但要赔偿巨款，领土也只剩下原来的马其顿本土，再也称不上大国了，也完全失去了对其他希腊城邦的影响力。

希腊人虽然从此摆脱了马其顿人的控制，但他们与罗马人的结盟也不亚于引狼入室，从此开启了真正失去独立与自由的进程。

一开始，罗马人宣称尊重希腊人的自

由，但这自由只是一个幌子，几乎所有希腊城邦都被迫加入了一个由罗马控制的同盟，而且几乎所有城邦的民主政体都被亲罗马的贵族统治代替。

这时候，又一场大战爆发了，它就是塞琉古帝国和罗马帝国之间的战争，也就是罗马－叙利亚战争了。起因之一则是塞琉古帝国的安条克三世收留了罗马人最仇恨的死对头——迦太基大将汉尼拔。之所以叫罗马－叙利亚战争，是因为塞琉古帝国的统治中心是叙利亚地区，所以有时候也被称为叙利亚王朝。

战争爆发后，许多希腊城邦，尤其是埃托利亚同盟，看到罗马在希腊的势力越来越大，大有统治全希腊之势，便和安条克三世结盟，而安条克三世更以将希腊从罗马手上解放出来为名攻入希腊，这是公元前192年左右的事。

但战争并没有向希腊想望的方向进展，公元前191年，罗马人在温泉关大败塞琉古王安条克三世，安条克被赶回小亚细亚，罗马人跟踪追击，第一次踏进了辽阔的亚洲。

这回希腊人尝到站错边的苦味了，根据罗马人和塞琉古帝国签订的和约，罗马人从此获得了全希腊的霸权。

这还没有结束，因为罗马人要的不是霸权，而是直接的统治。

罗马与马其顿

最先被直接统治的不是希腊本土，而是亚历山大大帝的祖国马其顿，在罗马与马其顿之间爆发了无数次战争，其中比较重要的就有四次，这就是史上著名的四次马其顿战争。

第一次马其顿战争发生于公元前215年至公元前205年。这时候正值第二次布匿战争初期，迦太基大将汉尼拔统率大军杀向罗马本土，罗马军队连战连败，这时候的马其顿国王腓力五世乘机与迦太基结盟，并向罗马宣战。一开始马其顿的军队取得了不小的胜利，但却遭遇到了一个大问题，就是罗马本土位于意大利半岛，不但隔着希腊半岛，还隔着亚得里亚海，相距甚是遥远，当马其顿的军队越过了希腊半岛，到达了亚得里亚海边时，罗马的海军出现在了海上，这时候腓力五世的海军却很弱小，根本无法与罗马海军大战。所以双方相持不下，后来罗马人利用了希腊人对马其顿人久已有之的仇恨心理，成功取得了埃托利亚同盟的支持，组成了强大的反马其顿同盟，腓力五世当然不敢轻举妄动，双方便讲和休战了，这是公元前205年的事。

但5年之后，第二次马其顿战争就爆发了。

这时候，汲取了上次教训的腓力五世建立了一支强大的舰队，于公元前203年在爱琴海展开攻势。这时候第五次叙利亚战争爆发了，腓力五世与安条克三世又发生了冲突，爱琴海周边的诸希腊城邦长久以来受到马其顿人的统治，早就不满了，现在乘机联合起来反对腓力五世，这些城邦都是靠海的，有着自己的舰队，现在他们组成了一支强大的联合舰队。在公元前201年于爱琴海爆发的一次海战中，腓力五世的舰队被罗德岛和帕加马组成的联合舰队击败，马其顿人从此失去了海上的优势。

这时候，罗马人已在布匿战争中战胜了迦太基，正准备乘机东扩，看到希腊人取得了胜利，立即借口保卫希腊，向马其顿宣战。罗马人深知无论是要征服希腊还是亚细亚，都必须先征服马其顿。于是做了充分的准备，他们首先与希腊诸城邦组成了反马其顿同盟，甚至让塞琉古人也同意保持中立。这样一来，马其顿等于要同时与罗马人和希腊人作战，实力的差距决定了战争的胜负。

公元前200年，罗马执政官弗拉米尼努斯率军横渡亚得里亚海，到达希腊半岛西部，这时候他们已经获得了希腊最强大的两个城邦同盟即埃托利亚同盟和亚该亚同盟的支持，组成了强大的反马其顿同盟军。

到公元前197年，腓力五世统领的马其顿大军与罗马希腊同盟军在库诺斯克法莱展开大战，结果失败，马其顿人再也无力抵抗，只得接受了屈辱性的条款，规定马其顿放弃对希腊全境的统治，并向罗马支付巨额战争赔款。甚至规定马其顿只能保有一支5000人的军队和5艘战舰。同时未经罗马许可不得与邻国交战。

但马其顿人是不会长久地接受这样的屈辱的。公元前179年，腓力五世去世了，他的儿子佩尔修斯继位，他立即着手恢复马其顿的实力，主要是针对希腊，他试图像先祖一样统治希腊，并在此基础上进一步扩张。

但他没有注意到，现在时代已经不同了，已经有了一个比他更为强大的对手——罗马，也许更加重要的是，现在的希腊虽然依旧不统一，但他们却宁肯服从罗马也不愿意服从马其顿。这样的结果是，当佩尔修斯明显地威胁到希腊时，帕加马国王欧迈尼斯二世公开请求罗马出兵对付马其顿，罗马当然会响应，于是第三次马其顿战争爆发了，这是公元前171年的事。

战争一开始，罗马人的军队便横贯亚得里亚海，到达希腊，攻击佩尔修斯，两军在皮尼奥斯河畔的拉里萨展开了第一次战斗，罗马人失败，此后又接连失利，直到三年之后，在执政官鲍路斯的指挥下，罗马人才开始占上风。

决定性的一役发生在公元前168年6

这幅画所描绘的就是佩尔修斯终于向罗马人投降的情形。
(Artist:Jean-François Pierre Peyron)

月,罗马与马其顿两军在彼得那决战。鲍路斯巧妙地利用了战场地形,使强大的马其顿方阵出现缺口,这对于马其顿人是致命的,结果大败,佩尔修斯本人也投降了。罗马人将他披枷带锁押往罗马,作为凯旋式上的战利品,他后来被处死。此后,罗马人将马其顿分割为4个都要向他进贡的共和国,独立统一的马其顿自此不复存在。

但十余年之后,一位自称是佩尔修斯之子的安德里斯库斯出现了,他率领马其顿人起来造反,罗马便派了梅特卢斯率军镇压,叛军哪是对手,不久就被歼灭了,此后,罗马人就直接将马其顿并入帝国,成为它的一个行省。这是公元前148年的事。

也就是说,从亚历山大大帝建立庞大的帝国——这一帝国也可以称为马其顿帝国——到马其顿彻底沦亡不过百余年,也许这就是历史的讽刺与无常吧!

从此之后,马其顿就再也不是一个独立的国家了,而成了一个历史的地理名词。不过我们要注意的是,现在的马其顿共和国是南斯拉夫独立之后分立出来的,但这些马其顿人主体是斯拉夫人,和古代属于希腊人的马其顿人不属于同一个种族。

罗马与塞琉古

就领土面积来说，塞琉古王朝是希腊化国家中最大的一个，开始的时候，它占据了西起小亚细亚、东抵阿富汗甚至中国边疆的辽阔地区，但后来与埃及的托勒密王朝争夺巴勒斯坦失败，失去了东方的大部分领土，而伊朗东北部的帕提亚人等又独立了，但它面积依然很大。由于罗马帝国在东方的持续扩张，它不可避免地与之发生了冲突，结果就是罗马-叙利亚战争。

公元前215年，当时在希腊拥有强大影响力的马其顿腓力五世和罗马的死敌迦太基人组成了联盟，这等于直接与罗马为敌，从此罗马人的势力便开始进入了希腊。此后，希腊人看到罗马在希腊的势力越来越大，大有统治全希腊之势，便开始和塞琉古王朝的安条克三世结盟，以共同对抗罗马。

而且，这时候安条克三世也已经与腓力五世结盟了，这样一来，他觉得自己已经拥有了强大的力量，可以与罗马一战了。

这时候罗马在希腊也有自己的盟友，其中包括爱琴海中的罗德岛，罗德岛拥有相当强大的海军，这等于使得罗马人也在东地中海拥有了一支强大的海军力量。正因为罗德岛与罗马结盟，而安条克三世与腓力五世又是盟友，所以公元前198年左右，安条克三世便派了一支舰队进入地中海，以支援腓力五世，与罗马结盟的罗德岛便派出大使向安条克提出抗议，甚至威胁如果安条克三世的舰队再冒进就要开战。但不久之后，腓力五世就被罗马人打败了，第二次马其顿战争结束，停战和约使马其顿被迫成为罗马的同盟，安条克三世对腓力五世的支援也就此结束。

然而，这并没有中止安条克三世的野心，他也想在希腊称霸，就像当初亚历山大大帝所做过的一样。恰在此时，在第二次"布匿战争"中被打败的迦太基将军汉尼拔从迦太基流亡到了塞琉古，后来到了安条克三世的宫廷里，劝他起来反对罗马。这当然正中安条克三世的下怀。

于是，公元前195年，当罗马人决定入侵造反的斯巴达时，安条克三世也入侵了希腊北部的色雷斯，与罗马的对抗公开化了。

这时候，在希腊，埃托利亚同盟又开始反抗罗马，并要求安条克三世帮助，他答应了，于是埃托利亚同盟开始攻击罗马人，罗马当然派军前来镇压，安条克三世便统领约1万名步兵、500名骑兵甚至还有六头战象，乘船横渡爱琴海，以解放者的姿态登陆希腊。

但他很快就陷入了被动，因为希腊人

内部也是激烈分化的，虽然埃托利亚同盟反罗马，然而亚该亚同盟却站在罗马一边，甚至对他宣战，此时连他的老盟友腓力五世都站到了罗马人一边，他又多了一个可怕的对手。

此时罗马军团也已经渡过亚得里亚海登陆希腊，两军在色萨利（Thessaly）相遇，安条克三世试图据守温泉关，像过去的斯巴达人在这里痛击波斯人一样痛击罗马人，然而罗马大军和波斯军队岂是一样？结果在这一场新温泉关战役中，他被罗马杀得大败，灰溜溜地撤回小亚细亚去了，埃托利亚同盟也只能再次降服于罗马。这是公元前191年左右的事。

三次大海战

虽然安条克三世在陆战中失利了，但还拥有强大的海军，有近170艘战舰。罗马在爱琴海上也有它的盟友，如帕加马和罗德岛，它们都拥有不小的海军，联合起来后就组成了一个大舰队，两军在科律克索大战，这就是科律克索战役了，这也是安条克三世与罗马人之间三场大海战中的第一场。

安条克三世的海军由当时的名将波吕克塞尼达斯指挥。他是一个相当明智的人，知道虽然塞琉古舰队比罗马舰队要强大，但倘若罗马舰队与罗德岛等盟友的舰队会合在一起，其实力就要超过自己的舰队了。所以，他一开始力图使敌人不能会合，但没有成功，罗马人成功地在依奥尼亚海岸与强大的帕加马舰队会合了，联合舰队仅主力战舰就超过了100艘。

但波吕克塞尼达斯依然必须一战，否则的话就等于失去整个爱琴海的制海权，使罗马人可以从海上与陆上同时发动攻击，整个战争的失败将不可避免。

于是，波吕克塞尼达斯率军迎击罗马人的联合舰队，双方就在位于今天土耳其南部的科律克索海角附近展开了大战。

这次波吕克塞尼达斯见识了与以往的希腊海军大不一样的新海军、新海战法。因为罗马的战舰和传统的希腊战舰大不一样。我们前面说过，传统的希腊战舰主要是靠军舰之间的相互撞击来分胜负的，因此舰首都有强大的撞角，而且最好是将撞角正好撞在敌船的薄弱部分，例如腰腹，将之一举撞伤甚至撞毁，要做到这一点当然要靠桨手与舵手的驾船技术高明。但罗马人的战船可不一样，罗马人其实并不擅长海战，他们擅长的是陆战，因此罗马人便设计了他们特殊的战舰。它的特点是开战之时就朝敌船猛冲，目的不是撞伤撞沉它，而是相撞后立即用一种特殊的绞索把对方船只紧紧锁住，与自己的船连成一体，船上的罗马士兵马上跳上敌船，在船上砍杀敌人。这种新战法令波吕克塞尼达斯无法招架，在强悍无比的罗马战士的砍杀之下，塞琉古人大败，左右两翼都被击破，10余艘战船被俘，波吕克塞尼达斯不得不带领余下的舰只逃离战场，罗马人获得了海战的胜利。

汉尼拔的最后一战

此后，罗马和它的同盟者组成的舰队封锁了安条克三世在小亚细亚沿岸的各个港口，而波吕克塞尼达斯由于舰队损失惨重，在休整好之前拒绝与罗马人作战。安条克三世只好匆忙重新补强波吕克塞尼达斯的舰队，同时请出了汉尼拔，派他到航海民族腓尼基人那里去建立一支新舰队。

新舰队建好之后，汉尼拔率军前往达达尼尔海峡。在那里，著名的大西庇阿的弟弟所率领的罗马陆军主力正要横越达达尼尔海峡，要是被他汉尼拔抓住了，大可以一举歼之，即使罗马的海军在那里他也不怕，因为他的这支舰队本来就是设计用来对付罗马那种新式的、用陆战方式打海战的海军的。他设计的新战舰主要特点就是可以防止与罗马人的船钩在一起。这支新舰队拥有近50艘大型战舰，其中包括3艘七列桨座战船、4艘六列桨座战船、30艘五列桨座战船和四列桨座战船以及10艘三列桨座战船，都专门用来对付罗马战舰。

可以相信，倘若汉尼拔或者安条克三世能够达成他们的计划，在达达尼尔海峡拦截住罗马的海陆军，他们很可能取得重大胜利。然而他们的运气实在不好，途中遇到的不是罗马舰队，而是罗德岛人的舰队。这些罗德岛人可与罗马人不一样，是传统海战的高手，他们一发现汉尼拔的舰队就扑了上去，就此发生了一场大海战，这就是欧利米登战役，这也是安条克三世与罗马人之间的第二次大海战了。

不用说，在这样的战斗中先天不适的汉尼拔舰只注定就要处于劣势，但一开始，凭着他高超的指挥艺术，还是占得了一些优势。然而，这只是汉尼拔亲自指挥的左翼，那右翼却不行了，立即要求汉尼拔支援，但汉尼拔的优势本来就很小，一去支援，自己这边也薄弱了，这样一来，他的整支舰队都被打散了，海战以汉尼拔的失败告终。这是公元前190年的事。

这是汉尼拔生平第二场败仗，不过没有第三次了，后来，他遭到了罗马人无休止的追索，据说，最后走投无路的汉尼拔在亚洲一个山洞之中服毒自杀。

但这并不是安条克三世与罗马人最大的海战，还有另一场决定性的海战在等着他，这就是迈昂尼苏斯战役。

其实，这时候的塞琉古海军依然拥有军舰的数量优势，安条克三世的海军有近90艘大型战舰，而罗马人的联合舰队只有约80艘大小战舰，两军就在今天小亚细亚半岛西部的提奥斯港附近的迈昂尼苏斯展开了大决战。

战斗中，罗马人的联合舰队在西，波吕克塞尼达斯的舰队则在东，由于罗马联军的左翼靠近海岸，朝海的一面就只有右翼了，于是波吕克塞尼达斯就想用他处于绝对优势的兵力包抄罗马联军的右翼，击败之后再歼左翼。倘若这时候他拥有汉尼拔专门用来对付罗马舰队的新式军舰，或许可以成功，但那支舰队已经被歼灭了，波吕克塞尼达斯的军舰依然是传统的希腊式战舰，所以战斗一开始罗马人就扑了过来，将他们的战舰钩上波吕克塞尼达斯的战舰，强悍无比的罗马战士跳了过来，一阵大砍大杀。这些水手格斗哪是罗马战士的对手，不久就溃败了，很快波吕克塞尼达斯舰队的右翼就崩溃了。这时候罗马人的战舰就反过来扑向波吕克塞尼达斯的左翼。本来，这个左翼是波吕克塞尼达斯舰队的主力，他在这里亲自指挥，对付的主要是罗马人的盟友罗德岛舰队，想先歼灭之再去对付敌人的左翼。但这支船队的司令欧德路斯十分狡猾，洞悉了波吕克塞尼达斯的意图，他也知道自己的战船体型较小，硬拼是不行的，但他只要拖延时间，不在短时间内被打败，罗马人在击溃敌人的右翼后就会来帮他，那时候就胜利在握了。于是他就利用他的船只小，但速度快、机动灵活的特点，和波吕克塞尼达斯玩起了捉迷藏，成功地赢得了时间。

这样一来，罗马人击溃了波吕克塞尼达斯的右翼后，立即向左翼扑来，罗德岛人也乘机反攻。在罗马联军的夹击之下，波吕克塞尼达斯的军舰很快就抵挡不住了，有的被俘，有的被毁，只有少数在波吕克塞尼达斯的带领下逃脱了，罗马联合舰队又获得了海战的胜利。

这也是罗马人与安条克三世之间的第三次、也是最后一次大海战。从此，爱琴海以至整个东地中海的制海权就牢牢控制在了罗马人手中。这仍是公元前190年的事。

战争并没有结束，安条克三世虽然海军几乎全军覆没，但还有陆军，几个月后，两军就在马格尼西亚地方展开了大战，这就是马格尼西亚战役。

得知迈昂尼苏斯战役惨败的消息后，安条克三世立即知道再也无力在小亚细亚与罗马人对抗了，赶忙将在希腊北部与小亚细亚沿海的军队撤走，像当初在亚历山大大帝面前的波斯人一样往内陆而逃，当然他没有逃得那么远，军队依然留在小亚细亚半岛，于是双方就在半岛的马格尼西亚展开了决战。

这也是安条克三世与罗马人最后的大决战，罗马人的统帅是执政官卢基乌斯·科尔内利乌斯·西庇阿，同时其兄长大西庇阿也在军中辅佐。

战役中罗马人的总兵力约为3万人，分左中右三翼，由于左翼紧靠河岸，只布置了4个中队的骑兵，主力部队是中央的罗马军团，右翼则主要是各个盟友的部队，有希腊人和马其顿人等，还有16头来自非洲的战象。安条克三世的军队则像当初波斯人的军队一样，来自很多民族，但在数量上占有优势，共有约7万人，其中骑兵超过1万，另外还有22头大战象，这些亚洲战象体型比罗马人的非洲象要大得多。

战斗在清晨展开，但很快安条克三世就落了下风，因为他的主力之一、可怕的镰刀战车冲过来时，罗马的盟友帕加玛人很善于对付这种战车，他们不攻战车、专攻战马，结果马一受伤之后，整个战车就瘫了，有些受伤的马还拖着战车四处狂奔，把安条克三世自己的阵势都打乱了。由于安条克三世的主力是马其顿方阵，密集的方阵移动不便，根本抵挡不住冲来的战车，被车上的长柄镰刀砍得血肉横飞，这下本来就有些涣散的军心迅速动摇了。结果，当罗马大军靠近的时候，安条克三世的有些部队还没有打仗就逃跑了，其他人也跟着跑，不久就整体溃散了。只有由马其顿人组成的中军方阵还在坚持，不久也在罗马人暴风骤雨般的打击下崩溃了。总之，战斗不久就结束了，安条克三世惨败，近5万名士兵阵亡或被俘，而罗马联军的损失不到其十分之一！

此战后，海陆军都损失殆尽的安条克三世再也无力与罗马人对抗，于是双方签署了阿帕米亚和约（Treaty of Apamea），结束了罗马-叙利亚战争。

和约规定塞琉古帝国割让其全部欧洲领土以及托鲁斯山脉以西的小亚细亚领土给罗马，并且限定海军只能有12艘战船，使其不能与罗马为敌，另外还付出了巨额的战争赔款。塞琉古帝国从此衰落，而罗马人从此牢牢地控制了整个东部地中海。这是公元前188年的事。

罗马与埃及

这时候，地中海东部一共有四大块，即希腊、马其顿、塞琉古和托勒密埃及，现在前面三部分已经被罗马人征服了，余下的就只有一个埃及了。

托勒密简史

托勒密王朝始于公元前323年，这一

这是波斯军中的镰刀战车,安条克三世的也是这种,他在马格尼西亚之战中想以此来战胜罗马人,但终归失败。
(Artist:Andre Castaigne)

年亚历山大大帝的部将托勒密成为埃及总督,统治全埃及。到公元前305年,他正式自立为埃及法老,从此他的家族世代统治埃及长达近300年。

托勒密王朝的主体是埃及,但王朝的疆域曾经非常辽阔,最盛时包含埃及、今天的利比亚和埃塞俄比亚一带,还在地中海东岸甚至小亚细亚半岛南部拥有领土。

这个王朝有两个主要特点:一是它基本上继承了埃及古老的法统,包括宗教和风俗等,从这个角度上说,它是一个正统的埃及王朝,就像古埃及一样,这一点就是埃及人也是承认的,所以他们才会心悦诚服地接受其统治。二是这又是一个希腊人的王朝,因为这个国家的统治阶级大部分是希腊人,当然马其顿人也包括在内。早在托勒密一世时期,他就大力招募希腊人移居埃及,不但授予他们土地,还让他们担任官职,事实上成为了埃及的统治阶级。他还大力弘扬古希腊文化,使得这时候的埃及成为希腊文明的领导者,特别是其首都亚历山大城一度成为整个希腊世界的文明中心,其所建立的亚历山大图书馆是当时世界上最大的图书馆,亚历山大城在文化上的地位甚至要超过雅典与罗马。所以从这个角度上说,它又是一个希腊人的王朝。倘若就整体而言，这第二个特点是更为主要的，因为第一个特点只是为了维系他对埃及人的统治才具有的，只是一种表面化的东西。当然，这个特点也是很重要的。

在托勒密王朝继承自古埃及的各种传统中有一个最不一般的传统就是近亲间的通婚，以通常的说法就是乱伦。这是古埃及法老们常干的事，例如著名的图坦卡门的王后就是他的亲姐姐。在同样近亲通婚的托勒密王朝，兄弟大都称托勒密，姐妹大都称克莉奥佩特拉，并且互相通婚。例如托勒密二世就娶了他的亲妹妹，称阿尔西诺伊二世。托勒密十二世的王后也是他姐妹，称克莉奥佩特拉五世。最夸张的也许是托勒密八世，他娶了自己的母亲。

在近两百年的历史之中，托勒密王朝当然也有许多征战，主要就是六次叙利亚战争了。在这些战争之中，虽然托勒密王朝多次取胜，但最后还是失败了，靠罗马人的帮助才保住了埃及。不过，居于地中海畔的托勒密王朝也一度称雄地中海，这就是托勒密一世时期。

这位托勒密一世也是王朝所有国王中最为杰出的，他本是亚历山大大帝最亲信的将领之一，并且是他的密友，一直跟随大帝南征北战，因此才受封统治埃及，并且在大帝去世后建立了托勒密王朝。

他于公元前305年在埃及称王后，不久就开始与建立塞琉古帝国的安条克一世爆发冲突，他倾力帮助生活于地中海东部的罗德岛人反抗安条克的入侵，并且取得了胜利，于是获得了罗德岛人的崇敬，授予他"救星"这个至为尊崇的称号。

后来，他还占领了东地中海的大岛塞浦路斯，成为了整个爱琴海岛屿的保护者，实际上也成为了东地中海的新霸主。

埃及艳后

在托勒密王朝的历任君主中，最著名的就是克莉奥佩特拉七世了，我们在这里要特别说下她以及她参加的一场大海战。

克莉奥佩特拉七世生于约公元前69年，她是托勒密王朝的最后一位法老，父亲是托勒密十二世。她就是著名的埃及艳后。

一开始，她与弟弟托勒密十三世共同执政，也依照传统嫁给了他。但两人之间后来爆发了冲突，弟弟的势力更大一些，把她赶出了埃及，这是公元前48年的事。

但她也有支持者，很快召集了一支军队，准备与弟弟开战。这时候，恰好罗马的恺撒与庞培之间爆发了战争，庞培战败，逃到了埃及，她的法老弟弟为了讨好恺撒就杀了庞培。他还想利用恺撒的力量来杀了姐姐。

他想不到姐姐的计谋更胜一筹。

据说，克莉奥佩特拉先让自己一个忠诚的手下装扮成商人，把自己包裹在一床大毯子里，这位商人到了恺撒的住处求见，说有礼物相送，恺撒应允了。于是，那张毯子就放在了恺撒脚下，徐徐打开了，毯子里躺着一个美艳无比的女人！这时的克莉奥佩特拉芳龄20出头，是人生中最美貌的时节，但她所拥有的可不仅仅是美貌，还有罕见的智慧。恺撒看到如此美艳的她还有如此高的智慧，马上就被她迷住了，后面不用说，从此两人就住在了一起，这时候恺撒已经52岁了，年龄大概是女王的两倍。

但恺撒并没有把她的弟弟杀掉，而是叫两人重归于好，继续共同执政。但据说当托勒密十三世得知自己的妻子竟然与恺撒同居时，狂怒不已，立即带兵包围了恺撒所在的宫殿，不过很快被赶来的罗马军队击败，不久托勒密十三世也在尼罗河中被淹死。此后又立了她的另一个弟弟即托勒密十四世与克莉奥佩特拉共同执政。

这时候，恺撒与克莉奥佩特拉已经好得如干柴烈火、蜜里调油，恺撒虽然已将埃及掌控了，但并没有像其他地方一样，将之变成罗马人的领土，而是由克莉奥佩特拉继续统治。后来，克莉奥佩特拉还为他生了一个儿子，被称为"小恺撒"，克莉奥佩特拉为了让他成为法老，谋杀了弟弟托勒密十四世，于是小恺撒就成为托勒密十五世了，与母亲一起统治埃及。

克莉奥佩特拉一生最辉煌的经历发生在公元前46年。

这一年，她应元老院之邀前往罗马，受到了极为隆重的接待。

在罗马，克莉奥佩特拉住在恺撒的私人宅邸里，恺撒还正式公开承认他与克莉奥佩特拉所生的儿子是自己的儿子——当然也有人怀疑。他还在罗马建造了一座祭祀其祖先爱神维纳斯的神庙，并且把克莉奥佩特拉七世的黄金塑像竖立在爱与美神之旁。

照此下去，克莉奥佩特拉将顺理成章成为恺撒的合法妻子，并且成为罗马人的国母。然而，恺撒于公元前44年3月15日被勃鲁托斯谋杀。没了恺撒撑腰之后，罗马本来就广泛存在的反对她的势力全站了出来，克莉奥佩特拉只得匆匆返回埃及。

不久，恺撒的养子屋大维与大将安东尼兴兵为恺撒报仇，平定了罗马的内乱。此后两人划分了统治区域，由屋大维统治罗马西部、安东尼统治东部。

这时候，安东尼率军攻打安息，也就是今天的伊朗一带，他将克莉奥佩特拉召往小亚细亚半岛南部的塔尔苏斯。

本来安东尼的目的只是希望克莉奥佩特拉可以为他的大军提供给养，但当看到这位绝代佳人之后，一切就变了：只见克莉奥佩特拉乘坐着金色的大船，船上挂着的帆都是彩色的，船尾楼用金片包镶，在航行中与碧波交相辉映，闪闪发光，有若彩虹。桨手一个个都是美女，装扮成海中仙子的模样，手持银桨，在明快的鼓乐声中有节奏地划动。岸上的人们简直以为自己是看到了爱神本人，奔走相告、观者如潮。不用说，这一切把本来只是一介武夫的安东尼看傻了。女王邀请他到船上去赴宴，这时候的克莉奥佩特拉女王则将自己打扮成了维纳斯女神，安卧在串着金线、薄如蝉翼的纱帐之内，旁边侍立着漂亮的童子，手执散发香气的扇子轻轻摇动，迷人的馨香在空气中弥漫。看到女王如此的绝世美貌与迷人风姿，安东尼本来就已经傻了，而当听到女王那至为优雅且睿智的谈吐之后，更是神魂颠倒、不知所以了！

结果不用说，安东尼立刻投入了女王温暖的怀抱，从此沦为女王的裙下之臣。不但答应了她一切的要求，还随她一起到埃及去了，这是公元前41年的事。

安东尼在埃及一待就是一年，直到公元前40年夏天才不得不离开情人到罗马去，因为他的沉迷于女色、不理国政已经在罗马激起了很大的反感。到了罗马后，安东尼想办法缓和了罗马人的敌对情绪，为此还娶了屋大维的姐姐奥克塔维娅为妻。

到了公元前37年，安东尼回到东方，准备远征帕提亚。一开始他还带着妻子，这样的政治联姻自然没有感情基础，不久后就以征途艰辛，女子不宜随军为借口，把奥克塔维娅送回了罗马。而当他一到小亚细亚的安提阿，就把克莉奥佩特拉七世接了过去。这时候，他竟然在已经有了妻子的情形之下公开同克莉奥佩特拉七世——也是伟大的恺撒的前情妇——结婚。

不但如此，安东尼还把罗马的大片领土，如叙利亚中部地区、地中海东部的腓尼基沿岸、地中海中的塞浦路斯岛等都送给了克莉奥佩特拉七世。不用说，这些举动在罗马激起了强烈的反对，但安东尼已经被爱情冲昏了头脑，我行我素。

安东尼远征帕提亚并没有成功，但公元前34年，他成功地征服了亚美尼亚，按照罗马的惯例，他应当在罗马举行凯旋式，然而他却没有去罗马，而是在埃及的首都亚历山大里亚，并且按照埃及的习俗举行了凯旋式。据说两人同登黄金制作的宝座，克莉奥佩特拉自称为"诸王之女王"，她的儿子小恺撒即托勒密十五世则称为"诸王之王"。

这些行为进一步地恶化了他和罗马人特别是屋大维的关系，罗马人认为安东尼这样的所作所为无异于背叛。到了公元前32年，安东尼竟然正式宣布休掉妻子奥克塔维娅。

她可是屋大维的姐姐！当弟弟的忍无可忍，发誓为姐姐报仇。他知道罗马人也恨安东尼，为了更强化这一点，他不顾冒犯罗马古老的传统，从维斯塔贞女——她们拥有保管遗嘱的古老权力——手中取得安东尼放置于维斯塔女神（Vesta）神庙中的遗嘱，将之公布于众。遗嘱中安东尼将许多罗马领土送给了克莉奥佩特拉的子女，还指令克莉奥佩特拉七世将他安葬在亚历山大里亚而不是罗马。这样的遗嘱一公布出来，罗马顿时舆论哗然、群情激愤。于是，罗马的元老院和公民大会正式以侵占罗马人民财产为由，对克莉奥佩特拉七世宣战，并剥夺了安东尼的一切权力。

此后，屋大维与安东尼之间就展开了战争，其中最重要的一场就是阿克提乌姆海战，又译为亚克兴海战。

阿克提乌姆海战

海战发生在公元前31年，地点是希腊西北海岸的阿克提乌姆海湾，这也是古代地中海最重要的海战之一。

公元前32年，安东尼率领6万步兵、1.5万骑兵、15万海军水兵、近500艘战船（其中一半是埃及海军）直扑希腊。而屋大维则率领步兵8万人、骑兵1.2万人、战船约400艘迎战，其中陆军由他亲自率领，舰队则由他最重要的大将阿格里帕指挥。

屋大维对他的海军有着相当大的信心，因为战船上装备有一种不妨称为抓锚（harpax）的新式武器，这实际是一种新型的"跳板"。我们此前就说过，罗马人擅长陆战，因此喜欢用陆战的办法打海战，就是将自己的船与敌人的船勾连在一起，然后战士们跳上敌舰砍杀。这个办法早就用过了，现在则更加成熟了，有了一种专门的跳板，外面包着坚实的铁皮，一头装有铁钩，所以又称为"钳子"，另一头拖有绳索。进攻时，罗马人先用弩炮把抓锚投射出去，它前面像锚爪一样的铁钩就会紧紧钩在敌舰上面，将两船牢牢地锁在一起，由于抓锚外面有铁皮包着，敌人想砍断也不行，罗马的战士们就从跳板上扑过去，向敌人展开猛烈的砍杀。

相较于之，安东尼的战舰就比较传统了，它的体积相当庞大，船中有多层划桨，每支桨都很长，最多的要10人才划得动。船上还装有旋转的"炮塔"，人可以站在上面投掷标枪或者石头，船的两侧还备有一种木制的装甲，不怕敌舰的冲撞——这也是传统希腊战舰的主要战法。

战争爆发于公元前31年9月2日。就在战前发生了一件对安东尼极其不利的

这就是古罗马著名的维斯塔贞女。

(Artist:Alessandro Marchesini)

这幅画名叫《安东尼与克莉奥佩特拉在亚克兴海战》。
(Artist:Johann Georg Platzer)

事，就是他的一位重要将领昆塔斯·德留乌斯竟然逃到了屋大维一边，还带去了安东尼详细的作战计划。这个计划本来是很巧妙的，在希腊西海岸，夏季的风上午总是从海上吹向大陆，到中午就从大陆吹向海上。安东尼就是根据这个规律制定作战计划的。他把实力最强的舰队集中在右翼，想利用转向的风力迂回到敌人的左翼，乘上风进行攻击。因为他的军舰体积大，屋大维的军舰则体积较小，又是逆风作战，一定经不住打击。这样他就可以在右翼迅速击败敌人。一旦屋大维的舰队失败，他的陆军就会因缺少运输船只和粮食而不战自乱。而且，万一战况不利，他也可以利用下午的风顺风逃跑。因此，他命令各舰都携带风帆，而当时作战都是划桨进退，一般不带帆。但现在这个计划被屋大维全盘知悉了，他就针对安东尼的计划进行了精心准备。因此可以说，战争在开始之前就胜负已定。

一开始，战斗发生在安东尼舰队的右翼和阿格里帕舰队的左翼，两军相互冲了过来，安东尼的士兵们站在船上高大的"炮塔"上，不断向敌船投掷巨石、弩箭和还有带倒刺的铁标枪。阿格里帕则充分发挥他的战舰体积较小，机动灵活的特点，不断地移动、避开安东尼舰队的攻击，同时利用撞角猛烈撞击敌舰，一次不成就立即退开一段距离，再次扑过去撞击。这种战法安东尼当然不怕，于是，双方的大批战舰就在地中海中相互猛攻狂撞，发出的声音震耳欲聋。

但不久之后，屋大维就占了上风，原因就在于他的军舰不但有撞角，还有抓锚，他的军舰专门找那些看上去较弱的军舰，用弩炮把抓锚投射出去，铁钩死死钩住敌舰，舰上的步兵趁机踏着跳板跳到对方甲板上，向敌人砍杀过去，残酷的海战顿时变成了更为残酷的陆战，船上血肉横飞，海上到处漂浮着船板和残肢，鲜血染红了大海。

这样的战斗方式就不是安东尼的战士们所熟悉的了，不久就有许多战舰被毁，而且这样血腥的海战方式让安东尼的士兵们心惊肉跳，两腿发抖。有的干脆就溜之大吉。这时候，克莉奥佩特拉正统领预备舰队在后面，她命令她的军舰阻拦那些逃跑的战舰，但那些战舰不但不拦，还自己先逃了，有的甚至投降了。明白大局已定的克莉奥佩特拉一面向安东尼发出了撤退的信号，一面率舰队逃跑了。

安东尼并没有看到女王发来的信号，一开始依然在死战：当罗马人的跳板搭上他们的军舰的时候，他们无法摆脱，也与敌人展开了血腥的肉搏战，用斧头猛烈砍杀冲上来的敌人，炮楼上的巨石不停地砸向敌船和想跳上船来的敌军战士。安东尼的士兵们主要也是罗马人，战斗力其实也很强的，由于他们的拼命抵抗，屋大维的战舰也损失很大。后来，屋大维命令舰队撤离敌舰，改用火攻。只见千万支火箭、扎着火把的标枪和发射器射出的涂有柏油的木炭块从不同方向飞向安东尼的战船，片刻之中许多船上就燃起了熊熊大火，包括安东尼的旗舰也处于了危险之中。

这时候，他得知克莉奥佩特拉和她的军舰逃走了，他并没有看到她发出的撤退信号，以为她弃他而逃了，立刻心如死灰，抛下了自己的旗舰，匆匆爬上另一艘船，追赶女王去了。这时夜幕已经降临，屋大维没有下令追赶，任由他们逃走了。

第二天，安东尼的陆军看到海军大败，投降了屋大维。

阿克提乌姆海战以屋大维的彻底胜利而结束。

此后的情形就比较简单了。阿克提乌姆海战后的第二年，公元前30年，屋大维率军攻入埃及，包围了首都亚历山大里亚，安东尼知道大势已去，就伏剑自刎了，死在克莉奥佩特拉的怀抱，女王则成了屋大维的俘虏。

据说，克莉奥佩特拉本来又想如以前对付恺撒与安东尼一样对付屋大维，用美人计迷倒他，但屋大维根本不理这一套，他想将女王作为战俘押往罗马，然后像对待过去的战俘一样，在凯旋式上游街示众。这当然是骄傲的女王无法忍受的，何况她知道罗马人恨死她了，再加上安东尼的前妻，只要她去了罗马，只有死路一条甚至生不如死。

于是，根据传说，她虽然被屋大维严加看管，但还是设法让人送来一篮子无花果，里面藏着一种名叫"阿斯普"的剧毒小蛇，她让毒蛇咬伤而死。

临死前屋大维满足了她的要求，将她和安东尼葬在一起。

女王生前将她和恺撒所生的儿子小恺撒送到了外地，但屋大维将他骗到了亚历山大里亚，然后下令处死。这其实主要是因为小恺撒是恺撒的儿子，他自己只是养子而已，倘若小恺撒在，那么他就无法继承恺撒的全部遗产了，甚至可能会成为他的劲敌。

随着克莉奥佩特拉七世的死去，长达近300年的埃及托勒密王朝也宣告结束了，后来埃及被并入罗马，但不是行省，而是元首的私产。

至于克莉奥佩特拉，虽然死了，依然是不朽的，比许多罗马皇帝还要不朽，自古以来就有无数的艺术家与作家、诗人为她作画写诗或者写剧本甚至拍电影，其中最有名的当然是伟大的莎士比亚专门为她写过的一部悲剧了，名字就叫《安东尼与克莉奥佩特拉》，以纪念她与安东尼之间的爱情故事。

这是公元前30年的事，托勒密王朝灭亡了，此后不但埃及被罗马人统治了，整个地中海都是如此，可以说有史以来第一次有一个民族、一个国家成了整个辽阔的地中海的唯一霸主。

第7章 罗马人的崛起与征服

——整个地中海成了一国之内湖

在西方的历史长河中，特别是古代史中，倘若说有一个国家的历史是最为重要的，那么只可能是古罗马了，因为与城邦众多、根本没有统一的历史的古希腊大不一样，古罗马是以一个统一的国家形象屹立在世界历史的舞台的，并且在西方乃至整个世界的历史上扮演了极为重要的角色，尤其对于古代西方世界而言，可以说与古希腊一样扮演了中心角色。

罗马帝国的中心就是罗马城，然后是意大利，它们都是位于地中海周边的。最后，当罗马帝国达到它的极盛之时，其标志就是将整个地中海周边地区囊括在内，使地中海成为罗马帝国的"内湖"——这样的伟业直至今天也唯有罗马帝国曾经做到过。

海伦，你的美貌
仿若昔日尼西亚的小船，
在芬芳的海上轻泛，
疲惫的游子
转舵驶往故乡的海岸。

久经海上风浪，惯于浪迹天涯，
海伦，你美丽的容颜，你紫蓝的秀发，
你那仙女般的风姿令我深信
光荣属于希腊，
伟大属于罗马。

这是爱伦·坡一首赞美古希腊和古罗马的诗。

罗马的诞生

在台伯河谷下游和阿尔班丘陵一带，自古就生活着操拉丁语、属拉丁民族的拉丁姆人，他们从公元前1000年左右开始，历经几个世纪互相融合，逐渐形成了一种共同的文化传统，也就慢慢形成了一个民族。到了公元前7世纪和6世纪，本

古罗马的广场。
(Artist:Giovanni Paolo Pannini)

来生活在拉丁姆北部伊特鲁里亚一带的非拉丁民族的伊特拉斯坎人移居到这一地区时，原来生活在这一带的拉丁民族已经形成了许多部落，并且正在逐渐发展成为一座座城市。后来，到了公元前6世纪左右时，在外来的伊特拉斯坎人的领导下，巴拉丁、埃斯奎利诺山和台伯河河口附近的奎里纳莱山等不同的部落才慢慢形成了一个统一的城市，这就是罗马城。

城市的统治者先是伊特拉斯坎人，大约一个世纪后才被拉丁人自己代替，这就是我们所说的真正的古罗马之始了。这时候的政治制度也由君主制过渡到了贵族制，这也是罗马人的第一次大改革。

罗马人这漫长的事业可以用两个词来形容：改革与征服。

改革，就是罗马人不断地改革内部权力的分配方式；征服，就是不停地征服异族。

王政时代

罗慕洛斯建立了罗马城，杀死了可与他争权的弟弟，成了唯一的王，这一时期也就是罗马历史的第一个时期——王政时代。

但即使在这个有王的时期，罗马也与

其他普通王国有不小的差别。罗马的国王确实像其他国王一样掌握着军政大权。但并不是独裁者，除了国王之外，还有两个权力机构：公民大会和元老院。

公民大会就是由全体罗马公民参加的大会，有几种形式，一开始叫区会议，后来还有百人会议、部族会议，以及只有平民可以参加的平民会议。这些机构看上去权力很大，实际上比较有限。

元老院是最有罗马特色的机构。它由一些老者组成，有着悠久的历史，很可能在罗马城尚未建立，拉丁努斯为王之前，罗马的先人们还处于原始社会时就有了类似的组织，在那时的原始部落中普遍存在氏族长老会议，这是世界上诸原始部落的共同特点。在罗马，氏族长老会议发展下来就成了元老院。元老院享有极大的权力，例如任何由国王与公民大会都通过了的法律，他们都要一一仔细查验，如果觉得哪项违反了罗马的老规矩，就会毫不客气地否决。当然，在公民大会与元老院之间的权力对比是不断变化的，这我们后面会看到。

这就是王政时代罗马的三权分立，其中最有权力的还是国王，但这样的历史后来改变了。

罗马王政时代共经历了七个王，最后一个王名字叫作塔克文，他有个绰号"骄傲的塔克文"，傲慢加上不是罗马人，而是伊特那斯堪人，所以罗马人揭竿而起，把他赶走了。王政时代就此结束。

平民争权

共和制下，罗马有三个权力中心：两名执政官、元老院、公民大会，但它们之间的权力并不平等。

权力最大的是元老院，它掌握着大部分权力，包括对外宣战与媾和权。执政官负责日常政务，战时可以统率军队，退职后就是元老，所以与元老院实际上总是抱团的。公民大会名字好听，但像王政时代一样没有实权，这也就是说在罗马平民们没有实权，而他们与元老贵族们的权力争夺战乃是罗马政治的主旋律之一。

经过平民们的不断斗争，后来他们获得了一个权力——让平民选举自己的保民官，其有这样的权力：如果他们觉得政府的哪个措施损害了平民的利益，有权予以否决，后来还获得了其他新权力，并且将之刻写在十二块铜板上，这就是著名的《十二铜表法》了。

平民们继续斗争，也不断胜利，不断得到新的权力，例如平民能够担任各级的官吏，并在公元前366年选出了第一位平民出身的执政官。他名叫塞克斯图，是前任的保民官，《李锡尼－塞克斯图法》的两位制定者之一，由于执政官退休后自动进入元老院，平民能当上执政官也就等于能当上最高等的贵族元老了。

到公元前287年，平民们取得了决定性的胜利，通过了一项法律：凡属罗马公民大会制定的法律，不管元老院是否批准，都具有法律效力。我们知道，公民大会当然是平民们做主的大会，他们所制定的法律当然对他们有利，原来元老院可用否决不让它生效，现在好了，只要他们制定出来，就成了真正的法律，所有公民，包括贵族和元老们都得老老实实地遵守，它的意义之大可想而知。

除了贵族与平民的斗争，还有另外一种斗争，就是同盟者争取公民权的斗争。

罗马与意大利不是一回事，罗马比意大利要小得多，罗马公民权，顾名思义，本是作为罗马公民才有的权利。在罗马开始他们的征服事业后，他们首先征服的就是罗马城所在的意大利。这些被征服的意大利人与意大利之外的被征服者不一样，他们与罗马人有着血浓于水的关系，从语言文化到生活习惯都与罗马差不多，更重要的是，从他们被征服之日起，他们在罗马人的征服事业中不再是罗马的敌人，而是罗马的朋友，被称之为罗马的"同盟者"。

这些在战场上与罗马人并肩作战的同盟者却没有罗马公民权，不能参加选举、不能做官。

更让同盟者们不平的是，他们参军打仗，夺取了一片又一片新土地，但这些新土地他们一寸也分不到，因为他们不是罗马公民。

这显然是极不公平的，于是同盟者们愤而反抗，并且决心用武力争取。起义首先在阿斯库伦城爆发，立刻像燎原烈火一样扩散到了整个意大利。罗马派遣大军前往镇压，但连吃败仗，执政官都被打死了，只好退让，宣称凡不参加暴动、忠于罗马的同盟者都可以获得公民权，接着又说，只要参加暴动的人在两个月内放下武器，也同样能获得公民权。

一听到这个好消息，参加暴动的人一窝蜂回家等公民权去了。

此后意大利人成了罗马公民，整个意大利慢慢融入了罗马，罗马也由罗马城的罗马变成了意大利的罗马。

这时候的罗马依然是共和国，但罗马仍在变革，这个变革就是由共和走向独裁。

走向独裁

我们都听说过"独裁者"这个词，它就是从罗马来的。

共和制下，罗马通常情况下的政府首

脑是两名"执政官"，他们的权力完全一样，但遇到特别的情形，如国家处于危急存亡之秋时，则由一人独掌大权，为期六个月，这人就叫"独裁者"，或音译作"狄克推多"。

大家不难看出，独裁者的权力比国王差不了多少，要是得到了手，大概没有谁不想一辈子留在手上，但基于罗马的法律，独裁者们总是老老实实期满就卸任，直到公元前82年才出现了第一个"终身"独裁者——苏拉。

苏拉是罗马大将，贵族出身，屡立战功，名闻罗马，与他齐名的还有另一员同样战功卓著的大将，叫马略（Gaius Marius），他们是当时罗马最明亮的两颗将星。但他们彼此的见解却很不相同，苏拉喜欢和元老们待在一起，马略却站在平民们一边，这样，他们之间的矛盾无形中就上升为贵族与平民之间的矛盾了，两人各为一方的首脑，不断钩心斗角。

一开始争斗是比较平和的，后来发展成了血腥的大屠杀。先是苏拉取得了胜利，杀了大批"马略党"，后来马略统军占领了罗马城，宣布苏拉和他的支持者们为"罗马人民的公敌"，掀起了一场新的屠杀。但最后还是苏拉胜利了，也进行了可怕的"公敌宣告"，甚至远比马略残酷：只要有人告密说某人是马略派，那人就会立即被宣布是"罗马人民的公敌"，他的财产一半奖给告密者，另一半充公。这样的财产简直太易得来了，上百名元老、各级官员、有钱人被宣布为公敌，失去了一切，另一些人则得到了一切。许多人被杀只是因为他们犯了一个错误——太有钱。

元老们许多被杀了，苏拉也完完全全地控制了元老院。

通过元老院，他得到了一个这样的称号——终身独裁官，他是第一个获得这个称号的罗马人。

在他的独裁之下，原来属于公民大会的许多权力重新回到了元老院，罗马实际上从共和制的罗马变成了专制的罗马。

但苏拉不是世袭君主，他也没有这样的妄想，当够了独裁者后，他退休了，回到了自己的庄园。他把权力交回了元老们手中。

元老们没有苏拉的力量，失去权力的罗马平民又一次起来反抗了。他们的领袖有两位：庞培和裘力斯·恺撒，他们在罗马掀起了一场大风暴，这就是第一次"三巨头"。

三巨头指的是当时罗马三个最有势力的人物，分别是裘力斯·恺撒、征服者庞培，以及斯巴达克斯起义的镇压者克拉苏。

这三个人联合在一起组成了"前三头同盟"，控制了罗马，他们轮流当起了执政官。执政官期满后又去各地做起最肥的"总督",但克拉苏做了总督不久,在亚洲与帕提亚人战斗中被彻底击败,至于克拉苏自己,帕提亚王听说他爱钱,就用熔化了的金子灌进他的喉咙。

现在三个头儿剩下两个,但一山难容二虎,斗争的结果是恺撒战胜了庞培,成了终身独裁者。恺撒掌握了一切大权,包括大元帅、执政官、监察官、最高祭司等,甚至有了"祖国之父"这样的头衔。

这显然与专制君主差不了多少,所以在罗马人人都以为恺撒就要做国王了,罗马人民历史悠久的共和制就要完了,这种怀疑造成了恺撒的毁灭。

公元前44年,两个热爱共和制的贵族布鲁托斯和卡西约在元老院把恺撒刺死了,他们都是恺撒的好朋友。

恺撒虽然死了,但他的事业并没有完结,继承他的事业的是他的继子、他姐姐的儿子屋大维。

恺撒死后,18岁的屋大维立即来到罗马继承了恺撒的位子,并与恺撒的两个部将马克·安东尼和雷必达结成了同盟,史称"后三头同盟"。

这三个人合在一起后势力无敌,他们的第一要事就是为恺撒报仇,疯狂报复杀害了恺撒的元老与贵族们。但他们最强大的敌人并不在元老院,而是在地中海。

大战地中海

这时候,除安东尼与屋大维之外还有一支强大的力量,就是在与恺撒的争斗中已经失败被杀的罗马最伟大的征服者之一"伟大的庞培"的小儿子塞克斯图·庞培。

这时候塞克斯图已经在西西里岛拥有了一支强大的军队——因为反对恺撒、想保存罗马古老的共和国的人实在是相当的多,其中还包括一支强大的舰队。

一开始,屋大维的海军在墨西拿海峡发生的海战中就被塞克斯图打败了。屋大维知道自己的海军不行,于是请出了他最好的朋友,也是当时最杰出的海军统帅之一阿格里帕,由他来训练和指挥海军。雷必达也从非洲派来了不少战舰,此外,另一巨头安东尼同样派来了由多达120艘战舰组成的大舰队,加上屋大维自己新建的舰队,组成了一个十分庞大且强大的新舰队,前往征讨小庞培。

塞克斯图虽然拥有强大的海军,但在如此强大的敌人面前还是弱了不少,特别是阿格里帕,他的海战指挥艺术是塞克斯图的将军们无法比拟的,双方交战之下,塞克斯图就一败再败。

最终整个舰队全军覆没,有的被摧毁,许多投降。小庞培自知无望,就丢下军队逃往小亚细亚去了,他在西西里岛上的军队随即向屋大维投降了。

公元前35年,小庞培被俘并被处死,他唯一的孩子,女儿庞培娅(Pompeia Magna)据说后来沦为了帕提亚人的奴隶。

这样,屋大维与安东尼就肃清了罗马的内敌,三巨头又要一决高下了。

但雷必达首先退出了角逐,到非洲去当他的总督去了,屋大维和安东尼的斗争中,安东尼与克莉奥佩特拉都战败自杀了,屋大维最终统一了罗马,并且开创了罗马历史的一个新时代——帝国时代。

帝国时代

屋大维对原来的罗马共和国进行了深刻的改革,如建立了新的货币制度和邮政体系,制定了相当完整的法律制度,废除了原来那些掠夺成性的总督,把全国分成行省,行省的长官由他牢牢控制,严惩贪官污吏。

屋大维的统治为罗马带来了"罗马和平",是西方古代历史上少有的幸福时代。

屋大维虽说号称奥古斯都和"皇帝",这皇帝毕竟是带引号的,称不上是名副其实的皇帝,所以罗马改革的最后一步是帝制的真正确立。

罗马的征服

自台伯河边建城之日起,罗马就处于战争的腥风血雨之中。它不断地征服、征服,征服了意大利、征服了迦太基、征服了高卢、征服了非洲,把整个地中海变成了罗马的内湖,建成了西方历史上史无前例的庞大帝国。

罗马的征服是从意大利开始的。

征服意大利

对意大利的征服是从中部开始的,因为罗马就位于意大利中部。

伊特那斯堪人生活在罗马北面,紧邻罗马,曾经十分强大,做过罗马人的王。当罗马强盛到要对外扩张时,首先要征服的当然是伊特那斯堪人,征服之战打得十分艰难,从公元前477年起,发生了三次大的战争,伊特那斯堪人都失利了,最后,罗马终于攻占了伊特那斯堪人的首城维爱,伊特那斯堪人有的被杀,有的被俘成了罗马人的奴隶,他们的土地则被分给了罗马公民们。

征服伊特那斯堪人后,罗马便控制了整个台伯河流域,让台伯河变成了它的内河。

已经征服了北面的邻邦,罗马征服的第二个地区是它东面的邻邦,这里住着萨姆尼特人。

萨姆尼特人住在亚平宁山脉里，是勇敢的山民，当他们去攻击罗马南面的卡普亚时，卡普亚便向罗马求助，爆发了第一次萨姆尼特战争。这是公元前343年左右的事。

十几年后，爆发了第二次萨姆尼特战争，这次罗马人惨败，整整五万大军被围困在一个叫考狄昂的山峡里面，迫使统军的罗马执政投降。据说那些萨姆尼特人把两支长矛插在地上，再在这两支长矛上横一根长矛，组成个狗洞一样的东西，让被俘的罗马人一个个从这个洞里钻过去。按照罗马人的风俗，这是比死还要丢人的事。但他们也知道，如果不这样做，这五万罗马人就完了，整个罗马也就完了，他们是全罗马的精英。除了钻矛洞之外，罗马还被迫起誓永远不与萨姆尼特人为敌。

这样，萨姆尼特人就放了他们，让他们回到了罗马。

以后五年之中的罗马人卧薪尝胆、养精蓄锐。

到公元前298年，爆发了第三次，也是最激烈的一次萨姆尼特战争。结果罗马人胜利了，征服了萨姆尼特人。并将势力一直扩张到了意大利半岛最南面的图里。

我们前面讲古希腊时说过，这一带早就有希腊人的殖民地，因此被称为"大希腊"。这里有一座大城叫塔伦屯，就是现在意大利的新兴工业大城塔兰托，它的领袖是斯巴达人克利奥尼缪斯，他与罗马人成为对手。这时候的罗马人已经有了舰队，但还不是很强大，有一天塔伦屯人突然攻击了罗马人的舰队，把他们从图里赶了出去。

不过，罗马人与希腊人的冲突仍在继续，大希腊的希腊城邦看到打不过强大的罗马人，于是从本土请来了一个厉害的帮手，这就是皮洛士。

大象战争

皮洛士生于公元前319年左右，是古希腊西北部的伊庇鲁斯的国王。当他成年时，亚历山大大帝已经去世了，马其顿与希腊都再次陷入了混乱，但他从小就崇拜亚历山大大帝，希望自己能够建立大帝那样的伟业。他12岁即位，但不久被赶下台，后来跟随姐夫德米特里到了小亚细亚，在那里参加了公元前301年进行的继业者之战中最主要的一场大战——易普苏斯战役，表现十分出色，后来又到了托勒密埃及，当了托勒密一世的女婿，在岳父的支持下返回伊庇鲁斯重登王位。

此后，他大力扩张势力，一心想重建亚历山大大帝的帝国，不断扩张领土，一

这幅画所描绘的就是罗马人在考狄昂的山峡里面受辱的情形。

(Artist:Charles Gleyre)

时威名远震。所以当罗马人威胁到大希腊的安全时，大希腊各城邦首先就想到了皮洛士，请求他的支援。

这当然正中皮洛士的下怀，他知道大希腊有着辽阔的土地和众多的人民，倘若将这些力量囊括于下，他就可以达成人生的伟大目标了。于是，公元前280年，他统领大军，包括2万步兵、3000骑兵还有意大利半岛从来没有出现过的20头战象，横渡亚得里亚海而来，登陆意大利半岛。

罗马人听说皮洛士来了后，知道是劲敌，立即动员举国之兵与之大战，这就是"皮洛士战争"。

不久就爆发了第一场大战——赫拉克利亚战役。

这次大战的一大特征是在意大利半岛第一次出现了战象，当皮洛士在战场放出身躯庞大的战象时，那些从来没有见过如此庞大的新式武器的罗马战士吓得腿脚发软，纷纷夺路而逃，于是皮洛士获得了战役的胜利。

由于战象的到来，因此整个皮洛士战争有时候也被称为"大象战争"。

这个战役罗马人损失了近9000名士兵，是很久没有过的巨大失败，皮洛士的损失则不到一半。此后，许多大希腊城邦都成了皮洛士的盟友，皮洛士于是一直往北攻去，占领了许多地方，最北时距罗马只有百十公里，但他知道罗马城坚固无比，城中还有强大的军队留守，加之怕后路被断，于是退军。

第二年，公元前279年，两军在阿斯库伦附近进行了第二次会战，这就是阿斯库路姆战役了。

是役的罗马军统帅是执政官普布利乌斯·德基乌斯·穆斯，与皮洛士统率的伊庇鲁斯人以及塔兰托人、俄斯克人、萨姆奈特人等盟军展开大战。

罗马人的兵力包括步兵与骑兵约4万，另有战车300辆，皮洛士也有约4万人，另有20头战象。

其实，此前皮洛士曾经想与罗马和谈，他并不想要摧毁罗马，他的目的只是要在大希腊得到利益，好再回希腊争战，实现他的重建亚历山大帝国之梦，那个帝国可不包括罗马在内。而且他也认识到了，自己是无法与罗马人长期抗衡的，因为罗马人在本土作战，有源源不断的兵力补充，而他不一样，本土战士杀一个少一个，而靠大希腊是不可能得到足够补充的。而且，倘若在这里损失太大，他如何能够回到希腊再作战呢？——等于是本钱都没了。但罗马人同样看到了这一点，因此拒绝答应皮洛士的议和条件，于是双方只能继续战斗。

在前面一役中，罗马人看明白了皮洛士军队最大的优势是战象，于是他们绞尽脑汁，设计出了一种"战牛"，它是牛拉的，车上装满了许多尖利的锐器，如长枪、长戟、大镰刀之类，还有引火之物，必要时就点燃，因为大象是怕火的，这样一来就可以吓跑它们了。他们还选择了不利于大象作战的灌木地带，这些灌木丛下面随时可能出现意想不到的危险，对大象是莫大的威胁。于是，在第一天的战斗中，由于地形不利，皮洛士并没有派出他的战象，而是派出了所有步兵。皮洛士军的右翼在前，其中有着强大的马其顿方阵，与罗马军的左翼率先接战，成功击破面对的罗马军团及其盟军。但中央的罗马军团猛攻皮洛士军的中军，突破了其中央方阵，迫其后退。罗马的盟军多尼亚骑兵甚至突入了皮洛士的军营，不过皮洛士还有骑兵作为后备部队，击退了来犯之敌。

其实，皮洛士中央方阵的退却是有目的的，因为这里的地形是陡峭的山坡，并不利于战象，后面则是利于战象的空旷地带，于是，皮洛士军的中央方阵且战且退，不久就远离了那些陡峭山坡，此时皮洛士立即下令早就准备好的战象投入战斗，猛攻罗马人的中央军团，这时候罗马人也狡猾地退却了，又退到了灌木丛中，又不利于战象了。但皮洛士也早有准备，他派出了一支同盟的萨姆尼特步兵冲进灌木丛，要将其中的罗马人赶出来，但没有成功。这样的战斗一直持续到黄昏，双方只能结束战斗，各自鸣金收兵。

当天晚上，皮洛士提前做好了战斗准备。第二天黎明，罗马人还没有准备好出战时，皮洛士就已经派出他的步兵占领了昨天那些灌木地带，迫使罗马人在空旷地带交战。罗马人看到这种情形，其统帅立即率先发动猛攻，对象是皮洛士的步兵方阵，试图一举击破之，然后再来对付马上会到来的战象，但步兵方阵死战不退，这时候战象开始冲锋了。但罗马人也有防备，立即派出了他们的反战象"战牛"，抵挡战象。一开始战象真被这些古怪的对手吓蒙了，作战不利，但皮洛士立即投入了希腊人的轻装步兵（psiloi），战象上的标枪手也将尖利的长矛投向这些战牛，成功将之击退。这时候战象就可以向罗马的步兵方阵猛冲了，这些步兵方阵最怕的就是战象了，不久就被冲散了，最后皮洛士亲率自己的精锐骑兵冲杀过去，罗马人顿时全线溃退，皮洛士军获得了胜利。

清点战果，罗马人约6000人被杀，而皮洛士军只有约3500人阵亡，貌似罗马人损失大了不少，但皮洛士看到这样的战果，不由摇头叹息，说："要是再来一次这样的胜利，我们就完了。"

原因很清楚：因为这是在距希腊千里之遥的罗马土地上作战，罗马人随时有兵力补充，皮洛士可没有！所以即使取胜，若代价太大，也是得不偿失的。

阿斯库路姆战役结束后，皮洛士虽然两次取胜，但自知后劲不足，不想再与罗马人作战了。这时候，西西里岛上的大城邦叙拉古发出了邀请，希望他前往西西里岛，帮助他们与迦太基人作战，皮洛士立即答应了，这其实是一种顺水推舟，找到退兵的借口，他随即率军前往，渡海到了西西里岛，这是公元前278年的事。

到达西西里岛后，一开始皮洛士受到了这里的希腊城邦的热烈欢迎，被尊为"国王和领袖"，他本来完全可能在这里长久立足，因为西西里是一个大岛，居民又大都是希腊人，倘若他计划得当，完全可以使之成为自己强大的后方基地：北可以作为攻罗马的基地，东可以作为去希腊争战的基地，可以说是左右逢源。然而皮洛士这时候暴露了个性上的致命弱点，就是骄横自大，使得本来崇敬他的盟友很快转而反感他了。

一开始，他在与迦太基人的战斗中取得了许多胜利，迦太基人被迫求和，但不久之后由于皮洛士骄横傲慢，不少西西里城邦竟然站到了迦太基人一边来反对他。在这种情形之下，得到迦太基人的大笔款项后，他就准备撤军了，这时候恰好意大利南部的希腊城邦塔兰托又因为抵挡不住罗马人的进攻再次向他求援，他就又一次顺水推舟，再次率军北上。这是公元前275年的事。

这时候的皮洛士还拥有强大的海军，包括百余艘战舰和许多运送陆军的船只。但在海中遭到迦太基海军的攻击，损失了大部分战舰，许多运兵船也被击沉，损失巨大。好不容易登陆意大利之后，不久就在意大利西南部的贝尼温敦附近与罗马军队进行了会战，这就是贝尼温敦战役。

这时候，罗马人的力量更加强大，而皮洛士的力量却小多了，由于力量对比悬殊，所以皮洛士第一次被罗马人打败了，而且，这一失败对于皮洛士是不可承受之重，他自知再也无力与罗马人对抗下去了，于是只好率领残存的军队渡海回到伊庇鲁斯。

皮洛士人生的最后一战发生在斯巴达。公元前272年，一个叫克里奥尼姆斯的人，他本是前斯巴达王之子，但由于性格暴戾，没有得到斯巴达王位，而由他的侄子继承了。于是他请求皮洛士帮他去夺取斯巴达王位，皮洛士答应了，率军包围了斯巴达。但顽强的斯巴达人坚决抵抗，全民皆兵。后来他终于突入了城市，斯巴达人与他展开了巷战——这也许是世界上最古老的巷战之一吧！皮洛士自己也进入了斯巴达城。这时候就有一个传说了，就是有一个老太婆从屋顶上丢下一块石头，结果砸到了皮洛士头上，把他砸晕了，随即敌军冲上来把他杀掉了，一代名将就这么莫名其妙地死了。

自这场战争之后，希腊世界与罗马世界的第一场大战就结束了。

毁灭迦太基

迦太基（Carthage）人是古老的腓尼基人的后裔。

腓尼基人是腓尼基字母的创立者，腓尼基字母乃是希腊字母的祖先，罗马人又在希腊字母的基础上产生了拉丁字母，以后的英语、德语、法语等都来自于拉丁语，所以腓尼基人曾为西方文明做出了伟大的贡献。

腓尼基人也是最古老的航海民族之一，天生善于航海，像希腊人一样到处建殖民城邦，迦太基就是其中最著名的一个。这时古老的腓尼基本土已经退出历史的大舞台，不再是一个强国或者强大的民族，但他们的后裔迦太基人却在遥远的非洲建立了一个海上强国，以非洲北部的迦太基城为中心，一直扩展到西班牙南部，还占领了地中海中的几个大岛科西嘉、撒丁、西西里等，并且基本上垄断了地中海的贸易，使得迦太基拥有了庞大的财富，可以雇佣强大的军队，迦太基的军队就是这么来的，简言之就是雇佣军。所以迦太基军队里几乎什么样的人都有，但所谓重赏之下，必有勇夫，迦太基的雇佣军还是很有战斗力的。

在长期的扩张中，由于迦太基主要在地中海海上称霸，罗马人主要在陆上扩张，因此两国之间并没有正面冲突。但当罗马人已经占领了整个意大利半岛，与南面的西西里岛只隔着狭窄的墨西拿海峡相望时，两国的冲突就难以避免了，结果就是著名的布匿战争了。

布匿战争前后延续百余年，当然并不是一直在作战，中间还有很长的和平时期，具体的战争共有三次，史称三次布匿战争，都是西方历史上的重要战争。

第一次布匿战争

公元前264年，隔海相望的迦太基人和罗马人终于爆发了战争，史称第一次布匿战争。

战争的导火线是所谓的"墨西拿事件"。在西西里岛东北角有一个海盗式的城邦墨西拿，不时攻袭附近的希腊人城邦，到公元前264年，叙拉古王希罗二世率军攻打墨西拿，墨西拿人便同时向罗马人和迦太基人求救，迦太基人正想打败叙拉古人，好独占西西里岛。由于墨西拿是距意大利半岛最近的地方，罗马人也不想让它落到强大的迦太基手里，于是派军渡海，到达西西里岛，这也是罗马军队第一次离开大陆作战。第一次布匿战争就此爆发了。

罗马人先占领了墨西拿和附近的阿格里琴托，还和西西里岛上最强大的希腊城邦叙拉古结盟，拥有了强大的陆军力量，并且在陆战中打败了迦太基人，但这些对迦太基人并没有构成大的损失，因为他们的力量主要在海上，是西地中海的霸主，拥有强大的海军。因此罗马人不久就认识到想要战胜迦太基人必须得有强大的海军才行，就像当初亚历山大大帝一样，认识到要占领推罗城没有强大的海军是不行的。

于是一向只会陆战的罗马人开始筹备建立海军，这时候罗马人刚好抓到了一艘搁浅在岸边的迦太基战舰，而且他们运气特好，因为这是一艘新型的五层桨战舰，比传统的三层桨战舰更大更重当然也有更加强大的战斗力。罗马人立即拆开来研究了一番，后来还得到了希腊人的帮助，不久就建立了舰队，主要由五层桨战舰组成，多达100艘，另外还有20来艘三层桨战舰。据说罗马人竟然在两个月之内就建好了这个大舰队。

罗马人还在迦太基战舰的基础上做出了一个重大改进，就是在战舰上加装了一种搭有尖钩的活动吊桥，这就是著名的"乌鸦吊桥"了。据历史记载，这种吊桥宽1.2米、长约11米，两侧还设有小栏杆，先像帆一样竖立在船上，当需要时就通过船头的滑轮和帆杆放下，吊桥的前端还有一个如鸟喙一样的大铁钉，当吊桥落下去时它可以深深地扎入敌船的甲板，使得两船被牢牢地锁在一起，这时候罗马士兵就可以通过吊桥冲上敌舰，砍杀在船上的士兵，将海战变成陆战。

显然，这种设计是很有利于罗马人的，因为罗马人本来就有强大无比的陆军，这种战法是典型的扬长避短。

罗马人决心用这支强大的舰队在海上战胜敌人，迦太基人当然不会害怕，事实上，它庞大的舰队经常在地中海上穿梭巡逻，以消灭任何遇到的罗马舰只。

于是，公元前260年，迦太基海军与罗马海军之间发生了第一次大海战，由于海战在西西里岛以北、第勒尼安海中的利帕里群岛海域发生，所以被称为利帕里群岛海战，又由于这里靠近大陆上的迈利，因此又称为迈利海战。

这时候罗马人的统帅是执政官科尼利厄斯·西庇阿，但他没有海战经验，实际指挥的是盖尤斯·杜利乌斯，迦太基人的统帅则是汉尼拔·芝斯科，迦太基人有多达140艘战舰，罗马人则有约110艘战舰，迦太基人占有数量上的优势。

大战于公元前260年7月爆发，一开始是小规模的军舰之间的冲撞，接着，双方的五层桨甚至七层桨巨舰都朝对方猛扑过去，展开了大战。迦太基人的战法还是传统的撞角法，它们朝罗马人的战舰猛撞过去，用撞角猛撞对方的舰只，试图一举撞毁敌舰，然而罗马人的战舰是新造的，和迦太基人的一样坚实，很难一下子撞坏。相反，罗马人的战舰不但有撞角，更有乌鸦吊桥，只见那些迦太基人从来没有见过的大家伙从罗马人的战舰上砸下来，前面的尖钩深深地扎进了迦太基人的战舰，大群罗马士兵立刻冲上吊桥，往迦太基战舰扑去，猛烈砍杀舰上的迦太基士兵。这些士兵哪见过这样的战法，他们也哪是强大的罗马士兵的对手，因此不久就有许多迦太基战舰被这样击毁或者俘虏了。迦太基统帅看到形势不对，率领剩下的战舰逃离了战场，海战以罗马人的胜利而结束。

这次大战令迦太基人损失惨重，从此，在地中海上占据优势的就不再是迦太基人，而是罗马人了。

这等于说，罗马人不但在陆地拥有优势，在海上也拥有了优势，因此，可以说整个布匿战争此后的走势就被决定了。

但迦太基人依然拥有强大的海军，他们也依然要与罗马人战斗下去，于是以后又爆发了几场大海战，包括埃克诺穆斯角海战、邦角海战和埃加迪群岛海战等。

埃克诺穆斯角海战爆发于公元前256年夏天，由于地点在西西里南岸的埃克诺穆斯海角，所以得名。

罗马舰队拥有多达250艘战舰，另外还有一支运输船队，上面有4万名登陆部队士兵，准备用于在迦太基的基地北非登陆作战，统帅则是执政官卢基乌斯·曼利乌斯·武尔索和马库斯·阿蒂利乌斯·雷古卢斯。迦太基舰队由于实力大损，只有约230艘战舰，统帅是哈米尔卡·巴卡，他看到罗马人想直捣迦太基本土，于是率军拦截，双方就此爆发战斗。

现在的罗马人已经熟惯海战了，他们将庞大的舰队列成了一个非常好的队形，共分成四个纵队，前面两个纵队呈楔形，组成了一个锐角的形状，后面两个纵队横向排列，因此整体看上去像是三角形，三角形底边后则是运输船只。

看到罗马人这种布局，迦太基人就针对之，将所有战舰横向排列，像一字长蛇阵一样，所有舰只都正面指向罗马舰队。

开战之后，迦太基舰队试图将罗马人包围起来，然而罗马人呈楔形的两个舰队战斗力极强，在它们的打击之下，迦太基舰队不久就被迫后退，罗马人则乘胜追击。但这样一来，其第三和第四两个纵队由于要保护运输船队，不能跟着追击，所以就与前面两个纵队脱离了。于是大群迦太基战舰立即向后面的两个纵队和运输船只扑去，发动猛攻，用撞角猛撞。倘若前面的迦太基战舰可以与罗马人的第一和第二纵队僵持足够久的时间，那么这些迦太基战舰就可以将第三和第四舰队以及运输船只通通消灭，然后再回过头去集中力量对付前面两个纵队。但问题是哈米尔卡亲自统帅的中军在与罗马人的作战中，由于罗马人用"乌鸦"搭上了他们的战舰，罗马战士们猛扑上来砍杀，在这样的战法之下，哈米尔卡抵挡不住，很快溃退。这时候第一和第二纵队看到后面危险，便掉转船头攻来，这样一来，正在攻击罗马人后方的迦太基人马上就变成被两面夹攻了。迦太基人一看形势不对，立马撤退，但不少战舰已经被罗马人围住了，结果，迦太基人的约70艘战舰被俘，另有30余艘被摧毁，罗马人只损失战船20余艘，再次取得了海战的胜利。

战胜敌人后，罗马军队顺利登上北非海岸，今天的突尼斯一带，不久就攻下了迦太基的阿斯匹斯城。

看到这样的情形，一开始迦太基人被迫求和，但由于罗马人所提的条件极为苛刻，迦太基人情愿再战，于是花重金聘请了斯巴达将军赞提帕斯，由他来统领迦太基的陆军。在他的领导与整顿之下，迦太基军队的战斗力大为提高。这时候统帅罗马军队的统帅马尔库斯·阿蒂利乌斯·雷古鲁斯认为已经胜券在握，继续向迦太基人杀去，于是赞提帕斯率军迎击，双方就在阿斯匹斯城一带展开大战。

这次双方兵力数量差不多，但迦太基人拥有50头战象，而且北非的平坦地形也利于大象作战，因此罗马人大败，只有2000来人成功逃走，其他人有的被杀，有的包括雷古鲁斯本人和他的几乎全部罗马骑兵都成了迦太基人的战俘。这是公元前255年的事。

据说雷古鲁斯被逮住后，向迦太基人起誓说只要放他回去，他一定会让罗马与迦太基签订和约，结束战争。迦太基人天真地相信了他，把他放走了。结果他回到罗马后不但没有劝罗马人与迦太基人讲和，还鼓动他们继续与迦太基作战。但他遵守另一半信约，回到了迦太基，让迦太基人把他杀了。

这更激起了罗马人的怒火，于是元老院立即派遣一支强大的舰队前往北非，同时也是为了援救残余的陆军。舰队顺利抵达了地中海南岸的邦角，在这里再次与迦太基舰队大战，并且再次击败了迦太基人，俘获了多达110余艘敌舰。此后，罗

这幅画所描绘的就是雷古鲁斯毅然回迦太基去赴死的情景，亲人难舍难分，但他一脸的视死如归。
(Artist:Cornelis Lens)

马舰队顺利上岸，找到了陆军的残余部队，并将他们带往西西里岛。

但当舰队到达西西里岛之南，快要上岸时，突然遭到了飓风袭击，整个罗马舰队几乎全军覆灭，导致万余名罗马士兵以及近300艘战舰葬身海底。这也是人类历史上最大的海难之一。

这样的损失无疑是极其巨大的，搁到一般国家早就元气大伤了，但罗马人迅速振作起来，并且重新建立了一支强大的舰队。第二年，公元前254年，这支舰队又攻占了西西里岛的重镇帕诺木，也就是今天的巴勒莫。

此后，罗马人继续向迦太基人发动进攻，不断取得胜利，但迦太基人也取得了一些胜利，例如在公元前249年爆发的德勒潘纳姆海战中，在西西里岛负责封锁迦太基要塞的罗马舰队被由阿德巴指挥的迦太基舰队击败,几乎全军覆没。——此前罗马人已经从海上与陆地围攻这座要塞8年之久了。

第二年,罗马又一支大舰队同样遭遇到了大风暴,结果全军覆没,由于罗马势力大损,所以双方相持不下。

又过了几年,到公元前241年,终于爆发了另一次决定性的大海战——埃加迪群岛海战。

这年3月,拥有200艘战船的罗马舰队在卢塔蒂乌斯·卡图卢斯指挥下驶近西西里岛海岸,从海上封锁了迦太基人在这里的两个要塞利底巴厄姆和德雷帕娜,为了保住要塞,迦太基人派出舰队前来增援,与罗马人在西西里岛西岸近海的埃加迪岛附近遭遇,发生大战,迦太基舰队再次大败,损失战舰120余艘。

经过此次大战之后,迦太基原有的庞大舰队损失殆尽,他们原来是整个西地中海甚至整个地中海的海上霸主,此后再也无力维持了,罗马人成了地中海的新霸主。

不久,双方签订了和约,主要内容包括要求迦太基撤出西西里岛,等于从此失去在整个意大利南部即大希腊的立足之地;迦太基人还要无条件交还罗马战俘,自己却需要花巨资赎回战俘;此外还必须立即赔款1000塔兰特,此外以后10年每年要赔款2200塔兰特。此外还规定迦太基不准攻打叙拉古和它的同盟,如此等等,总之这几乎是一份投降条约。

虽然第一次布匿战争长达10余年,双方都遭受了巨大的损失,然而战争并没有结束。

汉尼拔之战

由于在和约中严格限制了迦太基海军的规模,因此迦太基不能再建强大的海军,于是他们将目光投向了陆上,准备在陆上建立新的强大军力。

他们很快找到了目标,那就是伊比利亚半岛,也就是今天的西班牙一带。

这时候迦太基人的统帅还是那位哈米尔卡·巴卡,他和自己的主要助手兼女婿哈斯德鲁巴看到迦太基本土已经残破,便决定去经营西班牙南部的殖民地,因为那里土地肥沃、人口众多。跟随他的除了军队外,还有一个9岁的孩子——他的儿子汉尼拔。

据说到了西班牙后,哈米尔卡的第一件事就是叫小汉尼拔跪在神坛和迦太基列祖列宗的牌位前,立誓终身与罗马人为敌。

迦太基原来在这里的沿海地区已经有了小块殖民地,首府称为"新迦太基",他们在这里继续开疆拓土,不久将大半个伊比利亚半岛控制在手中,尤其是控制了这里的银矿，以之大发其财，又用这些财富作为基础，建立了一支强大的雇佣军，据说人数达5万之众。

但伊比利亚半岛上也有罗马人的势力，双方不可避免地产生了冲突。后来，当汉尼拔进攻罗马的一个盟邦萨贡托时，由于汉尼拔拒绝了罗马人的最后通牒，双方终于开战了，这是公元前218年的事。

这时汉尼拔只有26岁，从这一刻起汉尼拔就显示了卓越的军事天才。他没有如罗马人想当然的那样从海上发动进攻，而是出其不意、攻其不备。他率军从西班牙往东横扫，跨过比利牛斯山，继而历尽千辛万苦、翻越白雪皑皑的阿尔卑斯山，从天而降般地出现在罗马之北的波河平原。

接下来的15年是西方军事史上最辉煌，也最悲壮的时期之一。

汉尼拔率军渡过波河，向罗马人发动了进攻，此后的15年，他每战必胜，把罗马逼到了毁灭的边缘。

先是，渡过波河不久，他遇到了领军前来迎战的罗马执政官隆古斯，并在特拉比亚会战中将他击败。接着罗马派出了盖约·弗拉米尼，他被认为是当时罗马最杰出的统帅，他或许也认为自己的将才足以与汉尼拔匹敌，率军向汉尼拔冲去，于是，在特拉西米诺湖畔发生了西方古代最有名的战例之一"特拉西米诺湖之战"，罗马军队人数比汉尼拔要多，但结果是，弗拉米尼连同他的几万大军全军覆没，这是彻头彻尾的全军覆没，罗马人一个都没能逃掉。

在特拉西米诺湖吃了大亏后，原来十分骄狂的罗马人吓破了胆，龟缩在罗马城再也不敢出头。

接着发生了一件令后世许多人都百思不得其解的事——汉尼拔为何不进攻罗马？因为几乎兵临罗马城下的汉尼拔没有去博取占领罗马、毁灭罗马帝国的殊荣，而是转而南下，沿着亚得里亚海岸逐个侵袭罗马诸城。这些城市都是罗马的意大利"同盟者"。它们虽与罗马同盟，但一直以来受到罗马人的压迫，汉尼拔的到来倒为许多同盟者脱离同盟的好机会。许多意大利大城脱离了罗马而投向了汉尼拔的怀抱，罗马岌岌可危。

走到了死亡边缘的罗马人找到了一个新救星——昆图·法比乌斯或译作费边，他有个外号"拖延者"。因为他与汉尼拔打仗有一个特点，就是压根儿不打。这可以说是他的经验之谈，因为自从汉尼拔纵横驰骋意大利以来，在大大小小的战斗中，罗马人从来没有赢过，确实是从来没有！于是他就干脆不打。

费边的具体战术很简单，他死死跟着汉尼拔，但绝不与他正面作战，由于他是

这幅画所描绘的就是汉尼拔和他的军队翻越阿尔卑斯山的情形。
(Artist:J.M.W. Turner)

在本土作战,熟悉地形,汉尼拔想抓住他打一仗也不能。但只要汉尼拔的部队有人掉了队,他就会饿虎般扑上去吃掉。

他的这种战术在那时也许是唯一可用战术,但罗马人觉得脸都丢尽了,决定豁出性命来一搏。于是,公元前216年,罗马的两名新执政官卢乌·包路斯和盖约·瓦罗率大军在一个名叫坎尼的地方与汉尼拔军会战,爆发了坎尼战役——这也许是西方古代史上最著名的战例,至少是以少胜多的最著名的战例。

是役,汉尼拔有约4万步兵和1万骑兵,因在异国他乡长期奔波远袭,已属疲惫之师。而罗马足有8万步兵和6000骑兵,都是精锐之师,且养蓄已久,斗志旺盛。

但这一切都不足以成为汉尼拔取胜的障碍,他将自己的军队布置成向敌方凸出的半月形,并且不按常理以精锐为中军,而是把老弱之兵放在凸出的中间部位,相反把精壮之士放在两边延后的部分,再将骑兵置于最外边的侧翼。罗马人则仍按传统的方阵迎战，与汉尼拔军相反，将精锐置于中间，率先冲锋，想一鼓作气击溃敌人。

会战的简单经过是这样的：罗马人率先发起冲锋，攻向汉尼拔中军，这些受到攻击的老弱之兵往后便退。这时，两边的精兵反而向前，与先前凸出去的新月形相反，汉尼拔军形成了凹进来的新月形，这新月形将冲过来的罗马军队团团包围，接着便出现了这种情形：被围住的罗马军队人数众多，但被挤成了一团，中间的军队没办法发挥力量，而边上的队形也被冲乱，穿盔戴甲的重装步兵失去了轻装步兵保护，这些罗马军的主力顿时成了任汉尼拔军砍杀的羔羊。

战役的结果是令人难以置信的，8万罗马大军几乎被全歼，执政官包路斯战死，只有瓦罗等少数几个人逃掉。

至于汉尼拔军，包括死者与伤者，仅仅6000。

如此辉煌的胜利震惊了整个意大利，一些本来与意大利同盟的大城，如卡

这幅画所描绘的就是坎尼战役中包路斯战死的情形。

(Artist:John Trumbull)

普亚和叙拉古，投向了汉尼拔一边；马其顿这个一度令东方与西方都发抖的国家也与汉尼拔结成了同盟，罗马已处于被毁灭的边缘。

这时又发生了一些令人惊奇的事，这些事单纯从战争角度看上去难说能起决定性作用，但最后构成了一个事实：战无不胜、古往今来最受西方人崇拜的统帅之一汉尼拔没有毁灭罗马，而是罗马毁灭了他。我们现在就来简单分析一下这些事实吧。

取得坎尼大捷，并且获得了卡普亚、叙拉古这些强大同盟的支持后——这些同盟就势力而言在意大利仅次于罗马，汉尼拔仍没有乘胜向罗马城发动总攻，而是停止了作战，将军队停驻于南意大利，想通过与其他城市组成反罗马同盟这样的外交手段来消灭罗马。他这个策略本来也是行得通的，但这时他又犯了堪称致命的错误——没有全力援助受到罗马人猛攻的盟军。

罗马这时已经认识到与汉尼拔硬拼只有送死的份儿，于是一方面将罗马所有17岁以上的男子征入军队，另一方面再也不与汉尼拔军正面作战，而是加紧瓦解汉尼拔的反罗马同盟，方法是残酷报复那些与汉尼拔结盟的城市。

首先是卡普亚，卡普亚忙向汉尼拔求援，在这种情况下，汉尼拔应当尽全力支持卡普亚，并且乘机与罗马军再决一战，消灭其有生力量。但不知为何，汉尼拔竟然只是向罗马城进行了一次虚张声势的进攻，这当然不能救卡普亚人，不久，卡普亚被罗马攻克，整个城市被毁灭。在攻打卡普亚的同时，罗马人还向汉尼拔的另一个主要盟友叙拉古发动了进攻，并且像卡普亚一样几乎被摧毁。

这两件事等于告诉意大利人，千万不要与汉尼拔结盟，这个人虽然厉害，但绝不会帮你。

同时，我们还要知道，汉尼拔是在距自己在非洲和西班牙的基地十分遥远的意大利作战，靠基地补给极其困难，加之这时罗马将军大西庇阿率军切断了汉尼拔与西班牙之间的陆上通道，将汉尼拔最后一支援军全部歼灭，据说还将这支援军的首领——他弟弟哈斯德鲁巴·巴卡的头颅抛进了他的帐篷，而这时的汉尼拔正等着与兄弟相会呢！这对汉尼拔的打击之重可想而知。海上，由于罗马人牢牢控制着地中海，汉尼拔想获得补给也是极其困难的。结果是：他的粮食吃一斤少一斤，他的士兵死一个少一个。

相反，罗马人在自己的本土作战，要粮有粮，要兵有兵。

这些说明了什么呢？说明了汉尼拔如果想取得这场战争的最后胜利，只有两条路可走：或者乘胜前进，攻下罗马城，彻底毁灭罗马；或者在南意大利建立牢固的根据地，与他的同盟结合到一起，靠着他们的补给与罗马人打持久战。这两条路在当时并不是不可行的，因为南意大利的大部分地区在坎尼会战后都站到了他一边，这些地方物产丰富，足以进行一场持久战，如果他想攻打罗马，他们也一定乐意与他一起来打，同时提供各种攻城器械什么的。

但汉尼拔没有，在坎尼会战后的一段时期，他似乎休眠了，从而错失了最佳时机，而这时罗马正制订着正确的战略，这战略将把汉尼拔置于死地。

罗马人的战略除了前面的避免与汉尼拔正面作战和摧毁他的反罗马同盟外，第三条战略，也许是最杰出的战略，就是直捣汉尼拔的母邦——迦太基！

这个战略的制订者就是前面讲过的大西庇阿，以后还会有另一个西庇阿，他是这个西庇阿的孙子，不过不是亲孙子，而是收养来的。他也是一个战争英雄，将一劳永逸地结束布匿战争。由于他们都叫西庇阿，历史上便称爷爷为大西庇阿，养孙为小西庇阿。

正当罗马人在汉尼拔面前没有自信，不知所措时，大西庇阿提出放弃拖延者费边的战术，勇敢地起来战斗——当然不是去和汉尼拔斗——而是去斗他的母邦。

大西庇阿正是用围魏救赵之计，直捣迦太基。迦太基抵挡不住，只好急召汉尼拔归国，汉尼拔匆匆归国，匆匆上阵，但这时与坎尼会战相比形势已全然不同了：

军力上，罗马人兵强马壮，还得到了努米底亚人的加盟。

努米底亚人住在迦太基之南，向来是迦太基的大后方，它的骑兵特别英勇善战，一直是汉尼拔军队的主力。但这时努米底亚人反而与罗马人站到了一边，这使军力对比产生了决定性的影响。同时由于迦太基除了汉尼拔外无一将才，迦太基本土的雇佣兵连基本训练都谈不上，作战时哪能领会汉尼拔的意图？这样罗马人在军力上取得了绝对优势。

指挥上，现在的大西庇阿也不可与原来的包路斯或瓦罗之流同日而语，是真正的大将之才。

如此，战争的结局实际上从开始就决定了。在这场"扎马战役"中，汉尼拔输掉了平生第一仗，也几乎是最后一仗。这一仗后，他再也没有机会在迦太基输了，因为迦太基的元老和执政官们立即投降了，与罗马人签订了和约。

和约规定：迦太基放弃非洲以外的全部领土；只准保留10艘舰只以防海盗，其余一概交给罗马，并且不允许建筑新的舰队；向罗马赔款1万塔兰特；非经罗马批准不得对外开战，还必须交出100名人质以保证履约。

第二次布匿战争就这样结束了，迦太基从此不再是强国，而成为罗马的一个被征服的附庸。这是公元前202年间的事。

至于汉尼拔，罗马人的最后一个停战条件是迦太基必须把他交由罗马来处置。在所有的条件之中，这对于迦太基是最耻辱的，但毫无骨气的迦太基统治者也同意了——我们由此可见汉尼拔失败的原因之一，他就像一株参天大树，但是生长在沼泽里，怎能长久？

汉尼拔没有给国人这样的耻辱，他逃走了，逃到了亚洲，这此前我们已经说过了，塞琉古帝国的安条克三世收留了他，后来派他去建立了一支新的舰队，他统领这支舰队在欧利米登战役中再次输给了罗马人，遭到罗马人的继续追索，并向敢于收留他的一切国家发出战争威胁，最后，走投无路的汉尼拔宁死不肯做俘虏，在亚洲一个山洞之中服毒自杀。

第三次布匿战争

第二次布匿战争结束后，迦太基在军事上已根本不足以与罗马为敌，但经济上却依靠贸易而又有了些繁荣的样子。

这时，罗马著名的元老大加图到了迦太基，他看到迦太基商业红火，嫉妒之火焚烧着他的心。于是，回到元老院后，他每一次在元老院演说时，都要以这样一句话来结尾："一定要毁灭迦太基！"这情形就如《地中海史》中所言：

布匿战争造成了极大的创伤，它几次将罗马逼至灾难的边缘，并夺走了20万到30万罗马人的生命。然而就在狭窄的地中海对面，迦太基城依然矗立着，在无恙、勤奋且富有事业心的75万人民的共同努力下，以令人恐惧的速度从近期失败中恢复了过来。这对每个罗马爱国者而言都是一种耻辱、一种不断的威胁，当然更是一个警示。无疑，迦太基的幸存让人无法忍受。[1]

于是罗马人开始找借口向迦太基发难。

俗话说，欲加之罪，何患无辞，罗马人终于找到借口向迦太基宣战了。这借口就是，当与迦太基为邻的努米底亚人肆意欺凌侮辱它时——这侮辱是受到罗马几乎公开的鼓励的——迦太基奋起抵抗。于是，罗马人立即宣称迦太基违背了协议，因为在第二次布匿战争结束时，曾规定迦太基不经罗马批准不得对外宣战，现在迦太基"的的确确"违反了协议，罗马当然可以"名正言顺"地向它宣战了。不过它首先还是提出了一些"停战要求",例如要迦太基人交出300名贵族儿童作为人质送往罗马,交出所有武器和船只,割让领土,等等,苛刻得无以复加。迦太基都屈辱地答应了,但这只能令罗马人更加贪得无厌,他们接着提出了这样一个条件:让迦太基铲平迦太基城,所有人迁居到离海岸至少16公里的地方居住。这条件对于迦太基人来说等于死,因为迦太基人赖以为生的只有一样东西:海上贸易。迦太基终于明白,罗马人所要求于他们的已经不是什么物质利益,而是迦太基的毁灭。

终于觉醒了的迦太基人,这时发出了垂死的猛虎一般的威力,武器已尽,他们将所有的金属都用来铸造武器;弓弦已尽,所有迦太基妇女割下她们的头发用来做弓弦。每个迦太基人都成为了战士。他们自知必死,默默地站在城墙上,注视着蜂拥而来的罗马士兵,准备决一死战。

罗马人还以老眼光看迦太基人,满以为迦太基人会一触即溃,这次确实有溃的,但不是迦太基人,而是罗马人。接下来的两年也是这样,罗马人无法踏入迦太基一步,大惊失色的元老院又想起了第二次布匿战争中击败汉尼拔的大西庇阿。

大西庇阿这时已死,便由他的养孙小西庇阿接任执政官,立即统兵攻打迦太基。他的攻击极其残酷,他沿着迦太基向海的一边筑了一道长城,将迦太基的海陆交通彻底断绝。这样一来,迦太基再也得不到任何供应。然而,饿得在地上爬的迦太基人仍奋勇抵抗,与终于攻进城池的罗马士兵逐街逐巷逐屋地进行战斗。到罗马人最后攻下迦太基时,战争开始时的50万迦太基人只剩下了5万。这是公元前146年的事。

罗马人是这样最后处置迦太基的:将所有活人卖为奴隶,迦太基城被彻底摧毁,夷为平地,并且在上面用犁犁过,罗马人还诅咒说,凡敢再在这里建城的人必遭天谴。

倘若纵观罗马人的征服史,他们对待迦太基是最为残酷的。也许有人奇怪为什么如此,除了前面所说的嫉妒心之外,也许还有畏惧之心,因为罗马人十分害怕迦太基人以后还会重新崛起与罗马人为敌,所以才必欲彻底铲除之而后快。从这个角度上说,迦太基人之所以遭到最为残酷的对待,就是因为他们乃是罗马人最为恐惧的敌人,以《美国百科全书》的话来说就是:"这证明迦太基是罗马最畏惧的敌人。"[2]

迦太基被彻底摧毁后,西地中海中就没有第二个称得上强大的国家了,罗马成了这里唯一的、绝对的主宰。

征服地中海

早在与迦太基人进行战争之前,罗马人已经将整个意大利据为己有,只除了北部波河流域的地方,以及西面地中海中的两个岛屿撒丁岛和科西嘉岛。罗马便从这两个地方下手,首先在第二次布匿战争中夺取了撒丁岛和科西嘉岛,接着又向波河流域的山南高卢人发动了猛攻,用血与火征服了勇敢但落后的高卢人,把他们变成了奴隶,要他们来为罗马人耕种收粮。

在第二次布匿战争期间,为了切断汉尼拔的后勤供应,罗马人在大西庇阿的统领下又向伊比利亚半岛发动了进攻,占领了许多地区。对西班牙的征服延续了近80年,西班牙人不断反抗,但每一次反抗致使罗马人占领更加广大的西班牙地区,到公元前133年,西班牙基本被征服。

第二次布匿战争一结束,罗马就迫不及待地向马其顿王腓力五世发动了战争。通过三次马其顿战争,彻底击败了马其顿,还从马其顿手里夺取了希腊。它又通过与叙利亚的战争夺取了色雷斯和叙利亚在小亚细亚的属地。

到第三次布匿战争之后,整个地中海地区已无人无国堪与罗马为敌。当然,堪不堪是一回事,敌不敌又是一回事,仍有不少"不识时务"的家伙,从奴隶到国王都起来反抗罗马。原因很简单:哪里有压迫,哪里就有反抗。

下一次对罗马影响深远的战争是三次米德里达梯战争。

战争的对象是米德里达梯六世,他是黑海南岸地方一个叫本都的国家的王。他乘罗马人忙于战争时向亚细亚半岛发动进攻。那些早就对罗马人的贪婪不满了的人们群起响应,米德里达梯所向披靡,攻占了小亚细亚大部分地区,还乘胜向希腊进军,并且以希腊解放者的身份获得了大多数希腊城邦的欢迎。他不但在陆地作战,在海上也发动了攻击,如公元前88年,他派遣舰队进入了爱琴海,攻占了许多岛屿,一时也成了爱琴海中最强大的力量。

米德里达梯六世还以憎恨罗马人而闻名,在攻打小亚细亚和希腊的过程之中,一路杀死的罗马人与意大利人据说有10万之多,他还让那些贪得无厌的罗马官吏喝熔化了的黄金。后来罗马人派出了苏拉前来讨伐,经过几番血战,他摧毁了许多的希腊古城,杀了数以万计的人,打败了米德里达梯六世,但并没有取得完全的胜利,后来由庞培出马,才最终打败了米德里达梯六世,逼他自杀,这时候已经是公元前63年左右的事了,第四次马其顿战争早就结束了,亚历山大大帝的祖国马其顿已经成了罗马的行省,而罗马-叙利亚战争也早已结束。根据和约，塞琉古帝国割让其全部欧洲领土以及托鲁斯山脉以西的小亚细亚领土给罗马，塞琉古帝国从此衰落，而罗马人从此牢牢地控制了整个东部地中海。埃及则偏安于地中海南岸一角，丝毫没有与罗马争雄的意思。因此这时候罗马早就成为整个地中海的主人了。

当然在此期间罗马人也遇到了一些麻烦，其中最大的一个——这也是罗马除汉尼拔外面临过的最大的危机，就是斯巴达克思起义。

斯巴达克思本是色雷斯人最为强大的部族的首领。当罗马人侵入他的祖国时，他奋起抵抗，但小小的色雷斯如何抵挡得住罗马大军？他被俘了，因为有赫拉克勒斯一般强健的肢体，他被编入了罗马军队，他作战勇敢，很快崭露头角，当上了罗马军队的十夫长。但当罗马人再次入侵他的祖国时，他毅然临阵倒戈，加入了色雷斯人的军队。但最后色雷斯人还是失败了，斯巴达克思又一次被俘，被卖给了一个随军的角斗士老板，成为了一名角斗士，真刀真枪地互相杀戮来为罗马人取乐。

由于斯巴达克思在角斗中所向无敌，曾在一次角斗中独杀四名对手，因此按老规矩，被那些狂热的观众们当场大喊"自由、自由！"斯巴达克思就这样获得了自由，并被一所角斗学校聘为教练。在这里他认识了许多角斗士，并赢得了他们的尊敬。公元前73年，他揭竿而起，领着70名左右的角斗士占领了维苏威火山，从此伟大的斯巴达克思起义爆发了。

凭着过人的勇气和智慧，斯巴达克思一次又一次地将前来征讨他的罗马军队打败，他的奴隶大军人数也飞速地增长起来，不久就达到数万之众。

最后，罗马人派出了他们最高规格的军队——由两名执政官亲自统率的大军。但斯巴达克思也把他们打败了，这时，他的军队已经扩大到12万之众，军锋直指罗马。

然而，像汉尼拔一样，斯巴达克思没有进攻罗马，而是转锋而去，从南打到北，再从北打到南。束手无策的罗马元老院宣布整个国家处于紧急状态，集举国之力与斯巴达克思决战，这些力量共有三大支：

第一支是大奴隶主、拥有几乎相当于独裁者权力的克拉苏（Crassvs）统领的罗马国内的举国之兵。

第二支是曾经打败过米德里达梯六世的卢古鲁斯。

第三支是号称"伟大的庞培"所统率的大军，他刚统领这支大军征服了东方的小亚细亚。

这三支力量尚未集结时，斯巴达克思

已心知他无法取得胜利。于是，公元前71年，斯巴达克思领着他的绝望的奴隶大军与克拉苏的罗马大军进行了血腥决战。

是役中几十名罗马勇士围着斯巴达克思厮杀，斯巴达克思亲手杀死了许多敌人，在浑身是血、腿部严重受伤的情形之下仍单腿跪在地上作战。最后将短剑插进了自己的胸膛。

关于斯巴达克思的这些英勇业绩在意大利作家乔万尼奥里的名作《斯巴达克思》中记载得非常生动。

最后的征服

但还有比"伟大的庞培"更"伟大"的征服者，这个人就是裘利斯·恺撒，因为他征服了整个高卢。

恺撒征服高卢时征战之余所写的《高卢战记》是这样开头的：

高卢全境分为三部分，其中一部分住着比尔及人，另一部分住着阿奎丹尼人，而那些用他们自己的话来说叫克勒特人，我们称之为高卢人的，住在第三部分。

高卢在古代可是相当有名的地方，现在的整个法国、比利时，以及意大利与德国的一部分都属于高卢。其中意大利北部、地中海北岸的山南高卢早被罗马人征服了。现在恺撒要征服的就是"山北"的高卢，这山北，就是阿尔卑斯山以北。

高明的指挥加上高明的外交手腕——挑起高卢人各部落之间的互相争斗，恺撒在高卢取得了巨大的胜利，只用了三年左右的时间就征服了几乎整个高卢。后来他又越过莱茵河，向另一巨大的野蛮民族——日耳曼人发动了征服战争，虽然胜利了，不过收效不是太大。他还越过英吉利海峡，进入不列颠岛，占领了它的南部，这也是不列颠即后来的英国正式出现在西方历史舞台之始。

恺撒为罗马征服的新领土之广可谓前无古人，并且高卢可不单是广而已，它土地肥沃，物产丰富，是宝地中的宝地。

此后地中海周边的最后一个独立国家埃及也成了罗马的属地。

打败安东尼后，屋大维便成了罗马的唯一统治者，实际上将罗马由共和国变成了帝国，开启了罗马的帝国时代。

奥古斯都也像乃父一样继续征服，他首先彻底征服了伊比利亚即今天的西班牙一带，接着又在阿尔卑斯山东面一带夺了一些地盘，但他最主要的是向莱茵河与易北河之间地区的日耳曼人发起的征服。这些日耳曼人就是今天德国人的直系祖先，是群"金发野兽"。奥古斯都以极盛时罗马的军力，费尽移山心力，经过八年苦战，征服了他们。

然而好景不长，仅过了一年，日耳曼人举国大起义，奥古斯都举全罗马之力以迎击，又花了三年，总算又把他们压服了。

但压服只是两个反抗波峰之间一个波谷而已，日耳曼人再次举起了造反大旗。这一次奥古斯都犯了他平生第一个大错误，派了个叫瓦鲁斯的将领率罗马大军去平叛，结果在条顿森林战役中大败，整整三个罗马军团被全歼。这时候已经是公元9年了。

自此，奥古斯都再也不去想日耳曼人的伤心事了，罗马帝国东北边境也就停在了原来的莱茵河、多瑙河以西以南一线。

不过，罗马人的征服并没有停止，还要进行最后一场征服，这个征服者就是五贤帝之一图拉真，罗马到他手上才达到了征服的巅峰。

图拉真出生于西班牙，也是第一个出生于意大利之外的帝国统治者，他首先占领了多瑙河以北的达西亚，就是现在的罗马尼亚中部一带，又与安息人即帕提亚人开战，挥军直抵波斯湾，在小亚细亚东边攻占了亚美尼亚和美索不达米亚。这时，非洲西北部与西班牙隔直布罗陀相望的毛里塔尼亚也归属了罗马。

至此，罗马的征服终于达到了它的顶点。这时的罗马帝国，东起直通波斯湾的美索不达米亚，西到西班牙，北至不列颠和达西亚，南包埃及，整个地中海已经变成了罗马不折不扣的内湖。

罗马的征服至此结束。

纵观整个人类历史，也唯有这个时期，辽阔的地中海才第一次，也是唯一一次完全归属于一个国家或者说政权的统治之下。

在奥古斯都时代，罗马帝国走向了它的巅峰。

---

1 ［英］约翰·朱利叶斯·诺威奇 著：《地中海史》，殷亚平等 译，（中国出版集团）东方出版中心，2011年7月第一版，第33—34页。
2 《美国百科全书》（第23卷），光复书局、外文出版社，1994年第一版，第6页。

第8章　西罗马的崩溃与东罗马的雄起

——此罗马非彼罗马，但也很强大

奥古斯都死于公元14年8月18日，享年77岁。

他死后，罗马为他举行了隆重的葬仪，他死去的这一个月也以他的名字来命名，称为奥古斯都（Augustus），就是现在的August。

他统治罗马达44年之久，在他的治下，罗马由共和国成为了帝国，至少在帝国内部，罗马享受了难得的和平，人民过上了难得的安宁日子，这乃是伟大的罗马的黄金时代。

就在罗马大广场上，竖立着他黄金的雕像，上面刻着一句话：

他恢复了很久以前就被破坏了的大地和海洋的和平。

帝国的分裂

奥古斯都去世后，继任的数任帝王，即提比略、卡里古拉、克劳狄乌斯、尼禄等，一个比一个昏庸，特别是尼禄，他是西方历史上最昏庸的帝王之一。他不但昏庸无道，而且道德沦丧，甚至和母亲睡觉，她就是小阿格丽品娜，古罗马最有名的女性之一，依靠杀夫而使前夫所生之子尼禄继位，又与亲生儿子睡觉，但最后还是被他杀掉。尼禄不但杀掉了母亲，还杀掉了称得上他的恩师之一、著名斯多葛派哲学家塞内卡，还在罗马城燃起大火，自己则在高处看着大火弹琴取乐，这是公元64年的事，终致天怒人怨，被赶下台，后来自杀而死。

尼禄死后，罗马帝国一片混乱，仅仅在68至69年就出现了三个皇帝，一直到韦斯巴芗上台之后才稳定了局势。

韦斯巴芗基本上称得上是一位明君，统治10年之后去世，由儿子提图斯继位，他是一个多灾多难的皇帝，在他短短的两年多皇帝任内（79—81年），罗马就发生了三次巨大的灾难，即维苏威火山爆发，将庞培和赫库兰尼姆两城彻底摧毁并掩埋；罗马城的又一次大火，连续烧了三个昼夜；不久城中又爆发了大规模的瘟疫。但他亲民勤恳仁厚，因此得到了"神圣的提图斯"的称号。但他之后的图密善则又是一位暴君，偏偏他统治的时间相当长，达15年。

但在公元96年图密善去世之后，罗马迎来了历史上最重要的黄金时代，即"五贤帝"时代。

五贤帝就是涅尔瓦、图拉真、哈德良、安东尼·庇护、马可·奥勒留，从96年一直统治到180年，这段时期也是罗马帝国最漫长而繁荣的岁月。

帝国的"五贤帝"时期也是罗马帝国征服的顶峰。

五贤帝中的最后一个马可·奥勒留同时也是一位了不起的哲学家，他也是哲学史上唯一的真正的哲学家皇帝，即不但是皇帝，同时也是了不起的哲学家。

马可·奥勒留辞世后，皇位传给了他的儿子康茂德，这是个典型的不肖子，与

这幅画描绘了维苏威火山爆发后将庞培和赫库兰尼姆两城彻底摧毁的情景。
(Artist:Karl Brullov)

父亲太不像了，他的父亲智慧、贤明而勇敢，是个理想不过的贤君，但他却愚蠢、懒惰而昏庸，是个典型的昏君。从他之后，罗马帝国就江河日下了。

这时起，国家大权落到了那些屋大维建立起来用以保卫皇帝的近卫军手中，他们现在与其说是皇帝的保卫者，不如说是伤害者，例如康茂德就是被近卫军谋害而死的。后来他们甚至随意立帝废帝。例如公元235年到284年这49年间有多达26个皇帝，大都是这样来的，有的甚至是被近卫军杀掉的，如275年，皇帝奥勒良就死于近卫军之手。

这些皇帝只是近卫军的木偶而已，这情形一直延续到公元284年，总算来了一个有本事的皇帝戴克里先。他除了大力整顿衰退的帝国之外，为了更好地治理，还把帝国划分为东西两部分，于是原来统一的罗马帝国分成了东罗马与西罗马两部分。东罗马包括希腊及其以东的地方，西罗马则包括意大利及其以西的地方。东罗马由戴克里先自己治理，西罗马则交给他

这幅画描绘了康茂德亲自参加角斗的情景，他后来也因此被杀。
(Artist:Edwin Howland Blashfield)

的一个部将,也称为皇帝,只是西帝要服从东帝。

戴克里先是罗马第一个实至名归的皇帝,他本来也是个近卫军军官,上台后把屋大维的元首称号正式改称"君主",穿上了绛红色、中间织着金丝的缎袍,下令所有臣民在觐见他时必须双膝着地下跪,甚至还在宫里养了许多宦官,成了一个中国式的帝王。

不但如此,权欲惊人的他还要求人们把自己看作神,当他得知基督徒们竟敢否认这点,龙颜大怒,立即展开了对基督徒史无前例的大屠杀。

吉本在他的不朽巨著中这样说:

> 戴克里先一直反对流血,缓和了伽勒里乌斯的狂怒情绪,要是按照他的提议,凡是拒绝向罗马神明献祭的人士,都要立即活活烧死。但是从目前的规定来看,对倔强顽固的基督徒所施用的惩罚,不仅非常严厉而且贯彻到底。诏书特别规定,帝国各行省的基督教堂要拆除干净,凡是敢秘密集会进行宗教崇拜的人员均处以死刑。……根据同一份诏书,立即没收教会的全部财产,……在采行取缔礼拜活动和解散管理组织的有效措施以后,认为有必要让那些仍然执迷不悟,拒不接受祖先传下来的自然宗教,也就是不信罗马国教的臣民,沦入万劫不复的处境。……这些人的身家性命都被置于法律保护之外。[1]

上面这些措施被印制成文告在全帝国到处张贴。基督徒们当然恨这样不公的法律,他们采取了许多反抗措施。例如在尼科墨迪亚地方,它一张贴出来,有个基督徒就冲上去把它撕下来,扯个稀烂,并且用最严厉的言辞咒骂在场的罗马官员。

他所受的处罚是被文火慢慢地烤死,这个基督徒在火中还带着幸福和蔑视迫害者的微笑。

戴克里先时代罗马帝国稳定了一段时间。到307年,另一位大有作为的皇帝来了,他就是君士坦丁大帝,他在小亚细亚半岛的顶西端建新都"君士坦丁堡",东西罗马从此成了两个相互独立的国家。

这位君士坦丁大帝也是西方历史上最有名的君主之一,他对历史产生了巨大的影响,根据《地中海史》的观点来看,整个西方历史上唯有他才能称得上真正的"大帝":

> 历史上没有任何统治者完全配得上原本属于君士坦丁的"大帝"称号——不论是亚历山大或阿尔弗雷德,无论是查理还是叶卡捷琳娜,或腓特烈和格雷戈里。因为君士坦丁在短短50年内做出的两个决定,任何一个均可改变文明世界的前景。其一,决定采用基督教作为帝国国教——前一代的戴克里先还在迫害基督教,其程度

前无古人后无来者。其二，将帝国首都从罗马迁至以他名字命名的君士坦丁堡。它建立在旧希腊殖民地拜占庭的基础上，在接下来的16个世纪里一直和他的名字连在一起。这两个决定及其结果使君士坦丁完全可以被人们看作有史以来除耶稣基督、先知穆罕默德和佛陀以外最有影响的人物。²

这样的说法当然是有一定道理的。的确这两个方面都极大地改变了西方历史此后的面貌，对塑造此后西方文化的整体特征产生了巨大的影响。

但我们也要看到，君士坦丁大帝所做的这两件事并没有原创性，他不过是继承衣钵而已。

公元311年，戴克里先已经病入膏肓，临死之际，他幡然悔悟、顿觉往日之非，于是下了一道遗诏，要求他的继任者和帝国官僚们宽容基督徒，诏曰：

我们夙夜匪懈维护帝国的统一和安全，依据罗马古老的法律和公认的准则，时刻不忘改正各方面的错误。特别希望受蒙骗的基督徒，虽然在帝国各行省组成社团，还能回到合乎理性和自然的道路，不要背弃祖先建立的宗教和仪式，不要厌绝古代遗留的规章和典范，完全任凭自己胡思乱想，毫无依据编造出荒唐的法条和谬论。我们前此发布意在敦促大家崇敬诸神的诏书，已使许多基督徒陷入危险和苦难之中，其中许多人丧失性命，还有更多的人始终坚持渎神的愚蠢做法，至今不能参加任何正常的公众宗教活动。为此我们本着宽大为怀的宗旨，决定对那些不幸的人法外开恩，今后将允许他们自由表达个人的意念，只要永矢勿谖已公布的法律，对政府抱持适当的尊敬，便可以毫无畏惧和不受干扰在宗教场所集会。我们即刻颁发另一道诏书，将旨意告知各级法院法官和地方行政官员，希望得到宽容的基督徒在他们所崇拜的神前祷告时，勿忘为个人与共和国的安全和繁荣祈福。³

戴克里先的遗诏对他的继任者产生了莫大影响，这个继任者就是君士坦丁大帝了，至于将罗马帝国分成东西两部，也是戴克里先率先做的。

当然，君士坦丁大帝的确将这两件事做得更加彻底，因此到他这里才更加清楚地奠定了此后西方文明发展的主要脉络，这也是事实。

根据戴克里先制订的规矩，他死后两个皇帝继位，西帝就是君士坦丁，东帝是李锡尼。

当上皇帝后，不久东西两帝就下旨，赐基督徒以信仰自由。这道敕令便是基督教史上有名的《宽容敕令》。

又过了两年，他们共同颁布新敕令，无

鲁本斯的这幅作品描绘的就是君士坦丁大帝决定让他的国家接受基督教的情景。

条件发还以前镇压基督教时从教会那里没收的财产，从此基督教教会不单有了自由，还有了钱。

次年，君士坦丁大帝在阿尔举行了第一次基督教的宗教大会，不过只有西罗马的主教们参加，称不上全罗马的基督教大会。

323年，君士坦丁大帝击败东帝，成了全罗马帝国的皇帝。

统治整个帝国后，大帝便开始利用当时人数已经多得不得了的基督徒来加强权柄。他颁布新敕令，让基督徒们做了政府的主要大官，并且限制传统的罗马神庙的活动，例如不准罗马政府官员们祭祀神庙，从宙斯到阿波罗从此便没了香火。

到公元325年，大帝终于举行了全罗马帝国的宗教大会——第一次尼西亚主教大会。

在这次会上制订了一部《尼西亚信经》，它消除了基督教思想界一度混乱的局面，关键是确认了圣父、圣子与圣灵的三位一体，以及圣父与圣子的"本体同

16世纪一幅壁画中描绘了第一次尼西亚主教大会的情景。

一"，又把不接受这个信条的教派——主要是阿里乌斯教派——划为异端，开除出教，从而初步统一了基督教世界，使之成为一种统一的道德力量，一根君士坦丁大帝手中厉害无比的大棒。

然而有些讽刺的是，这个坐在东西方所有主教正中的黄金宝座上的君士坦丁大帝这时候连基督徒都不是。

一直要到公元337年，君士坦丁大帝已经行将就木，到了回光返照之境时，才受洗成了基督徒。

继君士坦丁大帝之后，另一个不但令基督教成为罗马国教，而且成为整个西方世界无上精神统治者的乃是379年继位的狄奥多西一世，他也是罗马帝国最后一位可称伟大的君主。

狄奥多西本是西班牙人，在一群哥特雇佣军的支持下做了皇帝。为了弘扬基督教，他采取了更彻底的措施，他对付当时还在帝国境内活动的异教崇拜简直就像当初戴克里先帝对付基督教一样。例如他下令摧毁所有异教庙宇，并颁布敕令，规定所有罗马人都必须成为基督徒，后来进一步规定凡信仰其他宗教的都是叛教行为，将受到严厉惩罚。这是公元380年的事。

至此，基督教不但在反抗压迫的斗争中取得了彻底胜利，还成为了整个西方世界的精神领袖。从精神这个角度来说，它统一了整个西方——它把种族、语言与文化诸方面都极不相同的西方诸国、诸民族统一于基督精神之下。

我们可以用《不列颠百科全书》之《教会史》条目中的一段话来概括一下：

它（指基督教教会——作者注）虽是由广泛分散各地的会众集合而成，便被认为是同基督合一的一个团体，一同皈依上帝的一个民族。这个理想的统一表现在许多方面。各基督徒社团之间的互相往来是很活跃的。旅行的基督徒一定会受到他们同教信徒的热情欢迎和款待。各教会之间使者和书翰自由往还。传教士和布道者来往各地络绎不绝。各种各样的文献，包括福音书和使徒书信在内，流传很广。因此统一的感觉在各方面得到了表现，基督教世界广泛分隔的各部分的发展，多少接近于一个共同模式。

引文中最后一个词"共同模式"的意义我们不难断定，它就是西方文明，这个文明也可以称为"西方基督教文明"。

但这时候的罗马帝国已经江河日下、颓势不可阻遏了。

不过，这日下的并非整个罗马帝国，而是西罗马帝国，因为这时候的罗马帝国已经是几乎完全相互独立的两个国家了，因为狄奥多西一世临终前，把罗马帝国分给他的两个儿子，于是罗马帝国正式分裂为西罗马帝国——首都是罗马、东罗马帝国——首都是君士坦丁堡。

此后西方的历史就主要是西罗马帝国的历史了，因为这个西罗马帝国又被称为"真正的罗马"，它的地盘在今日的西方、它的文化传统也是地道西方的，至于东方的东罗马帝国，它已经成为一个至少是半东方式的帝国了。

西罗马的崩溃

此后西罗马帝国的历史简言之就是一部崩溃的历史。

西罗马帝国如何崩溃了呢？原因其实不复杂：一是内忧，二是外患。

所谓内忧，前面说过，马可·奥勒留之后，罗马皇帝大权旁落，连皇帝的废立都被近卫军控制，这样国家就没有了强有力的中央政府，对于一个像罗马这样面积庞大、民族众多的帝国，这是致命的弱点。在帝国分裂成东西两部分之后，东罗马成了帝国的重心，治理它的皇帝，像戴克里先和君士坦丁也不是那么昏庸无能，还能支撑下去。而西罗马的皇帝则一个比一个无能，帝国也就一天比一天无力了。这就是内忧。例如统治西罗马的霍诺留·奥古斯都是狄奥多西一世的次子，一直当皇帝到423年，他就是一个昏庸的皇帝，他本来有一位能干的大将斯提里科，是父亲交给他的托孤之臣，在他的帮助之下，当时正蜂拥而至的蛮族不至于对帝国造成毁灭性的伤害，但他却自毁长城，将之杀害，结果就是西罗马正式崩溃的开始，从此西罗马便再也无力对抗强大的敌人——西哥特人了。

不过，更远地，西罗马的崩溃要从我们再熟悉不过的名字"匈奴"开始说起。

匈奴本来是生活在我国北面蒙古大草原上的游牧民族，他们身着短衣，从小生活在马背上，个个都是勇敢的战士。像所有的游牧民族一样，他们的爱好一是打猎，二是征服。他们的首要目标当然是南面的中国，这在我国的战国时代就开始了，秦始皇筑长城就是为了阻拦匈奴人的南侵。但到了汉朝，我们就不是被动阻拦，而是主动攻击了。西汉东汉与匈奴之间的大战，班超、卫青、霍去病这些抗击匈奴的汉朝大将的名字以及"匈奴未灭，何以为家"这样的豪言壮语我们早就熟悉了。总之，这些匈奴人最后被我们汉朝的祖先们征服了，他们原来生活的蒙古大草原也成了大汉的国土，大部分匈奴人最后也融合于中华民族。

虽然匈奴人作为一个民族在中国已经消失了、被同化了。但他们并没有消失在世界历史舞台。在汉军的不断打击之下，许多匈奴人被迫西迁，把原来生活在那里的大月氏人赶走，那些月氏人只好也往西逃，他们到达印度北部后征服了那里的大夏国，大夏国就是我们前面说过的亚历山大打到印度后产生的希腊化诸国之一。匈奴人继续西进，最后到达了遥远的西方，在那里掀起了冲天巨浪。

这样，我们看到了一个古怪的互相追赶的队形：最后面是追击匈奴人的汉朝大军，匈奴人的前面先是月氏人，月氏人逃入印度后，匈奴人前面就是西方的日耳曼人了。这些被汉朝军队打得抬不起头来的匈奴人，到了西方可是如虎入羊群。一个罗马历史学家是这样描述这些匈奴人的：

> 一旦发怒，他们便奋起而战，排着楔状队形，发出种种狂叫，投入战斗；他们敏捷灵活，有意分散成不规则的队形，兵锋所至，杀戮骇人。……他们没人能说出自己的起源，因为母亲怀他在一处，生他则在遥远的另一处，抚养他又在更远的一处。[4]

他们在俄罗斯大草原上三下两下就将生活在最东方的西方人东哥特人（日耳曼人的一支）打得大败，东哥特人只好往西飞逃，这下，生活在他们西面的西哥特人就倒了霉了，在东哥特人的攻击之下——东哥特人为了从匈奴人那里逃命，不得不将阻拦他们逃跑的西哥特人打垮。这些西哥特人怎么办呢？他们只好也往西逃，在他们的西面就是罗马了。

这些被东哥特人逼得走投无路的西哥特人，向罗马帝国请求避难。罗马人知道他们是不错的战士，可以代罗马人守卫边疆，就同意了，让西哥特人渡过多瑙河，进入罗马，这是公元376年左右的事。

到达罗马后，那些罗马人便把西哥特人当奴隶来使唤，残酷地压迫、剥削他们。西哥特人忍无可忍，奋起反抗，与罗马军队开了战，这些曾经如此善战的罗马大军，在西哥特人的面前却不堪一击，公元378年，在亚得瑞安堡战役中，罗马军队惨败，他们的皇帝瓦鲁斯在一间茅屋里被活活烧死了。这次战役也是罗马军队在与汉尼拔的坎尼战役和奥古斯都时代的条顿堡森林战役之后最大的失利，也是西罗马帝国开始走向衰退的起点。

此役后，原来对罗马大军心存恐惧，不敢放胆攻击的东哥特、西哥特等"野蛮人"开始肆无忌惮地向罗马帝国展开了攻击，由此翻开了西方历史上新的一页。

至于使西罗马帝国直向崩溃的这些匈奴人，他们后来在今天的匈牙利一带定居下来，建立了一个由匈奴人以及被他们征服的日耳曼人组成的帝国，大约在公元5世纪时，他们中崛起了一个伟大的王——阿提拉，他统治了从莱茵河畔直到中亚大

拉斐尔所绘的阿提拉会见罗马教皇的情景，其实是为了请求阿提拉退兵。

草原的辽阔土地，并且继续向东西罗马帝国发动进攻。

在他进攻西罗马之前，发生了一件有意思的事情。

这时，西罗马帝国的皇帝是瓦伦丁尼安三世，他有一个妹妹叫霍娜里亚，是当时举世闻名的美女，她因为乱谈恋爱被祖父关了起来，便将强大的阿提拉当作了救星。她偷偷给阿提拉送了一封信，请他救她，说她将以身相许。阿提拉英雄难过美人关，答应了，并且要求西罗马将一半江山作为嫁妆，当然遭到了拒绝，于是他统大军杀向西罗马，在他的兵锋之下，西罗马数十城灰飞烟灭，并直抵罗马城下，由于教皇的哀求，他没有继续打下去，而是与教皇签了和约。但他不久把当时西罗马帝国首都拉文纳攻陷了，这是公元452年的事。阿提拉建立了一个疆土极为辽阔的帝国：东起自咸海，西至大西洋海岸；南起自多瑙河，北至波罗的海。当然，由于这个帝国是纯靠武力征服建立起来的，阿提拉去世之后很快就崩溃了，在历史上也几乎未留下任何足迹。

回头说西哥特人，在首领阿拉里克的带领下，西哥特人从408年至410年三次兵临罗马城下，最后于410年攻陷之，使建城近1200年以来从来没有被攻陷的罗马城第一次陷落。西哥特人大掠六日后才离开，从此罗马城再也难恢复昔日的荣耀了，而那位霍诺留皇帝则早就看出苗头不对，在404年就已将都城迁至意大利东北海岸且有沼泽保护的拉文纳，从此直到崩溃，西罗马的都城实际上并非罗马。

后来这些西哥特人占领了罗马帝国在西班牙和高卢西部、南部的领土，建立了西哥特王国。

西哥特人之后，另一支日耳曼人汪达尔人又攻入了西罗马，他们在首领盖萨里克的统领下，一直打到了非洲，在北非建立了汪达尔王国，那些领土不用说本来也是罗马帝国的。这些汪达尔人不但有陆军，还建立了自己的海军，他们主要的海军力量就来自于罗马人。原来，当他们攻入北非的大城迦太基时，在这里刚好遇到了罗马一支运送粮食的舰队，立即将之俘获，就此拥有了一支强大的海军，并且一度称霸西地中海，正是利用这支舰队，他们在公元445年左右攻占了西地中海中的两个大岛，即撒丁岛和科西嘉岛。

后来汪达尔人又利用他们的舰队横渡地中海，像西哥特人一样打下了罗马城，他们可没有西哥特人那么"文明"，在他们的大劫之下，罗马几成废墟。这是公元455年的事，现在英文里还有一个词"vandal"就来自于汪达尔人，这意思大家不难猜测，就是恶意破坏、毁坏文物、摧毁文明之意。

经过这些"野蛮人"的破坏之后，罗马元气大伤，濒临崩溃。

但使得西罗马帝国最后的崩溃的不是"外敌"而是"内奸"，这"内奸"就是罗马军队内部的日耳曼人。为什么日耳曼人不但进了罗马军队，还能把皇帝拉下马呢？也许还得从很早以前说起。

前面我们说过恺撒征高卢的事，除高卢外，他还向莱茵河与易北河之间的日耳曼人发动了进攻，虽然罗马人胜利了，但他们看到了日耳曼人那巨大的身躯、钢铁般的肌肉，还有极度的勇敢。这一切给他们留下了深刻的印象。于是，当他们征服一些日耳曼人之后，便按老规矩将他们编入自己的军队之中。这些日耳曼人逐渐成了罗马皇帝的宠儿，他们大量地把日耳曼人吸收进罗马军队，特别是用来保卫皇帝的近卫军。后来，这些日耳曼军人越来越多，而帝国越来越羸弱，外患越来越多，皇帝便越来越依赖这些日耳曼军人了。

这些日耳曼人的势力日渐坐大，最后大到连皇帝的废立都要由他们说了算。一开始他们还是让罗马人来做皇帝，自己掌握大权就够了。后来他们感觉与其这样，还不如干脆自己做皇帝来得痛快。于是，公

西罗马崩溃后几成废墟的罗马。
(Artist:J.M.W. Turner)

元476年，罗马日耳曼军人的首领奥多亚塞废黜了最后一个西罗马帝国的皇帝罗慕洛斯·奥古斯都，自己当了王，但他不再是罗马人的王，而是日耳曼蛮族的王，这标志着西罗马帝国的正式灭亡。

巧合的是，西罗马的最后一个皇帝罗慕洛斯·奥古斯都的名字与罗马传说中的建城者罗慕洛斯是一样的，从某角度而言，这算是完成了一个历史的循环吧！

这样，"伟大的罗马"在诞生了千年、称雄了好几百年之后终于寿终正寝了，它的离去标志着西方历史上一个新时代——中世纪——的来临。

东罗马的雄起

随着西罗马帝国的崩溃，西方世界陷入于一片混乱之中，统治西方世界的是一些日耳曼蛮族，如东哥特人、西哥特人、汪达尔人等，还有阿兰人、匈奴人等，这些蛮族从事的主要是陆上的征服，虽然也有海军，如汪达尔人，但其目标也不是称霸地中海，而是在陆上攻城略地，所以这时候西地中海可以说是无主之海，并没有一支统治性的力量。

但在东地中海就不一样了，因为还有东罗马帝国存在着。

当西罗马崩溃的时候，东罗马帝国正处于利奥王朝的统治之下，诸帝大都平庸，没有什么作为，这些皇帝中有一个名字与两个著名哲学家一样，都叫芝诺，最后一个皇帝阿纳斯塔修斯一世是个幸运儿，他本来只是一个大臣，后来靠着与芝诺的遗孀结婚而当上了皇帝。

但到了此后的查士丁尼王朝，东罗马变了，因为在这个王朝诞生了一个强有力的人物，他也是东罗马帝国诸帝中之最伟大者，即查士丁尼一世，也被称为查士丁尼大帝。

他的统治时间是从527至565年，在位近40年，是罗马帝国在位最长的帝王之一，他之所以被称为大帝，与他生平所做的两件大事有关。

第一件大事就是恢复古罗马帝国的光荣。

我们知道，在他的时代西罗马帝国早就崩溃了，罗马人处于蛮族的统治之下，查士丁尼一世梦想恢复过去帝国的光荣与领土，于是向蛮族们发动了大规模的战争。

首先是针对汪达尔人的战争。

由于汪达尔人在遥远的北非西部，而这时候亚洲和地中海东岸大片领土并不属于东罗马帝国，因此只能越过地中海进

拜占庭壁画中的查士丁尼大帝。

攻。于是，533年6月，查士丁尼一世派遣他的大将贝利撒留率军登上了地中海中的军舰，他统领的这支舰队有多达500艘运输船只，另有近百艘"高速大帆船"型的战舰，是很久以来地中海中没有出现过的庞大舰队了。舰队一路横越地中海，这时候，虽然汪达尔人本来也有相当强大的海军力量，但由于发生内乱，整个舰队都到撒丁岛一带平叛去了，因此贝利撒留顺利通过了本来由汪达尔人舰队控制的东地中海，不久在北非登陆。同时，为了防止被切断后勤供应，贝利撒留命令他的舰队

随着陆军一路沿着海岸向汪达尔人的首都迦太基城前进。

533年9月，贝利撒留与汪达尔人在迦太基城一带进行了决定性的"十里之役"，取得了胜利。并且不久在特里卡麦伦战役之中再次大胜汪达尔人，第二年3月，汪达尔王盖利摩就投降了，汪达尔王国从此灭亡，北非也归属了东罗马帝国。

这年底，贝利撒留带着俘虏的盖利摩王和从汪达尔人那里缴获的巨大财富回到君士坦丁堡，查士丁尼一世大喜，特地为贝利撒留举行了古罗马传统的盛大凯旋式，这也是君士坦丁堡建立以来的第一次，同样是罗马帝国近几百年以来的第一次。因为自从遥远的五贤帝之后，罗马帝国在对外战争之中再难显昔日的盛况，他们的主要战争也早就由进攻变成了防卫。

查士丁尼一世的第二次战争是征服东哥特人，为此发动了哥特战争。

535年，查士丁尼又命贝利撒留领军进入意大利，如上次一样也是利用舰队从海上进入，到这年底，贝利撒留顺利登陆西西里，占领之后由此攻入意大利半岛，一路顺利，到536年12月，东罗马的军队就攻克了罗马帝国的象征，已经被蛮族统治长达60年的罗马城。不久就包围了东哥特的首都拉文纳：帝国陆军从陆上包围、海军则封锁海面。

这时候，发生了一件大事。原来，被包围的哥特王给贝利撒留发来了密信，说如果贝利撒留宣布自己是西罗马帝国的皇帝，哥特人就会服从他。这时候贝利撒留本来就拥有东罗马帝国最强大的军队，若是再得到哥特人的臣服，完全有实力这样做，但他没有答应，到540年，贝利撒留攻占了拉文纳，但由于得不到中央政府的足够支持，甚至军饷也长期拖欠，使得贝利撒留的军队开始哗变，实力大损，不久东哥特人反击，546年重占罗马，贝利撒留失利，到551年，查士丁尼一世召回了贝利撒留。

至于东哥特人，查士丁尼一世派了另一个人去对付他，这就是纳尔塞斯。

宦官大将

这个纳尔塞斯应该算是世界历史上的奇人之一，首先他的身份特殊，他不是欧洲人，而是中亚的亚美尼亚人，而他在朝廷中的身份更加特殊：他是一个宦官。再次他的年龄特殊，当他率军前往意大利时，已经年过70了。虽然是军队的统帅，然而纳尔塞斯并非军人，此前更没有打过仗，他主要的职责是查士丁尼一世的内廷总管，也就是宦官的头目，这和他的身份是很相符合的。然而，就是这么一个人，查士丁尼一世却任命他独自统率一支大军前往遥远的意大利。

怎么去呢？这时候东罗马帝国的海军船只还不够，东哥特王托提拉却已经拥有了一支相当强大的舰队，控制着意大利半岛东部的第勒尼安海一带，但纳尔塞斯还是试图在海上打败敌人。

这时已经是公元551年秋天，托提拉命令他的三位大将希普阿尔、吉巴尔和贡达夫统军从水陆两路围攻东罗马在意大利最重要的基地之一安科纳要塞，纳尔塞斯率军前往解围，在塞纳·伽利卡港附近遇到了哥特舰队，两军立即展开了战斗。不过这时候的海战较之罗马甚至希腊时代都已经远为落后了，双方先互相射箭，然后以战船相撞，最后士兵们在甲板上互相砍杀。

相比训练有素的东罗马舰队，蛮族人一向习惯的是陆战，海战可不行，因此当双方交战时，哥特人的舰队很难排列成有利的阵形，这是海战的大忌，接战不久，哥特人的军舰便已经乱成一团了，甚至互相挤撞，有的还被撞坏了，前面的船挡着后面的船，后面的船自然不能作战，箭都不能射，总之自乱阵脚，不久越来越乱，乱得难以控制了。而东罗马舰队相对而言则阵容齐整，进退有序，配合协调，例如当发现较弱且落单的敌舰时，几艘舰只就会一拥而上，将之撞沉。而且各艘军舰有序排列，不但都可以攻击，而且可以相互配合攻击。不久东罗马舰队就大占上风，哥特人惨败，只有10来艘全身而退，其余的数十艘战舰要么被毁，要么被俘。三位敌将中的两位也被俘。这就是塞纳·伽利卡海战了。

塞纳·伽利卡海战之后，哥特人的舰队就再也不能称雄亚得里亚海了，但东罗马的船只数量也还不足以运送一支大军前往意大利，于是纳尔塞斯只能从陆路前行，也就是从亚洲与欧洲接壤处的君士坦丁堡开始，一路沿着爱琴海和亚得里亚海南行，这是公元552年的事。

他统领这支军队沿着亚得里亚海海岸一路跋涉，与东哥特人先在塔吉纳一带遭遇，据说纳尔塞斯派人传话给托提拉，要他要么投降要么定下决战之日期，托提拉回复道："八天后让我们较量一下双方的实力。"

结果证明纳尔塞斯实力要强大得多，他的军队不久就包围了敌军，很快东哥特人就溃败了，连托提拉本人也在战斗中被杀。歼灭哥特人的主力后，纳尔塞斯继续南进，兵锋直指罗马，不久包围了罗马，城内的哥特人投降了，但纳尔塞斯并没有停止前进，而是继续追击，在553年10月于著名的维苏威火山一带进行的拉克塔里山战役中，他击败了东哥特人在意大利最后的残部，并杀死了继托提拉为王的德亚，根据战后的协议，哥特人离开了意大利，从此这个最强大的曾经摧毁罗马帝国与罗马城的蛮族退出了意大利的历史舞台，回到由之而来的日耳曼去了。

所以，这个纳尔塞斯应该是历史上最富传奇色彩的人物之一，对此《地中海史》这样说：

> 历史上几乎再没有哪场战役像纳尔塞斯指挥的那样快速且具有决定性意义。他作为一个75岁高龄的将军取得成功，自然也不会有宠信阁宦而误国的议论了。[5]

当纳尔塞斯统军出发时已经75岁了，但这位查士丁尼大帝似乎用老将上了瘾，他在派出75岁的纳尔塞斯同时，还派出了另一位老将率领一支军队前往比意大利更加遥远的伊比利亚去征服那里的西哥特人，他名叫利比里奥，这时候他已经超过85岁了，并且也取得了一系列胜利。但由于他率领的军队规模太小，也无法长期在这么遥远的地方坚持下去，因此与西哥特人达成了协议，东罗马帝国保住了西班牙南部沿海的小片领土以及附近的帕利阿里群岛，此外还有科西嘉岛以及撒丁岛，但它们乃是西地中海中最大的两个岛屿，占领了它们就表明东罗马在西地中海有了牢固的立足之地，也由于并没有其他力量可以与之争雄，因此可以说这时候的东罗马也已经成为了西地中海的控制者。

经过这样的一系列征服，查士丁尼一世终于建立了一个相当庞大的帝国，它的东部基本上保留了原来罗马帝国的领土，也就是整个东地中海沿岸一带，如小亚细亚、叙利亚、埃及等，在西地中海则主要是原来汪达尔王国的地盘，中心就是迦太基，然后就是西班牙南部沿海，当然还有整个意大利半岛。此外地中海中的所有岛屿基本上都归属了帝国。总的来说，虽然较极盛时期的罗马帝国版图缩小了不少，但面积还是相当可观的。

不过同样要看到的是，这时候的地中海可不是东罗马帝国的"内湖"了——罗马帝国之后再也没有过这样的力量了。对此《地中海史》评论说：

> 君士坦丁堡虽有其地理优势，但从未像罗马那样统治过西地中海世界。这片"中央之海"和环绕它的土地再未屈服于一种单一的力量；我们不再称地中海为罗马的内湖，甚至在查士丁尼重新征服意大利之后，它也仍然不再是"我们的海"。[6]

尽管如此，查士丁尼一世依然称得上是罗马帝国历史上最后一位可称伟大的帝王，他逝世于公元565年，从他之后，罗马帝国再也没有可称伟大的帝王了。

传奇皇后

不过,关于这位查士丁尼大帝,我们最后要说的是,他之所以取得这样的成就,与一个伟大的女人是分不开的,这就是他的皇后狄奥多拉。这位皇后称得上是世界历史上最传奇的皇后之一,她出生在地中海中的塞浦路斯岛,后来到了君士坦丁堡,她的父亲是马戏团里驯熊的,母亲则是表演杂耍的,她自己也从事过这样的职业,后来更惨,沦为了妓女。可能由于长得美丽又聪明吧,靠卖皮肉结识了许多达官贵人,其中包括当时还是帝国近卫军统帅的查士丁尼,他爱上了她,并不嫌弃她的身份,甚至和她结了婚。查士丁尼登基后她就成了皇后。

查士丁尼大帝一生挚爱她,她的表现也的确值得他爱,因为要不是她,他根本不可能建立伟大的功业。最能体现她的成就与能力以及勇敢精神的是532年爆发的尼卡暴动。

所谓的尼卡暴动是由体育比赛引发的,相当于今天的球迷骚乱,最后却成为了导致数万人被杀的可怕的大暴动。当时君士坦丁堡一片混乱,恐惧不已的查士丁尼准备一走了之,皇帝也不当了,保命要紧。这时候他的皇后却站出来了,说出了下面的话:

画家笔下的传奇皇后狄奥多拉。
(Artist:Jean-Joseph Benjamin-Constant)

如果只有在逃跑中才能寻求安全,没有其他办法的话,我不选择逃跑的道路。头戴皇冠的人不应该在失败时苟且偷生。我不再被尊为皇后的那一天是永远不会到来的。如果你想逃,陛下,那就祝你走运。你有钱,你的船只已经准备停当,大海正张开怀抱。至于我,我要留下来。我欣赏那句古老的格言:紫袍是最美丽的裹尸布。

由于皇后的这番话,皇帝留了下来,并且在她的努力之下成功地平定了暴动,也由于这样才有他此后的功业,所以我们在这里要为这位伟大的、传奇般女人留下一点记录。

回头来说东罗马帝国。就在查士丁尼一世逝世不久，一个新的外敌就出现了，而且迅速地壮大起来，很快就向帝国、向整个西方基督教世界提出了强有力的挑战。

这个新外敌、这支新力量就是阿拉伯人和他们所信仰的伊斯兰教。

---

1 ［英］爱德华·吉本 著：《罗马帝国衰亡史》（第一卷），席代岳 译，吉林出版集团有限责任公司，2011年5月第一版，第449页。

2 ［英］约翰·朱利叶斯·诺威奇 著：《地中海史》，殷亚平等 译，（中国出版集团）东方出版中心，2011年7月第一版，第57—58页。

3 ［英］爱德华·吉本 著：《罗马帝国衰亡史》（第一卷），席代岳 译，吉林出版集团有限责任公司，2011年5月第一版，第455—456页。

4 ［美］斯塔夫里阿诺斯 著：《全球通史》（上），吴象婴等 译，北京大学出版社，2005年1月第一版，第181页。

5 ［英］约翰·朱利叶斯·诺威奇 著：《地中海史》，殷亚平等 译，（中国出版集团）东方出版中心，2011年7月第一版，第78页。

6 ［英］约翰·朱利叶斯·诺威奇 著：《地中海史》，殷亚平等 译，（中国出版集团）东方出版中心，2011年7月第一版，第81页。

第 9 章　阿拉伯人的诞生与争霸地中海
——新的民族、新的宗教、新的战争

我们知道，伊斯兰教是由穆罕默德·本·阿卜杜拉创立的，由一己之力创立了一个伟大的宗教、一种伟大而独特的文明，所以穆罕默德被广泛认为是人类有史以来最了不起的伟人之一。

伊斯兰教的诞生

穆罕默德于公元 570 年出生在阿拉伯半岛上的麦加，由于父母早逝，他是由叔父抚养大的，但叔父也不富裕，穆罕默德为了不加重叔父的负担，很小就开始做工，如替人放牧之类，12 岁就开始随叔父外出经商了，据说途中有一位基督教士预言他将成为先知。25 岁时，穆罕默德遇到了一位比他大了足足 15 岁，但很富有的寡妇海迪彻（Khadijiah），两人结了婚，穆罕默德于是"骤然大阔"起来。

这样雄厚的经济基础对穆罕默德一生产生了巨大的影响，其中之一就是他不用为谋生操劳了，可以将时间用于更有意义的事情了，例如冥想。

穆罕默德天生就不是一个平凡的人，是一个想参透人类与世界之奥秘的人，因此他时常到麦加附近的山洞里沉思，有时候甚至通宵不眠。到 610 年，这时候快 40 岁的穆罕默德又在山洞里冥想时，耳边传来了大天使加百列的声音，并将真主的第一个启示传达给了他，说真主拣选了穆罕默德作为最后的先知和使者，要将真经传授给他，这时候的穆罕默德并不识字，但他在天使加百列的引领下竟然将《古兰经》诵读出来了。

一开始穆罕默德还将信将疑、半信半疑，但妻子听说了他的奇遇之后相信他遇到了真的天使，读到了真的经，这时候他们还有一个基督教士的亲戚，他也相信穆罕默德是遇到了天使，并且相信穆罕默德乃是耶稣所预言的先知。

这些坚定了穆罕默德的信仰，于是，到

了公元613年左右，穆罕默德开始传道了，也就是传播伊斯兰教。

一开始他也遭到了挫折，甚至有人认为他是疯子，但他坚持不懈，后来渐渐地有人信了，并且信众越来越多，这些信众就是最早的穆斯林了。

但由于伊斯兰教是宣传一神即安拉的，这与当时在阿拉伯世界流行的多神教相冲突，并且损害了一些人的既得利益，因此穆斯林遭到了许多迫害，特别是来自麦加人的迫害，但他们并不因此而放弃信仰，反而更加坚定。

到了621年7月27日，发生了一件类似但丁的《神曲》中记载的事件，就是真主命令加百列天使带着一个神兽布拉克到麦加迎接穆罕默德，于是穆罕默德在加百列的陪同下，坐着神兽瞬间就到了耶路撒冷。然后，穆罕默德就像但丁一样，上达天堂，共有七重，穆罕默德在第六重见到了摩西，据说在这天堂之旅的最后，真主指令说今后所有穆斯林每天必须礼拜50次，但当穆罕默德返回到第六层又见到摩西时，摩西提醒他说50次礼拜太多了，穆罕默德于是上去连续九次求真主减少礼拜次数，一直减到每天五拜，穆罕默德才不求了，随即返回麦加。

尽管有了这样的奇遇，穆罕默德在麦加的日子仍不好过，甚至遭到了更多的迫害。于是，622年，他率领一批信众离开了麦加，到了300多公里远的麦地那去了。此后，他们与麦地那的头领们签署了友好协议，建立了一个类似于国家的组织，首都就是麦地那，穆罕默德也成了政教合一的领袖。此后，这个联盟的力量越来越大，与其他地方和民族也签署了越来越多的类似协议，其中最为著名的是与犹太人签署的协议，即著名的《麦地那宪章》。

再往后，特别是经过了与麦加的战争并取得胜利之后，穆罕默德的力量越来越壮大了。终于，到630年，他与麦加统治者签订了《侯德比耶和约》，又成了麦加的统治者，麦加人也皈依了伊斯兰教，不过穆罕默德也做出了让步，他宣布麦加是伊斯兰教最神圣的地方，规定所有穆斯林一生之中，只要有能力就要上麦加朝圣至少一次。

这样一来，穆罕默德的力量更加迅速地壮大了，终于统一了整个阿拉伯半岛，并且以信仰伊斯兰教为核心建立了一个阿拉伯国家，这也是现在的阿拉伯民族的起源。

632年，一直生活在麦地那的穆罕默德来到麦加，进行了第一次真正的伊斯兰朝圣，仪式毕后，他在阿拉法特山发表了一次著名的讲道，讲道的核心是各族平等，指出阿拉伯国家并不比非阿拉伯国家优越，当然相反也不是，总之所有民族都是平等的，即可以平等地信仰伊斯兰教，一旦成为穆斯林，大家都是平等的。这也是伊斯兰教最大的优势，是今天伊斯兰教得以如此壮大的根本原因！

穆罕默德逝世于632年6月7日，这时候他住在妻子阿伊莎的家中。

我们可以看到，查士丁尼一世逝世于565年，这时候穆罕默德已经6岁了，所以他们大致是同时代人，对于地中海而言，穆罕默德乃是继查士丁尼一世之后另一个对其产生最大影响的人。

穆罕默德去世后，他所建立的国家不但没有衰落，而且迅速扩张起来。

阿拉伯人的扩张

穆罕默德的继承者叫哈里发，他们以伊斯兰教为核心发动了圣战，也就是领土扩张运动。

从地图上我们可以看到，在阿拉伯人的领土周围主要是两个国家，即东罗马与波斯，所以他们的扩张首先就要与这两个民族展开大战。

特别是第二任哈里发奥马尔发动了一场场规模巨大的征服战争，他派遣后来被称作"安拉之剑"的哈立德在亚尔穆克河畔歼灭了东罗马帝国5万大军，占领了帝国最重要的城市之一大马士革，基督教的圣城耶路撒冷也在638年归属于穆斯林的统治之下。此前一年他们已经开始向东攻击，与古老的波斯人展开了战争，并在636年的卡迪西亚会战中彻底击败了波斯人，征服了古老的波斯人，使他们也信仰了伊斯兰教，当然，他们并没有成为阿拉伯人，只是信仰伊斯兰教的波斯人而已。

在征服波斯的同时，阿拉伯大军还在沿着地中海进行征服，叙利亚之后，他们又攻入了埃及，在征服波斯的同一年也征服了整个埃及，使埃及人也成了穆斯林。

第三任哈里发叫奥斯曼，他继续征服，在中亚征服了亚美尼亚、阿塞拜疆等地，并且征服埃及之后，继续沿着地中海岸一路西进，征服了今天利比亚一带。

就是这个奥斯曼，他看到了要顺利地围绕地中海进行征服没有一支强大的海军是不行的，于是他在已被征服的地中海东岸和小亚细亚一带的民族中广泛招兵造船，不久就建立了两支强大的海军，一支驻在亚洲的叙利亚，另一支驻在非洲的埃及。利用这些力量，阿拉伯人迅速在地中海中占领了不少领土，如648年占领了塞浦路斯群岛，652年还攻击了西西里岛，654年又占领了具有重要战略意义的罗德岛。

对于阿拉伯人这样的扩张，以地中海为生命线的东罗马帝国自然不能坐视，于是，到了公元655年终于爆发了一场大海战，这就是船桅之战。

这时候东罗马帝国的皇帝是君士坦丁二世，他听说阿拉伯人的叙利亚和埃及总督准备从爱琴海上过来侵扰君士坦丁堡，便亲自率领一个由多达500余艘战舰组成的庞大舰队前来迎战。两军在小亚细亚之南的地中海上相遇，展开了一场大战，由于地点在菲尼克城附近，所以又称为菲尼克之战。东罗马人的统帅是皇帝本人，阿拉伯人的统帅则是叙利亚总督穆阿维叶。

阿拉伯人的两支舰队加起来的军舰数量只有200来艘，不及东罗马人一半，因此君士坦丁二世指挥他的军舰朝阿拉伯人猛扑过去。一开始，由于寡不敌众，阿拉伯人很快陷入了被动，眼看就要战败。但就在此时，阿拉伯人舰队的旗舰用船上的抓钩钩住了一艘拜占庭的大舰，水手们立即跳上敌船，和敌人进行肉搏战，这些东罗马海军哪是勇敢得不要命的阿拉伯水兵的对手，不久就被砍杀殆尽。其他阿拉伯战舰看到这个法子可行，于是便立即效法，也用自己战船上的钩子去钩敌人的战舰，钩一艘就摧毁或缴获一艘。这样一来，拜占庭人的军舰简直不堪一击了，几乎所有舰只都被消灭，君士坦丁二世几乎仅以身免。

此后，倘若阿拉伯人立即向东罗马帝国展开大规模进攻，恐怕帝国就危险了，但此后不久奥斯曼哈里发就去世了，穆阿维叶本来准备从海上进军君士坦丁堡，得知这个消息后马上回国去了，要争夺哈里发之位，才使东罗马帝国逃过了危机。

这时候，在阿拉伯人内部开始产生了严重的对立，就是逊尼派与什叶派的对立——这种对立甚至武装对抗到今天还在盛行着。先是阿里继任哈里发，但以穆阿维叶为首的倭马亚家族拒不承认阿里的地位，双方甚至爆发武装冲突，并在661年时刺杀了阿里，于是阿拉伯人的"神权共和时代"，也就是正统的哈里发时期就结束了。

阿里死后，穆阿维叶当上了哈里发，并以大马士革为首都建立了倭马亚王朝，本来哈里发是在帝国内部由一些强大的家族选举产生的，但穆阿维叶将哈里发改为了世袭，实际上成为了阿拉伯帝国的皇帝。

此后，倭马亚王朝又开始四处征讨。在东方，阿拉伯人在664年占领了阿富汗，然后兵分两路，北路军往中亚内陆草原区杀去，一路势如破竹，一直打到了帕米尔高原西部，在这里遇到了另一个强敌，这就是中国的唐朝。一开始唐朝取得了胜利，如在唐玄宗时期的开元三年（715年）和开元五年（717年），倭马亚王朝对西域进行了攻击，结果都以阿拉伯人的失败告终，但在恒罗斯战役中取得了胜利。

在这次战役中，由唐朝的高丽人将军高仙芝带着一群由西域少数民族与唐军组成的杂牌军与阿拉伯大军展开了激战，结果由于一部分西域军队临阵倒戈，唐军大败。但阿拉伯人也看到了唐朝的实力，于是退走了，并没有进一步东进，但这也为此后西域也就是今天的新疆一带的穆斯林化打下了基础。这是公元751年左右的事。

——但这时候在阿拉伯世界已经不是倭马亚王朝了，它在前一年即750年已经灭亡，代之而起的是阿拔斯王朝，就是我们中国古籍中所说的黑衣大食。

再回过头去说穆阿维叶，他可不会忘记他的主要对手是与他的领土犬牙交错的东罗马帝国。成为哈里发之后，他继续对东罗马帝国展开了大规模的进攻，而且目标主要在海上，因为从这里可以直抵其首都君士坦丁堡，而只要占领了君士坦丁堡，整个东罗马帝国就完了。

穆阿维叶之后，倭马亚王朝继续沿着地中海征服，这时候他们已经占领了利比亚一带，继续西进，到695年左右占领了迦太基，也就是今天的突尼斯一带。但两年后拜占庭皇帝派了由一个叫约翰的将军指挥一支强大的舰队进行反攻，打败了阿拉伯舰队，并且收复了迦太基。但这只是暂时的，第二年阿拉伯海军就杀回来了，哈里发派出了一支强大的舰队，在迦太基外海向保卫迦太基的约翰的舰队发动了进攻，击败之，阿拉伯人顺利登陆并占领了迦太基城，约翰带着败兵逃走了。

这也是拜占庭人在北非的最后一次努力，从此整个北非就在阿拉伯人的统治之下了，人民也变成了穆斯林，直到今天都是如此。

占领整个北非之后，他们并没有停止前进。

710年，一位名叫塔里夫的阿拉伯军官率领一支500人的部队来到北非的西北角，这时候海峡对面是东哥特人建立的国家，他们没有什么海军，在海峡对岸也没什么防御，因此塔里夫他们渡过海峡在欧洲顺利登陆，不久就占领了伊比利亚半岛南部靠海的一些地方，这里现在还有一座城市叫塔里菲，就是以他的名字命名的。

虽然此后塔里夫带着许多战利品返回了非洲，但其他阿拉伯人开始涌向伊比利亚。711年，来自丹吉尔的一位叫塔里克的将军统率着一支近万人的强大军队在欧洲最靠近非洲的地方登陆，在他们的登陆地有一块巨大的岩石，后来被称为"塔里克山"（Gebel al Tarik），后来欧洲人将之转译成了直布罗陀（Gibraltar），这就是直布罗陀海峡名字的由来。

这时候的东哥特人已经很衰弱了，抵

挡不住阿拉伯人潮水般的大军，不久整个伊比利亚半岛都归于了阿拉伯人的统治之下，并且很快就被阿拉伯化了，就如吉本在他的杰作《罗马帝国衰亡史中》所言：

西班牙陆续混合古迦太基人、罗马人和哥特人的血胤，不过几个世代就全盘接受阿拉伯人的姓氏和习俗。[1]

但阿拉伯人并没有就此止步，而是一直往东，穿越了比利牛斯山，也就是到达了今天的法国，占领今天法国的阿基坦地区，势力甚至远达里昂一带，倘若没有遇到强大的阻遏，可以想象他们将占领整个法兰克，然后就是包括英国在内的整个欧洲大陆了，对于这样的情形，吉本在他的《罗马帝国衰亡史中》中也做了这样的想象性描述：

胜利的队伍从直布罗陀的岩石到罗亚尔河岸，逶迤的路途长达千里之遥，要是再加上一个同等的空间，就可以使萨拉森人到达波兰边境或苏格兰高地。莱茵河并不会比尼罗河或幼发拉底河更难渡过，阿拉伯人的舰队不必经过一次海战就可驶进泰晤士河口。牛津大学或许现在还要教授《古兰经》的释义，学生可能要对这个受到割礼的民族宣扬穆罕默德天启的神圣真理。[2]

当然这只是想象，事实上，一位法兰克人站了出来，他就是著名的矮子丕平的私生儿子查理·马特，他在普瓦提埃战役中大败阿拉伯人，此后阿拉伯人迅速逃离了比利牛斯山以东地区，回到已经被他们牢牢控制的西班牙去了。这是公元732年的事。

攻向拜占庭

早从663年起，穆阿维叶就向东罗马帝国或者又称拜占庭帝国开战了。东罗马帝国之所以又称拜占庭帝国，是因为君士坦丁堡一带的旧称就是拜占庭，君士坦丁堡也常被称为拜占庭。

到公元670年，阿拉伯人的舰队终于攻入了达达尼尔海峡，又北上进入了马尔马拉海，并成功登陆，可以说是兵临拜占庭城下，还在拜占庭城的不远处建立了一个基地，正是利用这个基地，从673年起，穆阿维叶派他的王子率军从海陆两路对君士坦丁堡发动了进攻。不过并不是整年围攻，而是夏天进攻，到了冬天，由于补给不足，天气也不允许，就撤到附近的基地休整，如此年复一年。但由于君士坦丁堡的城墙极为坚固，因此并未攻下。后来，拜占庭人找到了一个法宝，就是"希腊火"，这是一种原始的火焰喷射器，这在当时是一个可怕之极的武器，特别是对于木制的还有帆布的军舰更是如此。在遭

普瓦提埃战役。
(Artist:Charles de Steuben)

到了"希腊火"的多次教训之后,阿拉伯人被迫撤离,不过在返航途中,舰队遇上了大风暴,就像几百年之前的罗马舰队一样,全军覆没。这是公元678年的事。

这时候东罗马帝国的皇帝是阿纳斯塔修斯二世,他看到阿拉伯人实力如此强大,知道一定会进攻君士坦丁堡,于是一方面大力加固城市,另一方面积聚了大量的粮食武器等,甚至要求每一户居民都要储存足够三年的食物等补给,否则就得离开城市。

当阿拉伯人正式第二次进攻君士坦丁堡时,在位的则是利奥三世(Leo III the Isaurian)。

717年,奥马尔二世苏丹派他的弟弟马斯拉马统率陆海两军开赴君士坦丁堡，特别是强大的阿拉伯舰队渡过了达达尼尔海峡，和陆军一起封锁了君士坦丁堡。

进攻主要从海上发起，阿拉伯人的舰队先向君士坦丁堡的内海港发动了攻击，但港内的拜占庭战舰以铁链相互连接起来，构成了强大的防卫体系，抵挡住了敌人的攻击，此后，拜占庭舰队在利奥三世的亲自指挥下开始反击了，这时候他们又用上了秘密武器——希腊火。

据吉本说，这是一种石油醚，也就是液体沥青，是一种质地很轻、黏性很大而且又特别易燃的油，只要从地下喷出来接触到空气就会自燃。后来卡利尼库斯将这种石油醚和硫黄以及松脂等混合起来，制造成了这种希腊火，并将之传授给了东罗马人。据说这位卡利尼库斯是叙利亚人，本来是在哈里发手下服务的，后来投向了东罗马，并且用他的希腊火极大地帮助了帝国的生存。正是因为有了这种希腊火，他们不但保住了君士坦丁堡，还成功地在海战中打败了阿拉伯舰队。因为这种希腊火还有一个显著特点，就是遇水后不但不会熄灭，反而会燃烧得更加猛烈，因此特别适合于在海战中对付敌人的战舰。在这样的海战中，利奥三世正是借助"希腊火"烧毁了十多艘阿拉伯战船，并且迫使它们离开了君士坦丁堡城下，而在海湾之外游弋，试图想用这种办法来困死之。

但这时候君士坦丁堡城内已经储存了大量的食物与武器，并不害怕这种围困。到了第二年，阿拉伯人的一支补给舰队从埃及抵达了君士坦丁堡，这时候舰队内有几个水手是基督徒，他们坐上小船悄悄逃进了君士坦丁堡，将阿拉伯舰队的布置与弱点告诉了利奥三世，皇帝大喜，立即根据他们的建议率海军反攻，大败阿拉伯舰队，又利用希腊火烧毁了大批敌舰。这样一来，阿拉伯人再也没有能力从海上封锁君士坦丁堡了。

面对这样的局面，阿拉伯人只得撤退，但他们的舰队在马尔马拉海和爱琴海又两次遭到风暴的袭击，几乎全军覆没，最后庞大的舰队只有五条船回到了埃及的亚历山大港。

不过，虽然在君士坦丁堡城外遭到了失败，但阿拉伯帝国依然拥有强大的实力，并且正是在这个时期，倭马亚王朝达到了它的巅峰，以大马士革为中心统治着西起欧洲的西班牙，东与中国大唐接壤的辽阔领土。

但不久之后，阿拉伯世界发生了一次巨大的变革，就是倭马亚王朝覆灭了。代之而起的是阿拔斯王朝，阿拔斯王室在阿拉伯人那里历来地位尊崇，先祖是穆罕默德的叔父，他的名字就叫阿拔斯。747年，阿拔斯的后裔阿布·阿拔斯利用一位波斯籍的释奴阿布·穆斯林在呼罗珊也就是今天的伊朗一带发动起义，起义迅速成功，并在750年时推翻了倭马亚王朝，建立了阿拔斯王朝。

这个阿拔斯在建立他的王朝之初，曾经大肆捕杀倭马亚王朝的宗亲，只有一位男性阿卜杜勒·拉赫曼逃离了，他后来在西班牙建立了自己的国家，成了阿卜杜拉赫曼一世，这个王朝在那里一直统治到11世纪，由于服色尚白，中国史书称为"白衣大食"。

阿拔斯王朝建立后的最初约100年，也就是从8世纪中期到9世纪中期是阿拉伯帝国的巅峰时代，其中哈里发曼苏尔执政时，他以今天的伊拉克为中心，在底格里斯河河畔兴建了新都巴格达，于762年迁都到了这里，从此这里成为与中国的长安和君士坦丁堡齐名的当时世界上的三座最大、最著名的城市之一。

在这个时期，阿拉伯人与东罗马帝国继续作战，不但在陆上作战，更在海上作战，作战地当然是在地中海。

其实早在倭马亚王朝被推翻前夕的747年，就在东罗马帝国与阿拉伯人之间发生了一场大海战，这就是苏莱曼海战。这次是东罗马帝国海军主动出击，在塞浦路斯岛之北岸附近的苏莱曼海域打败了阿拉伯人的大舰队，击沉了近100艘军舰，此后近百年之间，东地中海就基本上在拜占庭帝国的控制之下了。

此后，一直要到近百年之后的841年，阿拉伯人才与东罗马帝国之间有一场比较大的海战，这就是发生在意大利半岛南端塔林敦近海的海战了，不过不是直接与东罗马帝国海军交战，而是与臣属于帝国的威尼斯交战，这个威尼斯我们后面还要说，因为它将在漫长的历史时期之内成为西方基督教世界与东方伊斯兰教世界战争中的主力军。不过这时候的威尼斯舰队还不够强大，被阿拉伯人打败了。

当然，阿拉伯人与东罗马帝国之间的战争不会停止，而是一直在断断续续地进行之中，但进入9世纪中期，阿拉伯帝国开始走向衰落，至少没有那么强悍了，相较于之，东罗马帝国则再一次复兴了，取得了优势。

帝国的反击

因为这时候东罗马帝国出现了一位大有作为的皇帝，即巴西尔一世（Basil I），他本是马其顿人，出身农民，但身强体壮加上头脑出众，最终爬上了皇帝的高位，并且建立了东罗马帝国最后一个强有力的王朝——马其顿王朝。

登上大位后，他率军东征西讨，在小

亚细亚打败了属于基督教异端派别的保罗派。

这个教派一度拥有强大的军事力量，并以幼发拉底河上游的泰夫里卡为中心建立了一个事实上独立的共和国"泰夫里卡共和国"，保罗派还与阿拉伯人结盟，一度占领了几乎整个帝国在亚洲的领土，但巴西尔一世经过努力，终于在872年彻底击溃了保罗派的军队，重新恢复了在小亚细亚直到幼发拉底河一带的统治。

当然，巴西尔一世最重要的敌人还是阿拉伯人，这时候，阿拉伯帝国已经衰落，不可能在陆上对帝国进行大规模的入侵了，但他们仍然从各个方向骚扰帝国，但均为巴西尔一世击败。

在地中海上，867年时，巴西尔一世派出一支拥有139艘战舰的大舰队，攻入亚得里亚海，驱逐了盘踞在那里的阿拉伯人，占领了亚得里亚海北岸富饶的达尔马提亚一带，甚至一度从阿拉伯人手中夺取了克里特岛，只是不久又被阿拉伯人夺走了。

而且，这时候的阿拉伯人开始以西西里岛为基地向意大利半岛推进，为了阻止之，巴西尔一世与统治意大利半岛的法兰克人的皇帝路易二世联合起来。在巴西尔的帮助之下，路易二世从穆斯林手中收复了意大利半岛上的巴里，但后来巴里的统治者向巴西尔投诚，这里便成了拜占庭帝国的领土。

更大的战斗发生在西西里岛上。巴西尔一世在这里的战斗却失利了，例如公元880年，拜占庭舰队由纳萨尼斯指挥，在希腊的伯罗奔尼撒半岛附近打败了一支阿拉伯舰队，不久又在西西里岛北岸的巴勒莫附近打败了另一支阿拉伯舰队。但阿拉伯人继续在海上作战，到公元888年，发生了一场比较大的海战，地点还是在巴勒莫附近海面，不过是役之中，阿拉伯舰队成了胜利者，打败了东罗马帝国的舰队，乘机取得了东地中海的优势。到9世纪末阿拉伯人已经占领了几乎整个西西里岛。但巴西尔一世的军队在意大利半岛南端的塔兰托打败了阿拉伯人，使得阿拉伯人不能以西西里为跳板攻入意大利本土，就如他们攻占西方的伊比利亚半岛一样。

巴西尔一世之后，马其顿王朝的其他几位帝皇也相当杰出。例如巴西尔一世的儿子利奥六世，他有一个君主少见的绰号"智者"，不但是皇帝，也是一位多产的作家。

到10世纪初，阿拉伯帝国已更趋衰落了，主要是帝国是由各个不同民族组成的，虽然有着共同的宗教信仰，但毕竟不是同一个民族，因此很难长久捏合在一起。而且，帝国在内部实行总督制，各地总督在领地内拥有强大的力量包括军事力量，他们就像这时候唐朝的各地节度使一样，独霸一方，成了事实上的君主，甚至开始公然宣布独立，如868年埃及总督宣布独立，建立了图伦王朝，东方各省也相继建立了自己的王朝。909年时什叶派穆斯林在突尼斯也建立了法蒂玛王朝，先后征服了阿尔及利亚、叙利亚、埃及等地，甚至包括西地中海中的撒丁岛，在西地中海取得了一定的海上优势，后迁都开罗，由于服色尚绿，因此中国史书称为"绿衣大食"。

如此等等，这样一来，原先庞大的阿拉伯帝国就分裂成了很多个大小不一的独立国家，阿拔斯王朝的统治区域被局限在巴格达及其周围一带，名存实亡。

看到阿拉伯人开始衰落了，东罗马帝国自然会趁火打劫，拜占庭在陆上逐渐向东扩张，到9世纪末10世纪初时已经不但占领了小亚细亚，而且占领了从叙利亚到亚美尼亚的大片土地，这些地方很早以前就是阿拉伯人从东罗马帝国手里抢来的，等于是物归原主了。

但这时候的阿拉伯帝国还拥有强大的海军，他们在陆上有些打不过，但却加强了海上力量，建立了一支强大的舰队。事实上，这时候的阿拉伯人统治着东地中海中的几乎所有主要大岛，包括塞浦路斯岛、克里特岛、马耳他岛、西西里岛等，并且利用这些岛屿不断攻击东罗马帝国。

东罗马帝国当然也不断反击，908年，正是利奥六世的舰队在其海军司令希梅里奥斯的指挥下，在爱琴海与阿拉伯舰队交战，获得了胜利，摧毁了大批阿拉伯军舰。不久又攻占了东地中海靠近海岸的塞浦路斯岛，并以这个大岛为基地不断攻击叙利亚沿岸的阿拉伯人。于是，这里的阿拉伯人与西西里岛一起组成了一支阿拉伯人的联合舰队，于公元912年在爱琴海的开俄斯岛附近与拜占庭舰队大战一场，这次是阿拉伯人取得了胜利，又暂时获得了东地中海的优势。

利奥六世之后的君士坦丁七世与乃父一样，同样是著名的学者和多产的作家，著有《帝国行政论》和《典仪论》等名重一时的著作。由于他出生于皇宫之中，这在东罗马帝国的诸帝中并不是常有的事，因此被称为"Porphyrogennetos"，意思是"生于紫室者"，紫乃是当时的皇室之尊色。他还有一个特点，就是在位时间长达46年，即913—959年，是东罗马帝国在位时间最长的皇帝之一，不过其间有相当长的时间是与其岳父一起称帝的，他的岳父就是罗曼努斯一世。

罗曼努斯一世和女婿一起当了约24年的皇帝，他的功劳主要是镇压了帝国内部的数次反叛,如镇压了伯罗奔尼撒半岛和南意大利的起义,稳定了帝国的后方。

罗曼努斯二世是罗曼努斯一世的儿子,他在位时间只有四年,却做了一件大事,就是从阿拉伯人手中夺回了地中海上的重要大岛克里特岛,同时还收回了在东罗马帝国领土中一向居于重要地位的叙利亚。

罗曼努斯二世去世之后,他的儿子、未来的巴西尔二世还只有5岁,不能当皇帝,于是先后有尼基弗鲁斯二世——他娶了死去的皇帝的妻子因而当上了皇帝——和约翰一世继位,他们依然在扩张帝国的领土,特别是打败了强大的保加利亚人,还有俄罗斯的前身基辅罗斯和阿拉伯人也败在他手下。

但这些成就在巴西尔二世面前就相形见绌了。

盛世再临

巴西尔二世是东罗马帝国在位时间最长的君主,在位时间长达近50年,即976—1025年,在他领导之下,东罗马帝国在与外敌的斗争中取得了最大的胜利。

巴西尔二世所做的事主要有三件:征服保加利亚人、与俄罗斯联姻、大战阿拉伯人。

我们先看第一件。

当时在东南欧生活着强大的保加利亚人,他们是南部斯拉夫人的一支,一度建立了强大的国家,并且长期与东罗马帝国作战,使帝国面临东西两线作战的窘境。特别是保加利亚曾有一个著名的皇帝西美昂一世(Simeon I),他自称为"保加利亚人与希腊人的皇帝",这个尊号甚至得到了罗马教皇的认可。由于东罗马帝国皇帝一向是希腊人的皇帝,这等于是要篡东罗马皇帝的位了,他也差点取得成功,因为他一度差点迫使东罗马皇帝向他称臣,他还与阿拉伯人结盟来反对东罗马帝国。但后来保加利亚衰落了,东罗马帝国却强大起来,于是帝国转而开始反击保加利亚人,双方进行了残酷的大战,持续数十年之久。特别是当巴西尔二世在位时,战争最激烈也最残酷,经过多番血战,到1014年7月,巴西尔二世在克雷迪昂战役中获得了决定性的胜利,将保加利亚人的主力部队消灭殆尽,到1018年保加利亚终于举国投降,整个保加利亚也归属于东罗马帝国。

由于巴西尔二世在战争中表现出来的残酷无情,他得到了一个绰号"保加利亚人屠夫"。据说在克雷迪昂战役结束后,他将14000名保加利亚战俘弄瞎,然后分作100人一队,每队仅有一个战俘保留有一只眼睛,然后将他们送回保加利亚,当他们的皇帝萨穆伊尔看到如此惨状时，竟然被吓病了，旋即死去。

彻底征服保加利亚人之后，本来臣服于保加利亚人的塞尔维亚人也马上臣服了帝国，这样一来，帝国恢复了古代罗马帝国时代的多瑙河沿岸领土，这是数百年以来的第一次，为了纪念这次胜利，巴西尔二世来到了希腊人中最有名的城市雅典，在那里举行了一次罗马久已未见的凯旋式。

巴西尔二世所做的第二件大事是与俄罗斯人的联姻。

此前我们在西方的历史之中只看到了以罗马人为代表的拉丁人和以各蛮族为代表的日耳曼人，欧洲人中另外还有一个大支即斯拉夫人，他们是相对比较落后的一支。斯拉夫人大约起源于现在的俄罗斯西部和波兰一带，即东欧平原，那里有广阔无垠的草原，草原的边缘有许多森林和沼地，斯拉夫人就是从这些森林和沼地里走出来的。

走出来后的斯拉夫人分成好几支，分别叫作西斯拉夫人、东斯拉夫人和南斯拉夫人。

西斯拉夫人后来变成了今天的捷克人、斯洛伐克人和波兰，他们西迁后接受了西方人的思想，包括天主教、拉丁字母等，成了地道的欧洲人。南斯拉夫人则包括今天的克罗地亚人、斯洛文尼亚人、塞尔维亚人和保加利亚人，这些人中克罗地亚人和斯洛文尼亚人像西斯拉夫人一样，接受了天主教和拉丁字母等，塞尔维亚人和保加利亚人却受东方拜占庭帝国的影响，接受了东正教。东斯拉夫人就是今天的俄罗斯人了，俄罗斯人实际上有三支，分别叫作小俄罗斯人，也就是今天的乌克兰人，白俄罗斯人，现在还是这个称呼，最后一支就是我们熟悉的俄罗斯的俄罗斯人。

这些俄罗斯人一开始就住在了现在他们仍住着的地方：俄罗斯国家的欧洲部分。就文化而言比南面的日耳曼人落后不少，比罗马人就更落后得多了。当查理曼帝国一分为三时俄罗斯人还没有国家的概念。他们只是些分散的部落，互相纷争不已，甚至没有一个部落强大得能够称霸。

也就是这个时候有了一个古怪的传说：这些互相争斗的斯拉夫人部落，也就是后来的俄罗斯部落请求北欧人的头领留里克（Rurik）来统治他们，他们对留里克说：

我们的国家辽阔而富饶，但却没有秩序，请来管辖和统治我们吧！

这个留里克看到天上掉下来馅儿饼，岂有不要之理？于是带着他的北欧人来到了东斯拉夫人的主要城市诺夫哥罗德，在那里做了王，这也是斯拉夫人的第一个王，称"大公"。这时的诺夫哥罗德还够不上资格称王国，只是个公国，由此俄罗斯的统治者称大公成了传统，这大约是862年的事。

后来留里克死了，他的儿子伊戈尔还小，便由他的亲戚奥列格当摄政，他率军南下，占领了俄罗斯人的第二个重要城市和主要贸易中心基辅，从此基辅成为国家的中心，由诺曼人建立的斯拉夫人国家就以基辅为名，称为基辅罗斯。到了巴西尔二世在位时，基辅罗斯的大公是弗拉基米尔·斯维亚托斯拉维奇。

988年，是时巴西尔二世正在亚洲平叛，弗拉基米尔大公就乘机率军占领了黑海北岸克里米亚半岛上的一些东罗马帝国领土，但他同时向巴西尔二世表示，他可以归还所占的领土，并且还可以送给他6000名援军，但有一个条件，就是要与拜占庭皇室联姻。这位基辅大公的目的很明确：东罗马帝国历史悠久，一向是文明与先进之邦，他这个基辅罗斯却是相当野蛮且落后的，要是能够与之联姻，他的后代血统之中将拥有东罗马帝国的血脉，这当然是大大的美事，而且他希望与之结婚的乃是巴西尔二世的妹妹安娜，这可是最正宗最切近的皇室血统，与中国古代出嫁和亲的那些假皇室血统大不一样。

巴西尔二世本来是不肯答应的，但这位大公却提出了一个条件，终于使他答应了，这个条件就是他愿意让俄罗斯人接受东正教。

那时已经是差不多公元1000年了，俄罗斯的欧洲邻居们接受基督教已经好几百年了，而俄罗斯人信的还是原始的神话，火神太阳神之类，这令他们常受到邻居的耻笑，被讥之为野蛮人。这时也有许多教士把人数众多的俄罗斯这块宗教的处女地看作最好的传教场，奉劝俄罗斯人信仰他们的宗教，如犹太教、伊斯兰教、天主教、东正教等等。

据说弗拉基米尔大公曾派人详细地了解了各个宗教的情况，最后做出结论说：犹太教不行，因为它的神耶和华太没力量，不能让犹太人保住他们的祖国；伊斯兰教也不行，因为它不准教徒喝酒，喝酒对俄罗斯人来说是同生命一样重要；统治了几乎所有其他欧洲人的天主教也不行，因为"在那里看不到荣誉"。他的意思大概是因为看不到做君主的荣誉，因为在中世纪的天主教世界享受最高荣誉的乃是教皇，君主也常得向他打躬作揖，他弗拉基米尔大公可受不了这样的窝囊气。

所以他最后选定的是东正教，为什么呢？原因之一是受了他的使者们的感染，使者们告诉他：当他们走到君士坦丁堡内的圣索菲亚大教堂时，"我们不

这幅画描绘了弗拉基米尔·斯维亚托斯拉维奇大公接受东正教的情形。

(Artist:Johann Leberecht Eggink)

知道是在天上，还是在人间，如此美丽、如此壮观的景致，我们难以形容"。圣索菲亚教堂是拜占庭最大的教堂，也是整个基督教世界最金碧辉煌的教堂。凭着在教堂里发现的光荣，弗拉基米尔大公决定使俄罗斯人成为东正教徒，何况现在还可以借此与东罗马帝国皇室联姻，这是何等美事！

当基辅大公提出这样的要求之后，巴西尔二世知道这将对东罗马帝国产生莫大的影响，也有莫大的好处，甚至对整个东正教都是有极大的好处，便答应了，于是弗拉基米尔大公终于娶了巴西尔二世的妹妹安娜公主，这是989年的事。

巴西尔二世的这个决策无疑是正确的，不但对他自己，也对此后的西方历史都产生了很大的影响。对于他自己而言，他从大公处获得的俄罗斯援军都是精选的勇士，很多人进入了他的"瓦良格卫队"，后来他曾在与保加利亚人的一次战斗中失利，差点被俘被杀，全凭着这些瓦良格卫队战士的拼命保护才得以脱身。对于西方历史而言，从此西方最大的民族之一俄罗斯人加入了东正教的阵营，也由此成为了基督教文明的一部分。当然也由于进入的不是天主教而是东正教，也为后来的许多历史事件留下了隐患。

巴西尔二世所做的第三件大事当然是与阿拉伯人的战争了。

这也是巴西尔二世的主要目标。这时候，原来的阿拉伯帝国已经大大衰落、分裂了，统治中心也已经不在叙利亚的大马士革，而是相当遥远的巴格达。于是巴西尔二世的目的就是要重新占领原来属于东罗马帝国的领土，其重心就是地中海东岸的叙利亚一带。

995年，巴西尔二世集结了一支4万人的大军，向阿拉伯人发起了进攻，他在叙利亚几次打败敌人，占领了大片土地，甚至越过叙利亚边境继续前进，直抵阿拉伯帝国现在的中心、巴格达所在的美索不达米亚平原一带。当然最重要的是叙利亚，自从遥远的塞琉古帝国时代起这里就是东方的重地，也长期归于罗马人的统治之下，但后来又长期被阿拉伯人占据了，现在又重新回到了罗马人手中。

巴西尔二世直到1025年才去世，他统治的时代是东罗马帝国最强盛的时代之一，可以说仅次于查士丁尼大帝时期。

这个巴西尔二世的最后一个特点是，他虽然活了近70岁，在古代算是长寿了，倘若他要女人，多少个都可以，妻子更不用说，以他的地位与血统，可以说整个西方的哪位公主都配得上，但他却从来没有结婚，更没有孩子。

于是他的帝位由弟弟继承了，这位弟

弟当皇帝时已经快70岁了，基本上什么都没干，三年后就去世了。此后他的两个女儿先后当了皇帝，特别是他的大女儿佐伊，她当了22年女皇，不过不是一人当皇帝，而是和丈夫共治，她先后有三个丈夫，也都因为娶了她而成了东罗马帝国的皇帝，即罗曼努斯三世、米海尔四世与君士坦丁九世。

佐伊的妹妹狄奥多拉女皇是马其顿王朝的最后一个皇帝，由于她没有孩子，于是马其顿王朝就因绝嗣而结束了。这是公元1056年的事。

不像强悍的巴西尔二世，他后面的这几位皇帝都是平庸之君，于是东罗马帝国在他们的统治之下也走向了衰落。

而这时候，在东方，阿拉伯帝国同样已经摇摇欲坠了。实际上，早在此前的945年，一位叫艾哈迈德的人进入巴格达，控制了哈里发，也许是希望能够像东汉的曹操一样"挟天子以令诸侯"，统治整个帝国，但并不管用，因为各地总督已经事实上独立了。到1055年，一支军队攻陷了巴格达，正式解除了哈里发的政治权力，只承认其是没有实权的宗教领袖。

这支力量就来自塞尔柱人。

从此，塞尔柱人作为一种强大的力量出现在了历史舞台，也掀开了历史新的一页。

---

1 ［英］爱德华·吉本 著：《罗马帝国衰亡史》（第五卷），席代岳 译，吉林出版集团有限责任公司，2011年5月第一版，第261页。
2 ［英］爱德华·吉本 著：《罗马帝国衰亡史》（第五卷），席代岳 译，吉林出版集团有限责任公司，2011年5月第一版，第282页。

第10章 十字军东征
——人类历史上最臭名昭著的战争

讲十字军东征最早要从塞尔柱人讲起。

塞尔柱人的崛起与扩张

塞尔柱是我们所熟悉的突厥人的一支，早在唐朝时期，在唐朝大军的压制下，突厥人有的被汉族同化，有的则西迁，其中的一支乌古斯人就是塞尔柱人的先祖。

10世纪时，这些乌古斯人在中亚的大草原上建立了一个乌古斯叶护国。

叶护是突厥的官名，仅次于可汗，其中的一支有一个领袖名叫塞尔柱克，970年左右时，塞尔柱克与叶护发生了矛盾，并且日益激烈，于是塞尔柱克带领他的族人离开了原来的叶护国，往南迁到了萨曼王朝的北部边境一带。萨曼王朝是由波斯人建立的，在阿拉伯人建立阿拔斯王朝时，他们也建立了一个大国，领土包括今天中亚和伊朗一带。塞尔柱克来到这里后，信仰了伊斯兰教的逊尼派，由于他非常能干，魅力十足，很快得到了这一带广大穆斯林的拥戴，慢慢他的追随者就有了一个新称呼"塞尔柱人"。

再后来，萨曼王朝被另一支突厥人建立的伽色尼王朝灭掉了，伽色尼的统治者马哈茂德苏丹封给了塞尔柱家族世袭贝伊的头衔，为王朝守卫北部边疆。后来他们的实力日益壮大，到了1035年左右，塞尔柱人进入了呼罗珊，也就是今天的伊朗与阿富汗一带，不久后就征服了这里。两年之后，塞尔柱人在图格鲁勒·贝格的率领下大败原来所属的乌古斯叶护国，占领了它的几乎全部领土，此后又大败了伽色尼军，领土迅速扩大。

到1054年时，塞尔柱王朝又征服了中亚的阿塞拜疆。第二年图格鲁勒接到了一个邀请，就是当时阿拔斯王朝的哈里发邀请他去巴格达对付当时正实际统治着这里的由波斯人建立的什叶派王朝——布韦希王朝。图格鲁勒立即奉邀，率军进入巴格达，消灭了布韦希王朝，因此他被哈里发视为救星和保护人，于是封他为苏丹，并称他为"东方与西方之王"，当然还不是哈里发，只是哈里发的摄政王，但却手握大权，阿拔斯王朝哈里发只是名义上的宗教领袖而已，实际上是他的傀儡。

图格鲁勒之后的两位苏丹阿尔普·阿尔斯兰和马立克·沙赫父子也很有作为，他们统治了近30年，即1063—1092年，在他们的统治之下，原来的阿拉伯帝国虽然还有哈里发，但实际上已经成了塞尔柱帝国，国势隆盛。

这样的必然结果就是战争了，战争的主要对象是两个，其中一个是法蒂玛王朝。

法蒂玛王朝就是我们前面提过的绿衣大食了，名字来源于先知穆罕默德的女儿法蒂玛。969年时，其哈里发征服埃及，此后迁都开罗，后来又征服了地中海东岸的许多地区，包括基督教的圣城耶路撒冷，在其第六任哈里发哈基姆在位时，他放弃了伊斯兰教一贯的宗教宽容政策，开始迫害犹太教徒和基督徒，甚至在1010年毁坏了耶路撒冷的圣墓教堂，在西方激起了很大的愤怒，这也是导致十字军东征的原因之一。

塞尔柱人强大之后，自然与法蒂玛王朝产生了矛盾，而这时候法蒂玛王朝已经衰落了，实际上统治的已经不是哈里发，而是其雇佣兵，他们之间也有内斗，这使得整个国家一片混乱，于是塞尔柱人乘机进攻，1070年时占领了圣城耶路撒冷，还占领了本来也被法蒂玛王朝占据的圣地麦加和麦地那，并准备进攻埃及，彻底灭亡之。

其之所以要如此，还有一个重要原因，就是法蒂玛王朝乃是伊斯兰什叶派的最后支柱。

我们知道，伊斯兰教分为两大派，即什叶派和逊尼派，不过他们的不同主要并不在于教义问题，而在于承认谁是先知穆罕默德的"真正继承人"，前者认为穆罕默德的继承者应当是穆罕默德的堂弟及女婿阿里，后者则认为应该是他的岳父阿布·伯克尔。就力量而言，逊尼派要强大得多，现在全世界的穆斯林85%以上都属于这一派，他们也自称是伊斯兰教的"正统派"。两派之间很早就开始了流血冲突，直到今天都是如此，例如伊朗之所以与大多数伊斯兰国家不和，就是因为它是属于什叶派的，也是今天什叶派统治的主要国家。而在11世纪之时，什叶派的主要国家则是法蒂玛王朝，所以属于逊尼派的塞尔柱人很想除之而后快。

不过他们并没有这样做，因为这时候他们还有另一个强大的敌人，就是东罗马

地中海战史 ——— 第 10 章 十字军东征

这幅画描绘了罗马人当初对耶路撒冷的攻掠。

(Artist:François-Joseph Heim)

帝国了。

塞尔柱人很早就开始攻击东罗马帝国了，到1064年时已经占领了其亚美尼亚省的首府阿尼，几年后又占领了具战略地位的重镇阿勒颇，大有吞并整个叙利亚之势。

就在塞尔柱人不断走向强盛的时候，东罗马帝国却迅速地衰落了。

我们前面说过，巴西尔二世之后，东罗马帝国的皇帝都是平庸之辈，使得国家开始衰落，但还算稳定。狄奥多拉女皇去世后，她将皇位传给了米海尔六世，但仅仅一年之后就被废黜了，起兵反叛的是一位将军，后来成了伊萨克一世。两年后他就将帝位传给了自己的盟友君士坦丁十世。

君士坦丁十世去世后，帝位传给了儿子米海尔七世，不久后一位将军娶了前皇的妻子多西亚·马克林伯利提萨，于是他也成了共治皇帝，称罗曼努斯四世。这是公元1068年的事。

曼齐刻尔特战役

而当东罗马帝国陷入衰退与混乱的时候，塞尔柱人却强大起来了，他们迅速向这个混乱衰弱的敌人发动了攻击，大有吞并整个叙利亚之势，东罗马帝国被迫迎战，由罗曼努斯四世亲自带兵出击。这时候的塞尔柱人苏丹就是阿尔普·阿尔斯兰，他们于公元1071年8月在小亚细亚曼齐刻尔特进行了一场决定性的大战，这就是曼齐刻尔特战役。

战前，罗曼努斯四世的军队就出现了问题，军纪涣散，许多士兵晚上出去抢掠，而当罗曼努斯四世想用严格的纪律约束军队时，他们就不干了，更有一个由日耳曼人组成的雇佣军团造反了，罗曼努斯四世好不容易勉强整顿好了军纪后，两军便在曼齐刻尔特相遇了。

一开始，战斗并没有分出胜负，但打了一整天之后，罗曼努斯四世下令他的一部分军队后撤回营。正是这道命令产生了致命的后果。这时候，他的一个重要部将，也是与他共同执政的米海尔七世的儿子安德罗尼克·杜卡斯乘机背叛了他。他乘着皇帝叫部分军队撤退的时候，大叫皇帝已经死了，这下军心大乱。不仅如此，他还带领多达3万名的士兵从战场上逃走了。这样一来，罗曼努斯四世顿时成了战场上的孤家寡人，虽然他仍努力战斗，但不久就受伤被俘。

据说当他被带到阿尔普·阿尔斯兰面前的时候，由于浑身血污，阿尔斯兰并没有认出这就是罗马人的皇帝。罗曼努斯四世被他打倒在地，苏丹还将一只脚踏在他的脖子上，但当确认他就是皇帝后，立即将他扶了起来，此后再也没有对他说过一句无礼的话。

几天后，他们两人就达成了协议，罗曼努斯四世根据惯例答应了一笔巨额的赎金，于是他被放回去了。

然而这时候在君士坦丁堡已经有新皇帝了，他被废黜了，他以后的命运很悲惨，被政敌弄瞎了双眼，不久就因为伤口感染而死，死得很惨。

这场战争也是东罗马帝国历史上一个重大的转折点，此役之后不久，塞尔柱人就控制了安纳托利亚，大体相当于小亚细亚半岛。要知道这里可是东罗马帝国最主要的兵源地，也是帝国最重要的领土，这里的失去等于是整个帝国失去了基础。不止于此，这等于是将帝国的首都君士坦丁堡暴露在敌人直接的攻击之下，没有了缓冲地带。

总之，曼齐刻尔特战役之后，东罗马帝国再也无望恢复昔日的荣光了，此后的日子相当于苟延残喘。

但这残喘还要苟延好久，并不是因为它们的强大，而是因为敌人的转弱。

1092年，马立克-沙赫去世之后，他的兄弟和侄子们儿子们相互争斗，使帝国四分五裂，一开始分成比较大的三个国家，一个占据了波斯，另一个占据了叙利亚，第三个则占据了安纳托利亚。但它们之间彼此争斗不休，总之原来的塞尔柱帝国陷入了一片混乱之中。

这样一来就为外敌入侵提供了可乘之机。

不过，这个外敌已经不是东罗马帝国了，它自己也陷入混乱之中，而是一个来自遥远的西方的敌人。

这个敌人就是十字军。

骑士的起源

十字军也许是西方历史上最奇怪也最有名的军队之一，因为他们完全不同于一般的军队，首先不是像一般的军队那样是为某个国家或者领袖而战，他们是为上帝而战。但实际上又并不是如此，因为他们的所为不但没有给上帝加分，而且亵渎了上帝。这主要是因为在实际的十字军东征过程之中，他们的目标与其说是为了上帝，不如说是为了利益，甚至为了利益而罔顾基本的道义与教义。

因此，总的说来，十字军及其东征乃是西方历史以及基督教史上耻辱的一页，这正如《地中海史》所言：

在所有基督教王国的历史中，没有比与十字军历史相关的章节更对人无所裨益的了。第一次十字军东征尽管军事上讲是成功了，但即使按中世纪主流观点来看，也是残暴到无以复加的。第二次东征是一次惨败，这是由于领导层大量层出不穷的愚昧举措。尽管不像前两次那样令人蒙羞，第三次东征也谈不上怎么光彩，而且也未能达到它的目标。况且除了大量毫无意义的流血之外，这三次远征并没有多少长期的历史影响。[1]

不过，由于十字军东征乃是西方历史上的重要事件，特别是历史上地中海及其周边地区所发生的最重要的事件之一，我们在这里也要比较详细地述说一下。

前面我们说到了476年西罗马帝国因各蛮族的入侵而崩溃，替而代之的是一些蛮族王国，主要有西哥特王国，它占有了欧洲西部，包括现在的西班牙和法国西部；东哥特王国，它占领了意大利；北面是法兰克王国，它占有了现在的法国与德国的大部分。

在这三个主要蛮族国家中，以法兰克势力最强。法兰克人原来住在莱茵河下游现在叫比利时的地方。像东哥特与西哥特一样，法兰克人也是日耳曼人的一个分支。当罗马帝国日薄西山时，他们乘机而起，到处抢占罗马人的地盘，他们的南边紧挨着就是高卢，所以第一个征服的自然就是它了。

这时法兰克涌现了它的第一个伟大的王——克洛维。

克洛维统领法兰克人不断攻城略地，486年，他率军在苏瓦松之战中击败了罗马人在高卢最后的残余势力，建立起一个强大而统一的法兰克国家。此后他继续南征北战，又在普瓦提埃战役中彻底击败西哥特王国，征服了整个高卢。后来在都尔的教堂里，他戴上了王冠，成为了"全体法兰克人的国王"，建立了墨洛温王朝。

在位期间，除攻城略地外，克洛维做了几件对于以后的法兰克以至整个欧洲都影响深远的事：

一是他皈依了基督教。我们知道，罗马帝国覆灭时基督教已经成了罗马的国教，欧洲各地都有大量基督徒，基督教教会也有了庞大的势力，这对于任何征服者都是莫大的财富。聪明的克洛维审时度势，决心把这股力量拉为己用。496年，他率领3000亲兵接受洗礼，成了基督徒。从此他的征服得到了基督徒们的大力支持，经常地，当他兵临某城下时，城里的基督徒们偷偷地或明目张胆地大开城门迎他入城，令他在战争中势如破竹，最终建立起了庞大的法兰克王国。

第二件事是他大封法兰克贵族、亲兵和教士。每征服一地，他便将夺取的三分之二的土地分给上面这些人，这些人和他们的后代后来便成了封建领主，建立了封建庄园，一句话，确立了欧洲的封建制。

地中海战史 第 10 章 十字军东征

中世纪赐封骑士的场景。
(Artist:Edmund Leighton)

不过，封建制得以确立除了土地及其领主之外，还有一个特殊的阶层——骑士。

骑士是中世纪一个独特的社会阶层，也是封建制主要的卫道士，是军队的主力。骑士们大都出身于小贵族家庭，又常常不是长子，不能从父亲那儿分得遗产。而且他们的出身并不能保证他们能成为骑士，要成为骑士必须由某个贵族，如伯爵或公爵，来加封。他们在获封骑士的同时，往往还能获得一个或几个小庄园，他们就可以靠着这些个庄园来过日子。如果他们想获得更大更多的庄园，唯一的途径就是掠夺，他们可以自己去抢，也可以跟着他的封主去征战，从战争获得战利品。

我们现在来看看一个人受封为骑士的场面吧：

伯爵问他是否愿全心全意地成为他的附庸。他回答说，"我愿意。"他紧握双手，把它们放在伯爵的掌心，互相接吻。这样，他们就互相联系在一起了。

当然，这只是一种方式，另一种方式是某位贵夫人或者贵族把剑放在某个青年肩头，那青年便成为骑士了，从《十字军骑士》里我们可以看到这样的画面。兹皮希科救了公爵夫人，公爵夫人便把剑放在他的肩头，让他成为骑士。

要做一个合格的骑士是不容易的，他首先必须全心全意地忠于他的情人、他的封主；他对任何人，包括他的敌人都彬彬有礼；他作战时面对任何敌人都毫无惧色，如果他战败了，他可以战斗到死，也可以大大方方地对战胜他的人说："我现在是您的俘虏，我将为自己赎身。"并且把所有财产毫无保留地献出来；最后一点是，他不酗酒，但如果喝起来，他可以连喝十斤，脸都不红一下。

克洛维死后，他的国土分给了四个儿子，虽然如此，分开后的几部分仍互相团结，有仗一起打，有好东西一起分，直到另外一种分裂——这是一种对现代历史也有深刻影响的分裂——来临。

法德意三国的起源

当法兰克人征服高卢时，他们自己也被征服了，这征服来自文化与语言。

由于高卢人长期处于罗马占领之下，已经完全罗马化了，它们的文化与生活方式较之原始的法兰克人先进得多。当法兰克人占领高卢时，那些占领者也逐渐地高卢化了，他们学会了罗马人的生活方式，也学会了罗马人的拉丁语，慢慢地成了不折不扣的拉丁人。但其他地方的法兰克人仍保留着他们日耳曼人的生活方式和语言。这样的结果就是法兰克事实上分裂成了两个部分，说拉丁语的部分被称作纽斯特拉亚，是现在的法国人的祖先；说日耳曼语的部分被称作奥斯特里西亚，是现在的荷兰人和比利时弗莱芒人的祖先。

后来，由于墨洛温王朝的王一个比一个懒，被称为"懒王"。他们不问国家大事，整天沉迷于基督教或者美女美酒之中，大权渐渐落到了"宫相"手中。

这些宫相本来只是王宫的总管，就像清朝的大太监一样——当然他们没有被阉割。后来他们不但控制了政权，让国王成了纯粹的木偶，还把职位变成了世袭，纽斯特拉亚和奥斯特里西亚都是如此。两边的宫相还互相争斗，都想成为整个法兰克的主人。到了687年，奥斯特里西亚的宫相赫斯塔尔·丕平打败了纽斯特拉亚的宫相，统一了法兰克。

赫斯塔尔死后，他的儿子查理·马特继位做宫相，他又是一个雄才大略之人。当此之时，欧洲面临一场极大的危机：伊斯兰教的入侵。兴起于中东的伊斯兰教势力已经庞大无比，建立了强大的阿拉伯帝国，帝国势力远达非洲，并从非洲越过直布罗陀海峡占领了西班牙。此后又将触角伸过了比利牛斯山，直达高卢，使欧洲面临被伊斯兰教吞没的危险。查理·马特起兵抵抗，在普瓦提埃附近的大战中决定性地击败了穆斯林圣战者们，使欧洲依旧是基督教的天下。

查理·马特死后，按惯例把他的国家平分给两个儿子卡罗曼和丕平。这卡罗曼是个极虔诚的基督徒，过了几年便放弃王位，到修道院做修士去了，整个法兰克王国便落到了丕平一人手里，这丕平就是历史上鼎鼎大名的"矮子丕平"。

这时，法兰克名义上还由克洛维建立的墨洛温王朝统治，丕平只是宫相。据说有一天，丕平派了一个人到教皇那里，问谁是真正的法兰克人的王，是头戴王冠的懒汉呢还是掌握王权、为法兰克人辛勤操劳的人？教皇那时正要他帮忙，便回答是后者。于是，丕平便召集法兰克人的贵族们，由贵族们"选举"，名正言顺地当上了国王。

这是751年的事。他建立的王朝叫作加洛林王朝。

矮子丕平死后，法兰克王国又由他的两个儿子，卡罗曼和查理平分，但只过了三年卡罗曼就死了，法兰克王国便统一于查理之手，这查理就是查理曼，又称查理曼大帝。

查理曼继位后，发动了全面的扩张战争，他先向他的泰山大人伦巴底王开战，伦巴底人生活于现在的意大利北部，也是灭亡罗马帝国的众多蛮族之一，查理曼征服了伦巴底，把泰山大人送进了修道院，其势力一直达到罗马。

这幅画描绘了查理曼大帝接受敌人的投降。
(Artist:Ary Scheffer)

这时罗马的教皇是利奥三世，时常受到从东罗马皇帝到罗马城贵族的欺压，他认识到只有查理曼能够为他撑腰，便把罗马城最有名的圣迹圣彼得墓的钥匙和一面旗帜送给了查理曼，以示查理曼是罗马城之主。

799年时，有一次他在大街上受到了罗马人的袭击，据说被挖出了双眼、割掉了舌头。但不管怎样，他没死，他逃到了查理曼那里。查理曼统兵来到罗马，在罗马住了很长一段日子，以保护这个脆弱的教皇。

第二年，也就是800年，圣诞节，在罗马最大的圣彼得教堂发生了一个戏剧性场面：当查理曼跪在地上，向神祈祷过后，刚要起立时，利奥三世冷不丁把一顶皇冠戴在了他的头上，宣布他继承昔日的罗马帝国，成为全体罗马人的皇帝，尊为奥古斯都。

我们知道这时候还有另一个罗马帝国——东罗马帝国，他向来自认为是恺撒和屋大维的伟大的古罗马的当然继承人，对于这个自称罗马人的王的暴发户很不服气，不予承认。其实它自己现在也与原来的罗马帝国大不一样了，连语言都说的是希腊语，而不是拉丁语。但它不承认也没用，特别是当它被保加利亚人打得惨败时，就更不能神气了。在这次大战中，东罗马的皇帝尼基弗鲁斯一世都被保加利亚人杀死了，头颅被保加利亚王克鲁姆用来做了酒杯。急需援助的东罗马帝国承认了查理曼的帝号和对古罗马帝国的继承。

这样，324年之后，罗马帝国再一次在名义上得到了复兴，它的疆域大约包括现在的法国、德国和意大利三国。

查理曼是个虔诚的基督徒，酷爱基督教神学，身边总聚集着一些博学的教士，是他的教师和谈上帝的朋友，他自己也精通神学。我们知道基督教有圣三位一体，即圣父、圣子、圣灵，本来只有圣父与圣灵，这圣子便是查理曼加上去的。他的这一加对基督教的影响远甚于许多大部头的神学著作，它直接造成了本来统一的基督教的分裂——分裂成东正教和天主教。这两支基督教的主要区别之一就是罗马的天主教认为圣灵从圣父和圣子而来，而拜占庭的东正教则说圣灵只从圣父而来。

814年，查理曼死了。经过一番争斗，843年，大帝的后代在凡尔登签订了一个条约，规定：秃头查理获得法兰克西部；日耳曼路易获得法兰克东部的国土；罗退尔获得法兰克中部和南部，包括意大利在内的地区。这三部分后来就形成了三个独立的国家，分别是法国、德国、意大利。

至此，这三个现代西方的主要国家就步入了历史舞台，开始扮演各自的角色了，在十字军东征的过程之中，它们所提供的骑士也扮演了主要的角色。

英国的起源

当然，除这三国之外，另外一个国家也很重要，那就是英国。

我们前面曾经说过，恺撒征服高卢人之后，顺便渡海征服了英国南部。

英国的历史从此开始。

在此以前英国也有人居住，这些人叫凯尔特人，他们是英国的土著，说着一种与高卢人差不多的语言，大多以放羊为生，当恺撒踏足不列颠岛时，他们已经在这片土地上繁衍生息上千年了，只是还非常的原始落后。

被恺撒征服之后，英国南部就成了罗马帝国的一部分。过了百把年，罗马另一个皇帝克劳狄乌斯对不列颠进行了全面的征服，建立了行省，把不列颠大部分纳入了全盛时期的罗马版图。

但这时不列颠的土著们，他们现在被

称为不列颠人,也就是凯尔特人,也开始建立起自己的国家。其中生活在北部的凯尔特人勇敢善战,从没有被罗马人征服,还时不时袭击已经被罗马人征服的南部。后来,罗马皇帝、五贤帝之一的哈德良只好在靠近苏格兰的地方筑起了一道"长城"来拦阻他们,样子有点像秦始皇筑的长城,隔一段距离也有座用来点烽火的瞭望台。只是长度比不上长城一个零头,总共才300多里。

在文明的罗马人的统治下,不列颠渐渐文明化了,大家都说上了拉丁语,建立了一些罗马式的城市和大马路,还有不少人成了基督教徒。

罗马人统治了几百年后,到5世纪初已经江河日下,只得撤退。罗马人的撤退开始了英国人自己的历史,这是一段更为复杂的历史。

罗马人前脚刚走,另外的入侵者就踏进了门,这些人就是盎格鲁人和萨克森人,他们都是日耳曼人,而且往往合在一起称呼他们。原来与其他日耳曼部落一样住在易北河与莱茵河一带,当罗马帝国崩溃时,他们与其他日耳曼人一起蜂拥进入罗马帝国,把罗马帝国原来的领土当作自己的蛋糕切来就吃。英国也是蛋糕之一。

不列颠原来的土著凯尔特人在这些蛮族的攻击之下,再一次沦为自己家园的奴隶,直至像许多别的古代民族一样,被消灭了。他们肯定曾进行过英勇抵抗,所谓亚瑟王(King Arthur)和圆桌骑士的传说就是最好的证明,但他们毕竟不是日耳曼人这些"金发野兽"的对手,所以现在的英国人主体乃是盎格鲁-萨克森人。

蛮族们来到不列颠后,一开始建立了三个小国家,分别叫东、西、南萨克森。到7世纪左右,盎格鲁人和萨克森人的小国增加到了七个,如肯特、威塞克斯等。这些小国斗来斗去,形成了英国的战国时代。先是肯特做了霸主,接着是威塞克斯,它的王艾格伯特先后征服了肯特等国,逼它们称臣纳贡,承认他是"全不列颠的统治者"。事实上他统一的只是盎格鲁-萨克森诸国。

这也是英国统一的开始,英国的常用称呼"英格兰"(England)就是这时候开始的。

这一段历史也是基督教的传播史,最先接受基督教的是肯特王国。597年,教皇派了一个叫奥古斯丁的主教带着40名教士来到不列颠,肯特王接待了他们,为他们建造了坎特伯雷大教堂,直到现在它都是英国最有名、最重要的教堂。基督教在不列颠迅速传播起来,到8世纪初基本上统治了整个不列颠岛。

8世纪后期,不列颠发生了另一次大

入侵，这次的入侵者是丹麦人。9世纪时他们已经从东到西横扫不列颠，眼看盎格鲁-萨克森人就要被征服，就像他们征服凯尔特人一样。这时一个人站了出来，带领英国人奋勇抵抗，他就是威塞克斯的阿尔弗雷德大帝。他组建了一支强大的军队与丹麦人作战，并于878年打败了丹麦人，使英国得免举国沦陷。但泰晤士河以北仍归丹麦人占领，称"丹麦区"。

阿尔弗雷德大帝死后，又经过几番大战，丹麦人再次取得了优势，他们打败英国人后，大索贡金，史称"丹麦金"。到1014年，英国人共付七次，总数达15.8万金镑，这在当时可是一笔惊人的巨款。1016年，丹麦人卡纽特登上了英国王位，他又要了8.25万镑做丹麦金。他死后，儿子哈地卡纽特继位，这位哈地卡纽特死后继位的却是阿尔弗雷德大帝的后人爱德华，他一直寄住在法国的诺曼底公爵家，是个十分虔诚的基督教徒，被称为"忏悔王"，这是1042年的事。

1066年发生了英国历史上一件翻天覆地的大事。

这年，忏悔王死了，他的姻兄哈诺德被推为国王。爱德华王曾长期寄居的诺曼底公爵家中，威廉公爵称爱德华曾经亲口说愿死后把王位给他，以表达对他的感激之情，他又是爱德华王的亲戚，有继承王位权利。他于是统军渡过海峡，进入英国，在哈斯丁战役中大败哈诺德，12月，法王的封臣威廉在伦敦戴上了英国的王冠，史称"征服者威廉"，他建立的王朝称"诺曼底王朝"，这是英国历史一个崭新的开始。

这时候距第一次十字军东征已经不远了。

十字军东征

我们上面说过，1071年，塞尔柱帝国在曼齐刻尔特战役中大败拜占庭帝国，使得东罗马帝国丧失了最主要的国土小亚细亚半岛，首都君士坦丁堡直接暴露在塞尔柱人的攻击之下，整个国家可以说陷入了生死攸关的危机之中。

面对这样的情形，皇帝米海尔七世自知凭一己之力已经无力抗拒强大的敌人了，就采取了一个对历史产生重大影响的步骤——向罗马的基督教教皇求援。

他请求西方的教友看在同是基督徒的份上帮助他们东方的兄弟。

这时候的罗马教皇已经凛然是整个西方世界的太上皇，其他世俗国家的国王都要服从他这个耶稣与上帝在尘世的代表。

当米海尔七世求援时，罗马教皇是格利高里七世，他本想响应，可惜正忙于压

这幅画描绘了哈斯丁战役的情形，哈诺德大败被杀，战士们将夺来的王冠献给了威廉。
(Artist:Frank Wilkin)

服西方的君主们，一时抽不出空来。

米海尔七世之后，经过短暂的尼基弗鲁斯三世，另一个王朝建立了，这就是科穆宁王朝，他的第一个皇帝阿历克塞一世再次发出了类似的呼吁。而这时候格利高里七世也已经去世，新教皇乌尔班二世不再像格利高里七世那样要专心对付西方内敌，可以抽出身来对付东方的异教徒了。他立即在一个叫皮雅琴察的地方召开了一次大宗教会议，商讨东罗马人的求援。这是1094年的事。

第二年他又举行了一次宗教大会，在这次会议上，他同主教们商定，向全欧洲发出倡议，要求全体基督徒起来共同反抗异教徒——穆斯林们。

压迫东罗马帝国的突厥人这时已信奉了伊斯兰教，成了穆斯林，在基督徒眼中他们当然是异教徒了。

教皇的呼吁对中世纪那些虔诚无比的普通基督徒们产生了莫大的影响，他们立即骚动起来，群起呼应教皇的号召。

特别是有一个"隐士彼得"起了大作用。他赤着脚、披着破麻布、骑着一匹癞头驴、扛着一个沉重的十字架，在欧洲各地到处浪游。在各个城市、各座教堂、各条街道大声宣讲基督徒的圣墓所遭到的毁坏。它位于耶路撒冷城，是基督徒最崇拜的圣所之一，这时已经被穆斯林占领了。还说那些到圣城耶路撒冷朝拜的基督徒受到了穆斯林们的残酷虐待。基督徒们信以为真，发狂般地要求杀向东方、杀向耶路撒冷，向穆斯林异教徒复仇、夺回圣地。

而那些西方的君主们、贵族们、骑士们，则深信只要到了东方就不但可以收复圣地，还可以从有钱的东方阔佬们手里夺得无数金银财宝，于是纷纷举起了手中的武器，十字军东征已经箭在弦上。

前三次东征

正在这时，也就是1094年及其次年，欧洲遭受了大饥荒，大批饿得哇哇叫的饥民都把富庶的东方看成了铺满面包黄油的天堂，纷纷不待正式组织就开始向东方前进了，这就是所谓的"贫民十字军"。

这就是第一次十字军东征的最初情况，时值1096年。

这群乌合之众的结局是悲惨的，还在半路上就被屠杀殆尽了。

次年，第一次十字军东征的正规部队组成了。他们是由英格兰人、法兰西人、意大利人等为主力组成的，人数庞大，势力当然也强大。他们渡过了博斯普鲁斯海峡后，一举攻克了靠近君士坦丁堡、当时已被突厥人占领的重镇尼西亚。

此后，他们向大海攻去，然后循着海边前进，后来又攻克了历史名城安提阿即安条克，这里曾是使徒保罗传道的大本营。他们进一步地越过安提阿，继续南下，一路夺关斩将，凭着那种因宗教的狂热而激起的高昂士气，终于打到了此行的最终目标——耶路撒冷。

这时他们的领袖名叫戈弗雷，一个当时有名的法兰克武士。他率军将圣城团团围住，开始了狂猛的进攻。《不列颠百科全书》的"十字军"条目这样简短地记载了这次血腥攻伐的后果：

十字军于1099年7月15日从埃及人手中夺取耶路撒冷，该城所有的穆斯林男女老幼以及犹太人全被屠杀。[2]

这就是第一次十字军东征，也是最成功的一次。对于这次的十字军东征，黑格尔是这样记述和评论的：

当十字军的队伍出现在耶路撒冷的时候，全体都祈求着、忏悔着、痛彻肺腑地伏地痛哭并祷告着，看起来这似乎是很美的一幕。但这只是在一顷刻间如此，在这一顷刻之前，就有好几个月之久在行军进程中到处都表现出粗野、疯狂、凶恶、愚蠢、卑鄙、情欲。他们用极大的勇敢摧毁了圣城，以致弄得他们在血液中洗澡，大逞禽兽的狂暴，于是他们又转为痛心疾首、忏悔祈祷。后来他们又从跪下忏悔中站立起来了，得到宽恕了，得到净化了，于是转

这幅画描绘了第一次十字军东征中基督徒围攻耶路撒冷。
(Artist:Giraudon)

瞬又沉陷于一切卑小可怜的情欲之中，尽情放纵粗野、贪财、好利和好色等情欲。[3]

黑格尔的这个记述与评论应该说是中肯的。

此后还有为数达七次的东征，不过都没有第一次成功，我们也不必再花这么多笔墨描述了。

第二次十字军东征开始于1147年，起因是基督徒在耶路撒冷之北建立的一个小公国埃德萨被穆斯林攻克，但没有达到任何目的，无果而终。

这时穆斯林世界出现了一个伟大的领袖，名叫萨拉丁。

萨拉丁是库尔德人，出生在底格里斯河畔的提克里特，早年喜欢研读伊斯兰经典，后来从军，1174年成功夺取埃及政权，成为苏丹，建立了阿尤布王朝。王朝极盛时据有埃及、突尼斯等地中海南岸地区，地中海东岸的叙利亚一带以及美索不达米亚北部、阿拉伯半岛的大部分也都位于帝国之内，是当时阿拉伯世界最强大的国家。

当然，萨拉丁之所以伟大，还是因为他与基督教世界特别是十字军的对抗，所以直到今天广大的穆斯林们都以他为荣。

萨拉丁早就看穿了与十字军的战争乃是整个基督教世界向伊斯兰世界的宣战，于是动员整个伊斯兰世界起来进行"圣战"，并且统军杀向第一次十字军东征的主要成果——耶路撒冷。在1187年的哈丁战役中，萨拉丁大胜，俘虏了耶路撒冷国王和圣殿骑士团团长，收复了穆斯林在第一次十字军东征中失去的圣城耶路撒冷。

我们刚说过，在第一次十字军东征中，基督教的十字军占领耶路撒冷时对穆斯林进行了血腥屠杀。然而当萨拉丁击溃守城的十字军，进入耶路撒冷城时，他不但没有搞屠杀、抢劫，相反，他彬彬有礼地对待耶路撒冷的基督徒们和被他俘虏的十字军，仁慈、慷慨而大度。

仅过了两年，1189年，不甘于圣城之失的教皇又力图组织第三次十字军东征，据说这次东征充满了传奇色彩。一方是伟大的萨拉丁，他这时已经建立了强大的萨拉丁帝国，把从埃及到叙利亚的广阔领土包括在内。另一方则包括法兰西、英格兰和德意志三国的君主，特别是英国，有名的狮心王查理是它的统帅。他就像罗宾汉一样，是英国历史上的传奇式人物。

"狮心王查理"是他的绰号，他正式的称号是理查德一世。虽身为英格兰国王，在位也有10年，但实际上仅到过英格兰两次，生活的时间加起来只有半年，其余时间除参加十字军东征外，主要是住在他在法国的领地上。——那时候英国在法国有大片的领地，这也是史上著名的英法百年战争的根源。

他最主要的功绩就体现在第三次十字军东征之中。

这也是规模空前的一次，参加第三次十字军的有三位欧洲最强大的君主，即神圣帝国皇帝腓特烈一世、法兰西国王腓力二世和英格兰国王理查德一世。但腓特烈于1190年6月在小亚细亚的一条山溪里淹死了，所以只剩下英法两位君主率军东征了。

与前两次不一样，这次英法联军的出征是经由地中海的，大军从法国的马赛上船，然后启程前往西西里岛。但就在这前后发生了一件事，影响了后面的战争。

原来，理查德的妹妹是西西里的王后，但没有生下后代。当她的丈夫、西西里国王威廉去世后，继位者没有善待她这位前王的遗孀，甚至将她软禁起来。理查

这幅画名叫《狮心王查理与萨拉丁之间的战斗》。
(Artist:Philip Jacques de Loutherbourg)

德大怒，于是向西西里发动了进攻，并且在 1190 年 10 月攻占了其首府墨西拿，释放了妹妹，还获得了巨额的赔款。不久后，理查德与腓力也翻了脸，因为理查德早就与腓力的妹妹艾莉丝订婚，但理查德却背弃了婚约，跟另一位美女结婚了。愤怒的腓力于是率军离开了西西里，自己东征去了，到达地中海东岸的阿卡城。

理查德直到第二年四月才率领由 200 余艘船只组成的庞大船队从西西里出发，但第三天就遇到了暴风雨，损失了好几艘船，幸好这时候已经抵达了塞浦路斯岛。

我们前面已经说过，早在 908 年时，东罗马帝国利奥六世的舰队在爱琴海与阿拉伯舰队交战，获得了胜利，摧毁了大批阿拉伯人的军舰，不久就攻占了塞浦路斯岛，从此这个地中海中最重要的大岛之一一直属于帝国。但理查德到达之前几年，一个名叫伊萨克·杜卡斯·科穆宁（Isaac Ducas Comnenus）的人来了，随身带着一份委任状，说东罗马帝国任命他为塞浦路斯岛总督。据说实际上这是伪造的，但他据此统治了塞浦路斯，甚至宣布独立并自封为王，他还与萨拉丁签订了协定以对抗东罗马。

在这样的情形之下，理查德便发起了攻击，不久就俘虏了那位伪王，占领了整个岛屿，这对未来的十字军东征与基督教世界都有重要意义。

同年6月，理查德率军抵达地中海东岸的阿卡城外，这时候腓力的军队早就在城外了，此外还有一些德意志骑士，理查德大军的到来大大助长了联军的气势，经过一番猛攻，占领了这座重要的城市，在这里理查德通过残忍地屠杀2000多名战俘表达了他对穆斯林的仇恨。

但不久之后，因为此前的积怨，加上一些新矛盾，腓力攻陷阿卡之后就率军回国了，但理查德不肯就此退却，率军继续向耶路撒冷进发，面对他的将是强大的萨拉丁。

理查德知道在这异国的领土作战最重要的就是保障后勤供应，于是他像亚历山大大帝曾经做过的一样，将军队分成两支，海军在地中海中沿着海岸前进，陆军则在地中海岸边前进，两军之间随时保持联络，特别是海军可以随时为陆军提供后勤支持。

到了9月，他与萨拉丁的军队在阿尔苏夫进行了大战，大败萨拉丁，使萨拉丁见识到了欧洲人的强大战斗力。于是他采取了焦土战术，一方面将军队南撤，同时毁掉一路一切可供敌军使用的东西，但理查德继续前进，到达了距耶路撒冷只有20来公里的地方。

正当他准备再攻圣城时，得到消息，原来已经回国的腓力二世与理查德的弟弟约翰在阴谋篡位。理查德大惊，赶忙与萨拉丁谈和，据说双方约定三年之后再在这里一决雌雄，还互赠了许多礼物。

然而双方并没有践约，因为理查德在回国途中就被德意志的利奥波德五世抓了起来。之所以要抓他，是因为当阿卡城被十字军占领时，利奥波德五世在城上升起了德意志的旗帜，一向蔑视他们的理查德竟然下令把旗帜撕碎丢在泥土中，这是莫大的侮辱，利奥波德五世自然要报仇雪恨。虽然后来理查德付出巨额赎金后被释放了，也夺回了王位，但在1199年就受伤而死了。

即便取得了一定成果，但整体来说，第

三次十字军东征失败了，因为耶路撒冷仍牢牢地控制在穆斯林手中。

这样的结果自然不能令基督徒们满意，于是，不久之后的 1202 年，就发生了第四次十字军东征。

最耻辱的东征

这时的教皇是英诺森三世，他想先打下埃及，也就是萨拉丁帝国的主体，然后再攻耶路撒冷。但这样一来就需要一支庞大的船队运输士兵，怎么办呢？他想到了这时候拥有最庞大船队的国家——威尼斯。

威尼斯人答应了，当然不是免费的，他们只是做生意而已。他们提出可以为 4500 名骑士提供马匹，为 9000 名侍从和 2 万名步兵提供 9 个月的饮食，此外威尼斯还会自费装备好 50 艘大帆船，条件是它要获得一半被十字军征服的领土，另外十字军还要支付总价 8.4 万银马克的款项。

教皇和十字军答应了这样的要求。于是，1202 年 11 月，第四次十字军东征的庞大船队从威尼斯出发了，据记载有多达近 500 艘各种船只，其领袖之一是这时候威尼斯共和国的总督恩里科·丹多洛。

这位丹多洛是威尼斯历史上最著名的人物之一，他生于 1107 年，在 1192 年成

这幅画名叫《总督恩里科·丹多洛发起的十字军东征》，显示第四次十字军东征实际上是由丹多洛策动的。
(Artist:Jean Leclerc)

为威尼斯的第 41 任总督，这时候已经 80 多岁了，而当他率领十字军出发时则已经 95 岁高龄了！这样的军队统帅恐怕在世界历史上也是独一无二的。

这次十字军首先攻击的地方并不是属于伊斯兰教的，而是当时为基督教的匈牙利人统治的扎达，这群基督徒们占领城市后疯狂洗劫，这种同教相残的行为不久传到了教皇耳中，他大怒之下革除了所有十字军的教籍，当然这是不行的，后来只革除了部分人的教籍。

此后十字军就将船队在这里一直停泊到第二年初，此后他们应该前往征伐异教徒了吧？

也许本来是有这样的计划的，但实际上没有，而是将矛头转向了另一座基督教城市——东罗马帝国的首都君士坦丁堡。

据说事情的起因是教皇这时候收到了一封特殊的信件，请求他出兵攻打君士坦丁堡。

原来，东罗马帝国的伊萨克二世在1195年时被他的弟弟阴谋废黜，还被刺瞎了双眼，关了起来，这封信件来自伊萨克二世的女婿、红胡子腓特烈最小的儿子斯瓦比亚的菲利普，他请求十字军帮助伊萨克二世的儿子阿历克赛复位——这时候他正躲在姐夫这里，并说如果十字军护送阿历克赛回到君士坦丁堡夺回皇位，阿历克赛就会支付十字军远征埃及的费用，同时还会提供1万名士兵并供养500名骑士，甚至说会使东正教教会服从于天主教教会。

这样的条件对于教皇和威尼斯总督丹多洛都是极为有利的，十字军也觉得这是个好主意，因为他们可以不再向威尼斯人付钱了。

于是，本来应当前往埃及的十字军不是往埃及，而是航向了君士坦丁堡，不久就达到了城外海上，这是1203年6月的事。

据说当十字军的庞大船队停泊在君士坦丁堡城外时，骑士们看到巍峨的城墙、壮丽的城市，惊讶得目瞪口呆：

这些从未见过君士坦丁堡的人，当他们看到这些高高的城墙和其中的坚塔、辉煌的皇宫和森严的教堂——这些除了他们亲眼见证之外根本不可能相信——和其他一切王权的象征及那座城市的规模，他们从未想到世界上还会有如此富有和强大的地方。你还要知道，如果不是一个鲁莽的人，他看到这些必然会恐慌；这也没什么可奇怪的，因为自创世以来从未有过如此伟大的造物。[4]

的确，这时候的君士坦丁堡是世界上最大、最辉煌的城市之一，可以与之相比的只有巴格达与中国的都城，是任何欧洲城市远远不能相比的。

不久，十字军顺利在金角湾一带登陆，然后威尼斯人的军舰冲入金角湾，摧毁了里面的东罗马帝国军舰，为此后的攻城打下了基础。

在此后的攻城中，年过九十的威尼斯总督起到了关键性的作用，据说他全副武装地站在舰首，威尼斯的象征、圣马可旗帜在他面前飘扬，他率领一批勇敢的水兵率先冲上陆地，其他人见这位老人如此勇敢，也不由勇气倍增，奋勇向前，很快就攻入了君士坦丁堡。

一开始，威尼斯人将伊萨克二世和他

这幅画描绘了十字军攻入君士坦丁堡的情形。

(Artist:Eugene Delacroix)

的儿子阿历克赛四世扶上了台，但他们却根本拿不出答应过的钱财来。这样一来，丹多洛就出了个主意，说十字军想要在这里通过和平的方式得到报酬是很难的，只有武力占领整个君士坦丁堡，然后自己当皇帝才可以解决问题。这个主意得到了十字军领袖们的响应，于是，十字军占领了整个君士坦丁堡，并且开始了疯狂的掠夺与屠杀，一位希腊人目击者尼西塔斯·卓尼亚忒斯是这样记载当时的情形的：

他们砸坏圣像，把殉道者的遗骨扔到我不愿提及的地方，护城者的遗体和鲜血到处都是。他们玷污了大教堂，这是可怕的。他们毁坏了高高在上的圣坛（这是为整个世界所公认的艺术品），瓜分了它……他们把马和驴赶进教堂，以便更好地带走从圣器和宝座、道坛、门和器具上拆下的所有他们能看到的金银；其中有些畜生滑倒了，他们则用剑来驱赶，它们的血和粪便又玷污了教堂。

一个妓女被推上了大主教的椅子，这是对耶稣基督极大的侮辱；她唱着淫秽的歌曲、随意地在圣地跳舞……品格良好的女士、无辜的女仆甚至献身上帝的童贞女都难以幸免于难……在街上、教堂和房子里到处都能听到哭喊和悲叹。[5]

占领君士坦丁堡后，1204年5月，一位叫鲍迪温的被加冕为皇帝，但建立的国家不再是东罗马帝国了，而是所谓的"拉丁帝国"，但其领土远比东罗马帝国要小，大体只保留了原来领土的约1/4，剩下的3/4则在威尼斯和十字军骑士团之间平分了，其中威尼斯人实际上分到了最好的地方，包括在君士坦丁堡中从圣索菲娅教堂到金角湾的大片地区，至于君士坦丁堡之外的东罗马帝国领土，威尼斯也分得了几乎所有他们想要的地方，包括爱琴海中的几乎所有重要岛屿，以及希腊沿海的各重要城市、整个伯罗奔尼撒半岛，还有达达尼尔海峡和马尔马拉海等，总之东罗马帝国的主要港口与城市几乎均在威尼斯人的控制之下，所以威尼斯人才是第四次十字军东征最大的受益者。

由于威尼斯只是一个城市国家，并没有庞大的人口与军队去占领这些分得的地方，因此威尼斯主要只占领港口以及附近的地区，至于爱琴海中的大批岛屿，则交给了一些冒险家们，他们自费装备船只，以威尼斯的名义占领了爱琴海中的许多岛屿，将之作为自己的领地，甚至重要的科孚岛也是如此。总之东地中海及其岛屿从此大都由威尼斯人控制了。

但是，这第四次十字军东征最主要的目标——耶路撒冷——他们却根本没有去！甚至根本没有进入穆斯林领土，而只是摧毁了同属基督教的东罗马帝国以及当时基督教世界最伟大的城市君士坦丁堡，所以《地中海史》说，这第四次十字军东征：

与前三次相比，在无耻和言行不一、野蛮贪婪的程度上是有过之而无不及。12世纪的君士坦丁堡是当时世界上最富文化气息和艺术积累的大都会，也是欧洲古典遗产（包括希腊和罗马）的主要宝库。这次它被洗劫，使西方文明遭受了比5世纪罗马遭蛮族洗劫那次更大得多的损失，可能这也是人类历史上单次损失中最具灾难性的一次。

政治上的损失更是难以衡量。虽然法兰克人控制了博斯普鲁斯海峡至少60

年,但拜占庭帝国再也没有恢复元气,它山河破碎,经济崩溃,领土缩减,无力阻挡奥斯曼土耳其人的浪潮。历史上很少有比这更大的讽刺了,欧洲的命运被扛着十字军旗号的人们改变了,欧洲基督教世界的半壁江山将注定要处在奥斯曼帝国的统治下长达5个世纪。[6]

这样的说法当然是有道理的,本来,东罗马帝国乃是基督教世界对抗伊斯兰教入侵最前沿的阵地,现在它被摧毁了,等于是基督教世界丧失了对抗伊斯兰教的前线阵地,这就决定了他们以后的失败。

当然,这个拉丁帝国后来还是被灭掉了,东罗马帝国也复了国,这已经是1261年的事了,但君士坦丁堡的光荣从此不再。

对于十字军来说,这第四次东征是没有意义的,于是,几年之后,第五次十字军东征又来了。

第五次到第八次

1215年11月时,教皇英诺森三世召开了一次大会,宣布组建了一支十字军,还像上次的计划一样,要先占领埃及,再夺回耶路撒冷。

这次十字军一开始取得了些许成功,他们横越地中海,在1217年时到达了地中海东岸的十字军城市阿卡,一路南下,到1218年6月,包围了埃及北部、亚历山大港以西的达米埃塔并于次年成功地夺取之。他们并没有进攻耶路撒冷,而是想先征服埃及。1221年开始进攻开罗,但萨拉丁建立的阿尤布王朝的军队巧妙地利用尼罗河水截断了十字军的退路,并包围了十字军,将之击败,不久就收复达米埃塔,第五次十字军东征又宣告失败。

其实,在这次十字军东征之前,1212年,还出现了一支特殊的十字军,就是所谓的"儿童十字军",顾名思义,就是由儿童组成的十字军。

儿童们怎么来当十字军了呢?

原来,在1212年前后,传出一条谣言,说只有儿童的纯洁才能蒙上帝的恩,征服异教徒。这些传说像风一样吹遍了整个欧洲,那些愚信的父母纷纷将自己的孩子交了出来。于是在欧洲的原野上到处出现了一群群儿童,从五六岁到十来岁,衣衫褴褛,吃力地走着,许多人累死、饿死、冻死在路上,活下来的一直走到了法国南部的马赛港。在那里他们被送上了一艘艘大船,朝茫茫大海驶去,准备"用他们童贞的爱而不是用武力"去夺回圣地。

他们最后怎样了呢?他们根本没有被送去打仗,用他们的纯洁征服异教徒,而是径直被送到埃及,卖给奴隶贩子们了。

此后的第六次十字军东征则是一个人

这幅画所描绘的就是十字军1218年围攻达米埃塔的情形。
(Artist:Cornelis Claesz van Wieringen)

的独角戏，那就是神圣罗马帝国的腓特烈二世，他于1228年开始率军东征，同样从地中海的水路进发，先到了由狮心王理查德征服的塞浦路斯岛，然后到达了地中海东岸的阿卡。在这里他取得了一个了不起的成功，就是不费一兵一卒就收回了耶路撒冷，因为他与埃及苏丹阿卡迈尔缔结了和约，通过和约不但得到了耶路撒冷、伯利恒等基督教的重要城市，还得到了由之通往地中海的小块土地以供欧洲来的朝圣者一路畅行。

到了1229年3月，腓特烈二世还在耶路撒冷被加冕为新的耶路撒冷国王。之所以如此，很可能与腓特烈二世的博学有关。他与当时大都没什么知识甚至不少人是文盲的欧洲君主们不一样，相当博学。据说他懂得七种语言：德语、意大利语、法语、拉丁语、希腊语、希伯来语和阿拉伯语，这使得他可以和埃及苏丹自如地交谈，也赢得了苏丹的衷心赞佩。

然而好景不长，到1244年，花刺子模在埃及人的支持下又重新占领了耶路撒冷。

这就直接导致了第七次十字军东征。

这次十字军的领导者是法王路易九世，他为此筹措到了巨额的经费，也组建了一支大军，进军的路线也与前几次一样，先经东地中海到达了塞浦路斯岛，但他不准备直接进攻耶路撒冷，而是从这里先进军埃及。

一开始比较顺利，十字军很快攻取杜姆亚特，此后直扑开罗。但这时候他遇到

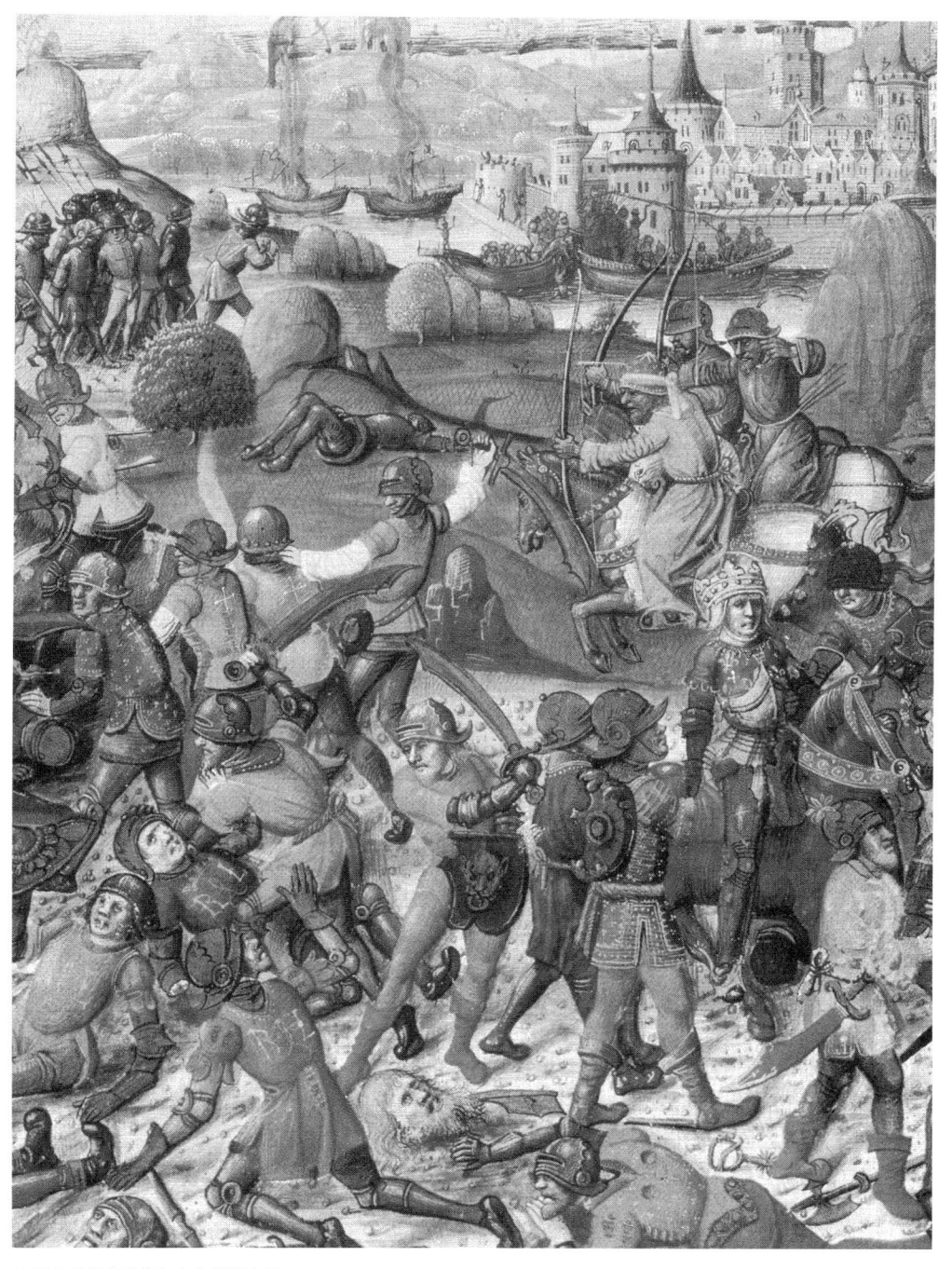

这幅古画描绘了第六次十字军东征。

了一个强大的对手——拜巴尔，结果，在法里斯库之战（Battle of Fariskur）中，十字军被打得大败，不但军队大部被消灭，连路易九世自己都成了俘虏，这是1250年的事。后来他付出了巨额赎金才被放回。

不用说，这次十字军东征又彻底失败了。

这次打败十字军的是穆斯林又一支新生的强大力量，这就是著名的马木留克。

马木留克与拜巴尔一世

马木留克是史上有名的一种特殊军队，他们大都是来自高加索山区的突厥人，从小被阿拉伯人买来或拐来，然后拿到中东的奴隶市场上贩卖，那些最强壮者就被各国苏丹买走，然后加以严格的军事训练，包括射箭、格斗、刀法、阵法等，当然同时也会进行大量的洗脑，将他们训练成虔诚的穆斯林以及对主人的忠诚。这样一来，他们长大之后自然成为了极为勇猛的战士——对此可以参照古希腊斯巴达战士的训练。其中最为出色的就是埃及苏丹所训练的马木留克。

虽然就名义上的身份而言马木留克只是奴隶——马木留克本来就是"奴隶"之意，但由于他们往往是苏丹军队的主力，特别是近卫军主力，因此深得苏丹器重，其将领也往往成为苏丹的心腹重臣。

当然他们并不一定是忠诚的，特别是在掌握了军队之后，例如阿尤布王朝的最后一任苏丹就是被他的马木留克兵首领阿依巴克杀掉的，此后他建立了新朝，这就是埃及所谓的马木留克王朝了，它统治埃及近三百年之久（1250—1517年）。

这时候，向十字军发动进攻的马木留克兵的领袖是拜巴尔一世。

这位拜巴尔一世在伊斯兰世界号称胜利王或者狮子王，他和其他马木留克一样也是突厥人，出生在克里米亚，后来被卖到了叙利亚，由于他体格极为强壮，很值钱，于是被卖给了最需要强壮奴隶的一个埃及的马木留克将领。

到了埃及后，经过严格训练，他长大后成为了萨拉丁建立起来的阿尤布王朝的最后一代苏丹的侍卫，后来又当上了马木留克领袖阿依巴克的将军，由于极为勇敢善战，地位不断提升，并在1250年第七次十字军入侵埃及时率军大败法王路易九世。

对了，就在此前不久，发生了一件大事，就是埃及苏丹阿莎立赫·阿尤布突患重病，迅速死去，这时候已经是1249年底，十字军已经杀过来了，埃及的形势岌岌可危，就在这个关键时刻，他的王后莎贾·阿杜做出了一个惊人的决定：秘不发丧，并且她让苏丹在死前签署了许多空白令状，然后就借着丈夫的名义发布命令，在苏丹将军们的配合之下击败了十字军。但新君即前苏丹的儿子继位后不但不知感恩，反而想将前苏丹的将领以及马木留克们包括莎贾·阿杜通通赶走，好让他自己的亲信掌权，于是她和阿依巴克等合谋杀掉了新苏丹，也就此推翻了阿尤布王朝。

所以这位莎贾·阿杜后来也史上留名，现在还为人们所纪念。她是突厥人，长得十分美丽且聪慧，也曾经是奴隶，后来不但成为了王后，还在杀掉新苏丹后自己当上了女苏丹，只是几个月后就将苏丹之位让给了新夫阿依巴克。但后来阿依巴克又想要娶新妻了，她不由大怒，设法杀掉了他。此后的下一任苏丹叫阿曼苏·阿里。

这位苏丹在位时间不长就突患重病，年轻的苏丹死后，他的宰相忽都思继位，他本来就是副苏丹，成为苏丹也是相当自然之事。

正在这时，一股强大的力量涌入了伊斯兰世界，这就是蒙古人。

蒙古人来了

这时候的蒙古大军所向无敌，横扫欧亚大陆，1258年，成吉思汗的孙子旭烈兀攻陷了阿拔斯王朝的首都巴格达，然后将阿拔斯王朝的哈里发装在麻袋里，扔在地上，然后万马奔腾，从麻袋上踏过，将哈里发踩为肉泥。又屠城巴格达，杀死了80万人之多！这种残酷的征服行为把整个穆斯林世界吓得惊慌失措。

蒙古人继续前进，旭烈兀的大将领怯的不花又攻入了叙利亚，忽都思只得率军迎战，于是，埃及与蒙古两军于1260年9月在巴勒斯坦北部展开大战，这就是著名的阿音札鲁特战役，结果马木留克兵取得大胜，拜巴尔又立下了大功。

这场战役被认为是拯救了伊斯兰与基督教两大文明，因为倘若失败，让蒙古人能够继续前进，到达北非，可以想象那是什么样的后果。不过，马木留克兵之所以能够取胜，并不全赖于他们的勇敢善战，在这方面他们并不比蒙古人强，而是因为前年蒙古大汗去世，于是旭烈兀匆匆率领蒙古大军的主力回蒙古本土去了，只留下了少数部队，因此马木留克兵占据了数量上的绝对多数，才能战胜强大的蒙古骑兵。

不管怎样，马木留克兵取得了胜利，于是，就在胜利班师回埃及的路上，拜巴尔要求苏丹赏给他一座城作为奖励，但苏丹拒绝了，于是，拜巴尔借此谋杀了苏丹，自己当上了马木留克王朝的第四任苏丹。

成为苏丹后，拜巴尔就将消灭基督徒在地中海东岸的领地当作了自己的主要使命，在他的不断攻击之下，阿苏夫、海法等十字军获得的大小城市一一被攻克，甚至捣毁了基督教的圣地之一拿撒勒的教堂，并于1268年5月攻灭了最重要的十字军国家安条克公国。

在这种情形之下，欧洲基督徒们又想进行十字军东征了，这次又是路易九世站了出来，呼吁大家和他一起出征耶路撒冷，但响应者很少，因为大家对于这样的十字军东征已经看得太多了，对它的胜利并不抱多少希望。

在这样的情形之下，路易九世决定自己单干，他用自己的钱建立了一支强大的军队，包括一支舰队，从法国南部的港口驶入了地中海，但这时候他的目标已经不是亚洲的耶路撒冷了，而是非洲的突尼斯。这是其弟弟的主意，而这主意的目的并不是为了上帝，而是为了自己，因为他是西西里的国王，而西西里与地中海对岸的突尼斯之间存在着很大的利益纠葛，因此他的目的是要征服突尼斯好为自己谋取利益。路易九世听从了弟弟的建议，将舰队驶往突尼斯。

1270年，他的舰队到达了突尼斯，但不久之后军队里就爆发了大瘟疫，主要是因为没有干净饮水的缘故，士兵像苍蝇一样大批死去，其中包括他的长子，不久他自己也死了。

拜巴尔本来要率军前来突尼斯再战路易九世，听说他去世后也就没有来了。路易九世临死时口里喊的都是"耶路撒冷"！他也因此而成为基督教的圣人之一。

接下来就是第九次，也是最后一次十字军东征了。

终归失败

这一次也可以说是第八次的后续。因为它的起因就是英国的爱德华王子听说了法军在突尼斯的困境之后，匆匆率军赶来援助，但当他赶到之时，路易九世已经去世了。他没有就此打道回府，而是决心继续完成路易九世的未竟之业，发动了第九次十字军东征。这是1271年的事。

于是，他与安茹的查理一起率军继续东进，他们先期的目标是北非正被埃及军队包围的的黎波里，它也是十字军骑士们建立的一个小国的残余，当时城内拥挤着大批基督徒难民。

爱德华的军队到来之后，解除了围困。此后继续前进，到达了地中海东岸的阿卡，这里也是原来的耶路撒冷国的最后残余，倘若它一旦失去，就意味着十字军彻底失去了圣地。

为了与拜巴尔对抗，爱德华还联络了当时正与伊斯兰教作战的蒙古人，得到了响应，蒙古人建立的伊儿汗国的阿八哈汗

（Abaqa qayan），他也是成吉思汗之孙、拖雷之子、蒙哥及忽必烈之弟旭烈兀的长子，也就是成吉思汗的玄孙、忽必烈的侄子。他的妻子乃是东罗马帝国皇帝米海尔八世的女儿玛丽亚·佩利奥洛吉娜，因此他是伊斯兰教的敌人，曾经一度想联合十字军摧毁伊斯兰教国家。这次他派出一万骑兵攻击叙利亚，但由于难以协同，联合作战无果而终。

这时候拜巴尔也在阿卡，他当然知道，只要打下了阿卡就等于彻底击败了十字军，于是也将这里当成了首要目标。

拜巴尔还看到了，阿卡城之所以难打，主要就是因为它在海边，而距它不远的海上有着塞浦路斯岛，从这里可以给阿卡城提供源源不断的后勤支援。于是他决定建立一支强大的海军以对付敌人。不久他就建立了一支相当大的舰队，他先用这支舰队攻击塞浦路斯，这时候统治塞浦路斯的是休三世，他也是已经名存实亡的耶路撒冷王国的国王。他当然也有舰队，于是双方舰队在东地中海展开大战，结果拜巴尔的舰队被打败了，这是很久以来基督徒们难得有的胜利了。

这场胜利使得拜巴尔看到一时难以取胜，精疲力竭的十字军也并不愿意再打下去，于是双方于1272年5月签订了一份有效期为10年10个月又10天的和平协议。第九次十字军东征结束了。所以这次东征算不上失败，当然也算不上成功。

就在合约签订后的第二个月，拜巴尔派了杀手去暗杀爱德华，但爱德华武艺高强，不但没有被杀，而且还手刃刺客。

但他也被淬了毒药的刀刃刺伤了，只得离开阿卡，回西西里疗伤，后来他的父亲亨利三世去世，于是他赶回英国，并在1274年8月加冕为英国国王，即爱德华一世。

这第九次也是最后一次十字军东征了。这时候整个十字军东征还剩下最后的两个比较重要的果实，即的黎波里和阿卡二城。到1289年3月，新的马木留克苏丹葛拉温统军杀来，不久就攻克之，马木留克兵进行了大屠杀，城中所有男基督教徒都被杀死，所有妇女和孩子都被卖为奴隶，所有房屋都被烧掉。

至于阿卡，这个基督徒最后的重要据点，在两年后的1291年也被马木留克兵攻占了，里面的基督徒也被屠杀殆尽。

这就是十字军东征的最后结局，对此《地中海史》是这样说的：

阿卡失陷的详细记载读来让人恐怖。没有投降，苏丹无论如何也不会接受投降。所有的人只能战斗至死，或者尽力从海上逃走。包括国王亨利与其兄弟阿马尔里克在内的少数人成功返回了塞浦路斯，许多妇女孩子进了后宫或者奴隶市

这幅画名叫《最后的十字军》，生动地描绘了十字军垂头丧气、一无所获地回到欧洲老家的凄惨情景。
(Artist:Karl Friedrich Lessing)

场，但绝大多数人都死了。同时，苏丹的队伍有计划地摧毁了阿卡城。其他法兰克人的定居点——提尔、西顿、托尔托萨和贝鲁特，还有一些城堡不久也遭受了类似的命运。这就是最终的结局。十字军的海外领地持续了192年。它一开始就是不宽容和领土野心的标志，它的故事展示了：物质和精神的持续衰退，还有标志性的无能。在西欧，很少有人因其消失而落泪，或者感到痛苦。[7]

从 1096 年的第一次十字军东征到阿卡城于 1291 年被最后攻克，持续了近两百年之久，期间死亡的人难以数计，而大结局就是这样！

总之，十字军东征的结果总的来说就是——怀着贪婪之心而去，背着耻辱之败而归。

值得补充的一点是，2000 年 2 月底的一次电视讲话中，事隔七百余年之后，当时的教皇保罗二世终于在一次讲话中正式为十字军的倒行逆施表示了道歉。

对于这些十字军，也许其中有一些真心是为了基督教的神圣事业，但同样可以说，从整体上而言，十字军与一般的土匪与海盗没有什么两样，甚至更坏，最集中的体现就是他们在君士坦丁堡的所作所为，因此，即使对于同属基督徒的希腊人而言，他们甚至是比穆斯林更坏的，同样如《地中海史》所言：

在希腊人眼中，这些亵渎他们圣坛，洗劫其家园，强暴他们妇女的野蛮人，在任何意义上都不能称之为真正的基督徒。所以，希腊人怎么可能同意与罗马联合呢？他们总是说："苏丹的头巾要比红衣主教的帽子更好"，这是他们真心实意的想法。[8]

---

[1] ［英］约翰·朱利叶斯·诺威奇 著：《地中海史》，殷亚平等 译，（中国出版集团）东方出版中心，2011年7月第一版，第148页。

[2] 《不列颠百科全书》（第5卷），中国大百科全书出版社，1999年第一版，第38页。

[3] ［德］黑格尔 著：《哲学史讲演录》（第三卷），贺麟 王太庆 译，商务印书馆，1959年12月第一版，第325—326页。

[4] ［英］约翰·朱利叶斯·诺威奇 著：《地中海史》，殷亚平等 译，（中国出版集团）东方出版中心，2011年7月第一版，第151页。

[5] ［英］约翰·朱利叶斯·诺威奇 著：《地中海史》，殷亚平等 译，（中国出版集团）东方出版中心，2011年7月第一版，第154页。

[6] ［英］约翰·朱利叶斯·诺威奇 著：《地中海史》，殷亚平等 译，（中国出版集团）东方出版中心，2011年7月第一版，第155—156页。

[7] ［英］约翰·朱利叶斯·诺威奇 著：《地中海史》，殷亚平等 译，（中国出版集团）东方出版中心，2011年7月第一版，第209页。

[8] ［英］约翰·朱利叶斯·诺威奇 著：《地中海史》，殷亚平等 译，（中国出版集团）东方出版中心，2011年7月第一版，第169页。

第 11 章　海洋帝国威尼斯
——新型的帝国、新型的强大与失败

自从伊斯兰教诞生之后，就与基督徒展开了大战，最早是东罗马帝国与阿拉伯帝国之间的大战，然后是塞尔柱人与东罗马帝国之间的大战，接着就是十字军东征了，依然是基督徒与穆斯林之间的争斗，这种争斗到十字军东征结束时已经持续了超过 500 年之久，但伊斯兰教与基督教之间的战争却远未结束，更为残酷的大战已经遥遥可见。

这时基督教世界的力量可以分成三大部分，分别是东罗马帝国、威尼斯人以及法国、西班牙等欧洲诸强。

在伊斯兰教方面则只有一个，就是新生的奥斯曼土耳其帝国。

这也将是基督教与伊斯兰教之间最为漫长的战斗，将一直要持续到近代世界。

由于过程很复杂、持续时间也很长，我们将分三部分来讲述之，分别要讲述的是威尼斯人的崛起以及称雄地中海的过程、奥斯曼土耳其崛起以及灭亡东罗马帝国的过程，还有就是奥斯曼土耳其与基督教世界争霸地中海的过程。

与大海成婚的威尼斯

威尼斯（Venice）位于地中海中北部的亚得里亚海北部海岸，被称为"亚得里亚海的女王"，它也是一个"水之都"，因为它的主体就建立在亚得里亚海沿岸的近 120 个岛屿上，此外还包括一个潟湖以及连接大陆的一个小半岛。城里还有波河与皮亚韦河流过，可以沟通大陆。

最早的威尼斯只是一个小渔村，生活着一些靠在亚得里亚海捕鱼为生的渔民，后来，到了罗马帝国后期，由于不断受到蛮族的攻击，有些罗马市民便逃到了这里，因为这里有一个好处，就是它比较隐秘，也比较安全。栖身在这么多的小岛之上，那些来自大陆的蛮族是不大会来攻击的。特别是当阿提拉攻击意大利半岛之时，更有不少难民涌到了这里，于是这里慢慢地就不是渔村了，而变成了一座小城市。后来这里随着贝利撒留的征服，就属于东罗马帝国了。但它一直保持一定程度的独立性，并且这里与其他属于贵族统治的城市不一样，而是实行了一种民主共和制。到了726年，威尼斯选举出了它的第一位总督——但也有传说威尼斯人早在697年就选出了第一位总督帕里西乌斯（Anafestus Paulicius），这时候的威尼斯可以称为半独立的威尼斯共和国了，不过主权上依然属于东罗马帝国。这样做对它也是有好处的，因为东罗马帝国这时候乃是东地中海中最强大的力量，成为帝国的一部分对于威尼斯赖以为生的贸易当然是有好处的，而帝国也因为威尼斯人的忠诚而给了它不少贸易特权，这些特权乃是威尼斯得以崛起的最早的重要因素。

到了803年，威尼斯与法兰克人以及东罗马帝国签订了《尼斯弗利条约》，法

这幅画描绘了威尼斯迎接法国大使的隆重仪式。
(Artist:Canal Antonio)

兰克和东罗马帝国都承认了威尼斯事实上的独立，但威尼斯也承认东罗马帝国是它名义上的宗主。不久之后，帕底西巴扎担任了威尼斯总督，他将总督府迁到建筑了坚固的防御设备的里奥多岛，这里也就是现在的威尼斯城了，著名的圣马可教堂后来也建筑在这里。

这时候已经是中世纪了，威尼斯开始了大规模的建设，特别是总督阿格尼罗时期，他大力修建各岛之间的桥梁、疏通运河、建筑可靠的防波堤，还有各种的防御工事等，使得威尼斯不但面积不断扩大，也更加安全，他还着重朝海上发展，使威尼斯与亚得里亚海紧紧结合在一起，这也就等于是与地中海合为一体，为威尼斯未来的大发展奠定了牢固的基础。据说阿格尼罗的继任者从埃及的亚历山大里亚偷来了威尼斯的守护神圣马可的遗物，从此他将守护威尼斯。

为了对付外敌、保护城市，威尼斯又建立了自己的军队，由于威尼斯是海上城市，军队当然主要是海军，拥有了一支规模相当大的舰队。

这时候阿拉伯人已经崛起了，并且进入了地中海，于是不可避免地，利益冲突加上宗教冲突，威尼斯开始与之争斗。到了公元841年，威尼斯人派出了一支由60艘大帆船组成的舰队，每艘载有200名水手，联合东罗马帝国舰队在意大利半岛南端的塔林敦近海与阿拉伯人打了一仗，但失败了。

不过这对威尼斯人影响不大，他们的舰队规模不但没有因此缩小，反而在不断扩大。

到了10世纪末，这时候佩德罗二世奥赛罗是威尼斯总督，又是一个大有作为之人，他先与东罗马帝国签订了协议，为之提供船只以运输军队，因此获得了威尼斯人在君士坦丁堡的贸易特权。

他另外还有一个大功绩，就是打击海盗以及征服达尔马提亚一带。

达尔马提亚在亚得里亚海东北沿岸一带，那里的内雷特瓦地区活跃着著名的内雷特瓦海盗，他们到处打劫威尼斯商人，于是佩德罗二世派出了舰队，沿着亚得里亚海岸一路攻去，不久就打败了海盗，还捕获了他们的许多船只与俘虏。当内雷特瓦人要求他释放俘虏时，他说可以，但他们的头领要在他面前鞠躬，表示归顺，并且从此不再骚扰威尼斯的商人，他们答应了，于是威尼斯商人从此在亚得里亚海获得了安宁，也等于是控制了辽阔的亚得里亚海。这是公元1000年左右的事。

这时候已经到了中世纪，此后威尼斯又出了一个能干的总督多米尼各·塞尔瓦，他积极向外扩张，为威尼斯谋取更多

威尼斯史上最重要的总督之一佩德罗二世奥赛罗。

(Artist:Domenico tintoretto)

的利益。

恰在此时,意大利南方的普利亚和卡拉布里亚公爵吉斯卡也在扩张,他一方面与北面的教皇联合,同时统领着有名的诺曼武士积极南侵,与这时候依然统治着意大利南部许多地方的东罗马帝国直接发生了冲突。1081年,吉斯卡率领他的陆军加上舰队包围了重要的港口城市、位于亚得里亚海东北的杜拉佐,它可是著名的恩格那西亚大道的东方终点,这条大道贯通了从亚得里亚海到伊奥尼亚海直到小亚细亚半岛的广大地区,是一条极为重要的商路。于是,当时的东罗马帝国皇帝阿历克赛一世紧急要求威尼斯出兵相助。塞尔瓦接到要求之后,派出了由近50艘船只组成的威尼斯舰队开赴杜拉佐。在那里遇到了吉斯卡的舰队。立即与之开战,并且取得了大胜。因为吉斯卡的舰队实际算不上真正的海军,基本上只是一些主要用来与陆军配合作战的辅助部队,更没有多少海战经验,因而被威尼斯舰队打得大败,成功解除了杜拉佐之围。

因为此次成功,威尼斯人得到了极为丰厚的报酬,这就是著名的"金牛"。意思大概是它让威尼斯人获得了一头牛那么大的金子,具体来说就是他们获得了在东罗马帝国领土上贸易时的免税特权,这对于未来几个世纪的威尼斯都产生巨大影响,等于让威尼斯人控制了整个东地中海的贸易,因为这时候整个东地中海主要还是在东罗马帝国的控制之下。

然而好景不长,到了1084年,吉斯卡卷土重来,又攻向了杜拉佐,塞尔瓦自然又率舰队前往驰援。一开始在海战中他又取得了大胜,击溃了敌人的舰队。但这时候,他由于屡战屡胜,产生了轻敌思想,以为对手不堪一击,于是将军舰中那些受了些伤的全都送回了威尼斯,好进行维修。吉斯卡得到这样的消息之后,决定冒险一击,他召集了所有残余舰只,冒险向威尼斯的舰队发动了进攻。威尼斯人完全没有料到敌人还敢来进攻,顿时被打了个措手不及,大批舰只被毁,5000多人被杀或被俘,只有塞尔瓦带着少数幸存的军舰逃回了威尼斯。不用说,对这样的失败他负有不可推卸的责任,因此被撤了职,后来在修道院中了却残生。

当十字军东征开始的时候,威尼斯人已经拥有地中海中最大的船队了,所以他们几乎从一开始就卷入了十字军的事业,帮助十字军占领了一些地中海沿岸城市。当十字军在地中海东部沿岸建立了一些小国之后,威尼斯人自然也从中得到了许多贸易上的好处。

此时的威尼斯已经富甲天下了,这必然地引起了许多人的嫉妒,特别是在东罗马帝国的首都君士坦丁堡,威尼斯商人们从贸易中获得的财富要远过于本地商人,他们自然不愤,于是掀起了一场反对威尼斯人的运动。其中有名的既风流又残暴的皇帝安德洛尼卡一世——他到处勾引女人特别是贵妇,甚至与耶路撒冷国王鲍德温三世的遗孀私奔——起到了推波助澜的作用,他实行一种反对拉丁人的政策,其中当然包括威尼斯人。特别是1182年,当他向君士坦丁堡进军以夺取帝位时,一路上没收了许多威尼斯人的财产,还将许多威尼斯商人驱逐或者监禁,这自然激起了威尼斯人极大的愤怒,也为后来第四次十字军东征中威尼斯人对君士坦丁堡的抢掠埋下了火种。

特别是,随后实际上是以威尼斯为主对拜占庭帝国进行了瓜分,威尼斯几乎获得了爱琴海中所有重要岛屿,此外还获得了希腊半岛沿岸的许多重要港口。总之,此次之后,原来强大的东罗马帝国再也没有从这次可怕的大灾难中恢复过来了,威尼斯人却从此成为了爱琴海以至于整个地中海中最强大的力量,成为地中海的海上霸主,也建立了一个以地中海为中心的"海洋帝国"。

这时候的威尼斯达到了国势的第一个鼎盛之点,为了纪念他们顺利建成了这个伟大的海洋帝国,威尼斯人每年都要举行非常热闹的庆典。特别是每年复活节的庆典。这时候,威尼斯的总督都要坐上他的

这幅画描绘了威尼斯人与大海结婚的仪式。

(Artist:Canaletto)

"金船",这是一艘装饰得极为华美的双层甲板大帆船,上面还有巨幅大画,描绘着大海的壮丽以及威尼斯的狮子纹章。在一大群"贡多拉"的簇拥之下,金船往亚得里亚海驶去。到了大海后,威尼斯的主教就开始祈祷了,祈祷过后,总督就从自己的手上摘下一枚黄金精制的结婚戒指,将它抛入大海,以象征威尼斯人已经与大海结婚,大海也成为了威尼斯人的新娘,总督还要以固定的词句做出宣示:

"哦，大海啊，我们已经与你缔结姻缘，对你有真正的、永久的主宰！"

四次威尼斯–热那亚战争

热那亚在意大利半岛的位置大致与威尼斯相对，威尼斯在东，热那亚在西，一个面朝亚得里亚海，另一个则面朝第勒尼安海。

热那亚的历史甚至比威尼斯更加悠久，早在第二次布匿战争的时候已经建城了，到了中世纪，热那亚已经成为了一座繁荣的海港城市，十字军东征时也多次从这里出发，后来也建成了一个独立而强大的与威尼斯相似的海洋共和国，不但在意大利半岛上占有不少地盘，而且在地中海沿岸有好几个殖民地，地中海中的两个大岛西西里岛与撒丁岛都一度属于它，甚至远至黑海和北非都有其殖民地，当其最强盛的时候，控制了整个第勒尼安海，当然也是地中海中最强大的力量之一。

在热那亚的扩张过程中，比萨是最大的受害者，由于两城都位于第勒尼安海沿岸，又相距不远，所谓一山不容二虎，所以它们是天然的仇敌。

早在 1241 年时，比萨的舰队就与神圣罗马帝国皇帝腓特烈二世的舰队联合起来向热那亚海军在第勒尼安海北部的小岛梅洛里亚（Meloria）附近海域开战，结果皇帝和比萨取得了胜利。

到了 1282 年，热那亚与比萨更是冲突不断。看到热那亚比它强大得多，为了争取胜利，比萨采取了一切措施，包括与当时地中海上的另一强国威尼斯结盟，甚至选择了威尼斯籍的米若西尼当总督。

两年之后，双方的冲突达到了顶点，热那亚人派出了舰队在地中海一带游弋，攻击比萨人的船队，甚至派出军舰封锁比萨港。比萨人岂会坐以待毙，决心拼死一战，于是，双方又在梅洛里亚附近海域展开了一场决定性的大战，这就是第二次梅洛里亚海战。

是役，热那亚人与比萨人都派出了倾国之兵，其舰队之中包括了全国所有的高官显贵与世家子弟，热那亚人则派出了其全部海军，双方在海上遭遇之后，立即开战。

热那亚海军包括约 120 艘战舰，有 15000 名以上的水兵，他们将舰队分成两个平行的"一"字阵形，发动进攻。不过其中第二列力量要小得多，也配置在第一列后方距离相当远的地方，使比萨舰队看不清楚热那亚此举的目的。

就规模而言，比萨舰队要小不少，总共约 60 艘战舰，虽然势力较弱，但比萨舰队却主动进攻，并且是简单地将所有战舰并列前进，冲向敌舰，然后争取与敌舰相撞相接，再由他们来自北意大利托斯卡纳地区的强悍战士登船作战。结果战斗开始之后，热那亚人的第二支舰队突然冲了过来，切入了比萨舰队的侧翼，在他们的猛烈攻击之下，许多舰只被摧毁，连总督都被热那亚人俘虏了。

经此一战，比萨被彻底击败了。两年后，热那亚人占领了比萨港并将之填平。至此，比萨就像当初败在罗马人手里的迦太基一样，再也无力东山再起了，热那亚借此而成了地中海中的强国。

热那亚的崛起必然与威尼斯人产生冲突，其后果就是著名的威尼斯-热那亚战争了。

第一战

威尼斯与热那亚人之间的冲突可以说由来已久，主要原因有两个，第一个当然是利益的冲突，两者都是海洋强国，都想独霸地中海，以攫取高额的垄断利润，于是不可避免地会产生冲突；第二个原因则是两个地方的人们性情很不相同，所以彼此之间很难做朋友，以当时的一个说法就是：

驴的天性是：当许多头驴在一起时，其中一头被打了，所有驴都会散开，到处逃窜，他们就是这么卑劣……威尼斯人类似猪，被称为"威尼斯猪"，他们真的有猪的天性，因为当众多的猪被关在一起时，其中一只被打，所有的猪都会聚拢，并冲向殴打它的人。这就是威尼斯人的天性。[1]

这里的驴就是指热那亚人了。

所以，他们彼此之间的冲突甚至战争可以说是必然之事。

第一次威尼斯-热那亚战争发生于1256至1270年之间，战争的起因是我们前面说过的地点位于地中海东岸的港口阿卡，这里是十字军在地中海沿岸的主要港口，也是这时候基督教世界与伊斯兰教世界贸易的主要窗口，利益十分丰厚。当时在阿卡城里既有威尼斯商人，也有热那亚商人，他们在城中建立了各自的社区，于是各种小摩擦一直不断。终于有一天爆发了大规模冲突，由于热那亚人有不少当地权贵撑腰，在城中实力更大，他们冲进威尼斯人的社区打砸抢，威尼斯人损失惨重。得到消息后，威尼斯人便从本土派出了舰队，直抵阿卡城外，威胁城内的热那亚人，第二年又在阿卡外的海面上打败了一支从热那亚开过来的舰队，取得了地中海的海上优势。

但战争并没有就此分出胜负，不久之后的1261年热那亚人就取得了大胜，地点就是在君士坦丁堡。

我们知道，君士坦丁堡在第四次十字军东征时被以威尼斯人为首的十字军给占领了，建立了所谓的拉丁帝国，但东罗马帝国并没有就此灭亡，皇室成员们在君士坦丁堡之外继续抵抗，特别是米海尔八世。他与热那亚人联络上了，表示只要热那亚人帮他重占君士坦丁堡，就将原来帝国内属于威尼斯人的贸易特权全部转交给热那亚人。热那亚人自然高兴，立刻答应了。后来，经过一个奇迹般的小战事：一小队米海尔八世的军队在热那亚人的支持下，利用一个侧门和一段易入攀爬的城墙潜入城内，偷偷打开了一扇城门，然后冲入城内。由于城内的人们早已经恨透了这些拉丁人的统治，因此几乎没有做任何抵抗，东罗马帝国就这样收复了君士坦丁堡。热那亚人也就此打破了威尼斯人在东罗马帝国境内的贸易优势。只是后来他们又与米海尔八世发生了冲突，这位狡猾的皇帝并没有真的赶走威尼斯人，而是让他们同时存在，以相互制约。

在海上，1264年，一支热那亚舰队在西蒙·格里罗（Simone Grillo）的统领下，先将威尼斯船队引诱到外海，然后冲入港内，摧毁了大批没有保护的商船，威尼斯人损失惨重。

但这可不意味着威尼斯人在海上的失败，相反，这时候的威尼斯海军更加强大，屡次打败热那亚人的舰队，在地中海上取得了一定的优势。

到1270年时，由于法王路易九世要进行新的十字军东征了，必须有海军帮他运送部队，所以在他的强烈要求下，双方暂时停战了。

由于这样的停战是被迫的，所以也只会是暂时的。双方都在整军备战。

到1294年，两国又开战了，这就是第二次威尼斯－热那亚战争。

第二战

开战不久威尼斯人就吃了大亏，他们的一个舰队被热那亚人摧毁了。而且这时候的热那亚人已经组织起了一个由近172艘战舰组成的庞大舰队，这也是地中海中多年未出现过的大舰队了。利用这支强大的海上力量，热那亚人一时取得了在地中海中的压倒性优势，威尼斯人再也不敢与热那亚人正面作战，只能躲着打。但他们不停地袭击热那亚人的商船队，也使热那亚人损失惨重。

在这种情形之下，热那亚人决定直攻威尼斯本土。于是，1298年，一支强大的热那亚舰队在纳姆巴·多利亚的指挥下，驶入了亚得里亚海。由于这里是威尼斯人的大本营和后院，一直避战的威尼斯海军被迫迎战，在他们的统帅安得利亚·唐多罗的指挥下，在亚得里亚海东北部的库佐拉海域与热那亚人的舰队展开了大战，这就是库佐拉之战。这也是双方之间最大的一场海战，结果威尼斯海军在优势敌人的打击之下几乎全军覆没。倘若热那亚人乘胜前进，直抵威尼斯，很可能取得整个战争的胜利。

但是，一则由于在这一仗中热那亚人损失也较大，同时又发生了内乱。这种内斗在热那亚人那里可以说是层出不穷，也是他们最终失败的主要原因。热那亚人便回国去了。这是1298年的事。第二年，双方就停战了。

沉寂了近50年之后，1350年，威尼斯与热那亚之间的大战再次爆发，这次主要是因为争夺黑海的贸易优势，这时候的黑海已经成了欧洲与整个东方世界最主要的贸易通道，于是，围绕着黑海的商业利益，威尼斯人与热那亚人之间又不可避免地冲突了，然后走向战争。

其实，这时候双方并没有多大的本钱作战，因为此前几年，欧洲爆发了可怕的黑死病，我们在薄伽丘的名著《十日谈》中可以看到对它的生动描述，它的故事大背景就是1348年佛罗伦萨发生那次大瘟疫时可怕的情形，书中是这样说的：

无论白天还是晚上，都有很多人倒毙街头。很多人死在家里，直到他们的尸体腐烂发出了臭味，邻居们才知道他们已经死了。就这样，城里到处尸体纵横，活着的人要是能找到脚夫，就叫脚夫帮着，把尸体抬到门口，找不到脚夫，只好自己动手，他们这样做并不是出于恻隐之心，而是唯恐腐烂的尸体威胁到他们的生存。……一个尸架上常常载着两三具尸体，往往夫妻两个，或者父子两个，要么是两三个兄弟，一次被抬走。[2]

这时候的威尼斯也有几乎完全一样的情景，这是当时威尼斯的一位历史学家描绘的情形：

疫情十分猛烈，死尸遍布广场、门廊、墓地和所有神圣场所。夜间，许多尸体被埋在公共街道上，有的被埋在自家地板下，许多人没有作告解就死掉了，尸体在被抛弃的房子里腐烂……父亲、儿子、兄弟、邻居和朋友为保命互相抛弃……医生为了躲避疫病，不给任何人看病，逃离病人……同样的恐惧萦绕在神甫和教士的心头……关于这场危机，没有人能理智地思考……整个城市就是一座坟墓。[3]

至于具体的损失，那是极为可怕的，对此克劳利是这样说的：

截至1350年底，作为黑海贸易的一个副产品，欧洲人口减少了大概一半。在地中海盆地的有些地方，死亡率可能高达75%。[4]

但就是这样巨大的灾难也无法阻挡战

争的来临，就在黑死病刚刚结束的1350年，威尼斯与热那亚又爆发了新的战争。

第三战

在这次战争中，威尼斯一开始占了上风，因为它赢得了两个有力的盟友：阿拉贡的彼得四世以及东罗马帝国的约翰四世。这两国都因为与热那亚人产生利益冲突而与威尼斯结了盟，并且派出了军舰与威尼斯人组成了联合舰队。

双方的第一次大战发生在1352年2月，地点是博斯普鲁斯海峡。威尼斯人的统帅是尼科洛·皮萨尼，热那亚人统帅则是帕伽尼洛·多利亚，这也是一场双方都损失惨重的大海战，但结果是热那亚人稍微占据了上风，迫使皮萨尼带着他的舰队撤走了。

第二年，双方又在撒丁岛西北海岸的阿格罗附近海域进行了一场大海战，这次热那亚人的统帅换成了安东尼奥·格尼玛第，威尼斯人的则不变，结果威尼斯舰队取得了大胜，几乎摧毁了热那亚人的整个舰队。

在这种情形之下，热那亚人被迫投向了强大的米兰公爵，成为他的附庸，以得到他的帮助。于是，在米兰公爵的援助之下，1354年，热那亚海军又是在多利亚的统帅下，与依然在皮萨尼统领之下的威尼斯海军展开了大战，这次地点是在希腊伯罗奔尼撒半岛西南海岸的佐科隆（Zonklon）附近海面上。这次又是热那亚人大胜，事实上战斗并没有多激烈，因为多利亚乘着威尼斯人不备突然冲了上去，威尼斯仓促应战，很快崩溃，多利亚俘虏了几乎整支威尼斯舰队。

这样一来，威尼斯就支撑不下去了，于是双方在1355年又签订了和约，威尼斯人暂时放弃了整个亚得里亚海东北的达尔马提亚。这就是第三次威尼斯-热那亚战争了。

这当然不会是威尼斯-热那亚战争最后的结局。

20余年之后，1377年，双方又爆发了战争，这是第四次的威尼斯-热那亚战争了，距第一次已经过去了120年之久！

第四战

这次战争的起因是小亚细亚半岛西端、地中海达达尼尔海峡入口附近的一个小岛特勒多斯的所有权。

本来，威尼斯人从东罗马帝国皇帝约翰五世手中将这个岛弄了过来。由于这个小岛扼守达达尼尔海峡的入口，热那亚人不想让威尼斯占据，于是他们暗地里联络了约翰五世的儿子篡了父亲的位，这就是安德洛尼卡四世，作为交换，小岛被转到了热那亚人手上，不过他们并没有能够从威尼斯手中真的抢过来。

但就在这时，一个强大的敌人出现在了威尼斯人面前，这就是匈牙利人。

这时候的匈牙利国家正迅速扩张，直逼意大利本土。由于威尼斯就在半岛的东北部，因此很快就受到了匈牙利人的直接威胁，被迫在东北部的特列维索建立了防线，好不容易阻挡住了匈牙利人的进攻。匈牙利人还成了热那亚人的盟友，不少匈牙利人在热那亚军队里打仗。

不仅如此，这时候的威尼斯还增加了一个可怕的敌人，就是帕多瓦，它也与热那亚人结了盟，共同对抗威尼斯人。要知道帕多瓦可是在威尼斯之北的陆上，近在咫尺，它可以从陆上封锁威尼斯，若热那亚人再从海上封锁威尼斯，那么威尼斯就彻底完了。

不仅如此，此前几年，威尼斯还被热那亚人抢走了地中海中一个重要基地——塞浦路斯岛。

因此，第四次威尼斯-热那亚战争开战之初，威尼斯便处于了劣势。幸好这时候威尼斯人也得到了一个大帮手，就是米兰公爵。原来，当热那亚人在第三次威尼斯—热那亚战争中取得胜利后，便还清了欠公爵的债务，此后就不肯继续当附庸了，公爵愤懑不已，于是就干脆与威尼斯人联合起来了。

可以想见，这一次的威尼斯-热那亚战争规模比前几次都要大得多。

战争之中，虽然在威尼斯之北的陆地上也有战火，但主要战斗依然发生在海上。

这时候威尼斯的海军统帅有两个，一个是维托·皮萨尼，他是第二次威尼斯-热那亚战争中那个尼科洛·皮萨尼的侄儿，据说他由于为人正直，尤其是对待水手有如兄弟，因此在威尼斯很得民心，每当他要招水手时，愿意为他服务甚至卖命的人都会大排长龙。第二个则是卡罗·泽诺。他出身贵族，但因为不是长子而没有得到遗产，后来在帕多瓦大学读了神学，因为花天酒地欠了很多钱，然后就去当雇佣军了，这很适合他，因为他既勇敢又机智，后来他也因此发财，成了富翁，还拥有了自己的商船。

当威尼斯与热那亚人之间爆发战争时，泽诺立即加入了祖国威尼斯一边，在地中海到处袭击热那亚商船。由于他作战勇敢又经验丰富，给热那亚人造成了巨大的损失。威尼斯政府大喜，任命他为"东地中海舰队司令"，主要任务就是在地中海中劫掠热那亚人的商船，不用说他很好地完成了任务。

这次威尼斯-热那亚战争中，双方第

一次正式的海战发生在1378年5月，地点是意大利半岛中南部第勒尼安海域的安齐奥（Anzio）。规模不大，威尼斯人有10艘战舰，热那亚人多一艘，但结果却是皮萨尼指挥的威尼斯舰队大胜，热那亚的舰队司令和好几艘战舰都被俘虏了，余下的逃往塞浦路斯去了。

此后，皮萨尼带着他的舰队回到了亚得里亚海，在东北部沿海一带活动，摧毁了热那亚人在这里的一个重要港口。但不久就遇到了一个强大的对手，就是卢西亚诺·多利亚，他率舰队在特罗吉尔港外与皮萨罗交战，大胜之，迫使对手退回威尼斯去了。

但这两次海战规模都不大，更大的海战发生在次年，1379年，地点是达尔马提亚的波拉港一带。

这个港口是威尼斯舰队在亚得里亚海的重要过冬地，距威尼斯城也不远，热那亚人决定就在这里打击威尼斯人。还有，这时候他们已经知道了泽若的舰队并不在这一带，于是热那亚人派出了一支由25艘桨帆船和大帆船组成的舰队扑来，统帅还是卢西亚诺·多利亚，到达波拉港外后，向威尼斯人升起了挑战的信号旗。

本来，以皮萨尼自己的主意，没有必要出海打仗，不理会就是了，因为港口有强大的防御设施，热那亚人也打不进来。但这时候，他身边有一个人，就是威尼斯政府派出来的督战史铁诺，他强烈要求皮萨尼出海迎战，否则就要以临阵怯战来处罚他。这样一来，皮萨尼只得出战。一开始，在与卢西亚诺的战斗中他取得了大胜，卢西亚诺本人都战死了，但此时埋伏在附近峡湾中的卢西亚诺的哥哥皮耶托·多利亚率领主力舰队猛冲出来，从后方切入威尼斯舰队，威尼斯人顿时大乱，皮萨尼自知不敌，仓促逃跑，24艘战舰之中只有6艘逃脱，损失18艘，水兵死伤近千，另有两千多人被俘。皮耶托因为弟弟被杀，下令屠戮威尼斯战俘作为报复。

由于在波拉海战中遭到惨败，皮萨尼回到威尼斯后受到了惩罚，本来就敌视他的贵族想要把他处死，但由于他深得民心，在大众的强烈要求之下，只被处以监禁半年。

但不久之后他就被放出来了，因为威尼斯已经到了生死存亡的关头，只有依靠他了！

这就是整个威尼斯－热那亚战争最决定性的一战——吉奥佳之战。

吉奥佳之战

这个名称来自威尼斯城之南的吉奥佳小镇。

吉佳奥虽小，然而战略地位至为重要，它扼守住了威尼斯的南大门，倘若被占就意味着威尼斯朝向海洋的路被封死了，而往北就是陆地。这时候热那亚人的盟军帕多瓦人和匈牙利人已经用强大的陆军封锁了威尼斯，这样一来，倘若吉佳奥被占领，也就意味着威尼斯被完全包围了，只有等死。

威尼斯人当然知道厉害，于是派出了一支3000人的军队——对威尼斯而言这已经是大军了——去防守吉佳奥。

然而皮耶托胸有成竹，他率领一支强大的海军迅速突破了本来被威尼斯人封锁住了的外围水道。突破之后，他的大军就通过潟湖直抵吉奥佳，虽然吉奥佳守军拼命抵抗，但在敌人优势兵力的打击之下崩溃了，热那亚人顺利占领吉奥佳。

这就意味着他们已经将整个威尼斯团团围困了，这是1379年8月的事。

威尼斯人看到大势不妙，就派出使节求和，他们递给热那亚人一张白纸，表示热那亚人可以提出任何条件，只要让威尼斯保持独立与自由。言下之意是只要放过威尼斯城，它的所有海外殖民地都可以割让，巨额赔款当然也不在话下。

按理说这几乎是投降了，热那亚人也可以不战而获得巨大的利益，就是当初罗马人对迦太基人在最后一次布匿战争之前也提出了和平的条件——虽然是十分苛刻的条件，但这时候皮耶托露出了他的极端傲慢，他的回答是："在我们把缰绳套在圣马可广场上的驷马铜像上之前，不会有和平。"也就是热那亚人一定要彻底征服威尼斯，剥夺它的自由。

在这样的情形之下，威尼斯人决心死战到底。

所有市民全部动员起来，人人出钱出力，特别是在民众的强烈要求之下，皮萨尼被放出来，担任威尼斯的城防司令，实际上成了威尼斯军队的统帅。他在观察了战场的形势之后，萌发了一个大胆而富有创见的主意。

这时候，热那亚人的主力尽在吉奥佳镇内，吉奥佳位于一个小岛之上，有三条水道与外界相通，其中主要的是伦巴第水道。

于是，这一天，由皮萨尼与威尼斯总督安德利亚·康塔里尼（Andrea Contarini）亲自率领的威尼斯的几乎全部海陆军，偷偷驶近了吉奥佳。他们先做出姿态，要在两条通向大海的水道边建立碉堡，皮耶托率军从吉奥佳镇冲出来，将这些人打得大败，逃回威尼斯去了。于是皮耶托洋洋得意地回去了，他也看到了威尼斯人想要封锁他的意图，但他相信自己的海陆军足以如今天一样让威尼斯人的计划不能得逞。

——倘若真的这样战斗，的确可能这样，但他没有想到的是，就在他与威尼斯人作战的时候，威尼斯另外派出两艘柯克船已经偷偷驶进了伦巴第水道。柯克船是一种体积庞大的商船，不能用来打仗，但可以运载很多东西。这两艘柯克船驶进伦巴第水道后，船员立即将船底凿开，不久就沉入了水底。

由于伦巴第水道并不宽阔，水也不深，这样两个大家伙沉进去，就等于是将整个水道封锁住了。

此后，皮萨尼又率领他的舰队在另外两个水道之中也投掷了障碍物，并且舰队时时守住了两个出口，防止热那亚人冲出来。而这时候，为了进攻威尼斯城，皮耶托已经将他的全部军舰都开进了潟湖。

这样的结果是，本来想要包围威尼斯的热那亚人现在反而被包围了。

等热那亚人明白威尼斯人意图后，立即发动反击，想要打通水道，但他们发现想要在这样的情形之下移开那些巨大的柯克船是不可能的。于是他们一次次地往外冲，但都被威尼斯人拦住了。

但皮耶托并不十分担心，因为他在镇内还有比较充足的给养，而威尼斯城同样也被包围了，特别是威尼斯人口众多，需要的粮食给养也多得多，在包围之下是坚持不了多久的，只能投降。等城内的威尼斯人投降，外面包围的舰队自然也得投降了。

这当然也是事实，因此，虽然包围了吉奥佳，但威尼斯城内的形势仍越来越险恶，特别是粮食越来越紧缺，还出现了投降的声音，有人甚至主张彻底放弃威尼斯，将全部居民移往殖民地去。

但皮萨尼坚决反对这种想法，说只要他们能够坚持，就一定可以打败热那亚人，他还拿出了撒手锏，指出泽若率领一支强大的舰队在外，只要他及时赶回来，就一定可以打败吉奥佳镇内的热那亚人，从而赢得战争的胜利。这样的理由当然是成立的，于是双方继续僵持着。

转眼到了1380年元旦，在亚得里亚海，远远地，海面上出现了桅杆的尖顶。这难道是热那亚人的援军？倘若如此，威尼斯人就彻底完蛋了。但不是！而是泽若的舰队。此时，泽若已经在地中海中游弋一年多了，他的主要任务是打击热那亚人在地中海中的商船队，他几乎打遍了整个地中海，从第勒尼安海一直打到靠近地中海东岸的罗德岛，收获巨大，仅仅捕获的敌船就有70艘之多。

泽若的到来使威尼斯人士气大涨，相反，热那亚人则惊慌失措。于是他们想尽一切办法要冲出威尼斯的包围，他们的军舰也一次又一次地冲向两条通向地中海的水道，但都被威尼斯的舰队打败了，损失惨重。主要是由于这时候的航道已经被威尼斯人用各种障碍物弄得很狭窄了，想要出来非常不容易，何况外面有威尼斯人的军舰不停地猛攻，怎么出得来呢？

但这还不足以取得胜利，在吉奥佳镇内还有热那亚人的大部队呢！他们也封锁了威尼斯，要解开威尼斯之围就必须消灭这批敌人。

于是，威尼斯人向吉奥佳发动了猛烈的攻击，热那亚人也拼命抵抗，战斗异常激烈。特别是在拉雷多要塞，这里是热那亚人主要的防御阵地，皮耶托就在这里坐镇指挥。

这时候，威尼斯人的一件重型武器产生了重要作用。这是一种巨型的射石炮，用铸铁制成，炮弹就是巨大的石头，可以发射重达百斤的"炮弹"——球形的大石头。

威尼斯人用这样的射石炮猛轰拉雷多要塞，有一天竟然将皮耶托给打死了，虽然热那亚人又有了新的司令，但形势已经十分危急。

但处于饥饿状态中的威尼斯人也一样危急，于是威尼斯任命泽若为陆军总司令，以打下吉奥佳镇。

此时威尼斯已经将所有能够动员的力量都动员起来了，泽若已经拥有了一支达1.5万人的军队，他率领这支大军向被困在吉奥佳镇内的热那亚人发动了猛烈的进攻。两军在吉奥佳镇外的桥上、水道上、堡垒里展开了殊死搏斗，热那亚人一次次地想冲出来，冲向大海，威尼斯同样想冲进去，消灭镇内的敌人，但双方都没有成功，只留下了大堆的尸体。

热那亚人其实早得到了来自本土的支援。热那亚已经派出了一支强大的舰队，在马蒂奥·马卢弗的率领下驶进了地中海，但他并没有马上航向威尼斯，而是像泽若那样在地中海中游弋，想劫掠威尼斯的商船。直到六月份才抵达威尼斯。但这时候威尼斯人已经士气高涨，舰队严阵以待，他与威尼斯打了几仗之后，知道无法取胜，只好回去了。而热那亚人以为只要外援到达就可以反败为胜了，但结果竟然这样！而这时候吉奥佳镇内已经几乎弹尽粮绝。

在这样的情形之下，热那亚人被迫投降，这是1380年6月24日的事。

这也标志着第四次威尼斯－热那亚战争的结束。

海洋帝国

不久之后，威尼斯人与热那亚人在都灵签署了和约，不过并不是投降条约，因为这时候的热那亚人远没有到彻底失败的程度，他们的城市甚至还没有受到攻击。所以这基本上是一份平等协议，威尼斯只是收回了部分在此次战争中失去的领土，两国等于重新又回到了过去一直存在着的情形——在整个地中海中展开竞争，不过此后再也没有战争了，只有商业上的竞争。

但总的来说，威尼斯人乃是胜利者，热那亚人则失败了。为什么呢？

原来，在这次战争之中，威尼斯与热那亚都用上了倾国之力，不但将自己的钱花得干干净净，还欠下了大笔债务。热那亚人无法承担这样的后果，不久就发生内乱，五年之内十易总督，国家一片混乱，于是慢慢地衰落下去了，虽然后来一度有所起色，但远没有恢复到从前与威尼斯在地中海争霸时的荣光。

威尼斯可不一样，虽然它也欠下了巨债，但在大家的齐心努力之下，不但没有从此衰落下去，还慢慢地复兴起来了，此后进一步进行了殖民扩张，成为了地中海中最为强大的力量、成为了一个横行地中海的不折不扣的"海洋帝国"。

海洋帝国威尼斯，它的船在大海中自由航行。
(Artist:Joseph Mallord William Turner)

所以，威尼斯与热那亚之所以在持续百余年的威尼斯－热那亚战争之后走向了不同的命运，还是与人有关，简言之就是：威尼斯人团结、国家有内聚力；热那亚人不团结、国家缺乏内聚力。以克劳利的话来说就是：

威尼斯比热那亚坚持得更久，不是因为它的军事力量更强，而更多得益于其体制的巩固、强大的社会凝聚力，以及人民对圣马可旗帜的忠诚。[5]

不过，威尼斯人此后的日子过得并不轻松，因为这时候又来了一个强大的敌人——奥斯曼土耳其。

这将是一个比此前任何敌人都更要强大得多的敌人，对威尼斯如此，对整个基督教世界也是如此。

---

[1] ［英］罗杰·克劳利 著：《财富之城：威尼斯海洋霸权》，陆大鹏等 译，社会科学文献出版社，2015年2月第一版，第170页。
[2] ［意］薄伽丘 著：《十日谈》，王永年 译，人民文学出版社，1994年12月第一版，第一天（前言）。
[3] ［英］罗杰·克劳利 著：《财富之城：威尼斯海洋霸权》，陆大鹏等 译，社会科学文献出版社，2015年2月第一版，第209页。
[4] 同上，第211页。
[5] 同上，第280页。

第 12 章　奥斯曼土耳其的崛起与征服
——这是有史以来最强大的伊斯兰帝国

奥斯曼土耳其的诞生要从前面的塞尔柱帝国的崩溃开始。

奥斯曼土耳其的诞生

我们前面说过,塞尔柱人或者说塞尔柱突厥人在阿尔普·阿尔斯兰和马立克·沙赫父子的统领下,占领了很多地方,包括小亚细亚半岛中部的安纳托利亚在内。但在马立克·沙赫于 1092 年去世后,他的兄弟们、侄子儿子们相互争斗,使帝国四分五裂,一开始分成比较大的三个国家,一个占据了波斯,另一个占据了叙利亚,第三个则占据了安纳托利亚。但它们之间一直争斗不休,总之原来的塞尔柱帝国陷入了一片混乱之中。

实际上,早在阿尔斯兰去世时,已经开始有争执了,并且正是这时候在安纳托利亚出现了一个新国家,这就是罗姆苏丹国。

罗姆是阿拉伯人对罗马的称呼,因为这个国家所在的地方过去一直是罗马人的领土,所以他们占据之后就称为罗姆苏丹国,即建立在罗马人土地之上的苏丹国。建立者是阿尔斯兰的远亲苏莱曼·库塔尔米什,他是阿尔斯兰的统军大将,在我们前面说过的曼齐克特战役中立下了大功,后来成为安纳托利亚西部一带的统治者。1075 年时,他又从拜占庭帝国抢到了尼西亚及尼科米底亚。特别是尼西亚,是一座繁荣的大城,也是历史名城。过了两年,他就宣布独立建国了,这就是罗姆苏丹国的由来。

使罗姆苏丹国走向强大的决定性一步是密列奥塞法隆战役。

这时候已经到了 1176 年,罗姆苏丹国的统治者是基利杰·阿尔斯兰二世,东罗马帝国的皇帝则是曼努埃尔一世。

这位曼努埃尔一世也是个有为之君,统治东罗马帝国长达 37 年(1143—

这幅画描绘了密列奥塞法隆战役的情形：敌人埋伏在山上，等东罗马帝国进入山谷时发动猛攻，从而取得了胜利。

(Artist:Gustave Doré)

1180年），在他的统治之下，东罗马帝国达到了最后一个高峰期，曾经在亚得里亚海沿岸一带征服大片土地，击败了强大的匈牙利人。不过也为东罗马帝国树立了一个强敌，这就是威尼斯人。

1171年，曼努埃尔一世下令逮捕帝国境内所有的威尼斯人，并且废除了威尼斯人在拜占庭帝国的长久以来享有的贸易特权。威尼斯人大怒，派出了由120艘战舰组成的强大舰队攻击帝国，但曼努埃尔一世派出了一支更为强大的舰队，由多达150艘战船组成，在地中海中大败威尼斯人。——这也为威尼斯人的攻掠君士坦丁堡埋下了隐患。后来他还使得帝国东部由十字军建立的国家都臣服于他，而帝国北部的俄罗斯人也是他可靠的盟友。总之东罗马帝国这时候似乎又恢复了昔日的荣光。

正因为有了这样的基础，曼努埃尔一世准备趁热打铁，向东方进军，收复被突厥人占领的领土。为此曼努埃尔一世亲率举国之兵开赴东方，除了自己精锐尽出外，由十字军建立起来的安条克公国和匈牙利王国也派出了大批部队。另外，曼努埃尔一世还将帝国几乎所有的攻城器械都带来了，目的就是要收复尼西亚。

看到这样的情形，基利杰·阿尔斯兰二世决定不与之正面对抗，而是采用了坚壁清野的战术，一路撤退，并且毁掉了可供敌军使用的一切东西，例如烧毁了庄稼、在井水中投毒，如此等等。结果使得拜占庭军队由于喝了脏水而暴发了痢疾，许多士兵因此丧生。

但曼努埃尔仍继续进军，结果在密列奥塞法隆一带进入了基利杰·阿尔斯兰二世设下的包围圈。这里是一个大山谷，当东罗马帝国的前军进入山谷后他突然发动猛攻，只见周围的山岭上箭如雨下，东罗马帝国大军顿时崩溃，损失惨重。这就是密列奥塞法隆战役了。

此役后，东罗马帝国最大的损失不是

兵力，而是丢失了所有攻城器械。这样一来，他们就再也不可能攻下突厥人的坚固城堡了，也就是不可能再收复被突厥占领的小亚细亚半岛土地了。

此役后，突厥人开始反攻，甚至一度打到了爱琴海边，但在第二年的凯里恩-利莫切尔战役中，东罗马帝国又赢得了胜利，稳住了阵脚。不过从此罗姆苏丹国就牢牢控制了安纳托利亚，到了凯霍斯鲁一世时期，国势开始走向了鼎盛，特别是他在1207年时夺取了小亚细亚半岛西南部、地中海海岸边的安塔利亚，标志着突厥人已经进入爱琴海。

但后来，到了凯霍斯鲁二世时期，一个强大的敌人袭来，这就是蒙古人。1243年，凯霍斯鲁二世在克塞山战役中大败，从此成为了蒙古人的附庸。

再后来到了约1300年左右，罗姆苏丹国进一步分裂，变成了许多相互独立的小国，彻底衰落了。

这时候，在小亚细亚半岛西部，一个这样的小国却慢慢地强大起来了。

这小国的建立者就是恩图格勒尔，他本是生活在今天的土库曼斯坦一带的乌古斯突厥部落的首领，后来带着他的人民离开了家乡，到达了罗姆苏丹国，帮助他们与东罗马帝国作战，罗姆苏丹将他们安置在西部，主要任务是保卫帝国的西部边境，防备东罗马帝国的进攻。到了13世纪末，罗姆苏丹国开始衰落、分裂，于是恩图格勒尔的实力就慢慢地强大起来了，当他于1280年左右去世之后，他的儿子继位了，这就是奥斯曼一世。

这个奥斯曼一世就是奥斯曼土耳其的开国之君了，奥斯曼土耳其中的"奥斯曼"就来自他的名字。

奥斯曼一世继位之后，罗姆苏丹国已经大大衰落了，他乘此机会不断扩充势力。这时候，在他的西边有不少东罗马帝国的贵族封地，他就采取了两手策略。一是用武力攻取。这时候他拥有一支主要由所谓的加齐武士组成的强大军队；二是有时候也用出钱购买或者通过联姻得到领土。

通过这样的手段，他的领地不断扩大，到1308年时，他的军队已经征服了爱琴海边的历史名城以弗所，其实力已经抵达地中海。后来他又征服了马尔马拉海旁边的伯沙（Bursa），这里是联结地中海与黑海的重要航道。这些征服为未来的奥斯曼土耳其奠定了基础。

据传说，这位奥斯曼一世曾经做了一个有名的梦。

他经常去看望自己最尊敬且宠信的大臣艾德巴里。有一天他又去了，并且住在那里了，就在这天晚上做了这样一个梦：梦中一轮明月从艾德巴里的胸膛升起，然后沉落到了他的腹中。接着从他的肚脐上长出了一棵树，它不断长大，后来树荫笼罩了整个世界。

梦醒后他请艾德巴里为他解读，艾德巴里告诉他，这说明神已经降恩于他和他的后人，他们将统治整个世界，而他的女儿将成为苏丹的妻子。

奥斯曼一世于1326年去世之后，奥尔汗一世继位，他统治了33年，继续扩张，并且走出了关键性的一步，就是在欧洲赢得了一个立足点。据说他的大将苏莱曼只带了39个人，躲藏在一条热那亚的船里，渡海偷袭了博斯普鲁斯海峡边的加里波利城堡，成功占领之，从此将这里作为向欧洲扩张的桥头堡。

奥尔汗一世的另一个重要举措是娶了东罗马帝国皇帝约翰六世的女儿，这时候他已经60岁了，约翰的女儿还只有14岁，但他并没有因此一味支持约翰六世，而是时而支持约翰六世，时而支持与他竞争的帝国共治皇帝约翰五世，并且利用这个而大谋其利，也使东罗马帝国更日衰一日。

奥尔汗一世之后，穆拉德一世继位，他继续乃父的政策，进军欧洲，占领了巴尔干半岛的不少地方，甚至将首都迁到了亚得里亚堡，这里直到今天还是土耳其的地盘。

两年后，1389年6月，穆拉德一世在科索沃战役中，被一位诈降的塞尔维亚贵族用毒匕首刺杀了，但土耳其军队还是取得了胜利，占领了大片巴尔干半岛地区。此后巴耶济德一世继位。

巴耶济德一世的悲喜人生

这位巴耶济德一世一生可分为两个时期、两场战争，一喜一悲、前喜后悲。

在前一个时期中，他取得了不少胜利，先是彻底击败了塞尔维亚，使之沦为自己的附庸国，还娶了塞尔维亚国王的女儿德斯皮娜，使奥斯曼帝国与塞尔维亚人建立了牢固的同盟。

1391年时，巴耶济德一世开始率军围攻君士坦丁堡，这时候的东罗马帝国已经非常衰弱了，难以抵挡，于是这时候的皇帝约翰五世请求基督教国家予以援助，这一次他达到了目的，一支新的强大的十字军组织起来了，因为欧洲人已经感觉到，倘若东罗马帝国被灭亡了，他们欧洲也将面临可怕的灾难。特别是威尼斯人，他们知道一旦东罗马帝国灭亡，他们在地中海与黑海的商业利益都大受损失。

于是几乎整个欧洲都动员起来了，主力是匈牙利人和法兰西人，此外还有医院骑士团和威尼斯人，威尼斯人派了24艘船只将医院骑士团的骑士们从地中海东部的罗德岛送往马尔马拉海，再从这里向多瑙河逆流而上。虽然这时候的土耳其已经有一些军舰，但还不敢与威尼斯海军对抗，任由他们到达了目的地——多瑙河岸上的尼科波利斯要塞附近。这个要塞已经被土耳其人占领，十字军准备在这里集聚力量，攻克要塞，然后再向东攻击土耳其人。结果就是1396年9月爆发的尼科波利斯战役了。联军的统帅是西吉斯蒙德，他是当时的神圣罗马帝国皇帝兼匈牙利国王。

  对于这次战役的详情就不说了，总之，基督教的联军惨败，大批骑士被杀被俘，其损失之大要超过此前所有在地中海发生的十字军东征，据说主要是因为法国的骑士们盲目自大，坚持发起主动冲锋，结果惨败，从而导致了整个战局的崩溃。

  还有，由于此前欧洲人在战斗中曾经屠杀土耳其人，因此土耳其人也对欧洲战俘进行了更为残酷的报复性残杀。

  此役之后，欧洲人知道土耳其人的厉害了，再也不敢组成这样的十字军了，任由土耳其人征服巴尔干半岛，同时继续围攻君士坦丁堡。

  但就在这个时候，一个人暂时拯救了欧洲和东罗马帝国，这就是帖木儿。

  关于帖木儿的身世，有说法其祖先源自成吉思汗的高祖父敦必乃，但也有说法他是突厥人而非蒙古人，但他自称为蒙古

这幅土耳其古画描绘了尼科波利斯战役。

人，并且想要继承成吉思汗的事业。他原来生活在由蒙古人建立的察合台汗国分裂而来的西察合台汗国，后来又娶了东察合台汗国的公主，再后来兼并了整个察合台汗国，迅速集聚了一支强大的军队，开始东征西讨，不断取胜，实力迅速扩大，征服了包括波斯在内的几乎整个中亚，然后向西进军，与土耳其人开了战。

  听说帖木儿来攻后，巴耶济德一世正在志得意满之时，当然不惧，率军迎击，于是两军在小亚细亚半岛中部的安卡拉一带

展开决战，这就是安卡拉之战，这是1402年的事。

在这场战斗中，与欧洲人作战时强悍无比的巴耶济德一世在蒙古人的优势骑兵的打击之下不久就难支了，特别是后来他军中也属于蒙古人的鞑靼军团倒戈帖木儿，巴耶济德一世的整个防线顿时崩溃，他本人也被俘虏了。

这时候，完全可以相信，倘若帖木儿的大军继续西进，精锐尽失、苏丹也死了的土耳其是根本抵挡不住的，他完全可以轻松地灭亡之。但帖木儿没有这样，而是回师东方，因为他新的征服目的地不是土耳其，而是中国的明朝。

1404年11月时，他统领20万大军准备进攻明朝，但不久后就在征途病死，他的帝国于百年左右后被另一支突厥人乌兹别克汗国灭亡，但他的曾孙巴卑尔侵入印度，建立了莫卧儿帝国，此后这个帝国统一了整个印度，并且一直统治到1857年，长达约400年。

再说土耳其，巴耶济德一世被俘后，他的四个儿子纷纷自立，并且自相残杀，使奥斯曼土耳其出现了一个没有苏丹的时期，被称为奥斯曼帝国大空位时期，到1413年，他最小的儿子在内战中胜出，成

这幅画描绘了巴耶济德一世成了帖木儿俘虏的情形。
(Artist:Stanisław Chlebowski)

了新苏丹，称穆罕默德一世。

重新崛起

穆罕默德一世登位后，主要的目标是恢复在他父亲被俘后帝国失去的领土，他也成功了，但他在位时间不长，死后由儿子穆拉德二世继位。

穆拉德二世又是一个有为之君，重新开始如祖父一样大力征服欧洲，并且也围攻了君士坦丁堡，但看到一时攻不下来，就撤军了，开始将矛头指向威尼斯人，主要目标是塞萨洛尼基，位于爱琴海北岸的一座大城。

从1422年开始，他就派军包围了塞萨洛尼基，这时候它还是东罗马帝国的领土，后来城市的统领眼看不可能从母国得到帮助，就把城市交给了威尼斯人，因为威尼斯人答应使这里固若金汤。但他们想错了，虽然付出了巨大的代价，但还是没有守住塞萨洛尼基，因为这时候的穆拉德二世不但有了强大的陆军，甚至还有了强大的海军，因此后来不但从陆上，还从海上封锁了塞萨洛尼基，一直围困了整整8年，到1430年，弹尽粮绝的城市只得投降，为了惩罚他们的反抗，穆拉德二世让土耳其兵在这里大抢三天。

占领了塞萨洛尼基之后，土耳其人就在爱琴海上得到了一个牢固的立足之点，不久，以此为基础，他们将征服整个希腊半岛。

这时候，面对巨大威胁的欧洲人再次联合起来，与土耳其人发生了两场大战，一场是1444年的瓦那之战，地点是黑海西岸的瓦那，与穆拉德二世对战的是当时的匈牙利-波兰国王乌拉迪斯劳三世，还有他的瓦拉几亚盟军以及来自欧洲其他国家的一些骑士，战斗结果又是欧洲联军大败，乌拉迪斯劳三世战死，时年仅20岁，他的头被送到了穆拉德二世的跟前。

另一场是第二次科索沃之战。在这次战役中，与穆拉德二世对战的则是匈牙利人，他们的统帅叫约翰·哈恩亚迪，他此前也参加了瓦那之战，失败后逃走了，但不忘复仇，四年之后，他又聚集起了一支三万人的大军，并联合了一批来自欧洲其他国家尤其是德意志的骑士，与土耳其人在上一次科索沃战争的同一个地方，展开了大战。

这次的结果又是欧洲人惨败，主要原因之一是这位哈恩亚迪没有能够团结起塞尔维亚人来——这次战斗就发生在他们的土地上，甚至在他们的土地上烧杀抢掠，使得他们宁愿站在土耳其人一边。这是1448年的事。

此役后，整个欧洲再也没有人敢主动

向土耳其人挑战了，只能被动防御了，而整个巴尔干半岛也注定要被土耳其人统治了。

这时候奥斯曼土耳其已经崛起成为了一个强国，可以说其势力要强于当时任何一个欧洲国家，而且，这个国家的领土主要在欧洲，因此它实际上是一个欧洲国家。就像今天的土耳其一样，一直认为自己不是亚洲而是欧洲国家——虽然它的领土现在绝大部分在亚洲。

对于奥斯曼土耳其的这种崛起，布罗代尔曾经感到很奇怪，他说：

奥斯曼人的历史的确是多么奇怪啊！他们随着在小亚细亚的变化不定的边界地区进行的战斗成长壮大起来，而这些边界地区正是冒险家和宗教狂热分子的渊薮（因为小亚细亚是一块举世无双的、充满神秘主义的狂热崇拜的土地），在这个场所，战争和宗教并驾齐驱，好战团体比比皆是，而且众所周知，土耳其近卫军士兵曾经同阿克哈依斯和伯克塔西斯等势盛力强的教派紧密结合。奥斯曼国家的行动、发展变化、基础和初期的狂热都源出于这些因素。奇迹是：这样一个蕞尔小邦竟能在经历了各次动荡和它的地理位置必然招致的种种意外事件之后继续存在下去。[1]

这里所说的意外事件就是在奥斯曼土耳其崛起的过程之中，曾经出现过许多重大的挫折，包括不止一次的内部反叛，最重大的危机当然就是巴耶济德一世的被俘了，但奥斯曼土耳其奇迹般地不但一个个克服了这些重大的危难，而且还不断地成长壮大起来！这或许算是一种天意吧！

第二次科索沃之战三年后，1451年，穆拉德二世去世了，他的儿子继位，是为穆罕默德二世。

"征服者穆罕默德"

这位穆罕默德二世继位之后所做的第

这就是号称"征服者"的穆罕默德二世肖像，由同时代的著名意大利画家贝里尼所作。
(Artist:Gentile Bellini)

一件事就是杀了他的弟弟，这是因为他看到自己的祖父穆罕默德一世和兄弟们为了争位而自相残杀，差点使国家走向灭亡，这就是所谓的"亲族屠杀"——或者应该译为"血缘残杀"。此后，他也将这个定为了国策，即当新君上台之后，为了日后免除兄弟们可能的叛乱，有权力将他们全部杀死。此后的历任苏丹一直这么做，到了穆罕默德三世时达到了最血腥的程度，他登位后的第一件事就是将他的19个兄弟通通杀掉。但他的儿子艾哈迈德一世继位后放弃了这种做法，没有杀死兄弟们，而是将他们终身囚禁起来了事。这时候已经是17世纪了。

穆罕默德二世也是整个奥斯曼土耳其历史上最大的征服者，因此绰号"征服者穆罕默德"。

其实在继位前穆罕默德二世已经当了两年皇帝，这就是1444—1446年，他父亲穆拉德二世主动把苏丹之位让给了他，这时候他还只有12岁，但他自知无力统军，因此在瓦那之战前夕要求他父亲出来掌权，据说他写信给父亲说："如果你是苏丹，那么你就要来统帅你的军队。如果我是苏丹，那么我就命令你来统帅我的军队。"他的父亲只得前来，结果就是瓦拉之战的大胜了。此后他继续当苏丹直到去世，去世后才由穆罕默德二世正式继位。

攻克君士坦丁堡

穆罕默德二世继位之后为自己定下了首要目标，就是彻底征服东罗马帝国，也就是要攻克君士坦丁堡——因为这时候的东罗马帝国的领土基本上已经只剩下君士坦丁堡这座城市了。

他知道君士坦丁堡的城防坚固无比，因此预先采取了一系列的措施。

首先是建立了一支强大的海军，当他正式开始攻城的时候，已经拥有一支由多达300多艘战舰组成的庞大海军了。

其次是彻底控制博斯普鲁斯海峡。

这时候，在博斯普鲁斯海峡的亚洲一侧已经有了一座坚固的城堡安那多伦希萨利，但穆罕默德二世觉得还不够，因此又在更紧邻海峡的欧洲一侧兴建了另一座更为坚固的城堡罗马利希萨利，并且在这里安上了大炮，然后向经过的一切船只收通行税。

曾经有一艘威尼斯商船拒绝缴税，结果被一炮打沉，幸存的船员们全部被斩首，只有一个例外，就是船长，没有砍他的头，而是将他折磨至死后，将内脏掏空，在里面塞上草，立在海峡边，让过往的船只看看不交税是什么结果。

这样一来，穆罕默德二世已经将君士坦丁堡完全包围了，剩下的最后一项工作

这也许是最早的血缘残杀：该隐杀了弟弟亚伯，这样的残杀在土耳其人宫廷发展到了极致。

(Artist:Josep Vergara)

就是攻而克之了。

此时已是1452年，穆罕默德二世准备了一支西方历史上少有的大军，重重包围了君士坦丁堡——陆军多达20万，另有一支由300多艘战舰组成的庞大海军。

此外他还得到了一件极为重要的攻城利器——超级大炮。

据说这尊大炮是一位叫乌尔班的德国或者匈牙利工匠制造出来的，他先去找了东罗马帝国的君士坦丁十一世，但他显然没有足够的钱来雇佣他或者铸造这样的大炮。于是他又去找了穆罕默德二世，当穆罕默德二世听说他可以制作出那样的大炮时，不但当即雇佣了他，给他的薪水是他所要求的四倍之多。至于所要的材料，当然是应有尽有。

后来制造出来的大炮有多大呢？它的长度超过8米，炮口直径近80厘米，青铜的炮管有20厘米厚。在第一次试炮时，它将一个重达608公斤的炮弹发射到了1.6

公里之外，炮弹着地后还在地上炸出了一个近2米的又大又深的坑！

可以想象，当这样的炮弹——它就是一块球形巨石——砸到君士坦丁堡的城墙上时，会产生多么巨大的破坏力！

面对如此空前强大的敌人，这时候的东罗马帝国又怎样了呢？

这时候的东罗马帝国正处于巴列奥略王朝时期，这个王朝统治了东罗马帝国近200年，即从1261年直至1453年，最后一个皇帝是君士坦丁十一世。

这位君士坦丁十一世其实也是一个相当有为的君主，但到了他这个时代，昔日领土辽阔的东罗马帝国已经成了蕞尔小邦，领土只包括首都君士坦丁堡城以及地中海中的几个小岛，最大的一块领土则是位于希腊半岛的摩里亚。

摩里亚这个名字比较陌生，但它在古代有一个响亮的名字，就是伯罗奔尼撒半岛，斯巴达的所在地，但到了中世纪就被称为摩里亚了。这时候的整个伯罗奔尼撒半岛除了几座城市外依然处于东罗马帝国的统治之下，它的首府是米斯特拉斯就位于昔日的斯巴达一带。在东罗马帝国的经营之下已经是一座相当繁荣的城市，建有漂亮的拜占庭式宫殿。君士坦丁十一世就曾经担任这块东罗马帝国最重要领土的君主。

他在这里进行了苦心经营，发展生产，加固要塞，甚至开始扩张。他于1444年率军从摩里亚出发，攻入了北部的雅典公爵的领土，并且很快占领了底比斯和雅典这两座古希腊时期的名城，迫使雅典公爵同意向他纳贡。

然而这时候的雅典公爵乃是奥斯曼土耳其的附庸，他这样的入侵必然会遭到土耳其人的反击。于是，到了1446年，这时候的苏丹穆拉德二世率大军攻来，人数多达5万以上，远远超过了东罗马帝国的军队，在土耳其人优势兵力的打击之下，君士坦丁十一世——这时候他还不是皇帝——只能步步后退，直到退入了米斯特拉斯城。只是这时候的穆拉德二世并不想彻底摧毁东罗马帝国在摩里亚的统治，只是进行了疯狂的劫掠，将大批人民抓起来卖为奴隶，使整个摩里亚几乎变成一片废墟。最后的结果是，东罗马帝国同意成为土耳其的附庸，年年纳贡。经此大劫，东罗马帝国最后一点资产被毁掉了，从此再也没有崛起的可能了。

君士坦丁十一世的哥哥约翰八世于1449年去世，没有留下后代，本来并不一定是他当皇帝，最后交由是时东罗马帝国的宗主奥斯曼土耳其的穆拉德二世裁决，穆拉德二世将帝位授予了君士坦丁十一世。所以，君士坦丁十一世之所以能够成为皇帝，实际上是由奥斯曼土耳其人决定的。而且他的加冕也不是在君士坦丁堡，而是在米斯特拉斯，加冕的也不是东正教的大牧首，而是摩里亚的主教。这当然可能与这时东罗马帝国实际上已经不是一个完全独立的帝国而是一个附庸国有关。在米斯特拉斯加冕后，他才坐着一艘威尼斯的商船经过爱琴海前往君士坦丁堡就位。

登上帝位后两年，1451年，与君士坦丁十一世关系比较友好的穆拉德二世去世了，他的儿子穆罕默德二世继位，他登位之初就决心要征服君士坦丁堡，因为他视之为卡在帝国喉咙里的一块骨头。

得知穆罕默德二世有这样的想法后，君士坦丁十一世没有软语相求，若是这样的话，作为奥斯曼土耳其的附庸，一向还算讲道理的苏丹应该暂时会同意的，至少不会马上进行武力攻击，但君士坦丁十一世偏偏不是一个软骨头，他威胁说，倘若穆罕默德二世敢用武力进攻他的话，就要将这时候正在他掌控之下的一位奥斯曼土耳其王子——他也有当苏丹的权利——释放出来，这样一来穆罕默德二世的帝位就不稳了。但已经把帝位坐得牢牢

这是十五世纪时罗马城的残破景象，前面的拱门就是君士坦丁门，当时的君士坦丁堡更是这个样子。
(Artist:Giovanni Paolo Panini)

的穆罕默德二世根本不吃这一套，相反将之看成是公然挑衅，于是断然做出了武力攻克君士坦丁堡的决定。

残破赤贫的帝国

君士坦丁十一世知道了土耳其人的计划，只得想尽办法来对付。

他先是要设法建立一支强大的军队，并且加固城墙。虽然在这两件事上他也做了一些事，但能够做的却很有限，原因很简单——没钱。

这时候，我们要来讲讲东罗马帝国这时候的国内形势了，那就是一个字——穷。

此前几百年，东罗马帝国一直实行所谓的"军区制"，也就是将全国的行政区域与军队编制结合起来，在地里耕作的农民是亦兵亦农，平时他们是农民，有自己的小块土地，需要打仗时就拿起自己早就准备好的武器、穿上盔甲，骑上战马出征。这乃是东罗马帝国主要的治国形式，一直产生了很好的作用，因为兵员稳定，而且农民作战实际上是为保卫自己的土地而战，所以当有外敌入侵时特别有战斗力。也正是因为有了这个制度，所以东罗马帝国一直强盛了好几百年。但后来，由于种种原因，如不断的分封土地使得独立的小农越来越少，所以国家不但兵力不断减少，而且税收也越来越少，同时产生了许多大军阀，他们地广民众，甚至可以威胁中央政府。还有就是由于东罗马帝国连年征战，败仗居多，不断失地，所以人口也不断减少，国家的实力自然也就越来越弱了。

如此等等，这些才是东罗马帝国灭亡的主因，所以东罗马帝国之亡远不是穆罕默德二世的大军的征服这么简单。所以，正如一篇文章《论十五世纪拜占庭帝国灭亡的内在原因》中所言：

不能把拜占庭帝国灭亡的原因简单归于奥斯曼土耳其人的军事胜利，应从广泛的历史中去寻找内在原因。[2]

其根本原因就如我们上面所指出的，以专著《拜占庭学研究》中的话来说就是：

小农经济的衰落和军区制的瓦解直接削弱了拜占庭武装力量赖以维持的经济基础，导致国力军力下降，这成为拜占庭帝国晚期军事失败的根本原因。

……

农兵对于国家恰如头颅对于身体一样，……谁忽视了它即毁了国家的安全。[3]

后来随着有自己土地的小农的急剧减少，无法征到足够兵员的帝国政府只能出钱招募雇佣军了。

雇佣军乃是东罗马帝国后期最主要的兵力来源，有时候几乎全部出征的军队都是这样的雇佣军。要有雇佣军当然得有一个基本条件，就是得有钱。于是，为此帝国政府又要花费巨额的金钱，而这样的结果是非常可怕的，因为这时候的帝国政府由于领土日削，财力自然也越来越紧张，很难有巨额的金钱用来支付军饷，但有时候仗又不得不打，特别是当外敌入侵的时候——这样的入侵也越来越多，我们前面已经看到了。于是就被迫想尽一切办法筹钱，当然主要是征税，不但要从普通农民市民那里征，还要从贵族那里征，有时候甚至要从教会征，不断地想尽名目乱征，这样一来自然就会遭到从平民到贵族到教会的反对，甚至激起内乱，使本来就衰落的帝国越来越屡弱不堪了。

到了13世纪的巴列奥略王朝时期，整个东罗马帝国包括首都君士坦丁堡已经破败不堪了，据当时慕名而来的西班牙旅行家皮罗·塔夫记载，那时候的君士坦丁堡城内已经根本不像城市，因为到处都种上了庄稼，有农田也有菜地，一派破烂不堪，他不由感叹道：

被人称为"天堂"的教堂如此破败不堪，已经无法修复。破烂的码头一定曾十分繁忙，因为即使在今天还能停泊大量船只。皇宫也一定曾宏伟辉煌，但如今它和整个城市都败落了，成了人们遭受和放纵各种罪恶的场所。4

到了1341年约翰五世继位后，更是穷得几乎一穷二白了，当他结婚的时候，婚礼的情形是这样的：

连金银杯盘都没有，一些杯盘是锡制的，其余的用陶土制成。婚礼上皇帝穿戴的衣帽礼服装饰也仅有黄金宝石的样，其实都是染上金色的皮革，或饰以彩色玻璃，……到处可见类似具有天然魅力的宝石和绚丽多彩的珍珠一样的东西，但是，这些都骗不过众人的眼睛。5

可怜吧！这就是东罗马帝国皇帝的婚礼，堪称史上最穷的皇帝婚礼吧！

所以东罗马帝国被灭亡是迟早的事，只是轮到了君士坦丁十一世头上而已。

正是基于以上的情形，当君士坦丁十一世想尽一切办法想要抵抗土耳其人时，他能够想的办法实在很有限。

当然，他也用尽办法招募了一些雇佣军，总之，当土耳其人到来时，东罗马帝国的总兵力只有7000来人，整个君士坦丁堡城的居民男女老少加起来不过5万人左右，他面对的土耳其军队至少是10万以上！至于海军，对比也差不多，穆罕默德二世的海军有300多艘舰只，而君士坦丁十一世则不到30艘。

他知道不可能凭这点军队保住自己的国家，于是再次向西方的基督教世界发出了呼吁，请求他们的援助，甚至同意将天主教与东正教合一，也就是将东正教置于天主教的统治之下。倘若这样，欧洲人当然很可能会再次派十字军来援，但他的这个决定却遭到了君士坦丁堡人的坚决反对，他们不能忘记过去十字军在君士坦丁堡犯下的滔天大罪——正是因为他们的劫掠才使得君士坦丁堡永远失去了往日的繁荣，所以他们坚决地说：宁愿土耳其人的头巾统治着君士坦丁堡，也不要拉丁人的帽子！

这下君士坦丁十一世没有办法了，十字军不会来了，他只能用这区区的力量独抗土耳其大军。

在正式向君士坦丁堡发起攻击前，穆罕默德二世最后一次向君士坦丁十一世提出了建议，就是要他放弃君士坦丁堡，那样的话就让他继续统治米斯特拉斯，在那里继续当他的附庸。但君士坦丁十一世毫不犹豫地拒绝了，誓与君士坦丁堡共存亡。

这样一来，战争的结果就不可避免了。

在做了精心的准备之后，土耳其人的巨炮向君士坦丁堡开火了！时值1453年4月22日清晨。

但这炮火并不是真正的攻城，只是攻城的序幕，堪称狡猾的苏丹还采取了一个也许看起来有些令人匪夷所思的妙招。

这时候我们要来看看君士坦丁堡的地形了。

君士坦丁堡位于欧亚大陆之间的欧洲部分，西边是欧洲大陆，东边是博斯普鲁斯海峡，南边是马尔马拉海，北边则是金角湾。

西边早就是土耳其人的领土了，穆罕默德二世也在这里部署了强大的攻城部队，攻城的巨炮就架设在这里。在南边与东边则是由300余艘军舰组成的强大舰队，但这还不能算是对君士坦丁堡真正的包围，因为在北边还有一个金角湾，这里是一条长约七公里的水道，一端连接着博斯普鲁斯海峡，另一端则是两条小河。从金角湾往南就是君士坦丁堡了，它的北面则是热那亚人的殖民地加拉太。东罗马帝国早就在金角湾里拉起了巨大的铁链，阻隔了一切进入金角湾的船只。铁链的两端都有坚固的堡垒护卫着。

由于金角湾有着相当宽阔的水面，这样一来，对君士坦丁堡实际上算不上真正的包围了。

于是，为了彻底地包围君士坦丁堡，穆罕默德二世想出了一个怪招或者说妙计。

就在4月22日这一天，一些奇怪的土耳其战舰出现了，不是出现在海上，而是出现在陆上，就在金角湾热那亚人的阵地后方，这些阵地保护着封锁金角湾的大铁链的另一端。只见这些船由一大队强壮的公牛拖着，在陆地上缓缓地移动着。

金角湾的黄昏，当没有战争的时候，这里是繁华而美丽的。
(Artist:Ivan Constantinovich Aivazovsky)

原来，这些舰只用圆木绑在船底，然后在事先铺好的一种轨道上由公牛拖着滑动，旁边还有大批的士兵支撑保护它不要倾斜。

这时候，在军舰前面是一座高约60米的小山，山上的树木早被砍光了，这些军舰就这样慢慢地被拉上了小山，到了小山顶后，就往下慢慢地滑去，一直滑到了下面的海上——这里就是金角湾！

这样一来，君士坦丁堡就真的被四面包围了！

这对于君士坦丁堡的保卫者们是一个沉重的打击，也是最后的致命一击。此前在靠近金角湾这边由于有城墙保卫，湾里也没有敌舰，所以基本上不需要士兵防守，现在则意味着需要派出士兵了，这对于本来兵力就严重不足的君士坦丁十一世来说，无异于当头挨了一记闷棍。

为了驱逐这些突然进入金角湾的敌舰，拜占庭人冒了一次险，在早上天亮前派出了四艘军舰，上面都是优秀且勇敢的水手，还有另外一批小船，上面装满了易燃物。他们悄悄冲向土耳其人，准备烧掉金角湾内的敌舰，但被对岸的土耳其炮手发现了，他们立即发炮猛轰，土耳其人的军舰也向他们发动了攻击。结果拜占庭人的两艘军舰被击沉——相当于他们近十分之一的海军力量！还有近百名最优秀勇敢的水兵被杀。而土耳其人却只损失了一艘军舰，对他们庞大的船队而言可以说是毫发无伤。

在做了上述的一切准备之后，穆罕默德二世才向君士坦丁堡发动了猛攻。

只见一发发巨大的炮弹射向君士坦丁堡的城墙，砸在上面发出有如雷霆般的巨响，然后大批土耳其士兵不要命地往前冲去。

但即便土耳其人做了这样精心的准备，即使双方的兵力如此悬殊，然而攻城的过程并不简单。

主要的攻城地点就是西边，也只有在这里才可以安装巨炮去摧毁城墙，土耳其人的巨炮不停地射击，但城墙岿然不动。

因为这里有着也许堪称当时世界上最坚固的城墙，它在1000多年前就开始修建了，被称为狄奥多西城墙，据说是由东罗马帝国皇帝狄奥多西二世（Theodosius Ⅱ）下令修筑的，那时候是公元5世纪初，但事实上更早的时候这里就已经有城墙了，历代东罗马皇帝为了保卫首都也都在不断地加固，总之到了现在，当土耳其人发起攻击的时候，它们堪称固若金汤了！

我们可以具体看看它的结构：在城墙前首先有护城河，它有近20米宽，水深可达近10米，越过护城河后就是一些比较低矮的城墙了，这是第一道城墙，爬上它不难，但在它后面是一片开阔地，也有近10米宽，当敌人好不容易越过护城河爬过第一道城墙之后，就到了这块空地上。这时候等着他们的才是真正的城墙，这也是君士坦丁堡的外墙，它的厚度超过两米，高近10米，上面还有近百个堡垒，里面有各种的防御攻城的武器，沿城墙阵列着。当敌人还在外面的空地上时，就会遭到来自城墙的猛烈攻击了，大队士兵拥挤在这里是很容易遭到大批杀伤的，更不用说当他们攀爬城墙时了。

但即使他们突破了这道外城墙，冲进去时又是另一处开阔地，后面是更为高大坚固的内城墙，这里才是防卫最坚固的地方。这内城墙厚达近5米，高约12米，它上面也有近百个堡垒，在等待着敌人的进攻。

看到了吧！这就是土耳其士兵们面对的君士坦丁堡。所以，当我们看到土耳其人以10倍以上的兵力去攻打君士坦丁堡，但并没有一鼓而下，而是屡攻不克，就不难理解为什么了。

但土耳其人依旧不断地进攻,他们先在护城河里倾倒了大量石头木头沙子之类,将之填平,然后将大炮运过这里,运到可以发炮轰击城墙的地方。

然后,一发发巨大的石弹砸在外墙上,终于砸出了一个缺口。大批土耳其士兵冲向缺口,但还没有冲进城就被居高临下的守军杀死了,缺口前面尸积如山,当土耳其人的攻势稍缓时,拜占庭人就赶忙修补缺口,然后大炮再一次轰击,如此反复轰击、冲杀、被击退,再轰击、再冲杀。

终于,到了5月29日这一天,在付出了巨大伤亡之后,土耳其人攻下了外城。继续往最后的内城发动攻击,又在战死了大批士兵之后,终于爬上了城墙,冲

这幅画名叫《君士坦丁堡之围》,由德拉克洛瓦所作。

进了内城。

在《1453，君士坦丁堡之战》中有如下一段话，描述了土耳其士兵最后攻下城市的情景：

> 在前线有个名叫乌鲁巴特的哈桑的巨人，他高举奥斯曼大旗，在30名战友护卫下前进。他用盾牌遮住自己的脑袋，冲上了壁垒，击退动摇的守军，稳稳站立在壁垒顶端。他站在那里，高举大旗，鼓动近卫军士兵们前进，在那里坚持了一会儿，这些近卫军终于把伊斯兰的旗帜插到了基督教城市的城墙上，这是彰显奥斯曼人勇气的激动人心的一刻，注定要成为奥斯曼帝国神话的一部分。[6]

攻克城墙后，大批土耳其士兵如潮水般冲进了城市，此前穆罕默德二世为了鼓舞士气，宣告士兵们在占领城市后可以自由地抢掠三天。这样一来，在被十字军攻克并洗劫250年之后，君士坦丁堡再次遭到了洗劫，当然这一次他们的战利品远没有上一次十字军和威尼斯人得到的多，因为如我们前面所说的，这时候的君士坦丁堡已经破败不堪、也几乎一贫如洗了。

但穆罕默德二世所要的可不是一座破败的君士坦丁堡，他早就做出了决定，要在这座位于欧亚两大洲之间、沟通地中海与黑海的历史名城兴建自己的新首都，这就是今天的伊斯坦布尔。

对于君士坦丁堡这座城市本身而言，它被攻占也许并不是一件坏事，原因很简单，因为当土耳其人占领它时，它是一座破败不堪的城市，远没有昔日的辉煌，而当它被土耳其人占领之后却得到了迅速的发展，不过20余年之后就又是一座繁荣昌盛的大城了。

对此，一部由英国著名拜占庭史专家朗西曼所著的专门描写君士坦丁堡之役的著作中有这样一段话：

> 远在1481年穆罕默德二世去世前，苏丹便已经可以满怀骄傲地审视这样一座新生的君士坦丁堡：城市建筑日新月异，作坊与市场熙熙攘攘。自被征服以来，它的人口增加了四倍，在不到一个世纪的时间里，居民数超过了50万人。苏丹摧毁了拜占庭皇帝那座破败的首都，代之以一座崭新、辉煌的帝都，在他的安排下，各宗教、各民族的臣民们共居一城，并得以共享秩序、和平与繁荣。[7]

---

1 ［法］费尔南·布罗代尔 著：《菲利普二世时代的地中海和地中海世界》（下），唐家龙等 译，商务印书馆1996年12月第一版，第8页。
2 陈志强 著：《拜占庭学研究》，人民出版社，2001年2月第一版，第98页。

3 陈志强 著：《拜占庭学研究》，人民出版社，2001年2月第一版，第103页。
4 陈志强 著：《拜占庭帝国史》，商务印书馆，2003年11月第一版，第324页。
5 陈志强 著：《拜占庭帝国史》，商务印书馆，2003年11月第一版，第327页。
6 ［英］罗杰·克劳利 著：《1453：君士坦丁堡之战》，陆大鹏 译，社会科学文献出版社，2014年6月第一版，第296页。
7 ［英］斯蒂夫·朗西曼 著：《1453——君士坦丁堡的陷落》，马千 译，时代出版传媒股份有限公司，2014年8月第一版，第148—149页。

第 13 章 "征服者"穆罕默德二世
——他将无数欧洲基督徒纳入伊斯兰的统治之下

攻克君士坦丁堡，灭亡存续千年之久的东罗马帝国之后，对于穆罕默德二世或者奥斯曼土耳其人而言，这远不是征服的结束，而是新的征服的开始。

我们知道，穆罕默德二世号称"征服者"，在他的统治期间，土耳其人进行了最大规模的征服。

征服巴尔干

当然，一个重要的原因是当穆罕默德二世攻克君士坦丁堡之时，他还只是一个20来岁的年轻人，所以他还有很多时间可以进行他的征服之战。征服君士坦丁堡之后，他首先征服的是巴尔干半岛上面的塞尔维亚人。其实，塞尔维亚人与土耳其人一向有比较密切的关系，我们前面说过，穆拉德二世的妻子之一就是一位塞尔维亚公主玛拉·布娜科维克，因此在塞尔维亚与土耳其苏丹之间是有着亲戚关系的。

还有，塞尔维亚早就臣服于土耳其人，并且年年进贡，本来穆罕默德二世是没有理由攻击之的，但后来，塞尔维亚人开始不愿意当附庸了，不但不按照协议纳贡，还与匈牙利人结了盟，在这样的情形之下，在攻克了君士坦丁堡之后，穆罕默德二世便立即将矛头对准了塞尔维亚人，攻占了塞尔维亚人几座重要的大城，并且兵锋直指首都贝尔格莱德，将之围困起来。不过由于匈牙利大军驰援，土耳其人没有攻下，反而在城下被打得大败，穆罕默德二世自己也受了伤，差点丢命，只得撤退。这是1456年的事。这场大胜大大地激发了欧洲基督徒们的信心，因为此前他们在土耳其人面前几乎是一筹莫展、一胜难求。

但这样的失败对于土耳其人来说并不重要，不久之后穆罕默德二世就卷土重来。正在这时候，领导塞尔维亚人取得胜利的国王去世了，他的三个儿子之间爆发了王位之争,自相残杀,结果就是整个国家被穆罕默德二世灭亡,这是1459年的事,距上次的大胜不过三年。

可以想象,倘若这三兄弟不自相残杀,而是精诚团结,再加上匈牙利人以及其他欧洲国家的大力支援,塞尔维亚是不可能这么轻易地被灭亡的,但内斗使他们走到了这一点。其实东罗马帝国也是一样,之所以衰败,与王室之间无休止的内斗很有关系。所以,布罗代尔曾经发出了这样的感慨:

如果没有敌人内部的分裂、争端和背叛,土耳其人尽管纪律严明、狂热盲信、骑兵精锐、装备精良,也是无法抵抗西方的。[1]

征服希腊

我们前面说过,摩里亚就是过去的伯罗奔尼撒,古希腊伟大的斯巴达的所在地,但这时候不但斯巴达已经消失,连名字都改了,但它在漫长的历史时期里一直是东罗马帝国的领土,直到君士坦丁堡被

这幅画描绘了1456年的贝尔格莱德之围中塞尔维亚人英勇抗击土耳其人。
(Artist:Alexander von Wagner)

占领也没有被土耳其人征服。

土耳其人自然不会任凭这块地中海畔的富饶之地独立下去。

我们前面说过,君士坦丁十一世曾作为君主统治摩里亚,那时候土耳其人的威胁已经很久了,为了防御,他还加固了北部的防御工事,这就是著名的赫克萨米里昂墙。

这是一个类似于中国长城的防御工事,当然规模无法相比,它横亘在著名的科林斯地峡之南,目的就是阻止来自北方的入侵者。最早可能在迈锡尼文明时期就已经有了——因为那时候已经有入侵者从北方来了,后来公元前5世纪当波斯人入侵希腊时,伯罗奔尼撒上的一些城邦为了防备波斯人可能的入侵,又加固了。以后历代还有加固。

这样看来,这赫克萨米里昂墙貌似已经很坚固了。但事实上,从一开始到最后,它从来没有能够真正成功地阻止来自北方的入侵。

这时候君士坦丁堡已被攻克,依然统治着摩里亚的是君士坦丁十一世的两个弟弟,他们哪是强大的穆罕默德二世的对手,虽然也做了一些抵抗,不久就失败了,一个成了土耳其人的俘虏,另一个逃走了。

虽然土耳其人顺利占领了大部分摩里亚,但还有一些人坚持抵抗,例如莫奈姆瓦夏,它是爱琴海中的一个小岛,距半岛

这幅画描绘了著名的科林斯地峡,非常狭窄,现在船只都可以通过。

(Artist:Konstantinos Volanakis)

大陆很近，不肯投降。在伯罗奔尼撒半岛最南部是玛尼半岛，这里的人们也坚决不肯归顺土耳其人，经过激烈抵抗，他们取得了成功，不过不是独立，而是归于威尼斯了。而最顽强的抵抗来自摩里亚西北部的萨米尼科要塞，它位于相当险峻的帕拉凯科山中，在格莱特扎斯·巴列奥略——他也是巴列奥略皇室的一位远亲——的率领下，一直坚持抵抗，即使在穆罕默德二世亲率大军重重包围的情形之下也奋勇抗击，后来由于水道被断，无奈之下才同意投降，条件是交出城堡，但要让他的军队离开而不是投降。不过，当他们一出城堡，不守信诺的土耳其人就扑上来了，但他们成功地又退回了城堡，重新战斗。最后，弹尽粮绝之下，他竟然带着一小股残存的战士逃出了土耳其人的重重包围，成功突围了。后来他跑到了威尼斯，受到了威尼斯人的欢迎与尊敬，当上了威尼斯军队的将军。

他也是东罗马帝国最后的抵抗者，此后，东罗马帝国本身就被完全地灭亡了。

不过，也许不能这样说，因为这时候还有一个帝国的附庸国特拉比松还没有被征服。

特拉比松位于黑海南岸，但在小亚细亚半岛东北也有一块领土，与土耳其相邻，早在第四次十字军东征后就存在了，那时候帝国的王族逃到了这里，建立了这个国家，后来正是他们光复了君士坦丁堡，这里也一直是帝国的附庸。穆罕默德二世当然不会任由它存在下去，于是征服摩里亚之后就率军来攻，从海上与陆路都派出了大军。

据说，大军压境之际，特拉比松君主派出了一个大使，也就是他的母亲，去和穆罕默德二世谈判。穆罕默德二世友好地接待了她，和她肩并肩地走在土耳其和特拉比松相邻的一座小山的小路上，这时候那位母亲问穆罕默德二世为什么要如此艰辛地征服特拉比松，穆罕默德二世回答道："妈妈，在我的手中是伊斯兰之剑，倘若我不如此艰辛，我就不配拥有加齐的名号，无论今天还是明天我都只能遮住面孔，因为羞对安拉！"

这句话最鲜明地表达出了穆罕默德二世之所以如此热衷于征服的原因，他是为了扩张伊斯兰教！也就是穆斯林的"圣战"，直到今天都是穆斯林们的战斗口号。

所谓加齐我们前面提到过，就是加齐武士了，他们来自中亚，大都是突厥人，是土耳其最精英的战士，相当于欧洲人的骑士。

到 1461 年 8 月，他就征服了特拉比松，此后又到了相邻的瓦拉几亚（Wallachia），大致相当于今天的罗马尼亚，并于1462年征服之，接着又在次年征服了波斯尼亚。将几乎整个巴尔干半岛都掌握手中。而且，随着波斯尼亚的征服，土耳其人已经将领土伸向了威尼斯所在的亚得里亚海。

这样一来，不可避免地，这时候地中海中两个最强大的力量——威尼斯人与土耳其人——爆发了战争。这就是第一次奥斯曼-威尼斯战争。

其实，威尼斯人与土耳其人的战争早就开始了，最早的一场威尼斯与土耳其人之间的海战爆发于1416年，这时候东罗马帝国还没有灭亡，地点是小亚细亚半岛西部、爱琴海沿岸的加里波利半岛沿海。结果，这时候还很稚嫩的土耳其海军在早就是海洋帝国的威尼斯海军的打击之下，虽然拼命战斗，但还是一败涂地，据当时指挥作战的威尼斯军官记载：

> 这是一场艰难而激烈的战斗，因为敌军其他桨帆船咬住我的左侧船首，朝我射出了非常多的箭。我当然能感受到这压力。我的左脸颊眼睛下方中箭，刺穿了我的脸颊和鼻子。另一支射穿了我的左手……但我凶猛地战斗，逼退了这些桨帆船，俘获了最前面那艘，在它上面插上了我们的旗帜。之后快速调转船头……我用（我的桨帆船上的）冲角撞击了一艘轻型桨帆船，砍倒了很多土耳其人，打败了这艘船，让我的部下登船，升起了我方的旗帜。

> 土耳其人的反抗异常顽强，到了令人难以置信的程度，因为他们船上的水手都是土耳其的精锐。但蒙上帝的恩泽和圣马可的支援，我们打得敌人整个舰队抱头鼠窜。很多人跳入了海中。战斗从拂晓开始，一直打到上午八点。我们俘获了他们的6艘桨帆船和所有船员，以及9艘轻型桨帆船。船上的土耳其人全部被杀死，包括他们的指挥官……他的所有侄子和其他许多重要的指挥官……[2]

但我们将会看到，这只是暂时现象，往后被打得惨的将是威尼斯人自己。

关于这第一次奥斯曼-威尼斯战争据说还有一根导火索，就是当时土耳其军队在雅典的统帅，他的一个奴隶偷了他一笔巨款后逃到了当时威尼斯人在希腊控制的地盘，土耳其人当然要求归还，但威尼斯人岂肯放走到手的巨款。这样一来，双方就剑拔弩张起来。不久，经过一番辩论之后，威尼斯正式向土耳其人宣战。这是1463年底的事。

此后，整个西方乘此机会再一次团结起来了，当时的教皇庇护二世也积极行动起来，号召欧洲的基督徒们团结起来与土耳其异教徒战斗。在教皇的促成之下，威尼斯人与匈牙利人结成了同盟，后来勃艮第人也加入了，欧洲其他地方也来了不少骑士参战。目标就是将土耳其人赶离巴尔干半岛甚至恢复东罗马帝国。更夸张的是他们还商量好了胜利后的战利品分配计划，例如摩里亚和希腊西部沿海一带要划给威尼斯人，匈牙利人则要获得已经被土耳其人统治的保加利亚、波斯尼亚等。不用说理想很美好。

为了实现这个美好理想，基督教联盟从两路向土耳其人发动了进攻，一路直指波斯尼亚，另一路由威尼斯人率领，从海上登陆摩里亚。同时教皇也组成了一支自己的军队，准备开赴战场。

不久，摩里亚的威尼斯军队便基本控制了伯罗奔尼撒，并且往北进抵科林斯地峡，又加固了赫克萨米里昂墙，在这里架上了大炮，不过地峡西端还在土耳其人一个要塞的控制之下，威尼斯人也将之包围了。土耳其人发动了猛烈的反击，不久大败威尼斯人，威尼斯先是退守赫克萨米里昂墙，不久之后被迫放弃，撤到了半岛东部、爱琴海西岸的那普港（Nafplio）。但在波斯尼亚，基督教军队取得了一系列胜利，占领了许多地方。

面对基督教联军的猛烈攻势，穆罕默德二世当然不惧，他派出了他的大维齐尔——相当于中国古代的宰相——安格洛维奇帕夏，统领土耳其大军进入摩里亚。

这幅画描绘了教皇庇护二世和博士们在一起讨论神学问题。正是他主持在第一次威尼斯-奥斯曼战争中基督教欧洲的团结抗敌。
(Artist:Pinturicchio)

这时候威尼斯人已经利用他们强大的海军迫近了达达尼尔海峡，直逼君士坦丁堡——现在该叫伊斯坦布尔了。为了对抗威尼斯海军，穆罕默德二世在原来已有的相当庞大的海军的基础上，又新造了大批战舰，准备与威尼斯人决战地中海。

在摩里亚，安格洛维奇帕夏冲向已经撤退到了那普的威尼斯军队，将之赶进了大海，不久便重新占领了几乎整个摩里亚。

至于穆罕默德二世自己，他亲统大军杀向波斯尼亚，但初战失利，只得撤退。不久之后，庇护二世去世了，随着他的去世，他本来已经组织起的一支强大的十字军解散了，基督教联盟遭受了沉重的打击，这是1464年8月的事。

威尼斯人并没有放弃，他们还想夺回摩里亚，于是找到了当时一位有名的勇士马拉忒斯泰特，他是意大利半岛上里米尼的统治者，号称"里米尼之狼"。不过威尼斯人只提供了一支人数很少的雇佣军，他率领这支部队在摩里亚与土耳其人打了几仗，双方都是外来者，对于摩里亚当地的百姓毫无怜悯，边打边抢，使得本来就已经残破的摩里亚几乎变成了一片废墟。但这支雇佣军人数既少，给养又不足，军饷也时时拖欠——这对于雇佣军是致命的，于是这匹"里米尼之狼"就打不下去了，自己回意大利去了。

另一场大战发生在爱琴海上。在爱琴海东北有一个与土耳其几乎近在咫尺的大岛莱斯沃斯，这时已经被土耳其人占领了，威尼斯人想要夺取之，派出舰队登陆，包围了它的首府米蒂利尼，但不久土耳其人的舰队就来支援了，赶走了威尼斯人。

就在这时，威尼斯人又与基督教盟军中的另一支主要力量——罗德岛的医院骑士团——发生了冲突，起因是骑士团袭击了一艘装载有埃及商人的船只，劫持了里面的埃及商人，这时候统治埃及的是马木留克王朝，将责任推到了威尼斯人身上，并且抓住了在埃及的大批威尼斯商人，还威胁说要和土耳其人结盟。在这样的情形之下，威尼斯派出了一支强大的舰队驶向罗德岛，要求骑士团放人，否则就开战。倘若这样，整个基督教联盟就瓦解了，不过后来骑士团放人了，但也给联盟留下了伤痕。

到了1466年4月，威尼斯人为了取得胜利，任命力主与土耳其人战斗到底的维托尔·卡佩罗担任海军统帅，他率舰队进攻土耳其在爱琴海上的领土，成功地占领了不少岛屿。此后又进抵科林斯地峡东端的萨罗尼克湾，率军登陆，直赴雅典，但没有攻克，此后他率军攻向这时候已经被另一支威尼斯军队包围了的帕特雷港，它位于伯罗奔尼撒西北，号称是希腊的西大门，地理位置重要。但就在卡佩罗到达之前几天，土耳其人的大批援军已经抵达，歼灭了围城的威尼斯军队。佩特罗到达后，向这里的土耳其军队发动了攻击，然而他哪是强大的土耳其军队的对手，不久惨败，带着残部逃回了这时候还在威尼斯统治之下的优卑亚岛。这还是1466年的事。

优卑亚岛是希腊的第二大岛，位于希腊中部，与大陆相距很近，早在1390年时就已经归属威尼斯了，穆罕默德二世对这个自古就很著名的大岛非常关注，亲率大军攻来，包围了它的首府内格罗蓬特。为了保卫这块十分重要的领地，威尼斯人派出了一支由70余艘战舰组成的大舰队前来增援，不过，这只是对于威尼斯人而言是庞大的，对于土耳其人来说就是一支小部队了，因为土耳其用来攻击优卑亚岛的战舰竟然有多达350余艘！所以，当威尼斯人的舰队到达优卑亚岛附近时，看到密如丛林的土耳其战舰桅杆，竟然不敢出战，逃走了。不久优卑亚岛就落到了土耳其人手中。这是1470年的事。

这样一来，在希腊，威尼斯人已经失败了。

但战斗仍在继续，这时候，在希腊之西北、亚得里亚海东南岸的是阿尔巴尼亚。在这里威尼斯人得到了一个强大的盟友，就是斯堪德贝格，他一度是庇护二世组织的十字军的统领，由于庇护二世去世，十字军解散了，但他继续率领阿尔巴尼亚人与土耳其人进行了坚决的斗争，威尼斯人和隔海相望的意大利的许多地方都给了他相当大的支援，他也取得了一些胜利，然而在穆罕默德二世亲自统率的大军的攻击下，加上瘟疫流行，连斯堪德贝格本人也染病去世了，阿尔巴尼亚人势力大损，但依旧坚持战斗，一直坚持了好几年。

看到几年都攻不下小小的阿尔巴尼亚，穆罕默德二世"龙颜大怒"，亲统大军扑来，目标是阿尔巴尼亚人最顽强地保卫着的斯库台，这是位于阿尔巴尼亚西北部的一个海港，也是亚得里亚海的重要港口之一。穆罕默德二世率军将之重重包围起来，决意要攻克之，这就是著名的斯库台之围了。

这也许应当算是历史上最著名的以小敌多的战斗了，因为守城的阿尔巴尼亚人和意大利人男女老少加在一起只有约1600人，而土耳其人有多少呢？一支35万人的大军！

但即使实力如此悬殊，一则由于堡垒之坚固，二则由于守城者的英勇无畏，土耳其大军竟然始终不能攻破。

斯库台的勇士们坚持住了，威尼斯人却坚持不住了，因为土耳其大军已经进抵了威尼斯的郊区。到1479年初，威尼斯人与穆罕默德二世签订了和约，根据和约规定，威尼斯将斯库台以及亚得里亚海东北达尔马提亚的许多领地割让给土耳其，只保留了阿尔巴尼亚一些领地。更为重要的是将优卑亚岛，它乃是希腊的第二大岛屿，割让给土耳其人，同时也割让了爱琴海东北的利姆诺斯岛，还要向土耳其人支付 10 万杜卡特的赔款，此外每年还要支付 10 万杜卡特贡金。

这就是长达 16 年的第一次奥斯曼－威尼斯战争，以威尼斯人的失败而告终。

入侵意大利

早在占领君士坦丁堡之前，穆罕默德二世就已经打算要进一步地占领罗马了，当他的军队冲入君士坦丁堡的时候，口里高喊的已经不是君士坦丁堡，而是"罗马！罗马！"了，意思是下一步要占领的就是罗马。

1480 年 7 月，穆罕默德二世将计划付诸实施，派出了一支由多达近 130 艘战舰组成的大舰队从阿尔巴尼亚以及爱琴海出发，横渡亚得里亚海与地中海到达了意大利东南端的奥特朗托，就是意大利那只靴子靴尖上的城市，包围了它。由于势力悬殊，不久奥特朗托被占领了，大批居民被杀或被卖为奴隶。此外，还有许多人本有生存的机会，但因为他们拒绝改宗伊斯兰教，因此被残杀，这就是著名的"奥特朗托殉道者"了。

此后，由 70 余艘战舰组成的土耳其舰队又北进袭击了半岛中南的维斯特，到这年 10 月，土耳其人已经几乎蹂躏了意大利整个东南沿海。

不过，土耳其人并没有就此在这些占领之地驻扎下来，主要是因为给养供应不上。到了年底，冬天的时候，土耳其大舰队就从海上撤退了，只留下了一支千余人的小部队，准备等过了冬天大部队再来。

然而，他们再也没有来了，因为第二年，1481 年 5 月，穆罕默德二世就因为痛风而去世了——也有传说是被毒死的，并且没有留下遗嘱由谁继承苏丹之位。这时候基督教的大军已经攻过来了，于是，驻守在这里的土耳其军队就和基督徒们达成了协议，他们和平交出城市，条件是让他们平安回到土耳其。

由于穆罕默德二世突然死去，意大利并没有落入土耳其人之手。但是，在意大利之外的地中海上，基督徒与穆斯林——主要是土耳其人与威尼斯人——的战争远未结束，甚至才刚刚开始。

---

1 ［法］费尔南·布罗代尔 著：《菲利普二世时代的地中海和地中海世界》（下），唐家龙等 译，商务印书馆 1996 年 12 月第一版，第 229 页。

2 ［英］罗杰·克劳利 著：《财富之城：威尼斯海洋霸权》，陆大鹏等 译，社会科学文献出版社，2015 年 2 月第一版，第 367—368 页。

第 14 章 摩里亚战争

——西方文明的祖庭从此由异族异教来统治

在第一次奥斯曼-威尼斯战争之后,威尼斯人与土耳其人之间的战争并没有结束,此后还有多达六次的奥斯曼-威尼斯战争,这些战争将从1499年一直延续到1718年,长达两百余年,可以称得上是世界历史上延续时间最长的战争。

当然,这不仅仅是威尼斯与土耳其之间的战争,更是基督徒与穆斯林之间的战争,威尼斯人也得到了来自欧洲基督徒的大力支持,甚至是以威尼斯为主体的欧洲基督教联军与土耳其人之间的战争。正因为如此,小小的威尼斯才可以与庞大的土耳其帝国进行如此漫长的战斗。

由于这些战争不但时间跨度漫长,内容也丰富非常,且特色迥异,一章的篇幅很难容纳得下。因此我们将根据其内容的特色分三处来讲述。

我们下面就来讲述第六次奥斯曼-威尼斯战争。

这场战争的另一个名字就是"摩里亚战争"。摩里亚这个地方我们已经说过多次了,它就是古代著名的伯罗奔尼撒半岛,这里很早以前曾经是东罗马帝国的领土,但威尼斯人也在这里占有一些地中海沿岸地区,后来东罗马帝国被土耳其灭亡之后,原来属于东罗马帝国的土地也归于了土耳其,但威尼斯一直拥有其中一小部分。第一次奥斯曼-威尼斯战争中,这里也曾经发生过激烈的战斗——我们可称之为"首战摩里亚",土耳其人虽然取得了胜利,但并没有完全征服之。因此,对于土耳其人而言,一个自然的逻辑就是必须要将整个摩里亚彻底占领,威尼斯人当然不会拱手相让,于是这自然而然就导致了战争的爆发。

1683年,当时的教皇英诺森十一世又发起组成了第二次神圣同盟,这次加盟的是哈布斯堡王朝、波兰-立陶宛联邦,当然还有威尼斯共和国,后来俄罗斯人也加入进来了。

此前俄罗斯人虽然已经建立了一个强国，但还是一个半东方式的国家，由于长期被蒙古人统治，受蒙古人的影响，他们的官长贵族们都留着蒙古人式的大胡子、穿着蒙古人式的长袍子，与西方人的风格大不一样。加上信仰的不是天主教而是东正教，因此与西方世界的关系并不密切，一直到这次加入神圣同盟才算是勉强成为了西方基督教世界的一部分。

神圣同盟组成之后，同盟各部分都展开了对土耳其人的一系列大规模战争，除了维也纳之战外，还有1683—1699年间的波兰-土耳其战争，以及1686—1700年的第三次俄土战争。这就是大土耳其战争。

在这些战争之中，土耳其人都遭到了失败。

再战摩里亚

参加神圣同盟之后，威尼斯人着手准备与土耳其人再次战争，为此做了大量准备，包括筹集了巨额的战争资金，建造了新的军舰，还有就是从欧洲各地特别是意大利与德意志那里征募了大批雇佣军。1683年时，土耳其人在维也纳城下被打败，一时士气低落，威尼斯人看到机会来了，随即向土耳其正式宣战。

宣战后，威尼斯的舰队在弗朗西斯科·墨罗西尼的统领下从亚得里亚海出发，南下进入了伊奥尼亚海，首先向希腊中部靠近大陆的雷夫卡达岛发动了进攻，不久攻克之。此后他们登陆希腊半岛中部，不久就占领了沿海地区。

此后，威尼斯人乘势南下，攻向摩里亚。不久就攻占了最南部的玛尼半岛，并继续向北部进军，围攻土耳其人的要塞，后来这几个要塞投降了，并且从地中海上撤往阿尔及利亚。

威尼斯军队继续北进，进抵了摩里亚东北部的阿尔戈斯和纳夫普利昂，这里也是当时摩里亚最大最重要的城市，这里的土耳其帕夏顽强反击，但抵挡不住威尼斯人的攻势，到了1686年8月，威尼斯决定性地击败了土耳其人，攻克了这两个重镇，把土耳其人赶到科林斯地峡北面去了。这场大胜在威尼斯激起了狂欢，因为对他们而言，这样的胜利真是太难得了。此前，当他们与土耳其人作战时总是失败的一方，今天可扬眉吐气了，为此威尼斯城举行了盛大的纪念活动。

这时候，在摩里亚还有最后两个要地，那就是地峡处的帕特雷城和里约港，它们像两只眼睛和两柄利剑一样守护着科林斯地峡，只要这两个地方还在土耳其人手中，摩里亚就不会安全。

于是，墨罗西尼向这里的土耳其守军

发动了总攻，虽然土耳其军队的数目与威尼斯差不多，但这时候他们已经士气低落，甚至有点成了惊弓之鸟，在威尼斯雇佣军的猛攻之下，不久就逃往北方去了。这在威尼斯激发了更大的狂欢，为了表彰墨罗西尼的功勋，威尼斯人通过决定，在他们的最高权力机构所在地威尼斯大会堂放上了墨罗西尼的青铜胸像，对于一个威尼斯人而言这是前所未有的至高荣誉。

帕特雷和里约失守后，摩里亚剩余的几个土耳其据点也守不住了，纷纷撤走，威尼斯人不战而胜，到1690年，最后一个据点落入威尼斯之手，这标志着整个摩里亚已经属于威尼斯了。

此后，墨罗西尼继续率军北进，想要征服整个希腊，他先在舰队的配合下占领了埃莱夫西斯，并且从这里直扑雅典。

土耳其人看到敌人锐气正盛，于是从雅典城中撤退了，但他们没有放弃雅典，而是撤退到了雅典卫城。

为什么呢？因为这里是雅典的天然中心，雅典卫城之所以叫卫城，意思是说它可以拱卫雅典。

为什么它可以拱卫雅典呢？因为它建于一座小山之上。

这座小山有两个突出的优点：

一是山虽小，四周却是悬崖绝壁，高150余米，耸立在周围的平地之上，只有一条小路可以通达山顶，只要守住了它，敌人就甭想攻上山去，真是一夫当关，万夫莫开。

二是这小山不但高耸，它的顶竟然还是平的！这样就有另一个大好处了——上面好建房子。雅典正是利用了这个长处，在上面大建特建，建成了举世无双的雅典卫城。

这座小山的名字叫阿克罗波利斯山，所以，当土耳其人撤退时，自然就撤退到了这里，想要在这里凭险固守。

此后，威尼斯军队就包围了这座阿克罗波利斯山，也就是包围了雅典卫城。

这时候的雅典卫城还相当完整，土耳其人一贯还是比较尊重西方古代文明遗迹的，不像日耳曼蛮族那样大肆破坏，就是当他们攻占君士坦丁堡之后，也没有洗劫里面的不少基督教堂，而是将之交给了君士坦丁堡的东正教徒们，让他们继续礼拜他们的上帝。但现在，当敌人袭来时，他们也顾不得许多了，将古老的卫城当成了真正的战斗堡垒而不是西方世界最神圣的文明古迹。

也就是在这次战斗中，雅典卫城几乎被彻底摧毁了，但摧毁它的不是土耳其人，也不是威尼斯人，据说是威尼斯雇佣军中的一个德意志军官，他朝卫城的中心帕特侬神庙发射了一发炮弹。他击中了目标，也摧毁了神庙。因为这时候的土耳其人将神庙当成了弹药库，里面存放了大批炮弹，被击中之后发生了连环大爆炸，使整座神庙毁于一旦——在它们屹立千年之后！这是1687年9月26日的事。这也是西方文明史上最惨重的损失之一。

显然，这次文明之灾难最大的罪魁祸首并非土耳其人而是西方人自己，因为土耳其人在这种情形之下将卫城作为最后的据点是很自然的事，卫城本来就是这样的用途嘛！希腊人自己就是这么干的。但威尼斯人完全没有必要向这里发炮攻击，只要包围它就可以了，毕竟阿克罗波利斯山只是一座小山，上面的给养不可能长期维持，少则几十天，多则几个月之后，土耳其人饥渴之下自然会投降，甚至于完全可以劝降他们。事实上后来也是这么做的：土耳其人同意交出卫城，条件是将他们送回土耳其。

所以，卫城等于是白白被毁了。

威尼斯人对雅典的占领并不顺畅，雅典的周边地区依然在土耳其人控制之下，他们可以随时向雅典城内的威尼斯人发动进攻，而雅典本身并不利于防守。又正在此时，威尼斯军队中暴发了瘟疫，不少人死去，在这样的形势下，他们只得撤退回摩里亚去了，但临走之时他们也对自己的文明来了一番洗劫，抢走了许多珍贵的文物古物，其中之一就是所谓的"皮拉尤斯狮子"，它现在还被竖立在威尼斯城。

这时候已经是1688年了，墨罗西尼已经被选为威尼斯的新总督，为了扩大自己的荣耀，他围攻了靠近优卑亚海峡的尼格罗蓬特。但由于靠近海峡，而海峡对岸的优卑亚岛早就被土耳其人统治了，土耳其人可以通过海峡运送补给援兵，因此威尼斯人未能攻下，加上这时候瘟疫又大流行起来，许多雇佣军官兵死去，他们本来就是为钱而来的，一看命将不保，马上跑掉了。在这样的情形之下，墨罗西尼只得撤退，这次围攻算是失败了。

威尼斯人的下一个战场是达尔马提亚。

这时候达尔马提亚的战斗早就开始了，还在1684年时，威尼斯人就向达尔马提亚的内陆挺进了，并在这年10月包围了有战略意义的辛吉，但一直未能攻下。后来得到了当地反对土耳其人统治的人士的帮助，终于在两年之后攻克。

对于威尼斯人的进攻，土耳其人也派出军队进行了坚决反击，但都被士气高昂的威尼斯人击溃了。此后威尼斯人继续进攻，又包围了黑泽根卢维，这里是一个天然良港，往内就是科特湾了，这次只用了不到一个月就攻下来了。威尼斯人乘势往达尔马提亚内陆推进，占领了科林。科林也是一个著名的要塞，有着十分坚固的防卫设施，直到今天依然屹立在那里的山顶。从科林再往内就是已

这是古代完整的雅典卫城。
(Artist:Leo von Klenze)

经改信伊斯兰教的波斯尼亚人的地盘了。于是威尼斯人在这里就停止前进了，对于一个城市共和国而言，不但占领了沿海地带，而且进到了内陆这么远的地方，并且还有一个要塞阻挡将来一定会有的土耳其人的反击，这就够了。

面对从维也纳到希腊到达尔马提亚战场上的节节败退，土耳其人可谓是举国哗然，因为这在他们的历史上是从来没有过的，他们将罪责推在了苏丹穆罕默德四世身上。土耳其军队甚至发生了兵变，士兵们不再愿意听从官长的指挥，对于他们而言，都是这些官长的指挥无能才导致了耻辱性的失败。

在中欧前线指挥作战的大维齐尔看到这样的情形，知道再不走的话就会被他的士兵们打死了，于是干脆溜之大吉，跑回伊斯坦布尔去了。

此时在土耳其宫廷内部也已危机重重，连穆罕默德四世的近卫军都不支持他了，更不用说其他将军了。在这种情形之下，他选择了退位，将苏丹让给了弟弟，是为苏莱曼二世。

本来，这时候倘若基督教世界继续联合起来猛攻土耳其人，军心涣散加上宫廷混乱，完全可能给土耳其人致命一击，甚至直抵伊斯坦布尔也不是没有可能。但是，还是如布罗代尔所言，只要欧洲人团结一致，土耳其人是打不过的，但问题是欧洲人并不团结，例如就在这个关键时刻，欧洲爆发了一场规模巨大的战争，即奥格斯堡联盟战争，战争从1688年一直打到1697年，打了整整九年，所以又称为九年战争。

战争一方是法王路易十四，另一方是包括神圣罗马帝国与西班牙在内的其他大量欧洲国家的联合力量。这样一来，本来就是以这两个国家为主力的神圣同盟自然将主力用来对付法国人了，给了土耳其人以喘息之机。于是，土耳其人不但没有在大败之后请求停战，而是在新苏丹的统领下继续作战，包括在摩里亚也是如此。

在摩里亚，土耳其人想出了一个老招，就是起用海盗。

这时候，在土耳其的监狱里关押着一个希腊海盗利姆伯拉克斯·格拉卡利斯，是出生在摩里亚最南端的玛尼半岛上的希腊人，以胆大勇猛甚至残酷而闻名，土耳其人看到一时用正规军队去打威尼斯人胜算不大，于是和这个海盗谈判，同意放他出去，还给他提供一些兵力，要他去攻打玛尼半岛，答应让他成为那里的统治者即贝伊，条件是将一些要塞交给土耳其人。

格拉卡利斯本来就是个唯利是图的海盗，自然同意。此后，格拉卡利斯带着他的半海盗半土耳其军队攻入了希腊半岛，不但打下了玛尼半岛，还攻入了希腊中部，这时候这里还有一支威尼斯军队在活动，格拉卡利斯向他们发动了进攻，打败了他们，并且洗劫了中南部的重要城市和港口米索隆基。这样一来，整个希腊中部又归属了土耳其人。此后他又南下攻入了摩里亚，但这时候威尼斯人的援军已经到达，他只好撤退，这时候已经是1692年了。

但后来，他又与土耳其人闹翻了，土耳其人甚至想杀了他，于是他又逃到了威尼斯人一边，因为威尼斯人同样答应他当玛尼半岛的统治者。但他这样的反复无常实际上已经不可能获得土耳其人或者威尼斯人的信任，威尼斯人只是暂时利用他而已，不久之后就找理由将他抓了起来，关进了牢里，一直关到死。

除了希腊和达尔马提亚外，在亚得里亚海与伊奥尼亚海交界之处的阿尔巴尼亚，威尼斯人也一直在与土耳其人作战，并且从土耳其人手中抢到了西南部的重要港口乌罗勒，这也是1692年的事。

这时候，摩里亚又来了一位威尼斯人，他就是大名鼎鼎的墨罗西尼了，他还是想以摩里亚为基地与土耳其人争夺整个希腊，但他已经垂垂老矣，不久就死了，时值1694年。

继墨罗西尼统帅威尼斯军队的是泽诺，他认为威尼斯只有强大的海军，在陆上对抗土耳其人并不明智，于是转而在海上发动进攻，甚至袭击了与土耳其本土近在咫尺的希俄斯岛，顺利占领之。

土耳其人当然不能够容忍家门口的岛屿都被敌人占据了，立即派出舰队反击，这就是伊努塞斯群岛之战。结果威尼斯海军被打败了，被土耳其人摧毁了六艘战舰，两千余人死伤。这样一来，攻下的岛屿当然守不住了，只得撤退，这是1695年2月的事。

此后，土耳其海军和威尼斯海军又在地中海中断断续续地打了一些仗，主要是一些小规模的遭遇战，双方都没有取得决定性的胜利。

到了1699年，这时候摩里亚战争已经持续整整15年了，双方看到再打下去也没什么意义，于是和谈了。根据协议，威尼斯人获得了他们已经占领了的整个摩里亚，此外还有摩里亚东北部爱琴海中的埃伊纳岛（Aegina），他们在这里建立了所谓的摩里亚王国。

当然，摩里亚战争或者说第六次威尼斯－土耳其战争只是整个大土耳其战争的一小部分，但到这一年时，整个大土耳其战争也结束了，主要原因是1697年时，土耳其人再次吃到了大败仗，这就是泽塔之战。

战役的地点是塞尔维亚东北部、蒂萨河畔的泽塔。在这次战役中，当土耳其大军通过蒂萨河时，哈布斯堡王朝的军队发动突然袭击，土耳其人给打了个措手不及，顿时溃不成军，被消灭了约3万人，不但如此，他们还缴获了属于土耳其苏丹的宝箱，里面装满了各种奇珍异宝，其中还包括苏丹本人的印玺。更有甚者，连苏丹的后宫也被俘虏了，苏丹的嫔妃们不用说一个个美如天仙，她们也一向是从来不能被其他男人目睹芳容的。

经此一役，土耳其人再也打不下去了，被迫与神圣同盟诸国签署了卡尔洛夫奇条约，放弃了已经占据了的中欧的大部分地区，主要是匈牙利，哈布斯堡王朝的势力则大增。这也基本标志着土耳其人在中欧或者欧洲内陆扩张的结束。这也是1699年的事。

这次摩里亚战争对于地中海的主要结果就是，战争之后，一度牢牢控制了整个东地中海的土耳其舰队失去它的控制权，不过威尼斯人也没有因此而成为地中海的新海霸，而是地中海上再一次形成了混战与僵持的局面。

三战摩里亚

这种局面不可能永远持续下去。于是，停战不过十余年之后，1714年，土耳其人与威尼斯人之间又爆发了战争，这就是第七次，也是最后一次奥斯曼－威尼斯战争。

这次战争的地点还是摩里亚。若从第一次奥斯曼－威尼斯战争中双方大战摩里亚开始算，这已经是三战摩里亚了。

这次战争的起因很简单，还是两个，一方面当然是土耳其人想要报仇，另一方面是主要原因，就是欧洲人自己的内斗。

这时候，在欧洲发生了两次大规模的战争，首先是北方大战，主要在彼得大帝统治下正迅速崛起的俄罗斯人与盛极一时的瑞典人之间进行，从1700年爆发一直打到1721年；另一场爆发于1701年，规模更大，就是西班牙王位继承战争，起因是土耳其人最大的对头神圣罗马帝国的查理二世死后无嗣，这时候他的帝国已经称得上是当时西方世界最大最富有的帝国了，不但包括德意志以及匈牙利的广大地区，还将西班牙及其美洲庞大的殖民地也囊括在内。于是，欧洲各大国为了争夺这块巨大的肥肉而展开了激烈的争斗，主要是在法国的波旁王朝与其他欧洲列强之间进行，战争不但在欧洲发生，就是南美洲甚至北美洲也发生了战争，称得上是当时的一场"世界大战"，一直要打到1714年。

不用说，参战诸国都为此倾尽国力。这样一来土耳其人自然想到了可以火中取栗，于是，他们先向俄罗斯人开了战，这就是第四次俄土战争了，爆发于1710年，结果土耳其人取得了胜利，打败了彼得大帝的军队，抢得了不少领土，还强迫俄罗斯人同意不再干预波兰－立陶宛联邦的事务。还迫使俄罗斯同意被俄罗斯人打败后逃到了土耳其人那里的瑞典国王查理十二世经由俄罗斯平安回国。这是1713年的事。

这些胜利极大地振奋了此时的苏丹艾哈迈德三世，他知道报仇的时机到了。他没有挑这时候依然很强大的神圣罗马帝国，而是挑选了弱得多的威尼斯，他很了解，此时的欧洲列强正忙于内斗，很难抽出身来帮助威尼斯人。于是，1714年9月，随便找了个借口，土耳其便向威尼斯宣了战。

其实宣战之前土耳其大军已经从海陆两路出动了。

海上，他们出动了一支由80多艘战舰组织的舰队，直捣威尼斯人这时候在爱琴海上仅有的两个岛屿，即埃伊纳岛和蒂诺斯岛，很快不战而克。

这幅画描绘了士兵们抬着在与俄罗斯人的大战中失败了的查理十二世在冰天雪地中前进,正是由于艾哈迈德三世的帮忙,他才可以顺利回到瑞典。

(Artist:Gustaf Cederström)

陆上,土耳其的大维齐尔统领7万大军从马其顿开向希腊,然后直扑摩里亚。

面对土耳其大军,威尼斯人一开始就陷入了极大的被动。

这被动来自两方面,一是威尼斯只是一个城市国家,自己并没有军队,军队几乎全部来自于雇佣军,这些雇佣军是很费钱的,因此平时里并不养着,有了战事时才匆匆召集,但能否召集得来、可以召集多少就是另一码事了。现在,欧洲烽火连天,到处都需要雇佣军——这也是许多其他欧洲国家主要的兵力来源,威尼斯人自然难以召集大批雇佣军,特别是善战的雇佣军。最后只找到了8000来名,另外加上40来艘小军舰,这就是他们对付土耳其海陆大军的全部力量了。

但还有另一个重要因素使他们更加被动,这就是当地的人不欢迎威尼斯人。原因很简单：此前当土耳其人统治他们的时候，统治者是相当宽容的，他们不但有信仰自由，而且各种税款负担并不重。相对而言，威尼斯人因为这些摩里亚人虽然是基督徒，但并非天主教徒而是东正教徒，因此根本不尊重他们的信仰，税负也重。此外，威尼斯人并没有统治大片陆地的经验与能力。总之，在威尼斯人的统治之下，摩里亚一片萧条，于是他们反而欢迎土耳其人的统治了。结果，就像几百年前的君士坦丁堡人一样，摩里亚人也认为"苏丹的头巾要比红衣主教的帽子更好"。所以，当听说土耳其人打来了时，他们不但不帮着威尼斯人抵抗，反而帮土耳其人。这样一来，威尼斯人就被迫龟缩在一些要塞之内。

面对这样的局面，第二次摩里亚战争的结果不难想见。

1715年初，土耳其大军就穿过了希腊半岛，直逼摩里亚的大门科林斯地峡，威尼斯人的第一道防线是阿克罗科林斯要塞，要塞里的士兵只象征性地抵抗了一下就投降了。本来，为了收买人心，大维齐尔已经严禁土耳其士兵抢劫，但他们好不容易得到了这样一个机会，哪肯放弃，因此冲进了要塞，将里面的人要么杀掉，要么卖为奴隶，最后只有180个人躲过了劫难。

不用说，这样的悲剧在欧洲激起了强烈的愤慨，直到百年之后，伟大的诗人拜伦还记着这件事，为此写下了长诗《科林斯之围》。

此后，整个摩里亚的大门已经敞开，土耳其人长驱直入，迅速包围了东北部的纳夫普利奥，这里也是威尼斯人在摩里亚的主要基地，既有坚固的堡垒，又有2000名士兵驻守，对于威尼斯人而言这简直是一支大军了。但土耳其人通过挖掘地道冲了进去，很快占领了要塞。

土耳其人的不断胜利与迅速挺进在整个摩里亚激起了威尼斯人的大恐慌，于是各个据点纷纷不战而逃，等土耳其人攻来时已经人去楼空了。最后一个据点摩多本来是比较好防卫的，不但有坚固的城墙，海面上还有舰队保护，但问题是威尼斯人的海军统帅这时候都不敢与土耳其作战，逃走了，于是很快陷落。

这样，土耳其人发动进攻不过百来天之后，整个摩里亚又重新落入了土耳其人手中。

看到敌人如此不堪一击，土耳其人立即得陇望蜀起来，这次他们的目标是伊奥尼亚海中的第一大岛——科孚岛。

科孚岛争夺战

我们前面已经说过科孚岛对于威尼斯人的重要性，可以说，在失去了其他几乎所有重要岛屿还有摩里亚的摩多与科罗这"共和国的两只眼睛"之后，科孚岛已经成了威尼斯人的"共和国之心"，倘若没有这颗心，那么他们将无异于失去整个生命。这从地图上很容易看出来，当威尼斯人从他们的老家威尼斯城出来时，首先就要穿过亚得里亚海，再进入伊奥尼亚海，此后才可以进入地中海的其他地方，以从事各种贸易活动。科孚岛正位于亚得里亚海与伊奥尼亚海之间，是贯通两海的咽喉之地，因此倘若失去了科孚岛，那么就意味着威尼斯人的咽喉被扼住了，只要敌人稍一用力，他们就会窒息而死。

所以，威尼斯人倾尽全力要守住科孚岛，而土耳其人也要尽全力夺取它。

这时候已经是1716年7月了，在海上，由上百艘军舰组成的土耳其舰队首先与威尼斯舰队发生了战斗，但一点也不精彩，因为双方只是远远地相互炮击，完全没有此前海战中两军短兵相接的精彩或者说残酷了，结果双方虽然对放了一个下午的炮，但连一艘战舰也没有被击沉，只是有一些士兵在炮击中或死或伤。对整个战局无关紧要。

当然，也不是全无意义，因为就军舰的数量而言，土耳其人处于绝对优势，但他们并没有取得胜利，而且我们后面将会看到，在土耳其人与威尼斯人的海战之中，到这时候为止威尼斯人可以说是屡战屡败，特别是在巴巴罗萨时代，他们几乎不敢出海，只能任由土耳其人控制几乎整个地中海，但现在，他们敢出来打了，而且没有打败仗，从这个角度而言，威尼斯人算是胜利者。

海上的战斗没有结果，所以只能决战于陆上，这时候超过3万人的土耳其大军已经在庞大的舰队的运送与掩护之下登陆科孚岛，发动了进攻，不久就攻克了科孚岛的首府科孚城外围的一些据点，这样一来就从陆上包围了科孚城，发动了猛攻，只要攻下这里，就算占领科孚岛了。

在科孚城里防守的是由德意志将军舒伦伯格统率下的约8000名士兵，他们也知道这个地方的重要性，英勇奋战。

这时候西方各国也开始施以援手，援军从热那亚、教皇国、马耳他骑士团、西班牙等地源源而来。特别是8月的一天，一场巨大的暴风雨袭来，将土耳其舰队打得七零八落，在这样的情形之下，土耳其人自知难以攻下科孚岛，就撤军了。

威尼斯人也长吁了一口气，为了表达对科孚岛的守军特别是他们的司令舒伦伯格的感激之情，他们为舒伦伯格提供了一份高达5000杜卡特的巨额年金，还为他雕刻了一尊大理石像，这尊雕像现在还树立在科孚岛上。后来著名作曲家威瓦尔第

地中海战史 第14章 摩里亚战争

这幅画描绘了威尼斯人纷纷前往欢迎舒伦伯格的场景。
(Artist:Canaletto)

还为此创作了歌剧《朱第莎之捷》，以纪念这场意义非凡的胜利。

此后，土耳其人撤离了科孚岛，但战争并没有结束，这时候威尼斯人看到了土耳其的海军再也没有以前巴巴罗萨时代那么厉害了，于是他们也在爱琴海中游弋起来，并不惧怕与土耳其海军交战，甚至想与土耳其人好好较量一下，看现在谁才是地中海上的王者。

1717年6月，他们终于在爱琴海相遇了，打了一仗，这就是因布鲁斯岛之战了。

因布鲁斯岛现在叫格克切岛，位于小亚细亚半岛西端的爱琴海上，威尼斯人敢将军舰开到这样的地方来，足见他们已经颇有信心打败土耳其舰队了。但战斗的进行与结果仍然像上一场科孚岛的海战一样不精彩，虽然双方参加的军舰有近70艘，其中土耳其人40余艘，仍只是双方远远地互相炮击，又是一艘军舰都没被击沉，只有几艘受了伤，不过人员死伤不少。

仅仅一个月之后，又有了一场新的海战，这就是马塔潘之战。

是役，参战的不只是威尼斯人而是基督教联军了，包括葡萄牙人——这大概是葡萄牙第一次参加地中海的海战了、圣约翰骑士团、教皇国，当然还有威尼斯人，他们组成的联合舰队在摩里亚最南端的马塔潘海角大战了一场，而且这次的军舰数量是联军占了优势,他们有60多艘大小战舰,土耳其人只有约一半。但土耳其人还是主动进攻,其海军统帅易卜拉欣帕夏率先攻击了敌人的后卫舰队,他的其他军舰也跟着开火了,双方且战且走,顺着风向一路航行,后来,风向渐渐变得对威尼斯人有利,它们的主力战舰上面的炮火正对着了土耳其军舰,立即猛烈开火,给对手造成了相当大的损伤。但土耳其人并没有崩溃,双方一直激战。从早晨六点一直打到了下午三点,土耳其人看到形势对他们越来越不利——毕竟他们的军舰只有敌人的一半,于是主动撤退了。联合舰队也没有追赶,双方就此罢战。

这样两场海战对整个战争的结局不起什么作用,而且这时候土耳其人看到基督徒们又联合起来了,就不想继续打下去了,威尼斯人也不想,因为这样的战争实在耗费太巨,打久了他们难以负担得起。

于是,在奥地利人的调停之下,双方签署了和约,威尼斯人有了一点收获,他们获得了希腊半岛中部的普雷韦扎和阿卡两个要地,但也仅此而已。至于土耳其人,整个摩里亚依然是他们的,除此而外,他们在克里特岛上的利益也被保住了。

要知道克里特可是地中海中的主要大岛,是东西地中海的分界之处,而在这里进行的战争也是土耳其人与威尼斯人最为惨烈而漫长的战争之一。

这也是我们下面一章——海岛之战——所要讲述的内容了。

为什么失败?

在这里我们最后要简单说几句为什么威尼斯是失败者?

从上面几次奥斯曼-威尼斯战争中我们可以看到,除了第六次威尼斯算是胜利者外,其他几次均是失败者。战争的结果是威尼斯人丧失了它在地中海中的所有岛屿,特别是在爱琴海中,威尼斯一度拥有爱琴海的大部分岛屿,也是爱琴海的海霸,正如是地中海的海霸一样。但这一切在土耳其人的不断打击之下灰飞烟灭。这是为什么呢?

最为根本的原因是,威尼斯乃是一个岛国、换言之就是一个小国,而且这个岛可不是英国那样的大岛,有几千万人口,岛国就是大国,威尼斯则只是由一些小岛组成的小小的岛国,其市民最多时也不过数十万,这就是威尼斯的本土,即使再加上其他领土,也依然是一个小国,是一个城邦而非真正的国家。以布罗代尔的话来说就是:

威尼斯帝国的领土只不过是一条线、一系列前沿阵地而已。[1]

这样的国家当世界处于纷乱之中，大国相杀，无暇全力与它对敌时，可以存续良久，然而一旦因为某种原因长期与大国为敌，这时候两国之间以倾国之力相搏，请问小国如何是大国的对手呢？虽然可以较一时之短长，但终究难免失败。因为战争到了最后就是国力之间的较量，小国的国力有限，因而无法与大国长期抗争，这就是威尼斯失败的根本原因。所以，布罗代尔在谈到威尼斯的失败时才说了这样的话：

城市国家的竞争者——领土国家——幅员广大、人口众多。只有这种国家才能提供现代战争需要消耗的大量物资和巨额费用供应雇佣军，购置火炮。不久以后，它还花费巨资进行大规模的海战。它的诞生和成长，是长期不可逆转的现象。[2]

换言之就是说，由于威尼斯这样的城市国家太小，无法提供足够多的战争资源，因此在与奥斯曼土耳其这样的大国的长期抗争之中最终难以避免失败。

---

1 ［法］费尔南·布罗代尔 著：《菲利普二世时代的地中海和地中海世界》（下），唐家龙等 译，商务印书馆1996年12月第一版，第318页。
2 ［法］费尔南·布罗代尔 著：《菲利普二世时代的地中海和地中海世界》（下），唐家龙等 译，商务印书馆1996年12月第一版，第2页。

第 15 章 西西里之战

——这是史上最多战的岛屿，打了几千年

在地中海的所有岛屿之中，西西里岛是很特别的，主要是因为它不但是一个岛，而且处于非常独特的地理位置：从它往西是西地中海，往东是东地中海，因此它是东西地中海的分界之处，换言之就是西西里岛是东西地中海的交通要道。

此外，从它往北、越过狭窄的墨西拿海峡就是意大利半岛，再往北不远就可以直抵罗马。

我们要知道，自古以来，对于整个地中海甚至整个欧洲与基督教文明，罗马始终是中心，不但是宗教的中心，也是文明的中心，所以布罗代尔说：

罗马是地中海文明的巨大传播中心之一。它不是这种文明的唯一的传播中心，但却是最重要的传播中心。[1]

这就是说，只要占领了意大利半岛、占领了罗马，就意味着征服了整个基督教世界。

从西西里岛往南，不远则是辽阔、富饶而人烟相对稀少的非洲，向来就是各个不同民族相争之地。这也就是说，西西里岛就像跳板一样，往北跳可以直抵欧洲、往南跳又可以直抵非洲。

总之，西西里岛乃是整个地中海以及欧洲与非洲之间的咽喉要地，地理位置重要非凡。

此外，西西里岛本身也辽阔而富饶，是整个地中海中最大的岛屿。所以谁若占领了这里，就进可以攻——往南攻或者往北攻都可以；退可以守——它的富饶在古代足可以建立一个相当强大的国家。

正因为如此，自古以来，西西里岛就成为兵家必争之地。

古代西方世界第一次漫长的大战就发生在西西里岛，就是为了争夺西西里岛而进行的。

前面我们说过，在古希腊时代，希腊人很早以前就在西西里岛和意大利半岛南部定居了，在这里建立了许多殖民地，所

以这些地方实际上是希腊人的土地，其名字也叫大希腊。大希腊最著名的城邦就是建立在西西里岛东南的叙拉古，古希腊最伟大的科学家阿基米德就生活在这里。

除希腊人外，古代的西西里岛上还生活着另外一个民族，就是迦太基人。他们也很早以前就在这里建立了殖民地。由于迦太基人主要在西部，希腊人则主要在东部，所以一开始还没有冲突。但后来，随着双方实力日益增大，自然会产生冲突。特别是迦太基人，如果说地中海有最早的海霸的话，就是他们了，因为他们从先祖腓尼基人开始就是一个航海民族，所航的海就是地中海了。这必然与同样想称霸地中海的希腊人发生冲突，于是就发生了地中海中最早的大规模战争，这就是"西西里战争"。

第一次西西里战争

这场战争历时十分漫长，从公元前480年一直持续到公元前265年，战争的地点遍布整个地中海，还波及了意大利半岛、北非等大陆地区。

最早有记载的冲突之一发生在公元前510年，当时一个来自斯巴达的前国王多利厄尤斯来到了西西里岛，成了一个城邦的统治者，他向另一个城邦塞格斯塔（Segesta）发动攻击，这个城邦位于西西里岛西部，于是它向邻近的迦太基人求援，迦太基人出兵支援，击败了多利厄尤斯。这就激起了西西里岛上其他希腊人城邦的报复，于是双方之间发生了多次冲突，到了公元前480年，终于爆发了第一次西西里战争。

据说为了赢得这场战争，迦太基尽起倾国之兵。由于迦太基远在北非，它派出了一支强大的舰队试图登陆西西里岛，它的统帅叫汉密尔卡，但与后来与罗马人作战的汉密尔卡可不是同一个人。然而天公不作美，迦太基舰队先是在海上了遭遇了暴风雨的袭击，损失惨重，后来在希墨拉之战中大败。

对于这场古代相当著名的战役，各人描绘不尽一样，据希罗多德说，这场战争发生在希腊萨拉米斯湾海战的同一天，最令人惊异的是，当激烈的战斗正在希腊人与迦太基人之间进行时，汉密尔卡举行了一场祭仪，为此燃起了一堆大火，他突然跳进了火堆，就此烧死了，失去主帅的迦太基军顿时大乱，因此被击溃。

这样的说法不大合逻辑，因为在此前的战斗中，迦太基军队实际上取得了胜利，后来另一支希腊军队在格罗的统领之下到达，才不致溃败。所以占了上风的汉密尔卡不可能无缘无故地自杀，而且即使

美丽的西西里岛,那些古代宏伟建筑物的废墟诉说着她悠久的历史。
(Artist:Hackert Jakob Philipp)

战败了也不应当如此,最多逃回迦太基本土去就可以了。更可靠的说法是这样的:当战斗正在进行时,汉密尔卡发了一封信给他的一个盟友,叫他们把骑兵派过来,同时还说他将在这一天将要祭祀海神波塞冬。不幸这封信被希腊人截获了。于是他们挑选了一些精锐骑兵,冒充汉密尔卡所要的骑兵进入了迦太基军营,当汉密尔卡举行祭祀时,他们突然跃起,不但刺杀了汉密尔卡,而且到处放起火来,把附近的迦太基战船也烧着了。这样一来,不但失去统帅,而且从军营到战舰到处起火的迦太基人当然溃不成军、一败涂地了。

第二次西西里战争

这场惨败极大地伤害了迦太基,以致在此后相当长一段时间里他们在地中海中的影响力衰退了。但后来,西西里岛上的希腊人自己又分裂了——此前他们本来建成了一种城邦的联盟。于是又给了迦太基人可乘之机。

后来，西西里岛西部的两个希腊城邦塞利伦特和塞格斯塔之间又打起来了，塞利伦特打败了塞格斯塔，塞格斯塔于是向雅典人求援，雅典人派出军队前来援助，其实这时候他们都自顾不暇，因为他们正与斯巴达人作战。看到雅典人来帮对手，塞利伦特自然向斯巴达求援。后来，在斯巴达的援助之下，塞利伦特联合一些西西里岛城邦打败了雅典援军，并且再次击败了塞格斯塔。

在这种情形之下，塞格斯塔便投靠了迦太基人。而这时候的迦太基人不但实力大增，而且看到希腊人又内斗起来了，立即派军登陆西西里岛，不久就击败了塞利伦特。

但这只是序曲而已，此后，迦太基大军在汉尼拔·马戈的指挥之下，从北非出发了，据说人数达4万之众，在古代是一支了不起的大军了，何况要通过海路而来，至少必须有1000艘以上的船只才可能运送如此之多的士兵。这是公元前410年左右的事。

对了，这位汉尼拔与我们前面说过的与罗马人大战的汉尼拔不是同一个人，这个汉尼拔属于迦太基著名的马戈家族，前面的汉密尔卡也同样属于这个家族，并且是这个汉尼拔的爷爷，后来的汉密尔卡和汉尼拔都不属于这个家族，他们属于巴西德家族。

到达西西里之后，在塞格斯塔人的支援之下，汉尼拔挥军直逼塞利伦特，不久之后就抵达并且包围了它，于是双方又是一场大战，这就是塞利伦斯之战了。

这场大战包括两部分，首先是一场围城战。

汉尼拔为此制造了许多攻城设备，最主要的是两种，这也是古代最著名的两种攻城器械，即山羊槌和围城塔，前者是用来撞击城墙的，之所以叫山羊槌，就是因为山羊喜欢用头冲撞人或者其他的羊，和这设备差不多。所以制造者们就将它设计成了羊头的形状，甚至还加上了两只角，真是很形象啊！

在这样的强大的专业攻城武器的打击之下，加上兵力远逊于迦太基人，塞利伦特的城墙很快就被攻破了，但城中男男女女都动员起来了，男的打仗，其他人运送作战设备、修补被打破的城墙。他们的英勇无畏一开始也产生了一些效果，但毕竟有限，不久城墙就被打出了几个大缺口，迦太基人蜂拥而入，突入城中。塞利伦特人并没有屈服，而是全城男女老少，只要能够行动的都动员起来了，与迦太基人展开了残酷的白刃战加巷战，给迦太基人造成了很大的杀伤。特别是女人们，她们从窗子里、屋顶上将石块、砖头等砸向下面的敌人，而且打得相当的准，令迦太基人防不胜防。

这样残酷的巷战一直持续了整整九天，到第十天时，敌人才占领了整座城市。为了报复希腊人的抵抗，迦太基人进行了大屠杀，最后只有不到一万人被俘或者逃出去了，其余所有人都被杀掉了。除了几座神庙在交出了所有宝物后得以幸存，整个塞利伦特城被彻底摧毁。

此后，胜利了的汉尼拔没有就此结束战争，因为他要报自己的先祖之仇，也就是希墨拉之战中失败之仇，所以统领大军直扑希墨拉。

这时候，看到迦太基人取得了胜利，西西里岛上的一些城邦也成了迦太基人的盟友，派兵支援，他的兵力至少在5万以上。希墨拉人尽管得到了西西里岛上最大的城邦叙拉古的支援，但军队规模仍远远不能与迦太基的大军相比，加在一起只有约15000人左右。

但是，希腊人还是主动发起了进攻，在他们的打击之下，一开始迦太基人吃了大亏，被打得四散奔逃，但后来汉尼拔聚拢了他的部队，发动反击，又打败了希腊人，将他们赶进希墨拉城，包围起来。

不过没有完全包围，因为希墨拉既靠近大海，后面还有一条河，上面停泊着叙拉古人的支援舰队。但这时候狡猾的汉尼拔想出了一个好计策，可以瓦解希墨拉人的援军。

他先故意放出消息说要率军去进攻叙拉古城，得到这样的消息后，停泊在希墨拉的叙拉古人自然大惊，立即就要将舰队撤回去保护母邦。希墨拉人知道他们自己根本不是迦太基人的对手，因此决定弃城而逃，他们先尽量地将女人和小孩送上叙拉古人的战舰撤走。但第二天迦太基人就发动了攻击，没有来得及撤退的希墨拉人依然顽强抗击，然而根本抵挡不住，一天之后城就被攻破了。这是公元前409年的事。

破城后，汉尼拔进行了残酷的报复。他先在自己祖父被打败的同一个地方处死了3000名希墨拉人，为祖父报了仇，然后将其他人全部卖为奴隶。

至于希墨拉城，他将之彻底摧毁了，连神庙也不放过，统统夷为平地。希墨拉城从此消失在历史的荒野之中。

此后，汉尼拔就统领他的大军经由地中海回迦太基了，不用说得到了迦太基人的热烈欢迎，被尊为伟大的民族英雄。

有意思的是，汉尼拔军中那些来自意大利半岛的雇佣军，他们被汉尼拔遣散后没有回去，而是立即加入了迦太基人最大的对手叙拉古人的阵营，准备与迦太基人作战了。不过这也是自然之事，因为他们本来就是雇佣军啊，谁给钱就替谁打仗，用我们中国的俗话来说就是有奶便是娘。

但战争并没有就此平息，因为西西里岛上最强大的城邦叙拉古现在起来与迦太基人开战了，他们攻击并且击败了西西里岛上的迦太基盟友。于是汉尼拔第二次率军从地中海上开赴西西里岛。

但这次他的运气太坏了，登陆不久，迦太基军中就爆发了瘟疫，大批士兵死去，其中就包括汉尼拔自己。不过他的继任者希米尔科也很厉害，他接连击败希腊人，包括这时候叙拉古的统治者狄奥尼修一世也被打败，这是公元前406年的事。

狄奥尼修一世与柏拉图

这时候我们要来谈几句这位狄奥尼修一世，他算得上是希腊历史上最大的暴君之一，以残暴且多疑著称。

狄奥尼修一世本来只是叙拉古一个普通官员，但在迦太基人入侵西西里岛时表现得很英勇，立了大功，因此不久就被选为叙拉古军队的统帅，公元前406年成为了叙拉古的君主，也成为了一个暴君。而他此后的人生目标就是大战迦太基人了。

不过，在说与迦太基人的大战之前，我们还要谈另一位伟大的希腊人，他也与这位狄奥尼修一世发生了不少关系，这就是柏拉图。

柏拉图一开始并不认识狄奥尼修一世，而是认识了他的内弟狄翁，两人关系非常亲密，甚至可以说是基情无限，后来正是应狄翁之邀，柏拉图来到了叙拉古，在这里自然遇到了狄奥尼修一世，这是公元前387年的事。

这次相遇对柏拉图可不是好事。据说狄奥尼修一世对柏拉图其实很有好感，但他不是用真诚去赢得柏拉图的友谊，而是强迫柏拉图和他做好朋友。柏拉图倒也没有直接拒绝，而是狠狠地批判独裁专制，这下可得罪了正在搞专制独裁的狄奥尼修。他骂柏拉图是个老糊涂，柏拉图便回敬说狄奥尼修是僭主和独裁者，这下彻底惹火了狄奥尼修。他一开始想要处死哲学家，如果真这样，那哲学史甚至整个西方的历史也许都是另一番模样，但狄翁劝阻了他，于是他又下令把柏拉图卖为奴隶，并将他送到了伊齐那，准备在那里卖他。由于柏拉图是第一个到达这个岛上的雅典人，根据当地的法令是要被处死的，但由于柏拉图是哲学家，法庭出于对哲学的尊重赦免了他，但还是要把他卖掉。一位居勒尼人安尼凯里花了20米尼买下了他，只是没有把他当奴隶，而是把他送回了雅典，连买他的钱都不要还了。

另一种传说是，狄翁想把那笔钱还给安尼凯里，这回他收下了，但用这笔钱为柏拉图买下了一个小花园，后来柏拉图的学园阿卡德米就建在这里。这座学园后来成为了古希腊哲学甚至是整个古代西方思想的圣地，一直延续了千年之久，直到公元 529 年才被东罗马帝国查士丁尼大帝关闭，西方文化的古典时代随之结束。

回头说希米尔科，他打败狄奥尼修一世后，由于这时候军中又起了瘟疫，于是与狄奥尼修一世达成了和约，根据和约，不但将新近征服的地区划为迦太基的殖民地，而且西西里岛上的许多城邦也成了迦太基的附庸，可以说使迦太基人在西西里岛上的实力达到了顶峰。

但狄奥尼修一世不甘心失败，经过一番努力，他增强了实力，又开始进攻迦太基人。于是希米尔科再次率军前往西西里岛，这时候他已经是迦太基人的王，决心要狠狠地教训一下狄奥尼修一世，他统领约 5 万士兵，乘着约 600 艘运输船只，另有约 400 艘战舰，航向西西里岛。

这时候的狄奥尼修一世也召集了一支空前强大的军队，兵力总数与迦太基人几乎不相上下。另外还有一支相当强大的海军，拥有近 200 艘战舰，指挥是他的弟弟勒普蒂内斯。

这幅画描绘了著名的"达摩克利斯之剑"的典故。宝座上的是狄奥尼修一世的朝臣达摩克利斯，他头上高悬着一把锋利的宝剑，仅仅被一根肉眼几乎看不见的细线挂着，随时都会掉下来。吓得他对眼前的美味与美女都失去了兴趣。——那站在旁边形象威仪的自然就是狄奥尼修一世了。

(Artist:Richard Westall)

到达西西里岛之后，希米尔科兵分两路，一路由自己统率，另一路则由他的儿子马戈统率。马戈率领约300艘战舰和200来艘运兵船前往康塔拉，这里现在叫康塔里亚，就在伊奥尼亚海边，距叙拉古不远。

与此同时，勒普蒂内斯统领着叙拉古人的战舰冲向康塔拉，于是就在这里爆发了康塔拉大海战。

一开始，迦太基人已经先期到达康塔拉，并且驶入了港口，叙拉古舰队随后赶到。这时候，就双方的兵力而言，叙拉古人处于劣势，因为他们只有200来艘战舰，但迦太基人则将运兵船都改成了战舰，因此有约500艘战舰，是叙拉古人的一倍还多。但勒普蒂内斯并没有畏惧，因为他的军舰不但大而且坚固，他相信可以战胜敌人，于是率先发动了攻击，并且自己一舰当先，冲向迦太基人，其他叙拉古战舰也跟着冲了上来，对着迦太基战舰群就是一顿猛攻。

一开始迦太基人有些混乱，被击毁了一些船只，但他们很快镇定下来，凭着舰只数量远多于敌人，全都扑了上去，几艘对付一艘，一顿猛攻。特别是勒普蒂内斯的旗舰被大批迦太基战舰像马蜂一样包围起来了。他自知打下去一定会完蛋，不敢再打，杀出一条血路，逃跑了。这下叙拉古人一下子群龙无首，队形大乱。但迦太基战舰群却多而不乱，发动了更加猛烈的围攻，许多迦太基战舰撞向希腊战舰，两船相撞后，上面的士兵也冲向敌舰，变海战为陆战，不用说这样的战斗更加残酷。——这种海战法在希腊人和迦太基人那里只是偶然用之，但后来到了罗马人那里就成为了最主要的海战之法。

战斗的结果不用说，数量既少且群龙无首的希腊人虽然英勇战斗，但还是被彻底击溃。超过100艘战舰被击沉、2万余名士兵被杀，只有少数战舰逃走了。这是公元前397年的事。

由于海战大败，狄奥尼修一世只得率领他的部队逃回叙拉古去了，而迦太基人则乘势进军，包围了叙拉古城。

这时候，眼看可能被彻底击败的叙拉古人又来了救星，不过不是人，而是天。迦太基的军营里爆发了大瘟疫，连希米尔科自己都死了，迦太基人只能仓皇撤退，瘟疫救了叙拉古人和狄奥尼修一世的命。

这次叙拉古人和迦太基人的战事算是不了了之，但狄奥尼修一世也许认为上天在帮他，于是又继续集聚兵力，向迦太基人开战了。

这时候迦太基军队的统帅已经是希米尔科的儿子马戈了，他率军从迦太基来征讨狄奥尼修一世，但这次被狄奥尼修一世打败了，这是公元前393年的事。

这次失利并没有给迦太基军队造成多大损失，他们继续进军，经过一番僵持，不久后由于自己也遇到了麻烦，狄奥尼修一世就与马戈讲和了。

这对狄奥尼修一世而言只是缓兵之计，他继续集聚力量。

10年之后，公元前383年，他又开始攻击迦太基人，于是迦太基再次越过地中海前来征讨。这次狄奥尼修一世又胜利了，打败了马戈并且杀了他，这就是卡巴拉之战（Battle of Cabala），发生于公元前378年左右。

本来狄奥尼修一世可以借此和迦太基人签一个有利的和约，但他十分贪心，要求迦太基人彻底退出西西里岛，这怎么可能呢！于是迦太基人出兵再战，并且在公元前376年的克罗尼姆之战中，马戈的儿子希米尔科率军大败狄奥尼修一世，在随后的和约中狄奥尼修一世交出了1000塔兰特的巨额赔款，还承认了迦太基人对西西里岛西部的统治。

狄奥尼修一世仍没有就此服输罢战。过了几年，公元前368年，他又开始进攻迦太基人了，不过他的舰队又被迦太基人打败了，他自己也在第二年就死了，据说是被他儿子怂恿他的医生将他毒死的。

狄奥尼修一世死后，他的内弟——也就是柏拉图的好朋友——狄翁成了叙拉古人的统帅，与迦太基人签署了和约，双方休战了20来年。

后来，叙拉古人内部发生了纷争，他们竟然向迦太基人发出了邀请，于是迦太基军队再次进入叙拉古城，这时候，他们完全可以征服叙拉古人，但竟然没有这样做，而是带着大军不但离开了事实上已经占领了的叙拉古，还离开了西西里岛，回到了非洲。这样做显然太荒唐了，在迦太基激起了轩然大波，准备要严惩这位如此贻误战机的统帅——又叫马戈，他自知罪责难逃，选择了自杀。于是叙拉古人不但逃过了一劫，还顺便弄死了敌人一位实际上相当高明的统帅。

此后，叙拉古人又开始攻击起迦太基人来，并且他们得到了一位非常厉害的帮手，这就是来自科林斯的蒂摩列昂，并且在公元前341年的克里米修斯之战中大败迦太基人，终于使双方达成了正式的和约，结束了第二次西西里战争，这份和约使得迦太基人在西西里岛上的地盘大大地缩小了。

由于决定性地击败了迦太基人，蒂摩列昂受到了叙拉古人的拥护，并且成为了新的统治者，只是这时候他已经年过七十，几年之后他就双目失明了，不久死去。这时候是公元前337年，与迦太基人缔结和约只有区区四年。

第三次西西里战争

叙拉古人对迦太基人的敌意似乎是无穷无尽的。第二次西西里战争结束不过20余年之后，阿伽索克勒斯成为了叙拉古的统治者，他本来只是一个制陶匠的儿子，后来娶了一位非常有钱的寡妇，迅速阔起来后，经过一番曲折以及血腥的斗争，他成功统治了叙拉古。此后，他迅速壮大了军力，还建立了强大的舰队，又向迦太基人开战了。于是爆发了第三次，也是最后一次西西里战争。

这次战争可谓跌宕起伏。一开始，迦太基大军在哈米尔卡的统领下，迎击阿伽索克勒斯的军队，双方在西西里岛中部的希墨拉河通向地中海的入海口附近展开大战，这就是希墨拉河之战。

战斗中叙拉古人首先发动了进攻，他们穿过希墨拉河，袭击了对岸的迦太基军营，一开始占了上风，但迦太基人没有慌乱，他们在哈米尔卡的镇定指挥下反攻，特别是用如雨的石块砸向敌人，给希腊人造成了不小的死伤，但希腊人继续顽强攻击，于是两军陷入胶着之中，战斗异常激烈。这时候，突然一支舰队从海上开来，是迦太基人的舰队！他们迅速投入战斗，这样一来叙拉古人马上抵挡不住了，慌乱而逃，阿伽索克勒斯收拾残军回到了叙拉古。这是公元前311年的事。

迦太基乘胜追击，兵临叙拉古城下，眼看就要城破国亡。

这时候，阿伽索克勒斯像个赌徒一样，决心赌一把。

他知道迦太基的军队基本上全来西西里岛了，本土防卫一定空虚，于是他一方面加固叙拉古的城防，同时悄悄统领一支由60来艘船只组成的舰队以及尽可能多的士兵，越过地中海，直扑迦太基人的老巢——北非的迦太基城。

率军上岸之后，阿伽索克勒斯下令烧毁全部战船。一则因为他下定决心，不获得胜利就战死在此，二则因为他不想留下一名士兵在这里看守船只。这果然大大地激发了战士们的勇气。他们杀气腾腾地扑向敌人。

这时候的北非多年以来都处于和平之中，人们不但没有什么战斗的经验，甚至根本想不到会有敌人来攻，因此当希腊人突然出现时，不由得惊慌失措，不久希腊人就攻破和劫掠了一座城市，此后阿伽索克勒斯又占领并洗劫了白突尼斯城——地点大概就在今天北非的突尼斯城一带，并且在城外安营扎寨，准备稍作休息就直赴迦太基城。

敌人打进来了的消息在迦太基激起了巨大恐慌，他们以为自己在西西里的大军已经被消灭了，吓得不轻，匆匆组织抵抗，临时征募了一支军队。不过人数不算少，超过3万人，其中还包括2000辆战车。这在当时是一个很大的数目了。统帅军队的主要是哈罗，此外就是波米尔卡，他们率军迎击敌人，双方大战于白突尼斯城，这就是著名的白突尼斯之战。

战斗中，双方布阵之后，迦太基人首先发起攻击，领头冲锋的是战车，但战车这种早在古埃及时代就已经使用的武器到这个时代已经没有多大作用了，因为对付它的办法太多，它也太容易受伤害。这次也是一样，战车的冲锋很快就失败了，与他们一起冲锋的骑兵也失利了。然后就轮到双方的主力步兵决战了。迦太基的步兵也奋勇战斗，但他们主要是由一些迦太基市民组成，此前大都是商人、官员、工匠之类，哪会打仗呢！相反，阿伽索克勒斯统领的战士都是久经沙场的老兵，而且已经破釜沉舟，自然拼命作战。

这样一来，迦太基军队的阵形在希腊人的疯狂打击之下很快就动摇了。更加致命的是，他们的统帅哈罗身先士卒，奋勇格杀，但自己却被杀掉了。统帅一死，迦太基人的军心立即动摇。波米尔卡看到这种情形，知道再打下去就会崩溃，于是率军有序撤退。但在这样的战场之上谈何容易，于是很快有序变成了无序，迦太基士兵们乱作一团，争先恐后地逃离了战场，逃得不快的则被希腊人砍杀殆尽。

白突尼斯失败的消息在迦太基城内引发了更大的恐慌，但他们没有从战争本身找问题，而是认为自己触怒了神明，由于他们的大神庙在推罗——这一带也是迦太基人的先祖腓尼其人的文明发祥之地，所以他们送了一笔巨款去推罗，要在那里举行盛大的祭祀活动。更吓人的是，他们还在迦太基进行了可怕的焚祭，这是一种古老而极为残忍的祭礼，就是将人活活烧死。他们一共这样烧死了200个儿童以及300个成人。可怕吧！冲着这种残忍的祭礼，迦太基也应该被毁掉。

此后，阿伽索克勒斯率军直逼迦太基，但他这支不过3万来人的军队不可能包围迦太基，于是他决定先征服迦太基城附近地区，一方面寻找同盟，另一方面得到给养。他的行动也有所成功，许多迦太基城邦和他结了盟，但其中不少只是因为害怕他而虚与委蛇，并不是真心的，一有机会就会反叛。

这时候，远在叙拉古的迦太基军队终于得到了母邦被攻击的消息，立即派军回援，迦太基也重新集结了一支大军。虽然后来阿伽索克勒斯又取得了一些胜利，然而在第二年即公元前309年，他在第二次白突尼斯之战中被击败了，他的盟友们又纷纷背叛他，站到了迦太基人一边。又过了两年，他被迦太基人决定性地击败了，几乎是只身逃回叙拉古去了。

但这时候迦太基人再一次显示了他们的无谋，没有乘此机会彻底击败叙拉古，而是又与之谈判。在谈判中叙拉古失去了许多领土和盟邦，西西里岛也一时之间成为了迦太基人的天下。这是公元前307年的事，漫长的西西里战争也就此结束了。

这样一来，迦太基人自然成了几乎整个西西里岛的统治者，但为时并不长，因为叙拉古人依旧是他的敌人，并且不久后就为迦太基人带来了极大的麻烦。

这个麻烦就是他们把正在意大利半岛与罗马人作战的伊庇鲁斯的皮洛士引进来了，请他与迦太基人作战，这是公元前278年的事。

此后的事我们在前面讲罗马的征服时已经说过了，后来皮洛士灰溜溜地回希腊去了，而罗马人开始介入西西里岛，于是自然与迦太基人产生了冲突，此后就是布匿战争了，最终的结局就是迦太基被彻底毁灭。

击败迦太基人之后，罗马自然成了西西里岛的主人，在此后漫长的历史时期之内，西西里岛都是罗马人的后院，事实上，西西里乃是罗马人在意大利半岛之外设立的第一个行省。

不过，即使在罗马人的统治之下，西西里岛也不是很平静的，因为在这里发生了罗马三次奴隶大起义——罗马人称为奴隶战争——中的两次。

两次奴隶起义

第一次奴隶起义爆发于公元前135年，领袖名叫恩纳斯。

恩纳斯是叙利亚人，有一项在古代很神奇的本领，就是口里会喷火，虽然远古的埃及人就会这项杂耍了，但在许多罗马奴隶那里这简直是神一样的本领。他还有文化，不但会表演，还会说出各种的预言。据说他曾经在表演中对那些看他表演的西西里贵人预言说他将要领导人们起来战斗，并且将成为西西里的王，倘若那些听众们多给他小费，以后等他成为国王后就会赦免他们现在犯下的罪过。他的话果真起了作用，有些贵人真给了他不少小费，而他在称王后也真的赦免了他们。

至于详细的起义情形我们就不说了，总之恩纳斯率领西西里岛的奴隶们起来反抗罗马人，大批奴隶跟从他，有人说达20万之众，但至少应该有7万左右，他率领这批奴隶大军屡败罗马军队，并且自立为王。当然，罗马不可能让奴隶们统治西西里岛，他也不可能真的打败罗马人，经过一系列残酷的战斗，他失败被俘，很快就死了。这是公元前132年的事。

现在在西西里岛还有他的雕像。

恩纳斯起义结束不过20余年之后，西西里岛又爆发了奴隶起义。

这次起义的原因有些不同寻常。原来，当时一位执政官颁布了一个法令，宣布任何对罗马友善的意大利人都应该被释放——如果他们是奴隶的话。于是，在西西里岛有好几百名这样的意大利人被释放了，但由于这个法令的内容有些表述不清，一些非意大利的西西里奴隶认为自己也生活在意大利，因此应该被释放，罗马人当然不同意，于是他们就起来反抗，领袖是一个叫萨维乌斯的人，也有成千上万的奴隶跟着他起来反抗，他们也多次击败罗马军队，后来罗马执政官亲自率军平叛，才把他们镇压下去了。这是公元前100年的事。

我们在前面讲东罗马帝国时已经说过了，到6世纪时，查士丁尼大帝想要恢复古罗马的光荣，就派出他的大将贝利撒留攻向古罗马的核心意大利半岛，他最先到达并且占领的就是西西里岛。

此后，在相当长的一段时间里，西西里岛就成了东罗马帝国的领土，希腊语也成了整个西西里岛使用的语言，而西西里岛在东罗马帝国也有了越来越重要的位置，大概主要是因为这里不但一向是富庶之地，而且进可攻退可守，总之是一块帝国眼中的宝地吧。据说东罗马的皇帝君士坦丁二世曾经想迁都西西里岛上最大的城市叙拉古，不过没有成功。

然而西西里岛上这段和平的日子并不长久，因为一股新的、强大的外来势力冲过来了，这就是伊斯兰教和穆斯林。

血战叙拉古

早在652年的时候，先知穆罕默德的追随者之一哈里发奥斯曼就曾经派军队从叙利亚入侵过西西里岛，想在这里扩张伊斯兰教的势力，但被打败了。但穆斯林们并没有就此罢休，过了两百来年，到826年，他们再一次入侵西西里岛，这一次的规模更大。

但这一次并不是穆斯林主动入侵，而是东罗马帝国人自己招惹出来的。

原来，这时候东罗马帝国在西西里岛的统领是优菲米乌斯。他是个好色之徒，看上了一个美丽的修女，为了和她结婚不惜杀了自己的妻子。这样的恶行传到了当时东罗马帝国的皇帝迈克尔二世耳中，他立即派出一位将军统领舰队奔向西西里，要杀了这个恶棍。优菲米乌斯不甘束手就戮，率众起来造反，他打败了前来征讨的东罗马帝国舰队，并宣布自己当皇帝，领土就是整个的西西里岛。这当然更激起了东罗马帝国皇帝的愤慨，他派出了一支更强大的军队，打败了优菲米乌斯，但没有抓住他，因为他跑到北非的突尼斯去了。

这时候统治突尼斯的已经是穆斯林了，优菲米乌斯请求统治这里的埃米尔扎伊德·阿拉罕一世派兵帮助他攻打西西里岛。这正中埃米尔的下怀，他早就想在西西里岛进行圣战了，好在此传播伊斯兰教。于是他派出了一支舰队从北非开往西西里岛，不久登陆，从此开始了穆斯林对西西里岛漫长的战争与征服。这是公元827年的事。

一开始，穆斯林军队被东罗马帝国打败了，但他们死战不退，后来又得到了援军，终于攻克了西西里西北部的重镇巴勒莫，在这里建立了牢固的基地。

东罗马帝国后来又派出了军队想要赶走穆斯林们，但失败了。这时候他们已经在东地中海和小亚细亚半岛等地都面临着阿拉伯穆斯林的强大压力，对于相对比较偏远的西西里岛是难以多加顾及的。这样一来，穆斯林们在西西里岛的实力就一天天扩大了，西西里岛上的东罗马帝国城市也一座座被攻克，最后的大城只剩下中部的恩纳和东部的叙拉古了。

恩纳在859年被攻克，最后只剩下叙拉古这座西西里岛最大最重要的城市了。

只要攻克了叙拉古，就等于征服了整

这就是西西里岛上的重镇巴勒莫，风光优美，但也是自古多战之地。
(Artist:Francesco Lojacono)

个的西西里岛，于是，穆斯林大军在一位叫贾法尔的将军的统领之下，向叙拉古发动了猛攻。这是877年的事。

东罗马帝国的战士们当然知道叙拉古的失陷意味着什么，因此他们也拼命战斗，他们拥有一种很厉害的武器，就是我们前面提到过的"希腊火"，它就像一个火焰喷射器一样，不停地将可怕的烈火喷向城墙外的敌人，少数几个爬上城头的士兵被火焰变成了一个火球掉了下去，烧成了一个黑炭团。

由于东罗马帝国战士们顽强抵抗，过了几个月，穆斯林们的进攻一直没有进展，这大大地惹火了充满了圣战精神的伊斯兰战士们，他们不断地集聚力量，准备来一次决定性的总攻。

这次总攻发生在878年5月21日早晨，所有穆斯林战士加上他们所有的攻城武器全冲向了叙拉古的城墙。这时候，由于被长期围攻，城内已经几乎弹尽粮绝，但基督教战士们依然拼命抵抗，但攻击者同样拼命，不顾一切地冲上城头。终于成功地冲了进去，占领了整个城市。

不用说，出于对抵抗的报复，也出于对基督徒们的憎恨，一场大屠杀开始了，叙拉古城内尸横遍地、血流成河。

穆斯林们也抓了许多的俘虏，但不是为了抓他们，而是为了杀他们。

对于这场可怕的杀戮的情形，《罗马灭亡后的地中海世界》是这样描述的：

全部俘虏被押到中央广场，士兵和市民被两边分开。屠杀随即在光天化日之下开始。

第一个是那位拜占庭帝国的贵族。他的罪名是对伊斯兰以刀相向的首领。

根据狄奥多西奥的记载，这位希腊贵族听到死刑判决后面不改色，沉静地毅然赴死。这使得宣布他死刑的总司令阿布·伊萨也很惊讶，撒拉森人过去一直侮辱嘲笑"没有信仰的狗"，他们也默默地看着他被切断喉管。接着，连续处死了70位叙拉古的权势人物。这些人也都慷慨赴死，面对死亡的态度丝毫不逊于希腊贵族。

死亡也降临到了9个月以来共同战斗的士兵身上。他们被驱赶到广场中央，绑着手脚一个挨一个地坐下。撒拉森士兵对他们枪刺棒打，反复不断，最后把他们送到枯草丛生的山上，周围点上火活活烧死。

狄奥多西奥唯一记下名字的就是前面提到的那位塔尔索的尼凯塔。尼凯塔一直战斗在最前线，嘲笑冲过来的伊斯兰士兵说：老子是狗，那你们是什么东西？每当此时，撒拉森士兵都恼怒地还他一句，打下叙拉古一定要让你享受特殊待遇！伊斯兰士兵没有食言。出生在小亚细亚的这位希腊人队长被作为留到最后的乐趣。他最

后才被拖到广场中央，仰面按在地上，捆住四肢，等待着他的是东方式的酷刑——活剥人皮。²

攻克叙拉古之后，几乎整个西西里岛都是阿拉伯人的天下了，不过依然有沿海一些小城市在东罗马帝国的控制之下坚持抵抗，直到902年，最后一个重要据点陶米那被攻克，但依然有一些沿海的小要塞在抵抗，直到965年，整个西西里岛才完全归于阿拉伯人的统治之下。

但阿拉伯人的这种统治并不长久，不到百年之后，一个新的征服者来了，这就是诺曼人罗杰一世。

王国的建立

这位罗杰一世的父亲赫特维勒的坦克雷德也青史留名，但不是因为他自己，而是因为儿子而留名。据说他只是诺曼底一个小地主，但有着极为旺盛的生命力，先后娶了两个妻子，这两个妻子为他生了12个儿子和好几个女儿，而且他们都有出息，女儿嫁给了贵人，儿子们则大都到了南意大利，在那里开疆拓土，成为了一代枭雄，最出色的就是他最小的儿子罗杰一世了。

罗杰一世1057年和一位哥哥到达了南意大利，开始了征服事业。进展顺利，不久就征服了卡拉布里亚，相当于意大利半岛这只靴子的脚趾部分，此后就将目光投向了隔着狭窄的墨西拿海峡相望的西西里岛。

这时候的西西里岛实际上已经脱离了突尼斯埃米尔的统治，成了一个半独立的国家，当然统治者仍是阿拉伯人。但这里的大部分人民是基督徒，罗杰一世觉得他们应该不想服从穆斯林的统治，是征服的好对象，于是派军越过海峡，不久就占领了墨西拿，在西西里岛建立了根据地，这是1061年的事。

此后，罗杰一世的军队缓慢而坚定地继续征服，后来陆续占领了巴勒莫、叙拉古等地，到1091年，整个西西里岛都归于了罗杰一世之手。

罗杰一世对整个西西里岛进行着几乎是独裁的统治，不过他的统治总的来说是宽宏大量的，因为他虽然是一个天主教徒，但对于东正教徒甚至伊斯兰教徒也相当尊重，实际上他的军队中就有大量穆斯林，他们都是他忠诚而勇敢的战士。据说，当他后来在1098年围攻意大利东南的卡普亚时，伟大的神学家安瑟尔谟曾经拜访过他，发现他的军营里到处是阿拉伯人。

罗杰一世死于1101年，他的儿子继位，这就是罗杰二世了。

诺威奇在《地中海史》中称罗杰二世

是"中世纪欧洲最伟大和最引人注目的统治者之一"。³

当他继承父业的时候还只是一个公爵,并不是国王,但他统治的领土却要超过许多国王,因为这时候南意大利的大片土地也在他的统治之下,他决心要成为一国之王。

1130年时,当时的教皇洪诺留二世去世,这个教皇一直是罗杰二世的敌对者,他视这教皇国之南的强大势力如眼中钉、肉中刺,但没有办法阻挡罗杰二世的扩张,甚至被迫加冕他为阿普利亚公爵。他

战斗中的罗杰一世。
(Artist: Prosper Lafaye)

去世时，当时主要的继任者是红衣主教彼得罗·皮耶莱奥尼，虽然他能力出色且很虔诚，但他有一个致命的问题，就是有犹太血统，这是一向憎恨犹太人的天主教徒所不能接受的，于是教会内部发生了分裂，另外一些主教推选了新教皇，这就是英诺森二世，但同样遭到了一些罗马人的反对，后来英诺森二世被迫离开罗马，到法国去了。他在那里得到了广泛的支持，成功地返回了罗马，当上了教皇。他同样得到了罗杰二世的支持，这也是必须的，因为这时候罗杰二世在意大利拥有最大的实力，为了获得他的支持，教皇答应封他为王。于是，1130年圣诞节，在巴勒莫大教堂，罗杰成为了西西里国王，巴勒莫就是王国的首都。

这个罗杰二世的领土可不止西西里岛，不但在南意大利拥有大片领土，他还征服了地中海中的马耳他岛，此外在北非也占领了一些地方，总之是当时欧洲最强大的君主之一。

还有，这个罗杰二世虽然是基督徒，对其他宗教也一视同仁，因此在他的宫廷里汇集了来自东方与西方的大量精英人物，从诗人、艺术家、科学家到医生与工匠，等等。他也过着一种东方式的生活，甚至建立了一个东方式的后宫，里面有大量美女供他享受。

西西里晚祷战争

罗杰二世死后，没有留下子嗣，西西里岛归于了来自德意志施瓦本的霍亨斯陶夫家族，因为他唯一的女儿嫁给了出自这个家族的亨利四世——他也是神圣罗马帝国的皇帝，这样一来，西西里岛也归于神圣罗马帝国的统治之下了，但在他的儿子弗里德里希二世于1250年去世后，帝国分裂，到1266年时，西西里岛归于法国王子安茹的查理。

当弗里德里希二世统治西西里岛的时候，采取了一个重大的举措，就是将西西里岛上的穆斯林迁居到了意大利半岛东部的卢切拉，使西西里岛成为了一个基督徒之岛。

安茹的查理只是将西西里岛看成自己的税收来源，想从这儿弄到大笔金钱，好实现他的帝国之梦——他想在地中海一带占领辽阔的领土、建立一个"地中海帝国"，因此对岛上的人民大肆欺凌压榨。他麾下的法国人也将自己看成西西里岛的上等人，歧视西西里本地人。这些激起了一向有反抗传统的西西里人民强烈愤慨，他们决心起来反抗。

1282年的耶稣复活节，当晚祷的钟声响起的时候，暴乱发生了，一开始在巴勒莫，然后是几乎整个西西里岛，人们开始

这幅画描绘了弗里德里希二世将西西里岛上的穆斯林迁居到卢切拉的情形,这其实是为了保护他们,因为这时候基督徒与穆斯林正在地中海东岸一带打得血肉横飞,生活在西西里岛的穆斯林也随时可能遭到基督徒们的迫害甚至杀戮。因此画中的穆斯林们跪在地上表示感谢。

(Artist:John Feffer)

对岛上的法国人进行大屠杀,无论男女老少都是一顿乱杀,几乎将所有法国人杀了个精光。这就是史上有名的西西里晚祷战争了,我们将在后面细述这场在意大利历史上相当重要的战争。

查理一开始龟缩在一个古堡里,后来与起义者谈判,同意离开并且永不回来,起义者们就放他走了。

此后,西西里岛人一开始想要建立一个有类于热那亚或者威尼斯的自治共和国,他们请求教皇同意,但教皇拒绝了,于是他们就请求亚拉冈的彼得三世来当西西里王,因为他的妻子是亨利四世的曾孙女,也有权成为西西里岛的统治者。

这时候,彼得三世正率领一支大舰队停泊在今天的阿尔及利亚北部一带,得知西西里人的请求之后,当然同意了,率领他的舰队航向西西里。他先到达了西部的特拉帕里，然后又到达了东部的巴勒莫。由于他宣布将给予西西里岛人许多特权，因此正式得到了西西里人的拥戴。

查理不甘心就此失去西西里，回到他在意大利半岛的领地后，立即组织了一支舰队，越过海峡包围了墨西拿城，当时的教皇也站在他一边反对彼得三世。

但彼得三世毫不在意，因为他知道自己的军队更加强大。他不但占领了西西里岛，而且派出舰队攻向查理在意大利半岛上的领地，给查理以沉重打击。

在这种情形之下，查理想出了一个绝招，或者说绝望之招，他要求和彼得三世决斗，彼得三世同意了，并且双方约定6月1日在法国西部的波尔多进行决斗，英王爱德华一世将担任决斗的裁判。

不过此后，不知是真是假，当彼得三世前往波尔多时，据说遭到了法国人的埋伏，他就回西班牙去了，决斗的事也就不了了之。

但西西里岛的争夺还在继续。1282年，彼得三世采取了一个英明之举，他委任劳里亚的罗杰担任他的海军统帅，这为他的胜利打下了坚实的基础。

中世纪最杰出的海军统帅

劳里亚的罗杰也许是中世纪时西方世界最了不起的海军统帅，就像巴巴罗萨是土耳其最了不起的海军统帅一样，《不列颠百科全书》里也专门为他作了传[4]，我们在这里要介绍他一下。

罗杰是劳里亚人，他的父亲曾经当过西西里大法官，当查理占领西西里后，他们一家子逃到了西班牙的巴塞罗那，因为这里的公爵——就是后来的彼得三世的父亲——也有西西里王位的继承资格，长大后，正是彼得三世封他为骑士，并且十分赏识他的才能，后来又委任他为自己的海军统帅。此后，他就率领彼得三世的海军取得了一系列胜利，可以说成为了地中海基督教海军的不败之师，遗憾的是与他作战的都不是穆斯林而是欧洲的基督徒国家。

罗杰指挥的第一次比较大的海战是1283年7月的马耳他之战。是役，他得知查理的舰队停泊在马耳他岛，立即率舰队奔去，在那里他采取了一个不寻常的战略。由于法国人的舰队停泊在极为坚固的圣安杰罗城堡防御下的港口内，于是晚上他预先悄无声息地埋伏在港口外，到了第二天黎明时分，他在外面吹响了挑战的号角。听到号角声之后，被吵醒的法国舰队怒气冲冲地扑了出来，结果正中了罗杰的埋伏，统帅都被他杀死了，他还摧毁与抓获了法国人的很多舰只。

第二年，他又取得了一场更大的胜利，这就是那不勒斯湾之战。

这一仗他还是采取了大致同样的战法，先将舰队埋伏在那不勒斯湾外面，其实只要法国舰队老老实实待在港口内是很安全的，但查理一世的儿子查理二世是这支舰队的统帅，这个30来岁的年轻人忍受不了罗杰的挑衅，贸然出战，罗杰还装出怯战的样子率舰队逃跑，查理二世率军追来，结果被罗杰杀了个回马枪，并且是冲向他舰队最薄弱的侧翼，不久就将之击溃，连小查理自己都成了俘虏。据说当时查理拒绝投降，罗杰就派了一些水手冲上了他乘坐的舰只，威胁说你要是不投降，我就要把船凿沉了，这下小查理害怕了，赶紧投降。

1285年9月，罗杰又率军取得了一次大胜，这次的对手是法国和热那亚联合舰队，战斗地点是西班牙巴塞罗那附近的海面，就位于莱斯浮米格斯岛一带，所以又称为莱斯浮米格斯之战。

在这次战斗中，罗杰又采取了新战法——夜战。他在每艘军舰的桅杆上高高地挂出了两个大灯笼，有三个目的：一当然是为了照明航向；二是为了让自己的军舰彼此间可以看见，方便统一指挥；三是为了迷惑敌人，因为敌人很容易将一个灯笼当成一艘军舰，一舰两灯笼可以起到吓唬敌人的作用，就像中国古代战例中的不增兵而增灶一样。正是这种威慑作用，加上罗杰的鼎鼎大名，热那亚人的舰群很快就逃跑了，孤军作战的法军舰队很快就崩溃了，许多舰被击沉，还有16艘成了罗杰的战利品。

罗杰抓了许多俘虏，他残忍地将三个俘虏的眼睛挖掉，只留下一个人有一只眼睛，由这个人给他们引路回到法国。据说罗杰还要俘虏们带话给法王菲利浦三世，说如果没有他们亚拉冈王的保护，就是鱼也甭想在地中海里安全地游。言下之意当然是地中海现在已经是他罗杰的天下了。

菲利浦三世看到这样的情形，很快就死了，应该是被吓死的。

此后不过几天，罗杰又参加了另一场战斗，不过不是海战，而是陆战。这就是帕尼萨斯山口之战。

罗杰在莱斯浮米格斯之战取得胜利后，马不停蹄地率军弃舰登陆，赶往比利牛斯山中的这个重要的山口，在这里再次沉重地打击了法国，消灭了大批法军有生力量，可以说是一场大胜。为此巴塞罗那接连举行了多天庆典。这说明罗杰不但是卓越的海军统帅，陆战也是很在行的，这在几乎所有的伟大将军——包括拿破仑与亚历山大大帝——中都是很少见的，因为拿破仑打海战是外行，亚历山大大帝也不擅长打海战，事实上他是通过陆战的办法打海战的，例如在毁灭推罗时就是这样。

此后，罗杰在地中海中可谓是威名赫赫，但战争并没有因此而停止，法国人依旧在与西班牙人作战。到1287年7月，又发生了一场大规模的海战，这就是"伯爵之战"。

海战发生在意大利西南部第勒尼安海中那不勒斯城外的海上，也是罗杰在得知法国人将他们的大舰队停泊在这里后，跑过来求战的。但这次法国人的战舰数量是他的两倍：法国人有80艘，他只有40来艘。但他一点也不害怕，因为他知道自己的实力。至于战法，还是老办法，他率舰队来到那不勒斯港外，朝岸边打了几炮示威，然后向敌人正式发出挑战。若法国人不应战，他们当然不会失败，但他们看到敌人的军舰只有自己的一半，以为可以打败之，或者说，他们明白若是敌人只有一半实力也来挑战而他们不应战的话，那真是太丢人了，所以只能出战。

法国人将大舰队分成五个中队，每个中队都由一名伯爵统领——所以才叫"伯爵之战"，出海迎击。罗杰还是像上次一样，看到敌人来了后就跑，法国人一看，又以为他怯战，于是追来，但当他们追出一段距离后，罗杰突然率领他的军舰们杀了个回马枪，并且直冲他们最薄弱的侧翼。这样一来，法国人本来就有些乱的队形立马全乱了，被击沉了好几艘舰只，一个伯爵看到形势不对，率军逃跑了。这样一来其他伯爵更打不下去了，纷纷投降，罗杰一下子就俘虏了40来艘敌舰，还抓了数以千计的俘虏。

简言之又是一场大胜，而且是以少胜多。

我们知道，前面的战斗争夺的主要目标是西西里岛。其实，早在莱斯浮米格斯之战后不久，赏识罗杰的彼得三世就死了，继承他成为西西里国王的是他的第三个儿子，称弗里德里希三世，他没父亲那样喜欢罗杰，但基于罗杰的战绩，一开始还是将西西里东部的阿西封给了他，但不久之后，罗杰与国王的关系就发生了质变，罗杰于是转而支持安茹，弗里德里希三世便发兵进攻他的封地，占领且予以没收，还抓住了罗杰。但罗杰后来设法逃脱了，他先是跑到了英王爱德华一世那里，然后又回到了意大利，成了法国安茹王朝的盟友，因为这时候局势已经大大地改变了，从彼得三世处继位的亚拉冈国王詹姆士二世已经和安茹结了盟，来反对他的弟弟弗里德里希三世。这样一来，罗杰就成了亚拉冈与法国安茹的联合舰队的司令，统军与西西里的弗里德里希三世作战了。

到1299年7月，他统领的舰队就与

弗里德里希三世的舰队发生了第一次大战，即奥兰多海角之战。

奥兰多海角位于西西里岛西北部的地中海海域。这次罗杰的舰队更大，拥有近60艘军舰，比弗里德里希三世要多十来艘，但在战斗的一开始，他处于下风之中，原因就在于他的舰队处在"下风"了，因为这时候的风从海上吹向大陆，而他的舰队就处于靠近大陆的地方，这样一来，它们就无法前进，甚至被风往陆地吹去。在这样的情形之下，罗杰将他的军舰紧紧地靠在一起，甚至于用木板将它们与大陆连接起来，也就是说，打起仗来时他们可以得到来自陆地的支援。但不管怎样，风向是不利于他们的。

看到这情形，弗里德里希三世的舰队以为有机可乘，扑了上来，双方激烈交火，打在了一起。这时候，发生了一件事情，一艘西西里战舰上的舰长竟然砍断桅索，好更靠近敌人作战，后面的多艘西西里战舰也这样做了，但这导致他们的队形被打乱。罗杰一看，知道机会来了，立即率舰冲向西西里人的后方，对之进行了两面夹攻。而正在这时，西西里舰队中传来了坏消息，他们的司令弗里德里希三世据说是因为太累了，已经趴下了，他的旗舰随即撤出了战场。这样一来，本来就处于下风了的西西里人立即溃散了。罗杰不但摧毁了多艘敌舰，还抓获了近20艘以及不少的敌军官兵。由于此前弗里德里希三世杀掉了他的侄子，他对这些俘虏进行了屠杀以示报复。

经此一役，弗里德里希三世实力大损，而且詹姆士二世的大军已经抵达了西西里岛，只要他愿意，完全可以攻上去占领之，但他不想太难为弟弟，更不想和法国人一起把弟弟干掉，于是就率军撤走了。安茹人当然还想打，却在登陆后被击败，弗里德里希三世暂时转危为安。

但这种安全是暂时的，不到一年之后，1300年6月，在波札之战中，他再一次惨败，自己都被罗杰俘虏了。

这次战况大致是这样的：西西里舰队前来那不勒斯海域，罗杰的舰队就停泊在附近的一个海湾里，这里还有一个小岛叫波札。一开始，西西里人发出了挑战，但罗杰没有应战，尽管他的舰队规模比西西里人的要大。不久之后，西西里人准备撤退了，罗杰却突然率军冲了出去，又打了西西里人一个措手不及，不久之后就打垮对手，弗里德里希三世和他的海军司令都成了俘虏。

罗杰没有把他的前主人怎么样，詹姆士二世也不会把他的弟弟怎么样，但毕竟弗里德里希三世战败了，而且战争拖了这么久，对谁都不利。于是，到了1302年，参战的几方终于签署和约，这就是《卡塔贝罗塔和约》。和约规定，弗里德里希三世可以当他的西西里国王一直到死，但他死后西西里将归于安茹，不过他的后代可以获得相应的补偿，弗里德里希三世还得到了10万盎司的黄金，大约相当于3000公斤。

至于罗杰，他虽然俘虏了昔日的君主，但毕竟不全是他的错，他们后来又和好了。

此时罗杰已经57岁了，决定退隐江湖，在西班牙东南部的科森泰纳安度晚年，死于1305年。

《卡塔贝罗塔和约》签订后，所谓的西西里晚祷战争也就结束了。

此后，一直战乱不止的西西里岛再也没有大规模的战争了。

---

1 ［法］费尔南·布罗代尔 著：《菲利普二世时代的地中海和地中海世界》（下），唐家龙等 译，商务印书馆1996年12月第一版，第269页。

2 ［日］盐野七生 著：《罗马灭亡后的地中海世界》（下），田建国等 译，中信出版社，2014年7月第一版，第99—100页。

3 ［英］约翰·朱利叶斯·诺威奇 著：《地中海史》，殷亚平等 译，（中国出版集团）东方出版中心，2011年7月第一版，第114页。

4 参Encyclopaedia Britannica之Roger of Lauria条目。

第 16 章 克里特岛战争
——这里发生了史上长达 21 年的围城战

在地中海所有的岛屿之中，克里特岛有一个最为独特之处，就是它有着极为悠久的历史以及十分独特的文明，这就是克里特文明，或者又叫米诺斯文明，迷宫就是它杰出的代表。而以一个海岛而成为一种独特、古老而伟大的文明，这是全世界所有岛屿之中独一无二的。

不过我们在这里所要谈的不是克里特的文明，而是它的战争。

早期的克里特之战

克里特虽然历史悠久，但自从遥远的克里特文明消失后，这里一直是传统的古希腊文明的一部分，并没有受到多少外敌入侵，因此也少有战争，特别是大规模的战争。第一次有历史记载的比较大的涉及克里特的战争是三次米特拉达梯战争。

这次战争我们前面讲述罗马帝国的征服时已经提过了，战争的对象是米德里达梯六世，他是黑海南岸地方一个叫本都王国的王，他趁罗马人忙于内战时向亚细亚半岛发动进攻，那些早就对罗马人的贪婪不满了的人们群起响应，于是米德里达梯王所向披靡，还乘胜向希腊进军，以希腊解放者的身份获得了大多数希腊城邦的欢迎。后来罗马先后派出了苏拉和庞培等大将，才最终打败了米德里达梯六世并逼他自杀，这时候已经是公元前 63 年了。

三次米特拉达梯战争从公元前 88 年一直延续到公元前 63 年，其中第三次持续了整整 10 年，即从公元前 73 年延续到公元前 63 年。

公元前 74 年，克雷提库斯被选为罗马的执政官，他从元老院获得了一个任务，就是打击地中海的海盗，因为这些海盗和米德里达梯六世结盟，在地中海到处攻掠罗马的商船，给罗马人造成了重大损失。这个克雷提库斯堪称罗马史上最无能的执政官之一，他率领罗马海军去打海盗，不但没有能清除海盗，反而自己都被海盗打得惨败，据说整个舰队都被海盗消灭了。他设法逃到了克里特岛上，还和海盗签署了一份在罗马人看来堪称耻辱的和约。由于他的无能，所以罗马人给了他一个绰号"克里特的征服者"，当然这是讽刺，因为他根本没有征服克里特岛，而是战败后逃到了这里。

后来庞培打败了海盗，克里特岛也归于了罗马。当罗马分为东西罗马之后，克里特岛和整个希腊一起划归了东罗马帝国，但一切都是和平地进行的，直到820年左右时，一个外来者入侵了，他就是阿布·哈夫斯。

哈夫斯是个海盗，也是穆斯林，还是流亡者，因为他和他的人民本来生活在西班牙，后来被统治这里的基督徒赶走了。后来他便率领一支军队入侵克里特岛，结果成功地占领之，在这里建立了一个名义上臣服于阿拔斯哈里发，但实际上是独立的国家，称为克里特酋长国。

东罗马帝国当然不能坐视这么一块宝贵的领土丧失，后来采取了一系列军事行动想要夺回，但都失败了，克里特岛上穆斯林们的实力也越来越强大了。而且，他们虽然建立了国家，但依旧干着海盗的勾当，这也是他们收入的主要来源之一。后来他们不但控制了克里特岛周围一带的海域，还在整个爱琴海中攻掠东罗马帝国。在这种情形之下，东罗马帝国被迫全力对付他们，到了皇帝罗慕洛斯二世在位时期，他下定决心一定要重新征服克里特岛。

这次他派出了自己最能干的将军尼克福罗斯·福卡斯。

960年时，福卡斯统领一支由超过300艘军队组成的庞大舰队攻向克里特岛，海盗们哪里对付得了这样一支大军，虽然他们竭力抵抗，但不久就失败了，到第二年，福卡斯攻占了整个克里特岛。

在征服过程之中，福卡斯杀死了大批穆斯林，活着的一部分被卖到奴隶市场去了，另一部分则被迫改信了基督教。

此后克里特岛一直属于东罗马帝国，直到1204年，又发生一件大事。

这我们前面已经提到了，就是1204年，第四次十字军东征时，他们没有去东征穆斯林，而是攻占了君士坦丁堡。此后，胜利者瓜分了东罗马帝国的领土，其中克里特岛被分给了十字军的统领之一蒙弗雷特的卜尼法斯，但他后来将之卖给了威尼斯。此后，在长达约400年的时间里，克里特岛一直是威尼斯共和国的领土，而这里也成了一度富甲整个西方世界的地中海霸主——威尼斯的"王冠上的明珠"。对此克劳利在他的大作中是这样描述的：

在地中海东部的中心地带，威尼斯实

行着效率极高、无与伦比的帝国统治。在这整个地区，只要是圣马可旗帜飞扬的地方，就能看到威尼斯强大的经济、军事和文化实力的宣传象征物——港口的墙上、要塞和碉堡昏暗的大门上方雕刻着雄狮，向潜在的敌人咆哮，向朋友示好；闪亮的圆形杜卡特金币上，是执政官跪在圣徒前的图案，威尼斯金币的纯度和可靠性胜过了所有对手；威尼斯海军舰队定期巡航扫荡，商船队无比雄壮；身着黑衣的威尼斯商人操着方言为货物标价；各种仪式庆典和宗教节日的庆祝活动无比盛大隆重；威尼斯的建筑物彰显帝国气派。威尼斯人无所不在。

威尼斯城跨越海洋输出自己的形象。干地亚被称为"威尼斯人在黎凡特的另一座城市"，也就是威尼斯第二，它复制了威尼斯的建筑和权力象征。干地亚也有自己的圣马可广场，它对面是圣马可教堂，教堂的钟楼上悬挂着圣马可的旗帜，就像威尼斯的钟楼一样，在工作日的开始和结束时都会鸣钟。[1]

对于克里特岛而言，这也许是它自从遥远的古代以来最好的时光，在威尼斯人的统治之下，克里特岛一片繁荣昌盛，人民生活也相当幸福，可以说在整个威尼斯帝国中，除了威尼斯本土，就属克里特最为富裕繁荣了。

不过，这只是对于生活在克里特岛上的威尼斯人或者他们的伙伴而言，对于普通克里特岛人而言，特别是那些生活在广阔的乡村中的人们而言，他们并没有感受到威尼斯人存在的好处，甚至于，由于他们是东正教徒而非天主教徒，还受到了统治者们的歧视，被强征很高的税，甚至要超过此前的伊斯兰统治者，所以他们并不支持威尼斯人，甚至于更愿意支持穆斯林。这对于克里特岛的未来产生了莫大的影响。

当然，总的来说，在威尼斯的统治之下，克里特岛是很繁荣的，这是事实。但这样的繁荣日子在1645年时走向了终点，因为这一年威尼斯人与土耳其人之间爆发了一场大战，这就是第五次奥斯曼-威尼斯战争，因为主要在克里特岛爆发，所以又称为克里特战争。

克里特战争

土耳其人最早在1645年6月就来到了克里特岛，首先进攻西北部的哈尼亚（Chania），这里的守军竟然不战而逃，土耳其人顺利登陆，在这里建立起了据点。此后，他们不断推进，一路顺畅地占领了大片土地。到1648年5月，整个克里特岛几乎只剩下北部的干地亚——这里也是克里特岛的首府——还在威尼斯人的控制之下。

土耳其人将干地亚重重包围起来，此后这里将开始一场战争史上第二久的城市围攻战，即"干地亚之围"。长达21年，即从1648年直到1669年。仅次于近50年后的休达之围，那个围攻要持续33年之久。

面对土耳其人的猛攻，威尼斯人只能尽力抗击。战争一开始，他们一方面加紧岛上各个要塞的防御，同时向欧洲各国求援。但除了教皇还有罗德岛上的骑士们尽力提供了援助外，其他欧洲大国几乎充耳不闻、一毛不拔。主要倒不是因为他们不想帮，而是因为这些欧洲国家都陷入了一场规模巨大的战争，这就是三十年战争（Thirty Years' War）。这场战争从1618年一直延续到1648年，一开始是一场宗教战争，即新教与天主教之间的战争，后来扩展成为几乎整个欧洲的战争，也给整个欧洲都造成了巨大损失，特别是欧洲当时两个最强大的国家即法国与哈布斯堡王朝都是全力投入战争之中，根本无暇理睬威尼斯人的求援。

即便如此，威尼斯人也要拼命抵抗，想要力保克里特岛这块他们本土之外最重要的领土。

由于威尼斯人并没有强大的陆军，在陆上很难正面对抗奥斯曼土耳其的大军，因此他们就将目标瞄向了大海，想在海上打败土耳其人。

他们具体的办法就是两个字——封锁。这样做的原因很简单：因为土耳其本土距克里特岛相当远，而岛上军队的给养与人员补充都要通过爱琴海才能运来，因此只要他们能够控制爱琴海，就可以困死克里特岛上的土耳其军队。

怎么控制爱琴海呢？最简单的办法当然就是封锁达达尼尔海峡了，因为海峡里面是土耳其人主要的海军基地，只要封锁了海峡，土耳其的海军根本出不来，自然也不可能去往克里特岛送东西。

于是，威尼斯派出强大的舰队试图封锁达达尼尔海峡。

早在1646年，他们就派出了一支由上百艘舰只组成的大舰队前往达达尼尔海峡，土耳其人当然知道敌人的意图。一开始他们也派出了海军迎击，但打不过训练有素的威尼斯海军，只得退回达达尼尔海峡里去了。但威尼斯人并没有完全封锁海峡，主要是因为威尼斯人的舰队并没有强大到足以封锁整个海峡，土耳其人总是能够找到空隙偷偷地溜过威尼斯人的监视，将给养与士兵送往克里特岛。

不过，到了1648年时，威尼斯人终于成功地封锁了整个海峡几乎整整一年之久。正在这个时候，土耳其发生了一件惊天大事,就是苏丹之死。

苏丹之死

这时候土耳其的苏丹是易卜拉欣,他于1640年继位,他相当昏庸,他也极为宠信一个女人,就是他的王后胡玛莎哈苏丹,不但和她举行了极为豪华奢侈的婚礼,还赐予她极为丰厚的礼物,包括一座庄严豪华的宫殿:易卜拉欣帕夏宫。更有甚者,为了表达他的宠爱,竟然虐待他的妹妹的女儿们,不但剥夺了她们的财产,转送给他的妻子,还叫她们像女奴一样地服侍她。不用说,这些荒唐行为在苏丹的家族与宫廷内部都激起了强烈的愤慨,也为他未来的覆灭埋下了伏笔。

此外,为了征战,他还对老百姓征收十分沉重的苛捐杂税,同样激起了老百姓的怒火。倘若他能够顺利地征服克里特岛,也许可以摆脱危机,因为人民向来将君主的胜利看得比什么都重要而伟大的,就像路易十四一样,虽然他极尽奢侈,也连年征战,使法国人民不堪重负,然而,由于他连战连胜,使法国成为当时欧洲最强大的国家,老百姓不但没有起来反抗,反而崇拜他,称他为"太阳王"。但问题是,易卜拉欣苏丹没有能够做到这一点,经过数年征战也没有能够征服小小的克里特岛,甚至现在对于土耳其人至关重要的达达尼尔海峡也被封锁了,不但不能给克里特岛上的士兵们运送补给,外面的大批商品也不能运进首都。

这样的局面终于像导火索一样点燃了人民的怒火,他们纷纷起义。同样也点燃了宫廷的怒火,他的亲兵甚至乌里玛们——他们都是帝国最渊博的学者——也造反了,他的大维齐尔也是个腐败无能的家伙,被造反的人们抓起来撕成了碎片,因此他获得了一个历史绰号"Hezarpare",意思就是"成上万块"。

这时候,整个奥斯曼土耳其帝国已经风雨飘摇,有如即将倾覆的大厦。在这样的形势之下,易卜拉欣苏丹终于被废黜了,他六岁的儿子被立为新苏丹,是为穆罕默德四世,至于他自己,则被勒死了,这是1648年8月18日的事。

此后对付威尼斯人的任务就交给苏丹的大维齐尔了,他想出了一个好办法。

倘若威尼斯人真的可以就此不让土耳其人往克里特岛上运送任何补给,或许他们就能胜利了,但爱琴海上的岛屿何止千百!于是,这一次土耳其人选择了靠近大陆的希俄斯岛,在上面新建了一个海军基地,并且将这里也作为克里特岛的补给基地。

如此一来,原来封锁达达尼尔海峡的

威尼斯海军被迫分兵来封锁希俄斯岛，这正中土耳其人的下怀，因为这样一来对达达尼尔海峡的封锁就不可能那么严密了，他们又乘机将补给从这里送上了克里特岛。这是1649年的事。

不过，这些补给并不足以维持克里特岛上的土耳其军队，实际上，这些土耳其人之所以能够成功地一直围困干地亚，除补给并没有断绝外，主要是两个原因：一是威尼斯人不能登陆打击他们，所以他们在陆上是安全的，只要围困敌人就可以了。二是因为他们可以从克里特岛当地人那里买到粮食甚至武器。后者还是主要的原因。因此，从本质上看，威尼斯人最终并不是败于土耳其人，而是败于克里特岛人。

在海上，威尼斯人的优势一直持续着，即使到了1650年，他们也基本上封锁了达达尼尔海峡，并且在爱琴海上多次打败土耳其人的舰队。特别是在1651年7月，在爱琴海中部的纳克索斯岛一带发生了一场比较大规模的海战，又是威尼斯海军取得了胜利，摧毁、俘获了近20艘土耳其战舰。

但这并不足以对克里特岛的战局产生决定性的影响，因为土耳其人依旧可以采取各种办法将补给与援兵送上克里特岛，所以干地亚之围一直持续着，威尼斯人从来没有能够解围。

但土耳其人知道老这样在海上被动挨打不是办法，因此下定决心建立一支更为强大的舰队。他们一方面在金角湾里大造战舰，另一方面向从属于土耳其的各国发出了征召令，要求他们提供战舰。于是，来自地中海周边各国的战舰纷纷开向土耳其，有从埃及来的，有从突尼斯来的，还有一向和土耳其人合作的北非海盗们也来了。不久，土耳其舰队就拥有百艘以上战舰了，比封锁达达尼尔海峡的威尼斯战舰要多不少。这样一来，土耳其人就有正面迎击威尼斯舰队的资本了。

达达尼尔海峡之战

1654年5月，两军之间发生了一次大规模的海战，地点就在达达尼尔海峡的入口附近。这就是达达尼尔海峡之战。

不过这达达尼尔海峡之战可不是一次，而是有四次，从1654年起到1657年，每年一次。

在1654年的这次海战之中，土耳其人将舰队排成三列从海峡冲了出来，这时候的威尼斯海军统帅是德菲罗，他本来的计划是先在达达尼尔海峡入口附近按兵不动，等土耳其舰队经过之后再突然袭击它的尾翼。然而他没有很好地约束住他的手下们。结果，当土耳其人出现的时候，急于求战的威尼斯军舰纷纷冲了出去，与土耳其人打了起来，但这时候他们的舰只数量远少于土耳其人，在土耳其人占数量优势的舰只的猛攻之下纷纷溃败。战斗结果，威尼斯不少军舰被毁被缴，几位重要将领也被杀或成了俘虏，这一仗土耳其人赢了。

此后，一时之间，土耳其人成了爱琴海的霸主，在海盗们的大力配合之下，在地中海中到处劫掠威尼斯商船，甚至攻击了威尼斯人在爱琴海仅有的几个岛屿之一蒂诺斯，不用说克里特岛上的土耳其军队也可以源源不断地得到补给了。

经此一败，威尼斯人便更换了统帅，弗朗西斯科·墨罗西尼被任命为海军司令，并且负责指挥整个克里特战争。他并没有因为上次的失败而畏战，而是积极求战，到处找机会袭击土耳其人的舰队甚至港口。终于，在1655年初，双方又爆发了一次较大规模的海战，地点依然是在达达尼尔海峡入口附近的海面。

不过是役的指挥不是墨罗西尼，当时他率领一部分军舰离开了，但留下大部分军舰给他的副手莫塞里哥继续封锁海峡。但就在他离开后，土耳其的大舰队出来了，拥有舰只百艘以上。但威尼斯人毫不害怕，并且这次他们汲取了上次的教训，遵循了司令的教导，等土耳其人同样排成三列的舰队经过之后才猛烈攻击它的后翼。在他们的打击之下，土耳其人大败，不少舰只被毁被缴，余舰被赶回了海峡，威尼斯人只损失了一艘船。

此后威尼斯又基本上控制了达达尼尔海峡甚至整个爱琴海，但却只是"基本上"而已，因为无论他们多么努力，打得土耳其舰队不敢出战，但却达不到他们的主要目标——断绝围困干地亚的土耳其军队的补给。原因并不复杂，要知道爱琴海上面的岛屿可以说是星罗棋布，绝大部分都在土耳其人控制之下，他们总可以找到某些岛屿停泊他们的舰队，找到给养，然后送往克里特岛。何况希腊半岛这时候也在他们的统治之下，而其最南部即摩里亚一带距克里特岛并不远，同样可以很快将补给运送上岛。

所以，要断绝土耳其人的运送给养行动只有一个办法，就是完全统治爱琴海。但这是不可能做到的，因为威尼斯人没有这么多的战船！他们能做的只是尽量限制土耳其人的运送规模并且寻找机会歼灭土耳其人的舰队。

1656年6月时，他们又找到了机会，在达达尼尔海峡外面又和土耳其舰队大战了一场，并且取得了一场堪称辉煌的胜利。

这一次不但有威尼斯海军，马耳他的

骑士团舰队也前来支援了,双方加起来的舰只超过百艘,是威尼斯人难得有的庞大舰队,当然土耳其人的军舰是一如既往地多,也有近百艘。统帅是一个前俄罗斯东正教徒、现在的土耳其穆斯林可南帕夏。

战斗一开始,又是土耳其舰队从达达尼尔海峡窜了出来。一开始是北风,有利于他们的军舰冲出海峡,但不幸的是,不久之后便改成吹东南风了,将他们的船往海峡一边的岸上吹去,这对土耳其人大大地不利,于是他们的帕夏赶紧往海峡里撤,但他只带走了十几艘军舰,余下的全被陷在海峡口外,敌人哪肯放过,犹如猛虎般扑了过来,万炮齐发,轰向土耳其军舰。

结果不用说,在联合舰队的打击之下,土耳其人土崩瓦解,几乎所有舰只都被毁被俘,后来仅仅是他们从船上解救的基督徒桨手就有5000名之多!

但威尼斯人也不是没有损失,最大的损失是指挥他们作战的海军总司令洛伦佐·马塞罗在战斗中被打死了。

这次巨大的胜利极大地振奋了威尼斯人的信心,威尼斯的舰队此后也完全封锁了达达尼尔海峡,在伊斯坦布尔城内造成了大大的恐慌——因为它缺粮了!并且成功地占领了两座具有重要意义的爱琴海岛屿,即小亚细亚半岛西部靠近达达尼尔海峡的博兹贾岛和利姆诺斯岛。

可惜好景不长,此后土耳其人拼命反抗,继续建造新舰队,继续与威尼斯大战,结果,1657年,还是在达达尼尔海峡外面,他们又与威尼斯人大战了一场,这一次他们赢了,打破了威尼斯人对海峡的封锁。

土耳其人之所以取得成功,主要是因为他们进行了大改革。我们前面说过,这时候的苏丹是一个六岁小孩,当然不能治国理政,权力一开始由他的母后行使,到1656年时,进行了一次在土耳其历史上意义深远的大改革,即将国家大权由苏丹交给了大维齐尔。这个大维齐尔就是柯普儒鲁·穆罕默德帕夏,他十分能干且胆识过人,当上大维齐尔之后,大力整顿已是腐败无能的土耳其政府,重建了强大的陆军与海军,使土耳其走向了另一个强盛时代。他去世后他的后代继续担任大维齐尔,为时长达近50年,这个时代被称为柯普儒鲁时代。

正是在这位柯普儒鲁的统领之下,土耳其迅速建立了一支强大的海军,也有了更为能干的指挥官。此后,他们与威尼斯再次在达达尼尔海峡外展开了大战。结果,虽然威尼斯人给敌人造成了更大的损失,因为他们摧毁和俘虏了敌人更多的舰只,然而失败的却是他们。因为他们的海军司令又被打死了，并且也损失了不少舰只，最终被迫从达达尼尔海峡撤退，并且从此再也没能够封锁之。这就意味着在整个达达尼尔海峡之战中威尼斯人是最终的失败者。

漫长的失败

这时候，干地亚之围已经持续了10年之久，就是希腊人对特洛伊人的包围也不过这么久，但干地亚之围丝毫没有结束的迹象。

因为一方面，土耳其人从1657年起又在中欧展开了一场针对哈布斯堡王朝的大战，这也是漫长的奥斯曼与欧洲基督徒之间战争的一部分，这场战争早在1299年就开始了，一直延续到1922年奥斯曼土耳其最终的崩溃，为时长达600余年，也许应该算是世界历史上最漫长的战争。

——当然，历史上并没有将之算成是如英法百年战争那样的同一场战争，而是一系列的战争。

这样一来，土耳其人的大部分精力投入到了中欧，用来对付威尼斯人的力量自然有限了。

另一方面，威尼斯人始终没有能力击败包围干地亚的土耳其人，即使从1659年起他们得到了更多的外援，特别是法国与西班牙的外援。这时候法国与西班牙签署了比利牛斯条约，终于结束了漫长的法西战争，这场战争从1635年一直打到1659年，正是因为这样法西两国才没有精力支援威尼斯人。现在，和约签署之后，他们都向威尼斯人伸出了援手。然而威尼斯人没有能够利用这个大好时机打败干地亚城外的土耳其人，解开干地亚之围。

这样一来就出现了一种僵持局面，为时长达8年，即从1658年到1666年。

到了1666年，土耳其人已经聚集了更为强大的力量，准备要彻底解决克里特问题，也就是彻底地征服之。

其实，早在1664年，土耳其人已经在准备了，因为这一年他们终于结束了与哈布斯堡王朝的战争，签署了瓦斯瓦和约，可以腾出手来打威尼斯人了！而且在这份和约之中，土耳其人赚得了不少便宜，原因不是他们在战争上的胜利，而是因为哈布斯堡王朝想要尽快结束战争，好与法国人去大战一场。所以，土耳其人可以全力结束克里特岛战争，也是拜哈布斯堡王朝所赐。

到了1666年，土耳其人已经准备好了，将大批的给养与兵力运抵了干地亚城下。威尼斯人看到这情形，知道大事不妙，于是想以缴纳贡金的方式使土耳其人同意撤围，但遭到了拒绝，土耳其人的要求是必须要获得干地亚，这也是威尼斯人不可能答应的，于是双方再次激战。虽然获得了法国人、教皇国、马耳他骑士们以及来自意大利半岛许多地方的支援，但威尼斯人不但没有打破干地亚之围，局势也越来越不利于他们。

1668年4月，在爱琴海的一次海战中，威尼斯人再次打败了土耳其舰队，但这将是他们在这次战争中的最后一次胜利，因为此后留给他们的就只有失败了。

这时候，干地亚之围已经持续了整整20年。在这20年里，干地亚城内的威尼斯人所吃的苦真是"罄竹难书"，城市里的所有建筑几乎都被摧毁了或者拆毁了，剩下还算完整的只有保卫城市的那些坚固的堡垒。保卫者们长期以来过着饥寒交迫的生活，他们的耐心与信心也在慢慢地低落，快要消失了。

加在守城者身上的最后一根稻草是法国人的离去。这时候，能给予威尼斯人最大支持的就是法国人了，他们也派出了一支相当强大的援军，包括6000名士兵和30余艘战舰，前往干地亚，但援军登陆时就遭到了土耳其人的袭击，损失了上千人。后来，他们虽然组织了一次规模巨大的炮击，据说从海上将多达15000发炮弹倾泻在土耳其人的阵地上——这是世界历史上规模最大的海上炮击之一，但土耳其人早就修筑了坚固的工事，他们躲在这些坚固的工事里，如雨的炮弹对他们并没有造成多大的损失。

这时候，法国人看到已经不可能帮助威尼斯人获得这场胜利，于是撤走了，这是1669年8月的事。

法国人的离去使守城的威尼斯人知道再打下去也没什么意义了，于是决定投降，对于这最后的情形，《地中海史》是这样描述的：

（1669年）9月26日，在占据此地465年，被围困22年之后，圣马可旗从干地亚城堡落下，共和国驻任的最后一任行政长官黯然回国。……对于威尼斯人而言，这是一个时代的终结。……翼狮仍统治着爱琴海版图中的一两个小点，但它的吼声已经远去，它的抱怨声也微乎其微了。克里特是它在亚得里亚海之外的最后一块殖民地，随着它的丧失，它失去的不仅仅是权利，它对地中海东部的有效统治也永远消逝了。[2]

而克劳利则是这样说的：

1669年夏天，经历了世界历史上最漫长的围城战之后，威尼斯海军总司令弗朗西斯科·墨罗西尼同意投降，放弃了威尼斯对克里特的统治。21年来，威尼斯一直为了帝国的中心奋力与奥斯曼人抗争，但结果正如普留利所言。它的殖民地终将一个接一个地惨遭吞并。在统治了不足半个世纪以后，塞浦路斯在 1570 年落入奥斯曼帝国之手；威尼斯在爱琴海最北端的岛屿——蒂诺斯岛支撑到了 1715 年；截至此时，其余的殖民地均已沦陷，贸易也不复存在。[3]

其实，土耳其人对被包围在干地亚城内的人是相当慷慨的，他们可以带着自己的财物和平地离开；甚至对威尼斯也是一样，土耳其人准许它保留克里特岛沿海的几个小岛上的据点。但这仍然标志着威尼斯人在地中海霸权的彻底结束，同时也标志着威尼斯帝国的彻底衰落。

至于为什么会如此，我们前面在讲威尼斯为什么会在漫长的奥斯曼-威尼斯战争中失败时已经讲过了，克劳利在这里以更加诗意的语言表达了前面同样的含义：

海洋帝国总是飘忽不定，和威尼斯本身相仿，注定变幻无常。港口得到了又失去，它在海外领地终究扎根不深。克里特岛上，不只一处倒塌的房屋门楣上刻着一条拉丁文箴言："尘世皆云烟"。就好像他们在内心深处都参透，军号、舰船和枪炮的喧嚣终究只是一场海市蜃楼。[4]

此后，克里特岛就归土耳其人统治了，土耳其人的统治应该是比较平和的，也获得了相当多的克里特人的支持。但也有很多人不服从异族与异教徒的统治，一有机会就起来反抗，甚至引发战争，不过这已经是百年之后的事了。

---

[1] ［英］罗杰·克劳利 著：《财富之城：威尼斯海洋霸权》，陆大鹏 等 译，社会科学文献出版社，2015年2月第一版，第290—291页。

[2] ［英］约翰·朱利叶斯·诺威奇 著：《地中海史》，殷亚平 等 译，（中国出版集团）东方出版中心，2011年7月第一版，第384页。

[3] ［英］罗杰·克劳利 著：《财富之城：威尼斯海洋霸权》，陆大鹏 等 译，社会科学文献出版社，2015年2月第一版，第458—459页。

[4] ［英］罗杰·克劳利 著：《财富之城：威尼斯海洋霸权》，陆大鹏 等 译，社会科学文献出版社，2015年2月第一版，第460页。

第17章 罗德岛之战

——这是一场艰苦卓绝的战斗,骑士们虽败犹荣

倘若要说起罗德岛人参加的第一场战争,就是那古希腊最著名的特洛伊战争了。据荷马史诗记载,罗德岛人参加了这场战争,他们的领袖就是古希腊最伟大的英雄赫拉克勒斯的儿子勒普勒摩斯。

在古希腊时代,罗德岛由于其地理位置的独特性——距小亚细亚半岛近在咫尺,因此成为了一个天然的贸易中心,富有而繁荣。当波斯人强大起来,建立波斯帝国之后,也曾对罗德岛下手,但被从雅典来的援军击败,因为这时候的罗德岛已经加入了雅典的同盟。不过,公元前431年,当伯罗奔尼撒战争爆发后,罗德岛并没有站在雅典一边作战,它实际上处于一种中立状态。

由于希腊人之间的内斗,使得希腊世界的力量大大地削弱了,于是,到了公元前357年,当来自小亚细亚半岛西部的卡里亚的王马索伦斯率舰队入侵罗德岛之时,罗德岛自己抵挡不了,也得不到希腊世界的援助,因而被征服了,不久之后又归入了波斯人的统治之下。

亚历山大大帝雄起后,消灭了波斯帝国,罗德岛自然属于亚历山大帝国了。但由于亚历山大大帝年纪轻轻就去世了,他庞大的帝国很快也就瓦解了,接下来发生了"继业者之战",由于罗德岛一向与埃及关系密切,于是就和埃及的托勒密王朝走到了一起。并且,利用王朝的强大力量,罗德岛也更加强大起来了,几乎控制了整个爱琴海的贸易,不但是爱琴海,就是放眼整个地中海,罗德岛的商业地位也是极为重要的,可以说是整个地中海中最重要的商业与经济中心之一。

太阳神巨像

罗德岛这样的重要地位与富裕繁荣自然也引得了其他继业者的争夺,其中就包括"独眼"安提柯一世,他一开始便占

有了小亚细亚半岛及其相邻的色雷斯一带，他是个颇有野心的人，甚至想占有整个亚历山大帝国，这使得他与其他继业者之间展开了大战，结果在公元前301年的易普苏斯战役中大败，自己也丢了性命，不过他有一个更厉害的儿子德米特里一世，后来重新崛起，成功控制了马其顿本土，建立了马其顿的安提柯王朝。

就是这位德米特里，他在公元前305年的时候来到了罗德岛，想要征服这里，这就是罗德岛史上的第一次大战了，即罗德岛之围。

这是古代史上最有名的围城战之一。为了夺取罗德岛，德米特里率领一支由超过300艘船只组成的庞大舰队直扑罗德岛，和他一起去的还有一大群海盗，因为德米特里答应，只要占领了罗德岛就让他们大抢一番。

面对这样的强敌，罗德岛也加强了防卫，实际上这时候的罗德岛已经建筑了整个地中海中最牢固的防御工事之一，所以他们并不畏惧。

到了罗德岛之后，德米特里顺利率军登陆，然后开始围攻岛上的主要城市，它的名字也叫罗德。

为了攻克罗德城，德米特里制造了一个巨大的围城塔，称之为"破城者"。我们前面在讲西西里战争时已经说过这种围城塔了，但现在德米特里所建筑的更加巨大，可以说是当时最为巨大的攻城武器。它是个外表像巨大的箱子或者说柜子一样的堡垒，高超过40米，中间分成好几层，每层里面都装有士兵。它还能够移动，因为下面有巨大的轮子，据说总重量超过160吨，要3400人才可以移动它。当它移近城墙时，由于它甚至比城墙还高，因此躲在围城塔里面的士兵就可以居高临下地向守在城墙上的敌军士兵发动攻击了，甚至可以登城。还有，为了防止来自守城者的火攻和石头砸，在它面对城墙的三面都罩着青铜板，就像现在的钢板一样，十分结实。

德米特里以为凭着这样厉害的武器就可以一举攻克罗德城了。但他想错了，因为罗德城里有一个了不起的人物第奥根勒斯，他是一个卓越的工程师，找到了打败"破城者"的办法。他根据推测，在它可能进攻的地方，提前一天在夜里从城墙上打开一个洞口，然后倾倒了大量又滑又黏又稠的水和淤泥之类。第二天，当破城者来攻时，不久就陷在淤泥里动弹不得，自然成为了一堆废物。

这样一来，德米特里攻克罗德城的计划自然难以成功了，经过一年的围攻，双方达成了妥协，罗德岛答应倘若德米特里与埃及人之间发生战争它将恪守中立。这也是德米特里的主要目的之一。这是公元

地中海战史······第 17 章　罗德岛之战

这幅画描绘了在罗德岛之围中赶走入侵者后，人们抬着第奥根勒忒斯游行庆祝的情景。

前304年的事。

此后，德米特里就率军退走了，没有带走那个巨大的"破城者"。这在当时可是一笔巨大的财富！除了它之外，德米特里还遗留下了许多其他攻城设备，如我们前面提到过的山羊槌之类，也都是以青铜为主铸造的。罗德岛人后来将这些东西一部分卖了，得了不少钱，留下的大部分，主要就是那个巨大的"破城者"，将之镕化，铸造成了一个巨大的太阳神阿波罗的雕像，将它竖立在罗德城港口的入口处。

雕像本身高超过30米，相当于10层楼高，下面还有一个相当于身高约一半的基座，因此总高几乎有45米，与纽约的自由女神像本身的高度几乎一样。雕像的制作者是出生在罗德岛的雕刻家卡勒斯。

雕像落成于公元前280年，当时就举世轰动。遗憾的是，不过50余年之后，公元前226年，罗德岛一带发生了大地震，雕像被震倒了，但本身还是比较完整的，从此躺在罗德城外的海水里，一直躺了约800年之久，才被后来统治这里的阿拉伯人作为废铜卖给了一个犹太商人。

再来说罗德岛，在与德米特里签署和约后，它就遵循和约，与托勒密埃及保持了距离，也就是说与亚历山大大帝之后的东地中海周边的三大势力——托勒密埃及、塞琉古帝国、马其顿的安提柯王朝——保持了等距关系，其实这对它最为有利。为此埃及人当然不悦，曾经派出舰队攻打罗德岛，但没有成功。

为了维护自己的独立，罗德岛还建立了一支在当时算是比较强大的海军，特别是有许多优秀的水手，他们堪称地中海中最优秀的航海者，一度几乎成了整个东地中海的统治者，至少统治着这里的贸易，这使得罗德岛人聚敛了巨量财富。

克里特战争

罗德岛的巨大财富自然使得周边的大国垂涎三尺，特别是曾经攻击过它的马其顿安提柯王朝。

这时候，安提柯王朝的王是腓力五世，他掀起了一场战争，也叫克里特战争，这是公元前205年的事。

不过，由于这场战争主要并不发生在克里特岛，而罗德岛则是主角之一，因此我们还是放在罗德岛这里来讲。

我们说过，公元前215年马其顿国王腓力五世乘罗马人被汉尼拔打得喘不过气来的机会，与迦太基结了盟，并向罗马宣战。一开始马其顿的军队取得了不小的胜利，但由于与罗马隔着亚得里亚海，腓力五世的海军太弱小，所以双方相持不下。后来罗马人利用希腊人对马其顿人久已有的仇恨心理，成功取得了希腊埃托利亚同盟的支持，组成了强大的反马其顿同盟，腓力五世不敢轻举妄动，双方到公元前205年便讲和休战了，整个战争不分胜负。

由于和约规定马其顿人不能再往西部扩张，因此他就将目光投向了东部。

东部就是爱琴海，现在这里最值得一战的就是罗德岛了，因此腓力五世决定向罗德岛人发动进攻。为此他首先建立了一支强大的舰队，并且还和一个强大的对手——塞琉古帝国的安条克三世结成了同盟，共同对付罗德岛和托勒密王朝。此外他还和当时在东地中海也有很大势力的海盗们结了盟，这些海盗们的主要基地就是克里特岛，他还和克里特岛上面的一些主要城邦结了盟。然后利用这些力量向地中海中航行的罗德岛船只发动袭击，在这些强大力量的攻击之下，罗德岛抵挡不住，损失惨重。到公元前205年，腓力五世终于正式向罗德岛宣战。

宣战后，腓力五世统领他的舰队在东地中海到处攻掠，先在小亚细亚半岛西部海岸一带攻击了罗德岛的盟友帕伽马人，然后南下攻占了当时属于托勒密埃及的位于爱琴海东部的萨摩斯岛，这里还驻有一支托勒密埃及的舰队，全成了马其顿人的战利品。此后他转而向北，攻向希俄斯岛。这时候罗德岛人及其盟友的联合舰队也开过来了，于是双方就在希俄斯岛附近海域展开了大战，史称希俄斯之战。

这时候，腓力五世已经拥有了一支相当庞大的海军，拥有约200艘战舰，他的对手则只有80来艘战船，就数量而言腓力五世居于绝对优势。

但腓力五世的舰队也有一个大毛病，就是建立才几年，与已经横行地中海百年、拥有最优秀水手的罗德岛舰队差之甚远。因此，当战争开始之时，双方对面冲来，也就是一方的左翼对付另一方的右翼。腓力五世的主力在右翼，开战不久就损失惨重，连他的旗舰都被对手俘获了，他的海军司令也被杀掉了。但在左翼，他们却成功地击退了罗德岛及其盟军的右翼。这时候，在罗德岛人的左翼，他们的统帅阿塔那斯看到手下的一艘战舰被马其顿战舰击沉了，附近的另一艘战舰也受伤了，就率舰前往助战。一直在附近观战的腓力五世看到这一情形，立即率舰扑向敌人。阿塔那斯一看，顿时被吓倒了，转舵逃向海岸，腓力五世紧紧追去，阿塔那斯将船冲向岸边，一溜烟逃走了。为了逃开马其顿人的追击，他还将船上的大量财宝抛了出来，于是马其顿人就只顾着抢东西去了，阿塔那斯才躲过一劫。

打败阿塔那斯后，腓力五世又率军冲向敌军，本来已经稳操胜券的罗德岛联合舰队似乎怕了腓力五世，也赶忙撤退。

战斗结果，表面上是罗德岛人退却了，实际上却是腓力五世吃了大亏，因为他损失战船上百艘，相对地罗德岛及其盟友的损失却要小得多。这是公元前201年的事。

但腓力五世并不在意这样损失，继续求战。不久之后，就在小亚细亚半岛西南部的米利都附近拉达岛海域攻击了罗德岛的舰队，这次他取得了大胜，几乎全歼敌军。这就是拉达之战。

但这并不意味着腓力五世取得了最后的胜利，相反，他正处于困境之中。因为这时候他的舰队就像一群海盗一样，在地中海中到处攻击，主要目的之一就是要抢掠补给特别是食物，但并不是总能够抢到，有一次，他的舰队被罗德岛和帕伽马联合舰队困在一个港口里，差点弹尽粮绝，甚至准备投降了。但像狐狸一样狡猾的腓力五世向敌人发了封挑战书，说要在第二天决战。于是敌人一心准备着第二天的大战，结果，当天晚上腓力五世就带着他的舰队从敌人的鼻子底下溜走了。

此后，腓力五世又攻向了雅典，虽然没有攻克雅典城，但在附近一带大抢一番，直到另一个强大的力量——罗马——的介入才撤退。

这时候罗马已经开始正式介入这场克里特战争了，因为腓力五世的所有敌人，包括罗德岛、帕伽马、埃及，甚至克里特岛上反对他的一些城邦，一齐派出代表到了罗马元老院，他们诉说了腓力五世的野蛮行径，元老院深表同情，于是派了三位大使去和腓力五世谈判，要求他停止这种无止境的攻击与侵掠。

这时候的腓力五世依然在攻掠，这一次他瞄准了小亚细亚半岛西端、靠近达达尼尔海峡的阿比多斯，猛烈围攻。阿比多斯人抵挡不住，当他们要求有条件地投降时，腓力五世却要求他们"要么无条件投降，要么像男人一样战斗"，他们就决定像男人一样战斗。结果就是全体市民宁愿自杀也不愿投降，他们有的用刀刺杀自己的亲人、有的自焚、有的从城墙上跳下去摔得粉身碎骨，场面残酷无比。

此后，腓力五世又再次进攻雅典，并且大肆烧杀抢掠。这样的野蛮行径终于激起了罗马人的愤怒，他们正式向腓力五世宣战，这就是第二次马其顿战争了。

此后，腓力五世要专门去对付强大的罗马了，当然罗德岛人则可以腾出手来对付那些此前和腓力五世联合在一起与他们为敌的对手了，主要就是克里特岛上的一些城邦。

他们派出舰队攻向克里特岛，围攻那些城邦，战胜了它们，而另外一些则与他

地中海战史 第17章 罗德岛之战

这幅画描绘了骑士团在大团长贾奎斯·德·莫莱的统领下猛攻耶路撒冷的情景。但最后他们还是被穆斯林打败了,被迫放弃,后来才到了罗德岛。

(Artist:Claudius Jacquand)

们结了盟。

结果就是，根据公元前200年签署的停战协议，罗德岛人占领了克里特岛的东部，也一时成为了东地中海最强大的力量。这就是克里特战争的结果了。

罗马人的介入当然帮助了罗德岛，使它免遭腓力五世可能的征服，并且进而不但在克里特岛占有了不少地方，而且成了东地中海中最强大的力量。但我们也当看到：这时候罗马人的力量已经很强大了，甚至太强大了，以至于将不可避免地成为整个地中海的决定性力量，而罗德岛人迟早也要归于罗马的统治——虽然暂时还只是罗马的盟友，这是一种不可逆转的大趋势。

当然，即使在罗马人的统治之下，罗德岛人也不同于一般的行省，因为它一向是罗马的盟友，因此而享有那些被罗马征服地区所不能拥有的特权，这也成了罗马最繁荣昌盛的地方之一。

公元395年时，罗马帝国分裂为东西罗马之后，位于东地中海的罗德岛自然归属了东罗马帝国。

这样的情形直到两百余年之后的654年才一度发生了改变，这时候阿拉伯人已经开始强大起来了，倭马亚王朝的建立者穆阿维叶派兵侵入了罗德岛，并且一度占领之，还将倒在海水中的阿波罗铜像卖给了犹太商人。

不久阿拉伯人就撤走了，但20多年后的673年又来了，并且占领了罗德岛，此后还向君士坦丁堡进军，开始了第一次君士坦丁堡之围，但在君士坦丁堡城下被"希腊火"击败，残余的舰队回国途中则在海上被风暴摧毁。

此后罗德岛又归属了东罗马帝国，直到400来年后的1090年，另一个强大的伊斯兰力量出现了，这就是塞尔柱突厥人，他们占领了罗德岛，但为时不长，1096年，欧洲的基督徒们发动了第一次十字军东征，又将罗德岛抢了回来，并且归还给了东罗马帝国。

到了1204年，当第四次东征的十字军攻占了君士坦丁堡之后，东罗马帝国分裂成了几个独立国家，罗德岛则由一个叫利奥·伽巴拉斯的人统治，这种情形一直延续到数十年后被热那亚人占领，但在东罗马帝国光复之后又归于东罗马帝国。

到1309年时，罗德岛的历史发生了一个大的转折，因为一股新力量出现在了罗德岛，这就是医院骑士团。

殊死抵抗

医院骑士团又称为圣约翰骑士团，成立于11世纪初，一开始主要是为去耶路撒冷朝圣的香客们提供医疗服务的，当然也为穷人提供这样的服务，总之是一个慈善机构。但与一般慈善机构不同的是它有着浓厚的宗教背景，最高领袖是罗马教皇，并且还是一个强大的军事组织，亦医亦军。

——在我看来它也是人类历史上最杰出也最了不起的组织之一，因为它始终坚持一个原则，就是为穷人提供医疗服务，并且是高品质的医疗服务。因此，它每到一地都会在那里建立起设备完善、服务质量一流的医院，全心全意地为病人服务，就像全心全意地为上帝服务一样。

后来，当耶路撒冷被穆斯林们攻克之后，医院骑士团一开始迁到了北非，又到了塞浦路斯，但不久发现难以安家，于是他们选择了地中海中的罗德岛，决定将这里当成他们永久性的驻地。经过两年多的战斗之后，骑士们终于攻占了当时属于东罗马帝国的罗德岛，这是1310年左右的事。

从此罗德岛成了医院骑士团的大本营，他们在这里苦心经营，不但建立了美观又实用的大医院，还修筑了极为坚固的城堡，包括一种巨大的转角塔，这样的塔最能抵挡大炮的轰击。

为什么要这么做呢？当然是因为他们明白将来的敌人是强大的，会用厉害的大炮攻击他们。

自从骑士们占领罗德岛之后，罗德岛的名字都变了，或者说拥有了一个新名字

"骑士岛"。可以说，正是在骑士们的努力之下，罗德岛才走上复兴之路。

这样的日子维持了一个多世纪，到1444年时，穆斯林们又一次杀向了罗德岛，这一次是来自于埃及的苏丹，但岛上的骑士们比较轻松地抵挡住了敌人的进攻。

数十年后，1480年，一个更为强大的敌人来到了面前，这就是奥斯曼土耳其。

我们在前面说过，早在占领君士坦丁堡之前，穆罕默德二世就已经打算要占领罗马了，到1480年，穆罕默德二世将之付诸了实施，派出了一支由多达128艘战舰组成的庞大舰队横渡亚得里亚海与地中海到达了意大利东南部，到这年10月土耳其人已经几乎蹂躏了整个东南沿海。

就在这个时候，穆罕默德二世所进攻的可不止是意大利，还有另一个地方，这就是罗德岛。

这年5月，穆罕默德二世派出了一支比开往意大利的更为庞大的舰队，由多达160余艘战舰组成，直扑罗德岛。

这支舰队运送的士兵多达七万余人，而与他们作战的是人数不到十分之一的骑士们，得到的外援不过是来自法国的500名骑士以及2000名士兵。

土耳其人攻击的第一个主要目标是圣尼古拉斯塔，一座坚固的大碉堡，这里靠近阿卡狄亚湾，是整个罗德岛防御体系的枢纽之地。

7月9日这一天，土耳其人发动了第一次大规模攻击。他们先是用堪称当时最先进最厉害的大炮进行了猛烈轰击，然后再由步兵发起冲锋，试图攻克碉堡。土耳其战士们发狂般地吼叫着冲向城墙，往上面攀爬，骑士们则拼命抗击，大团长皮埃尔·德·阿布森亲自上阵与敌人搏杀，经过一番血战之后，终于打退了敌人。

不久之后第二波攻击又来了，这次土耳其人稍微调整了一下攻击地点，就是面对阿卡狄亚湾的城墙，这里也是整个防御工事的薄弱之处，城墙相对而言也不那么坚实。

正因如此，当敌人开始猛烈轰击的时候，骑士们在城墙内部新挖了一条壕沟，并且在壕沟后面重新构筑了防线。这样一来，即使敌人冲过了外城墙也越不过这条壕沟，而是会葬身在壕沟之中。

战况果然如此，这次战斗比上次更为残酷激烈，大批土耳其士兵不要命地冲，骑士们则不要命地守，战地之上血肉横飞、一片腥风血雨。最后骑士们又胜利了，击退了敌人。不过自己也付出了惨重的代价，牺牲了不少骑士与士兵。

这一波攻击之后，土耳其人有些筋疲力尽了，停顿了一个多月没有发动大规模的进攻。

到了 8 月 27 日，他们积聚起最大的力量，发动了更为猛烈的冲锋，数千名土耳其军队中最精锐的苏丹亲兵往"意大利塔"扑来，嘶吼着往城墙上爬，一边挥动着手中的战刀，与城头的骑士们格斗。骑士们则拼命砍杀，大团长德·阿布森一如既往地战斗在最前线，手执长矛刺杀敌人，他身上也多处被敌人砍伤，但依旧死战不退。骑士们的战斗意志终于压倒了土耳其人，他们开始退却，甚至他们的统帅看到这情形也开始撤退了。骑士们则冲了出来，在后面奋勇追杀。只要被追上的土耳其人都被毫不留情地宰杀，鲜血和尸体从碉堡下一直延伸到土耳其人的战船前。

取得这场胜利之后，骑士们更加士气高涨，土耳其人则气馁了，知道难以击败骑士们，更不可能攻克罗德岛，于是全军撤退。

这对于连君士坦丁堡都攻克了、在意大利半岛也所向无敌的穆罕默德二世而言简直是莫大的耻辱，他发誓要向罗德岛发动第二次更加猛烈的进攻。不过，穆罕默德二世在第二年就突然去世了，此后他的两个儿子为苏丹之位展开了争夺，当然无暇顾及罗德岛了。

这一次罗德岛之所以得以保全，大团长皮埃尔·德·阿布森可谓功不可没，他也因此而享誉整个欧洲与基督教世界，并且名留青史。

这位大团长有生之年还做了另一件大事，就是保护穆罕默德二世的儿子杰姆（Cem）。

我们知道，穆罕默德二世是突然而死的，并没有留下遗嘱谁继承苏丹之位，这时候他两个最有才干的儿子巴济耶德与杰姆都想要争位，双方展开了残酷的争斗，结果巴济耶德赢了，弟弟杰姆先是逃到了埃及，再又从埃及逃到了罗德岛。阿布森大团长友好甚至隆重地接待了他。这是 1482 年的事。

对于基督教世界而言，杰姆当然是一个很有用的筹码，可以用来对付土耳其苏丹。杰姆也提出，倘若基督徒们能够帮他抢到苏丹之位，他将与基督教世界达成永久的和平。但阿布森经过一番考虑之后，认为这不现实，因为巴济耶德已经牢牢地占据了帝位，倘若帮杰姆去争夺，只会马上带来更大规模的战争，还不如干脆与巴济耶德达成协议。于是他私下联络了巴济耶德，巴济耶德答应了他的一些要求，主要是每年付给他 4000 杜卡特金币，阿布森则答应永远不会让杰姆威胁他的帝位。

至于这位杰姆，他在罗德岛待了一段时间后被送往欧洲，辗转在欧洲各地，虽然受到很好的保护与接待，事实上却如同遭到软禁，直到 1495 年死去。

在巴济耶德与阿布森达成的协议之中一定还有一条，就是他不能再进攻罗德岛。因此巴济耶德二世在有生之年都没有再发动对罗德岛的攻击，他的儿子谢里姆一世虽然做过这样的准备，但还没来得及付诸行动就在 1520 年去世了。此后谢里姆一世的儿子继位，罗德岛才又一次遭劫，因为这个继位者乃是奥斯曼土耳其历史上最强大的苏丹之一苏莱曼一世，史称苏莱曼大帝。

我们前面已经讲过了他对欧洲如贝尔格莱德的征服，到 1526 年时，苏莱曼一世不但征服了匈牙利，还在著名的莫哈奇之战中杀死了匈牙利的国王路易二世，1529 年甚至包围了哈布斯堡王朝的首都维也纳，震撼了整个欧洲与基督教世界。并且在 1543 年大举围攻匈牙利北部的重镇埃斯泰尔戈姆，这就是著名的埃斯泰尔戈姆之围。

在上面这些征服之前，苏莱曼一世更早地发动了对罗德岛的攻击。

虽败犹荣

据说，1522 年初，罗德岛的大团长接到了来自苏莱曼一世的信，信中写道：

致罗德岛的骑士：你们强加在我长期受苦受难的人民身上的巨大伤害激发了我的悲痛和愤怒。我命令你们立刻交出罗德岛和堡垒，这样我能够友好地承诺保证你们重要财产的安全。如果你们是明智的，你们应该会选择友好与和平，而不是残酷的战争。

另外，任何一个骑士若想留在岛上，只要认可苏丹的统治，就可以不用参拜或交纳贡赋而留下。[1]

这相当于最后通牒，但骑士们没有理睬，因为他们不可能答应这样的要求。于是，土耳其大军就来了，第一批是由科班·穆斯塔法帕夏——他也是苏莱曼一世的妹夫——率领的由 400 艘战船组成的庞大舰队。一个月之后，苏莱曼一世亲自率领 10 万大军杀来，这是 1522 年 8 月的事。

罗德岛的骑士们早就料到了敌人的到来，甚至多年以前就料到了，因此他们早就在罗德城建立了堪称固若金汤的城市防御体系。城外是既宽又深的壕沟，后面的城墙比之前对抗穆罕默德二世时要加厚了一倍，上面遍布着各种角楼与碉堡。此外还有可怕的舌堡，它们就像一个舌头一样突出来，在敌人尚未靠近城墙与碉堡时就会遭到射杀。港口之外更是用巨大的铁链牢牢锁住，比过去君士坦丁堡金角湾的还要坚牢。整个城市各部分也都早被分段布置好防卫力量。总之这时候的罗德城可以说是世界上防卫最坚固的城市之一。

如果要说有什么样的缺陷的话，就是人手不足，因为这时候罗德岛上的骑士不过700来人，此外从欧洲各地也来了一些骑士，但人数并不多，较大的外援是500名来自克里特岛的弓箭手，此外还有由岛民组成的1500名志愿军。就人数而言远不及敌人的十分之一。

这次苏莱曼一世对罗德岛是志在必得，他的舰队先占领了岛上的大片陆地，然后从陆上包围了罗德城，接着架起了大炮，这是比当初攻克君士坦丁堡更厉害的大炮，巨大的石弹从远处射向城墙，造成了巨大的破坏。

正式开始攻击后，土耳其人先是一阵如雨般的炮弹砸上城墙，接着步兵便发起了冲锋，他们完全不顾死活地冲向城墙，利用云梯往上爬去，守城者则展开猛烈的还击，大批杀死冲上来的敌人。

第一天的攻击没有成功，第二天接着来，又是猛烈的炮轰加步兵的不要命的冲锋，可以说是日复一日。苏莱曼一世的意图很清楚：他明白城内的守军不够，这样几乎不间断的冲锋累也要把敌人累死。

在一天天的巨炮轰击之下，再坚实的城墙也受不了，慢慢地有些地方开始垮塌。每当这时，大批土耳其士兵就扑向这些缺口。但骑士们在大团长伊斯勒-亚当的率领下，大无畏地与冲进来的土耳其人展开了殊死搏斗，将他们一个个杀掉或赶回去，然后堵上缺口。

后来，土耳其人又找到了一个妙招，就是挖地道。他们从城外挖了数以十计的深深的地道，一直往城墙挖过去，试图一直挖进城市，从内部发动攻击。但这时候守者得到了一个意大利军事工程师塔蒂尼的帮助，他在城内绕着城墙挖了一条隧道，并且在外面用一种羊皮纸做的鼓紧靠着隧道壁，这样，只要里面有所响动，鼓就会感应到。通过这种办法阻止了敌人的攻入。但这样的地道多了，对于地道上面的城墙本身也有危害。特别是土耳其人找到了一个好办法，就是当地道挖到了城墙下面时，就不再往里挖了，而是在下面放上大量火药，然后点燃，在下面发生爆炸，这比通过大炮轰击要厉害得多。

终于，在9月4日这一天，他们用这种方式在城墙上炸出了一个宽超过10米的大缺口。城墙垮下来的砖石还顺带将外面的壕沟也填平了，土耳其人立即一窝蜂似的朝缺口猛扑过来。这时候，一群来自英国的骑士在大团长的亲率下扑向缺口，与冲进来的敌人展开了血战，击退了敌人，守住并且修好了缺口。

这样的血战一天天地继续着，到了9月24日，土耳其人发动了一次规模更为巨大的进攻，几次攻进了城墙，但都被守军杀退，城外尸积如山。

看到如此惨重的伤亡还不能攻进去，苏莱曼一世不由大怒，下令处决统军进攻的科班帕夏，但在部将们的死劝下才免了死罪，不过撤了他的职，任命了一个懂得攻城的艾哈迈德帕夏负责统军攻城。

这位帕夏堪称一位攻城专家，他采取了两手策略，一方面每天在地面发动进攻，但这实际上只是佯攻，主要的目的是分散守城者的注意力并且消耗他们的体力。另一方面在下面大挖地道，随时准备炸毁城墙。

他的伎俩当然很快被守城者们知晓了，但他们也毫无办法。更让他们恐惧的是，他们知道很早以前希腊人就在城墙深处铺设了许多涵洞以引水出城，倘若这些涵洞给土耳其人找到了——只要他们不停地挖迟早会找到，那么整个城市就守不住了。

在这样的情形之下，他们的意志终于动摇了。正在这时，同样也已经打得筋疲力尽的苏莱曼一世向他们提出了相当宽大的条件，说只要守城者们放弃城市，不但可以保住性命，而且可以带走他们的财产与武器，而倘若他们愿意留在罗德岛，那

骑在马背上的苏莱曼大帝。

么他们不用缴纳赋税，骑士们还不用参拜苏丹。面对这样的条件，大部分市民都接受了，虽然大团长想要拒绝，但苏莱曼一世威胁说，倘若拒绝的话，那么一旦他攻克城市，所有人要么被杀，要么将被卖为奴隶。这番话彻底瓦解了守城者们的意志，因为他们清楚地知道，倘若他们拒不投降，破城是迟早的事，与其那时候全部完蛋，还不如现在投降划算。

就这样，骑士们最终接受了苏丹提出的条件，交出了城市。这是1522年12月22日的事。

苏莱曼一世给了骑士们充足的离开时间。于是，到了1523年的第一天，骑士们收拾起他们的财物与武器，离开了罗德岛，这时候他们已经在这里生活了200余年，也使罗德岛得到了"骑士岛"的名声。

据说当苏莱曼看到已经年近60的大团长一脸落寞地离去时，转向他的大维齐尔易卜拉欣帕夏说："强迫这位勇敢的老人离开他的家园让我感到十分的伤心。"[2]

离开罗德岛后，骑士们前往的目的地是克里特岛，此后，他们将在马耳他岛重建医院骑士团的基地。

---

[1]［英］约翰·朱利叶斯·诺威奇 著：《地中海史》，殷亚平等 译，（中国出版集团）东方出版中心，2011年7月第一版，第293页。

[2]［英］约翰·朱利叶斯·诺威奇 著：《地中海史》，殷亚平等 译，（中国出版集团）东方出版中心，2011年7月第一版，第295页。

第18章 马耳他之战

——基督徒们终于胜利了

这场大战依然在土耳其人与基督徒之间进行，这时候土耳其人的苏丹也依然是苏莱曼一世，只是这时候他已经年过70——当他率军攻占罗德岛时还只有28岁，所以不能再亲自统军了。

不过，在讲这场大战之前，我们还是来简单地讲讲马耳他岛的历史与其他战事吧。

新骑士岛

大约在公元前5200年左右，马耳他岛就有人居住了，他们应该来自于相距只有80来公里的西西里岛，所以马耳他岛的早期文明与西西里岛是相似的。

最早对马耳他岛进行统治的应该是地中海中最早的"海霸"——航海民族腓尼基人，后来这里自然就归属了腓尼基人建立起来的迦太基。

我们知道，在迦太基人与罗马人之间爆发了残酷的布匿战争，在公元前264年开始的第一次布匿战争中，罗马执政官马尔库斯·阿蒂利乌斯·雷古鲁斯曾率军在马耳他岛登陆，击败了这里的迦太基军队，占领了全岛。——这应该是最早发生在马耳他岛的战争了，此后雷古鲁斯攻入北非迦太基本土，但后来战败被俘，他一开始骗迦太基人说，只要放他回去，他就会让元老院与迦太基人签署和约。但回到罗马后，他却告诉罗马人一定要坚持与迦太基人作战，但此后他信守承诺回到了迦太基，愤怒不已的迦太基人将他折磨至死。这些我们前面讲布匿战争时已经提过了。

雷古鲁斯被击败后，马耳他岛自然回到了迦太基人手中，但在公元前218年发生的第二次布匿战争中，罗马人由于难以在意大利打败纵横无敌的汉尼拔，就从西西里岛直攻北非迦太基本土，中间再一次占领了马耳他岛。

第18章 马耳他之战

这幅画名叫《圣保罗在马耳他岛上行的奇迹》,画中既有基督徒,也有穆斯林。
(Artist:Teniers David I)

从此马耳他岛就属于罗马了,也安定下来了。直到395年,罗马帝国正当盛年的皇帝狄奥多西一世去世,帝国被分为东西两部分,马耳他岛归属了西罗马。

西罗马的命运我们前面已经说过了,由于蛮族的入侵,于公元476年灭亡。这些蛮族自然不会放过马耳他岛,包括汪达尔人与东哥特人都曾经占领过它。

我们前面也说过,后来东罗马帝国在查士丁尼大帝时代曾经试图恢复罗马帝国的旧疆域,于是派名将贝利撒留攻入北非,灭了汪达尔王国,途中也占领了马耳他岛,这是533年的事。

此后马耳他岛就属于东罗马帝国了,又过了近300年之后,827年,发生了一件事,我们前面也已经提过了,就是东罗马帝国在西西里岛的统领优菲米乌斯这个好色之徒看上了一个美丽的修女,为了和她结婚不惜杀了自己的妻子,这样的恶行传到了当时东罗马帝国的皇帝迈克尔二世的耳中,他立即派出一位将军统领舰队奔向西西里,要杀了优菲米乌斯,优菲米乌斯后来跑到北非的突尼斯去了,请求统治者扎伊德·阿拉罕一世派兵帮助他攻打西西里岛，从此使穆斯林的势力侵入与意大利半岛近在咫尺的西西里岛。正是在这个过程之中，穆斯林们也攻入了同样属于东罗马帝国的马耳他岛，并且对这里进行了灭绝似的大屠杀，几乎所有岛民要么被杀，要么被卖到了北非奴隶市场，使得一度人烟稠密的马耳他岛几乎成了无人岛。

这样一来，基督徒们自然不敢再移民到这里来了，直到百余年之后才有一些穆斯林移居到了岛上，这是1049年左右的事。

但穆斯林们占据马耳他岛的时间并不长，数十年之后，1091年，我们前面讲西西里岛时说过的罗杰一世如同征服了西西里岛一样，也征服了马耳他岛，将之归于了他的西西里王国，马耳他岛又享有了百年繁荣，后来的几次主权更替都在欧洲基督教国家之间进行，神圣罗马帝国和法国的安茹王朝都曾经是这里的主人。特别是1294年，当神圣罗马帝国的弗里德里希二世成为岛主后，下令将在这里生活了300年之久的穆斯林驱逐出去，如果不想离开的话就得改信天主教。这算是马耳他岛历史上的一件大事，从此这里基本上就没有穆斯林了，成为了基督徒之岛。

到了1530年，马耳他岛发生了一件大事。

这件大事与我们前面说过的罗德岛有关。我们说到，1523年元旦，医院骑士团的骑士们离开了罗德岛，经过一番辗转，后来他们得到了一个新的基地，就是马耳他岛。

这时候马耳他岛的主人是神圣罗马帝国查理五世，他很同情勇敢的骑士们，于是决定将马耳他岛交给他们，当然不是主权的赠送，而是一份永久的租约，租金不是钱，而是每年一只马耳他猎隼。

签署了这样的租约之后，骑士团的大团长利斯勒－亚当率领他的骑士们登上了马耳他岛，从此在这里安了家，这是1530年10月26日的事。

到了马耳他岛后，骑士们又如在罗德岛上一样，修建了医院和防御工事，只是远没有罗德岛来得完善，原因很简单：时间不够。

因为仅仅20来年之后，1551年，土耳其人就开始了第一波进攻。

再战土耳其

这年，一支土耳其舰队还有一帮一向臣属于土耳其人的海盗船来到了马耳他岛。到达之后，上万的土耳其士兵顺利登陆，然后洗劫了马耳他岛北部的城市姆迪纳附近一带的乡村，并且逼近该城，但他们看到前面已经有守军严阵以待时就走

地中海战史 ⋯⋯ 第 18 章　马耳他之战

这幅画描绘了利斯勒-亚当1530年时带着他的骑士们登上马耳他岛的情形。
(Artist:René Théodore Berthon)

了。一个姆迪纳尚且如此,他们更不敢进攻防卫更严密的首府了。于是转而进攻马耳他岛之北的另一个岛屿戈左。向这里发动了猛攻。戈左的防卫当然没有马耳他本岛来得严密。几天之后,凭着大炮的猛轰,土耳其人拿下了戈左,只有少数人成功逃离，其余数千居民有的被杀，有的成了奴隶。

虽然土耳其人并没有大规模攻击马耳他岛，但骑士们已经意识到敌人迟早要大规模来攻，于是赶紧加强了防卫力量，特别是新建了两个要塞，以拱卫马耳他岛主要的城市与港口，它的名字叫大港。

据布罗代尔说，虽然欧洲的基督徒们早就料想到土耳其人会进攻马耳他岛，但他们却成功地将确切的进攻计划瞒过了基督徒们，因此当土耳其人的大军正式抵达马耳他岛外时，整个欧洲都被震惊了：

马耳他——这里我们指的是1565年5月土耳其舰队突然抵达马耳他这个行动——像一场风暴那样袭击了欧洲。我这样说，毫无耸人听闻、虚假浮夸之意。[1]

布罗代尔也专门记述了土耳其人这次对马耳他岛的进攻，不过对战事本身并没有多少描述，而主要着笔于其他一些事情，如土耳其人是如何建立他们庞大的舰队，西班牙人又是如何准备援救马耳他的。但这场战争依然是十分残酷的，规模也相当巨大。因为，为了能够占领马耳他岛，土耳其人建立了一支庞大的新舰队，而且许多是大型舰只，总数近200艘，是有史以来最大规模的舰队之一。

此外，这时候依然在位、只是老了的苏莱曼一世知道与距土耳其大陆不过10来公里的罗德岛不一样，马耳他岛距土耳其本土千里之遥，虽然在北非也有土耳其人的领土，但从这些地方是得不到多少补给的。因此舰队之中不但有数万名士兵，还有大批武器装备与给养，甚至还有骑兵的战马。因此，这支舰队远不只是一支舰队，而是一支移动的大军，这些船就像地中海上可移动的堡垒。

凭着如此巨大的兵力，苏莱曼一世想一举攻克马耳他岛，然后以此为跳板再进攻西西里岛以至于意大利甚至占领基督徒们的首都罗马——这也是土耳其人数百年以来最大的野心。

面对如此庞大的敌人，马耳他岛上的防卫力量主要是不到600名的骑士，大部分来自西班牙，另外马耳他岛民们也组成了一支4000人左右的部队。守岛的总人数不过6000多一点，大约是敌人的十分之一。他们的领袖则是让·帕里索特·德·瓦莱特，他出身法国贵族家庭，是骑士团的第49任大团长。

土耳其人是在5月18日到达马耳他岛的，他们要做的第一件事就是决定登陆地点。登陆是没有问题的，因为骑士团根本没有力量防卫整个马耳他岛，他们只是待在防御工事里等待敌人来进攻。

但对究竟在哪里登陆，土耳其军队的两个统领之间发生了剧烈的争执，海军统领、苏丹女婿皮亚拉帕夏想要将主要进攻目标定在大港附近的马沙马克谢特港，并在此登陆，因为这里不但靠近大港，还可以防止地中海中可怕的焚风。这种焚风来自撒哈拉沙漠，可以引起大风暴，对地中海中的船只危害极大。但他的建议遭到了统领海军的穆斯塔法帕夏的拒绝，他的想法是直接进攻中部城市姆迪纳，这样一来就在马耳他岛站稳了脚跟，然后再从陆上从容不迫地向主要的目标大港发起攻击。

后来两人妥协的结果就是在东南部的马沙西洛克登陆，然后从这里往北进攻大港。但这里距大港10公里左右，并且要进攻大港首先就要攻占圣艾莫要塞（Fort St. Elmo）。而且，为了攻占要塞，还要走4公里左右，且一路都不平坦，所以当土耳其士兵们拉着沉重的大炮之类走过这段路后，几乎已经筋疲力尽了。

不过圣艾莫要塞本身并不难攻克，因为它实在太小，只有一百多人守卫，不可能经得住土耳其人大军的长期围攻。

但它却支持了一个月之久！面对土耳其大军日夜的炮轰与猛烈的进攻，守卫者们拼命坚守，死不投降，并且杀伤了大批土耳其士兵，其中大部分是其精锐之师即苏丹的亲兵，正是他们这种勇敢无畏的精神对土耳其人起到了极大的震慑作用，因为他们这样想：这个小小的城堡都如此难以攻克，防御十倍于它坚固的大港外面的圣安杰罗要塞又怎么办呢？

到6月23日，土耳其人终于攻占了圣艾莫。为了发泄怒火，他们将活捉的60个人斩了51个，并且将他们的尸体钉在木制的十字架上，放在水里漂向圣安杰罗要塞——这是他们下一个进攻目标。瓦莱特看到这样的情景，立即将他所有的土耳其战俘砍了头，然后将这些人头塞进大炮，当炮弹射向已经被土耳其人占领的圣艾莫要塞，土耳其人自然恨得咬牙切齿，这也决定了这将是一场更加残酷无情、你死我活的战斗。

这时候土耳其人已处于下风了，不但因为在圣艾莫损失了大批精锐之士，而且因为他们还失去了一位甚至比两位统帅还重要的人物，他就是德拉库特（Dragut），当时他是的黎波里的统治者，从的黎波里赶来，并且实际上接过了指挥权，他在圣艾莫城外被大炮击杀。布罗代尔是这样描述他的：

德拉库特是最危险的人物。他原籍希腊，年龄在50岁左右。他有过一段长期冒险生涯，其中4年是在热那亚的帆桨战船上当俘虏。1544年初，巴巴罗萨亲自交涉把他赎回时，他还在船上划桨。[2]

的确，德拉库特称得上是基督徒最危险的人物，正是凭着他，土耳其人才能在巴巴罗萨之后继续称霸地中海，现在他死了，基督徒们可谓去掉了一个心腹大患，也为他们此后的一场大海战的胜利奠定了基础。

占领圣艾莫城堡后，土耳其人的下一个目标是森格莱阿。它是一个小半岛，也是大港的主要屏障之一。土耳其人对这里发动了猛烈的进攻，但瓦莱特已经抢先在这一带构筑了一条临时防卫栅栏，并且安上了大炮，虽然没有击退敌人，但给他们造成了很大的杀伤。

此后，土耳其人就将目标对准了比尔古城，这里也是大港的防卫屏障之一。他们将所有能够拉来的大炮都排列在城外的山脊上，向城内发射了数以万计的炮弹，几乎将整个城镇都摧毁了。这时候已经是8月7日左右了。

本来，倘若土耳其人乘机猛攻，是大有可能占领比尔古的，这样一来整个大港的防卫将变得非常困难，但他们突然撤走了。原来，一队基督徒的骑兵向土耳其人的后方军营发动了突袭，那里是土耳其人的战地医院，有大批伤兵，这些骑兵将那些受伤的土耳其人杀了个干净。正是因为得到后方被攻击的消息，土耳其人才停止进攻，匆匆回营。

这时候已经是8月份了，天气十分炎热，双方都很难受，但土耳其人更受不了，因为他们的给养快要供应不上了，而这里又没有补充。他们到来之前瓦莱特已经进行了坚壁清野，将所有可能被土耳其人利用的东西都毁掉了，尤其是水，这是不能带来的，他们往水里扔进了大量动物尸体，后来还将土耳其人的尸体扔了进去，使水脏而且毒。但土耳其人还是不得不饮用这样的水，结果导致痢疾流行，大批士兵因此死去。

在这样的情形之下，土耳其人的统帅知道仗很难打下去了，但他们还是做了最后的努力，想要攻占大港外的关键要塞圣迈克尔，倘若能够攻占之，整个大港就危险了。

圣迈克尔是瓦莱特几年以前建筑起来的，就是为了防止敌人对大港的进攻。土耳其人在这里使出了他们最后的力气，不但每天用大炮狂轰滥炸，而且用上了一切可用的手段，不但制造了一些攻城设备，如传统的山羊锤和围城塔之类，还像在进攻罗德城时一样大挖地道。但现在他们的力量已经不行了，这些招式通通不管用，都被要塞的守卫者们一一化解。

到了9月，已经无计可施的土耳其人祭出了最后一招，打算在马耳他岛上长期待下去，为此想占领除大港外的整个马耳他岛，然后活活困死敌人。但当他们的军队开往内地，想要占领马耳他岛从前的都城姆迪纳时，遭到了大炮的迎头痛击。其实也就几炮，但这却吓坏了本来就信心不足的土耳其人，他们以为这里已经有了坚强的防卫，只好匆匆撤退。

这是压倒他们的"最后一根稻草"，土耳其人终于无奈地撤退了，虽然这可能意味着被苏丹砍脑袋，但实在没有办法了，这时候他们的大军已经折损了四分之三，不用说大港本身几乎毫发无伤，连最主要的防卫重地圣安杰罗要塞还没有开打呢！这样打下去只会全军覆没。

正当土耳其人撤退的这一天，9月7日，骑士们的援军终于抵达了，他们总算没有白来，看见了正在撤退的土耳其人后，他们冲了过去，大杀一阵，杀得尸横遍地，直至土耳其人逃上了他们的船为止。

不用说，此次的马耳他岛之战以骑士们的全胜而告终，并且这远不止是马耳他骑士们的胜利，更是整个基督教世界的胜利。胜利的喜悦像火山一样在整个基督教世界爆发了，将从罗德岛带来的忧伤与恐惧冲刷得一干二净。

在这场胜利之中，居功至伟者当属大团长瓦莱特。后来，他就在这次战火烧得最旺的地方建立了一座新城，并将这里作为马耳他岛的新首都，这个新首都将以他的名字命名，就是今天马耳他共和国的首都瓦莱塔（Valletta）。

至于瓦莱特本人，他死于1568年，死后葬在岛上的圣约翰大教堂。现在依然可以在那里看到他的墓碑，上面写着这样的墓志铭：

这里躺着拉·瓦莱特，他值得永久尊敬。他曾经是亚洲和非洲苦难的根源，当他挥舞神圣之剑击退了异教徒后，他成为了欧洲之盾。他是第一个被埋葬在这个由他创建的、他热爱的城市里的人。[3]

不但他的坟墓仍在，穿过的盔甲都在，无数的基督徒曾在它面前默默参拜。

此后的马耳他就属于基督徒与骑士们了，也平静下来了，直到1798年，当拿破仑远征埃及的时候，顺便占领了马耳他岛，并且在这里建立了近代西方式的政府。

但法国人的统治也没有长久，后来这里又归属了近代最强大的帝国——日不落帝国，直到1964年马耳他独立建国。

---

[1]［法］费尔南·布罗代尔 著：《菲利普二世时代的地中海和地中海世界》（下），唐家龙等 译，商务印书馆1996年12月第一版，第588页。

[2]［法］费尔南·布罗代尔 著：《菲利普二世时代的地中海和地中海世界》（下），唐家龙等 译，商务印书馆1996年12月第一版，第425—426页。

[3]［英］约翰·朱利叶斯·诺威奇 著：《地中海史》，殷亚平等 译，（中国出版集团）东方出版中心，2011年7月第一版，第338页。

第 19 章　塞浦路斯之战

——这是最残酷的血战，战败者被活剥人皮

塞浦路斯的历史是很悠久的，据说早在一万年之前就有人生活了，这也不奇怪，毕竟它距大陆很近，用一个小筏子就可以过来。也就是在那时候就有人在塞浦路斯挖了水井，这也是世界迄今为止发现的最早的井。另外这里还发现了一座也有近万年历史的坟墓，里面埋着一个人和一只猫。我们知道，猫是埃及人的圣物，例如女神巴斯特就是猫头人身，是丰产与健康之神。这说明埃及文明很早以前就影响着塞浦路斯了。后来，远从迈锡尼文明开始，希腊人就开始进入塞浦路斯，在这里建立了希腊式的城邦，这也成了塞浦路斯文明的整体特色，即它是古希腊文明的一部分。正是这一特色导致了塞浦路斯历史上最早的战争——伊奥尼亚起义。

早期战事

我们说过，当塞浦路斯人听说伊奥尼亚爆发了反抗波斯统治的起义后，许多城邦主动响应，纷纷起义。

领导塞浦路斯人起义的是奥勒西路斯，他本是塞浦路斯的萨拉米斯城邦的国王戈尔戈斯的弟弟，得知伊奥尼亚起义的消息后，他先是鼓动哥哥参加起义，但遭到拒绝，于是他干脆推翻了哥哥，自己称了王，并且号召其他塞浦路斯城邦也起来反抗，得到了几乎所有城邦的响应。

得知塞浦路斯也反了的消息，大流士派出了一支主要由腓尼基人组成的海军前来镇压。奥勒西路斯赶紧向伊奥尼亚起义者们求援，起义者们立即组成了一支舰队前来援助。波斯海军抵达后，陆军立即上岸发动进攻，奥勒西路斯率军迎击，一开始获得了胜利，并且杀掉了波斯人的统帅，但在随后的战斗中又失败了，甚至自己也被杀了。主要是因为他的军队中不少人依然忠于旧主戈尔戈斯，因此在战斗进行时临阵脱逃，使得希腊人陷入混乱，结果惨败。而在海上，虽然伊奥尼亚人的舰队打败了波斯海军，但听到陆上失败的消息后，他们就扬帆回去了。不久波斯人又将戈尔戈斯扶上王位，塞浦路斯的起义就这么失败了。这是公元前497年的事。

这大概就是塞浦路斯历史上第一次有记录的战争了。起义被镇压后，塞浦路斯自然归属了波斯统治。百余年之后，亚历山大大帝灭亡了波斯帝国，在他早逝后，通过继业者之战，塞浦路斯归于托勒密埃及，后来随着罗马人进入地中海，塞浦路斯又成为了罗马的一部分。

公元395年，当罗马帝国被一分为二时，位于东地中海的塞浦路斯当然归于东罗马帝国。此后塞浦路斯就在东罗马帝国的统治之下，相当平静地过了数百年之久。

直到7世纪，这时候阿拉伯人已经崛起了，建立了强大的阿拉伯帝国，他们与基督徒在东地中海沿岸展开了大战，具体情形我们前面已经说过了。由于塞浦路斯与阿拉伯人控制的大陆相距很近，因此自然遭到了他们的攻击，岛上的几乎所有城市都遭到过穆斯林们的洗劫，有的甚至被彻底摧毁，例如我们上面讲过的有名的大城萨拉米斯，它就被摧毁了，从此成为废墟，大批岛上的基督徒被杀或被卖为奴隶。

除了阿拉伯军队外，还有同样是阿拉伯人的海盗，他们也经常攻击塞浦路斯，造成的伤害一点也不亚于正规军队。

这样可怕的情形一直持续了三个世纪之久，这时候塞浦路斯大部分地区都由阿拉伯人统治。直到965年，塞浦路斯才重归了东罗马帝国。因为这时候阿拉伯帝国已经衰落，东罗马帝国却重新强大起来了，出现了一个强大的皇帝尼克福罗斯二世。他率军从阿拉伯人手中夺取了大片土地，从小亚细亚半岛直到地中海东岸的黎凡特地区。与此同时，他派大将尼克塔斯·查可泽斯从阿拉伯人手中收复了整个塞浦路斯岛。

这位查可泽斯是著名的查可泽斯家族的始祖，这个家族的血脉一直延续了300多年，是东罗马帝国最古老而高贵的家族之一。

回归东罗马帝国之后，塞浦路斯又过了两百余年比较平静的日子，但在1185年时，它又易了主，而且这次的易主的经过相当有意思。

却说这个塞浦路斯的新主是一个叫伊萨克·科穆宁的人，他的身世比较复杂。这还要从东罗马帝国皇帝、属于科穆宁家族的约翰二世说起。约翰二世死于1143年，本来依照惯例，王位应传给他当时活着的儿子中最年长的一个，他的名字叫伊萨克·科穆宁，但约翰二世最小的儿子却设法得到了皇位，这就是曼努埃尔一世，但他也给了哥哥一个仅次于皇帝的尊位。这位伊萨克·科穆宁的第一个妻子给他生了一个女儿，这个女儿长大后嫁给了一个无名之辈，后来生了一个儿子，他被取了一个和外公一样的名字，也叫伊萨克·科穆宁。

这位伊萨克·科穆宁长大后，和一位亚美尼亚公主结婚了，结婚的地点就在塞浦路斯。

后来，曼努埃尔一世让伊萨克·科穆宁当了小亚细亚半岛南部内陆一个叫伊苏里亚的地方的长官，后来他和位于小亚细亚东南部一个由亚美尼亚人建立起来的西里西亚的亚美尼亚王国发生了战争，结果战败被俘。此后不久，曼努埃尔一世就去世了，东罗马帝国忙于新皇即位之类的大事，就没人管他了，也就是没人愿意为他支付巨额赎金。后来，他的一个姨妈劝说新即位的皇帝安德洛尼卡一世为他支付了赎金，还有另外的亲戚也给了不少资助，终于使他得到了释放，并且还余下一大笔钱。

本来，皇帝替他付了赎金，他有义务再为皇帝服务，但已经被关了好几年的伊萨克·科穆宁深感自由的可贵，觉得在皇帝身边当差太不自由。于是，他做了一件令人感到有些匪夷所思的事。

也许是因为结婚时到过塞浦路斯，对这里的美丽富饶留下了深刻的印象。他用赎身后的余钱找了一帮雇佣军，然后带着他们去了塞浦路斯。到达后，他向当地行政长官出示了一份皇帝的诏书，说他已经被任命为这里的总督，全权管理塞浦路斯。事实上这诏书是伪造的，完全没有这回事。但这位长官基于他的血统与过去，竟然相信了他的话，于是他就此成了塞浦路斯的统治者。

成功地控制塞浦路斯后，他不断招兵买马，不久就势力大增。后来皇帝发觉了此事，勃然大怒，但他自己不久也死了，没能采取行动反击。这是1185年的事。

新皇帝当然也不能容忍伊萨克·科穆宁的行径，派出一个强大的舰队奔赴塞浦路斯，要将他缉拿归案。但伊萨克·科穆宁早有防备，他和一帮海盗勾结起来，打败了来犯之敌。此后更在塞浦路斯建立了自己的独立王国，甚至自称皇帝。但为了稳固统治，他一方面与西西里王国联盟，同时又与当时基督教世界最强大的对手萨拉丁套近乎。

然而好景不长，不过几年之后，1191年，英国的狮心王查理在第三次十字军东征时率军路过塞浦路斯，由于此前伊萨克·科穆宁抓了他的妹妹，他顺道发动攻击，伊萨克·科穆宁哪是强大的狮心王的对手，他躲到了一个防卫严密的城堡里，但因为妻子女儿被抓了，于是同意投降。据说英国人先答应了不给他上铁镣，但当他真的投降后，就玩了个花招，没有给他上铁镣，而是上了一副银子做的镣铐，还把他关进了可怕的苦牢。

也是伊萨克·科穆宁的运气好，不久之后狮心王自己也被德国人抓住了——这事我们前面曾经说过，后来德国人提出的释放他的条件之一就是要他释放伊萨克·科穆宁，原因很简单：抓住了狮心王的奥地利公爵是伊萨克·科穆宁的姨妈的儿子，也就是科穆宁的表兄弟。

这些闲话且不说，再来说塞浦路斯。

归于威尼斯

狮心王攻占塞浦路斯后，不久就因为要钱，将它卖给了圣殿骑士团，后来骑士团又将它卖给了吕西尼昂的居伊，他是一个来自法国西部普瓦图的著名骑士、后来的耶路撒冷国王。他死后，他的弟弟就继承了塞浦路斯，并且正式成为塞浦路斯王国的国王。

此后，塞浦路斯就在吕西尼昂家族的统治之下过了200余年，到1460年时，詹姆士二世成了国王。其实他只是前国王的私生子，但父亲十分爱他，给了他很大的权势。但毕竟是私生子，因此父亲去世时王位由他同父异母的姐姐继承。但他从姐姐手中抢走了王位，类似这样的坏事他还干过不少，因此得了个"混蛋詹姆士"的诨号。后来，他向一个家世高贵的威尼斯美女凯瑟琳·科那罗求婚，这当然可以大大扩充威尼斯人的实力，因此得到了威尼斯人的大力支持，还为他们操办了极为华丽隆重的婚礼，还将她称为"圣马可之女"——圣马可是威尼斯的守护圣人。

婚后不久，詹姆士二世就神秘地去世了，据说是被毒死的。这时候他的妻子刚刚怀孕，于是她就在威尼斯人的操纵之下成了塞浦路斯名义上的摄政。但她的儿子出生后不到一岁也死了——同样据说是被人弄死的，于是她就继承儿子之位而成了塞浦路斯的女王。

这位年轻的女王自然无法保卫自己的国家，因此保卫她国家的重任自然落到了当时正繁荣昌盛的地中海海霸威尼斯共和国手中，威尼斯派出了一个强大的舰队常驻塞浦路斯，实际上完全控制了女王和塞浦路斯。

但威尼斯人并不满足。于是，1489年时正式强迫女王退位，将塞浦路斯完全交给了威尼斯，关于这个退位仪式，《地中海史》是这样描述的：

女王在圣马克教堂经历了一场庄严的退位仪式，在这里她正式将她的王国转让给威尼斯。10月，她拥有了一个小山城阿索罗，在接下来的20年时间里，她一直是一个优雅而又乏味的宫廷的中心，享受着一种有音乐、舞蹈以及和有学问的人谈话的生活。[1]

此后，塞浦路斯就正式成为威尼斯共和国的一部分了，威尼斯人在这里进行了大量的建设，特别是加固了防御，因为这时候无论对于塞浦路斯还是威尼斯本身，奥斯曼土耳其人都已经是巨大的威胁了。

但这样的防御被证明还是不够的。自从威尼斯人获得塞浦路斯后，土耳其人就开始不断地攻击塞浦路斯。由于塞浦路斯靠近土耳其本土，因此土耳其人几乎随时可以入侵，于是无数的塞浦路斯人被掳走了，卖到了北非的奴隶市场。

奥斯曼土耳其人当然不满足于仅仅骚扰，而是要占领整个的塞浦路斯，就像他们占领地中海中的其他大量岛屿一样。

到了1570年，土耳其人派出了大军，攻向塞浦路斯，这就是第四次奥斯曼-威尼斯战争了。

至于为什么要占领塞浦路斯，原因是很简单的：塞浦路斯是地中海中最美丽富饶的大岛之一，土耳其人如何不想要呢？何况这个岛屿距土耳其本土即小亚细亚半岛或者说安纳托利亚可谓近在咫尺，远隔千里的马耳他岛与克里特岛土耳其人尚且想要，何况这么近的塞浦路斯岛呢？因此有一个比喻，说塞浦路斯乃是狼嘴边的一块肉，狼怎么能不吃呢？因此可以说土耳其人之入侵塞浦路斯是必然的，到1570年才出兵还稍嫌晚了点儿。

1566年苏丹谢里姆二世继位。

谢里姆二世是一个虔诚的穆斯林，他并不是一位平庸的皇帝，虽然性格有些软弱，甚至有点儿多愁善感的样子，但他对自己的人民还是不错的，对亲人也慷慨大方，土耳其在他的统治之下国力也更上层楼。这位苏丹已经将征服塞浦路斯看成当务之急，并且必欲达之而后快。于是派出了一支由近400艘战舰组成的庞大舰队以及10万士兵，攻向塞浦路斯。这是1570年6月的事。

活剥人皮

土耳其大军在塞浦路斯东南部、靠近大城拉拉卡（Larnaca）的地方登陆，威尼斯人根本不敢阻拦，因为根本阻拦不住，他们那点儿军队要是在野外作战的话，恐怕一场战斗就全军覆没了。于是他们退到了岛屿中北部、防卫坚固的首都尼科西亚。土耳其人则步步进逼，到7月22日，已经抵达尼科西亚并且将之重重包围起来。

这时候，尼科西亚的防御工事可谓固若金汤，它整体就像一个巨大的星形堡垒一样，足以防御来自各个方向的袭击。但土耳其人早已经是攻城拔寨的老手了。他们对付尼科西亚就像对付罗德城或者干地亚一样，一方面不停地用大炮猛轰，另一方面在地下大挖地道，想从地下攻入城市。威尼斯人当然知道土耳其人一定会这样做，也早做好了相应的准备。因此双方的战斗极为激烈，但土耳其人进展缓慢，直到一个半月之后才终于冲进了城内。至于能够冲进去的原因很简单：威尼斯守军的火药已经用完了！这是1570年9月的事。

占领尼科西亚后，土耳其人立即进行了大屠杀，几乎所有的成年男子都被杀掉——超过2万人，孩子和女人则被抓了起来，当然是要将他们当奴隶卖掉。

还有，尼科西亚人之所以这么顽强地抵抗，是因为他们认为基督教世界的援军会来帮助他们，他们是来了，不过来得慢了一些，就在尼科西亚被攻占不久之后，一支由西班牙、教皇国当然还有威尼斯人组成的大联合舰队开赴尼科西亚附近的外海，但当他们听说尼科西亚已经失陷后，就掉头回去了。

攻占尼科西亚后，土耳其人势如破竹，很多城市没有抵抗就投降了，到这年12月，整个塞浦路斯只剩下了东部靠近大海的法玛古斯塔还在抵抗。

这时候，在法玛古斯塔的守军只有不到9000人，而他们面对的是多达10万的敌人。更可怕的是，这时候守军们从尼科西亚的遭遇中已经明白，不会再有外援了，他们连首都尼科西亚都不救，哪会救这样一座要塞呢？但他们依旧决心战斗到底。据说，战斗开始之前，土耳其军队的统帅拉拉·穆斯塔法帕夏将塞浦路斯的威尼斯总督的头送进了城内，要求守军司令马堪多尼奥·布拉加丁投降，但遭到了拒绝。于是，土耳其人开始攻城了。

具体的战况不说也知道，土耳其人像惯常的做法一样，先是向法玛古斯塔城内万炮齐发，将几乎所有建筑炸成废墟。然后大批士兵发起了冲锋，他们不顾死活地冲向城墙，用云梯往城头爬去，上面的守军则将他们一个个地打下来，不久城墙之下尸积如山。

但在付出了成千上万名士兵生命的代价后，土耳其人依然没有能够占领法玛古斯塔。于是他们又用上了各种办法，例如挖地道，甚至将大量的石头泥土堆积在城下，几乎堆得和城墙一样高。但守军仍在苦苦坚持。

这样残酷的战斗一直延续了七个月之久。到1571年7月底，守军终于抵挡不住了，土耳其人冲进了城内，但还没有能够占领整个城市。

这时候，抵抗者知道再抵抗已经没有

这就是提香所作的《正被剥皮的玛尔息亚斯》,反映了布拉加丁惨死的可怕样子。玛尔息亚斯是古希腊神话中的人物,他是一个了不起的吹笛手,甚至敢于向音乐之神阿波罗挑战,结果当然失败,于是根据双方的协议,他被活活剥了皮。

任何意义了，而且他们再也无力抵抗了，因为不但弹药已经用光，所有粮食甚至连同一切可吃的东西包括老鼠都被吃光了。于是布拉加丁同意投降。拉拉帕夏也提供了优惠的投降条件，如说可以让他们带着自己的旗帜安全地离开，住在城内的基督徒则可以有两年的时间选择是否愿意留下接受苏丹的统治还是离开，总之与罗德岛的骑士们当初的待遇差不多。

双方谈妥投降条件、土耳其人已经占领了整个城市后，当布拉加丁到拉拉帕夏那里去正式投降时，这位土耳其统帅突然变卦了，他先是斥责布拉加丁谋杀监狱里的土耳其犯人并且私藏弹药，接着抽出了一把刀，一下子将布拉加丁的一只耳朵割了下来，然后又命令手下割掉他的另一只耳朵还有鼻子。然后将他关进了牢里。城中的基督徒也遭到了大屠杀，战俘更是杀得一个不剩。

——至于拉拉帕夏为什么这样，也是有理由的，首先是因为他的长子在这场残酷的战斗中被杀掉了！这叫他如何不既痛且怒；其次是因为他们的损失实在太惨重了，为了打下法玛古斯塔，有超过5万名土耳其人被杀！这叫他如何不想找借口狠狠报复。这也决定了此后布拉加丁可怕的命运。

被关了两个星期后，布拉加丁被拖了出来，土耳其人在他背上压了几袋石头和土，在法玛古斯塔城内拖来拖去。然后他被绑在椅子上，吊在土耳其海军旗舰的船桅上，任凭土耳其士兵咒骂。

最后，土耳其人将他押到了法玛古斯塔中心广场，在那里他被剥光衣服、倒吊起来，然后被活活地剥了皮！

这张皮一开始被在里面塞满稻草，绑在一头母牛身上在城内游街示众，最后被当成了礼物献给谢里姆二世苏丹。

至于这张人皮的结局，据说是这样的：

后来这张人皮被一个基督徒从君士坦丁堡的军火库中偷出来，送回了威尼斯，放在教堂的一个壁龛里，直到1961年时，在布拉加丁直系子孙的同意下，这个壁龛被打开，发现壁龛里真有一个铝质的盒子，盒子里放着几片黑色的人皮。

占领法玛古斯塔后，整个塞浦路斯就全归属了土耳其。

---

1 ［英］约翰·朱利叶斯·诺威奇 著：《地中海史》，殷亚平等 译，（中国出版集团）东方出版中心，2011年7月第一版，第277页。

第20章 勒班陀之战
——这是史上最著名、最血腥的大海战

之所以要在这里专章讲述勒班陀之战，主要是因为它乃是中世纪甚至整个西方历史上，也是整个世界古代史上规模最大也最为著名的海战之一。

勒班陀位于希腊西部、科林斯地峡之西、科林斯湾的北部海岸。它正式的希腊名字有点怪，叫纳夫帕克托斯，这个名字用意大利语就读成比较上口的勒班陀，也许这就是勒班陀海战名字的来由吧！

这里是一个希腊人城市，当然像希腊本土一样，长期被异族统治，例如马其顿人、罗马帝国等，后来长期属于东罗马帝国，还有其他一些人或者王朝也统治过它，如法国的安茹王朝等，15世纪初又被卖给了威尼斯人。然后，在第二次奥斯曼-威尼斯战争期间，它又被土耳其人占领了，这是1499年的事。

此后勒班陀就属于土耳其人了，当勒班陀大海战发生的时候，它就是土耳其人的，附近的一个小海湾里就停泊着土耳其人的舰队。

勒班陀之战的直接的起因就是第四次奥斯曼—威尼斯战争。在塞浦路斯，经过苦斗之后，土耳其人终于占领了整个塞浦路斯岛，还残酷地对待法玛古斯塔已经投降的威尼斯人，甚至将其指挥官布拉加丁活活地剥了皮。这种行径传到西方世界之后，激起了轩然大波，特别是那些基督教世界的战士们，他们知道当面对土耳其人的时候，倘若被俘下场将是何等悲惨，那么怎么可以不拼命地战斗呢？而且，他们也个个义愤填膺，迫不及待地要为如此悲惨地死去的战友与教友们在战场上报仇雪恨。

这就是勒班陀之战的背景了。

事实上，早在法玛古斯塔之战开始前，当威尼斯人与土耳其人还在尼科西亚激战的时候，甚至更早以前，威尼斯人知道土耳其人要向塞浦路斯开战的时候，就已经在寻找盟友了，因为他们知道凭自己

的力量是打不过强大的土耳其帝国的，必须寻求其他基督教国家的帮助。然而，他们的寻找过程并不顺利，因为土耳其苏丹已经提早做了预防，例如它已经和当时最为强大的基督教国家之一神圣罗马帝国刚刚签署了和约，使它不能这么快就打破和约参战。另一个最强大的基督教国家法国，其君主法兰西斯一世早在1536年就与土耳其苏丹苏莱曼一世建成了所谓的法兰西–奥斯曼同盟，当然更不会来助战。

这样一来，基督教世界剩下的最为强大的力量就是统治西班牙与奥地利的哈布斯堡王朝了。但一开始，哈布斯堡王朝的菲利普二世并不想参战，一是因为他还有北非的事务要处理，二是因为几年以前当土耳其人进攻马耳他岛时，威尼斯人拒绝助战，提供运输船只，这也是当时他们的援军姗姗来迟的主要原因。现在，当威尼斯人也遭受土耳其人侵凌的时候，他们当然想以牙还牙，两不相帮。而倘若西班牙人不出面的话，那仗就没法打了，所以基督教世界的首领罗马教皇出面了，在他的大力说合之下，西班牙人勉强同意出兵，但也相当地不情不愿，耗时良久才组成舰队，此后才慢吞吞地往塞浦路斯进发，这就是为什么援军抵达尼科西亚时如此迟缓的原因，而且，当听说尼科西亚已经被攻克之后，他们什么也不做就掉头回去了。

但大家也都明白，现在土耳其人已经是东地中海的霸主了，威胁的不但是威尼斯人的利益，而是整个基督教世界，包括意大利与西班牙人的利益都受到了极大威胁。在这样的情形之下，他们终于决心团结起来与土耳其人大战一场。

这时候，又是在教皇的大力倡导之下，组成了一个"神圣同盟"（Holy League）。主力就是哈布斯堡王朝了，其次还有意大利半岛上的一些力量，如热那亚人、威尼斯人以及马耳他岛上的骑士团等，他们联合起来建立了一个相当庞大的舰队，拥有200来艘战舰与100来艘辅助船只，有5万名步兵以及近5000名骑兵，总指挥是奥地利的唐·胡安。

这位唐·胡安在西方历史上也是有点小名气的人物。他的身份比较特殊，父亲是神圣罗马帝国皇帝查理五世，母亲只是一个小市民，后来查理五世的儿子成了哈布斯堡王朝的皇帝，这就是菲利普二世了，当菲利普二世知道自己有这么一个小他20岁的弟弟时，就将他秘密地接到了西班牙，好好地抚养，他长大后出落得一表人才，很得皇帝哥哥的宠爱，他还给了弟弟一个响亮的名字，叫"奥地利的唐·胡安"。唐·胡安很早就表现出了对军事的喜爱以及出色的才能，当哥哥的就决定让他尽情展现，20岁时就让他领军作战，镇

这幅画描绘了1538年法国与哈布斯堡王朝之间的"尼斯休战",两王握手言和,正因为如此,哈布斯堡王朝才可以腾出手来和土耳其人一战。当然这并不意味着法国人与土耳其人对立,只是双方打得久了,自然必须休战而已。

(Artist:Taddeo Zuccari)

压西班牙的穆斯林们的起义,获得了胜利。由于他擅长指挥海战,还任命他当了西班牙的海军司令。现在,当神圣同盟的海军组成的时候,虽然只有24岁——唐·胡安生于1547年,但还是成为了这支庞大武力的统帅。

唐·胡安可以说是不负所托,在战斗之前就显示出了出色的领导能力与协调能力。因为神圣同盟内部是由不同国家组成的,这些国家之间存在着不少尖锐的分歧,例如骑士团就因为威尼斯人不久前不愿意帮他们而心生怨怼。最尖锐的分歧则在热那亚人与威尼斯人之间,我们前面讲过热那亚-威尼斯战争,那可是你死我活的较量,这叫热那亚人如何肯与威尼斯人合作呢?更不用说帮他们了!所以,唐·胡安的首要责任就是将这些实际上同床异梦的人很好地撮合在一起。他取得了成功，他的办法是将所有军舰混合编队，以利统一指挥，并分成四个分翼，唐·胡安自己指挥中军，来自热那亚的乔瓦尼·安德烈·多利亚负责右翼，来自威尼斯的阿戈斯蒂诺·巴尔巴里戈负责左翼，指挥后备舰队的则是阿尔瓦罗·德·巴赞。最后的这位巴赞我们在这里要特意提出来说一下。

巴赞是西班牙人，生于1526年，是西班牙也是西方历史上最著名的海军将领之一，他活了61岁，却当了50年海军，很早就显示了杰出的指挥海战的才能，《大英百科全书》称巴赞是"在他的时代里西班牙最重要的海军统帅"[1]，但他同样可以称为是他那个时代西方最重要的海军统帅，因为在他50年的海军生涯之中从来没有打过败仗，我们前面所说的那些基督教国家在地中海之战中被土耳其人打败的战斗之中，从来没有巴赞指挥的。

将来自各个国家的军舰组成一个统一的舰队之后，唐·胡安就统领之攻向土耳其人了。

他于1571年9月16日从墨西拿海峡出发，不久抵达科孚岛，准备去支援威尼斯人，正是在那里听说法玛古斯塔已经沦陷。这样一来，塞浦路斯是不用管它了。但土耳其人在法玛古斯塔的残暴行径激起了

这就是奥地利的唐·胡安，年纪轻轻就当上了欧洲基督教联军的统帅，率军发动如此大规模的战争，谁叫他的父亲是皇帝呢？——他的父亲是前任神圣罗马帝国皇帝查理五世，即现在的皇帝是他的同父异母哥哥。
(Artist:Alonso Sánchez Coello)

基督教将士们无比的愤慨，他们决心一战。这时候，他们得知土耳其的海军主力已经抵达了勒班陀附近的海域，于是唐·胡安率军往那里扑去。

这时候，在勒班陀，由阿里帕夏率领的土耳其海军主力也正在想要与基督教海军大战一场，好控制整个地中海。于是，双方就在勒班陀展开了大决战。

这时候，基督教一方有200艘战舰，土

耳其人则有300艘，就数量而言土耳其人居优，但基督教海军的军舰更有战斗力，特别是在大炮居于优势，是土耳其人的两倍多。但土耳其人经由巴巴罗萨的传统训练出来的水手却是当时最好的。海上的作战兵力也差不多，都是3万左右。总之，在勒班陀不但已经集中了当时基督教世界与伊斯兰世界的海军主力，更是集中了地中海中所有海军力量的绝大部分，加上不久之前在塞浦路斯尤其是法玛古斯塔所积下的刻骨仇恨，所以这注定是一场规模巨大的海上血战。

战斗开始之前，双方排兵布阵，由于基督教联军是自东向西扑来的，土耳其人则是自西向东，为了更好地展开兵力，都是以南北纵向布阵的，左中右翼的情形我们已经说过了，基督教联军还保留了由巴赞指挥的强大后备舰队，巴赞在左中右三军的后面各准备了多艘战舰，准备哪里有需要随时冲上去，这种安排也给了联军很大的心理优势，因为他们知道自己后面还有伟大的巴赞和他强大的舰队，即使自己遇到了麻烦也不用太担心，他们只要勇猛作战就可以了。

战斗一开始，土耳其人就吃了大亏，因为他们将基督教联军的一些很厉害的军舰当成了运输补给商船，实际上是联军的先锋战队，许多土耳其军舰冲了上去，结果一顿乱战之下，土耳其人被打得惨败，损失了好几十艘舰只。

更坏的是，由于他们这样的盲目冲击，结果队形被打乱了，对后面的战局产生了很不利的影响。尽管这样，双方海军在各翼正式交战开始之后，土耳其人还是取得了一定优势，他们的左翼在南边冲击由多利亚统领的联军右翼，多利亚看到从自己舰队往南还有许多土耳其战舰冲来，这些战舰很可能对他进行包抄，为了保存实力，他不敢作战，迅速撤到了一边，这样一来等于将中军暴露在敌人面前。土耳其这些军舰没有追击多利亚，而是立即进攻暴露出来了的中军侧翼。使中军也一度被动。

在北面，威尼斯人一开始也陷入了被动，在敌人的猛烈打击之下，不少军舰被击毁，左翼统领、来自威尼斯的阿戈斯蒂诺·巴尔巴里戈也被杀了。但他们坚持战斗。后来，前面那些在一开始就让土耳其人吃了苦头的战舰回来了，加入了战阵，扭转了左翼的危局。

在中军，唐·胡安受到猛攻，但他也坚持住了，特别是得到了巴赞的迅速支援，挫败了土耳其人想要两面夹攻联军中军的意图。多利亚这时候也重新加入了战斗，与土耳其人一顿混战。由于基督教联军的大炮多火力又猛，混战之中，土耳其人变得越来越被动了。特别是联军的一个主要布置这时候起了决定性作用，就是由巴赞统领强大的后备舰队随时准备出击。一般来说，后备舰队是较弱的，但唐·胡安偏偏将他最强大的力量与最厉害的将军都安排成后备战队。这样一来，即使一开始处于被动，联军也并没有心生怯意，而是继续勇猛作战，因为他们知道后面还有强援！而当土耳其人开始被动，巴赞将他强大的后备舰队全体投入战斗之后，土耳其人就抵抗不住了，一部分土耳其军舰逃跑了，这就使得土耳其人更加混乱了，结果他们的统帅阿里帕夏的旗舰也被击毁，他自己也被杀掉了，唐·胡安得知这好消息，下令将他的头砍下来，然后高高地挂在他的旗舰上。其他土耳其军舰见到统帅被杀，更加慌乱，有的投降、有的逃走，更多的是被击沉了。

当然还有很多土耳其士兵在拼命战斗，特别是他们的精英部队即苏丹的近卫军，更是不要命地死斗，当他们的弹药已经用完，箭也已经射完，甚至刀枪都没有了的时候，他们也不愿意投降，而是随手拾起船上的任何东西往敌人头上砸去，而这时候可以砸的只有一些柠檬和橘子了，他们也照样捡起来砸，已经稳操胜券的基督教战士们看到这情形不由哈哈大笑，且不开火了，也捡起他们扔来的柠檬和橘子又扔回去，这就是血战中的笑剧。

但这整个的战斗并不可笑，而是惨烈无比，对此《海洋帝国：地中海大决战》中是这样说的：

战场是一幅毁天灭地般的悲惨景象。八英里的海面上，很多摇摆不定的船只正在燃烧；还有一些船只的船员已经全部死亡，就像鬼船一样漂浮着。幸存的穆斯林无比英勇地死战到底。有的时刻充满了诡异的喜剧性。有些土耳其战船拒绝投降，投射武器用完后就捡起柠檬和橘子，将它们投向敌人。狄多记载道：基督徒们出于鄙夷和嘲弄，将这些水果扔了回去。这种互投水果的战斗似乎在战役快结束时在很多地方都发生了，让大家捧腹大笑。其他地方，士兵们仍在水中挣扎和搏斗，紧紧抓住梁柱，有不少人被淹死。史学家们也很难将这场宏大的残杀付诸笔端。"激战持续了四个小时，如此血腥和恐怖，大海和烈火似乎融为一体，很多土耳其桨帆船一直燃烧到水面。海面被血染红，到处覆盖着摩尔人的衣服、头巾、箭筒、箭、弓、盾牌、桨、箱子、盒子和其他战利品。海上还漂浮着很多人，既有基督徒也有土耳其人。……鲜血如此之多，海面完全被染红。[2]

"流血漂橹"是中国古代的成语，形容战争之残酷、杀戮之多，在这次勒班陀大海战中已经不是形容，而是对事实的描述了！因为橹就是盾牌，如上所言，在这时候的大海之中的确漂浮着许多的盾牌！

这一切都发生在1571年10月7日，这个日子注定要被永远镌刻在历史的纪念碑上。

战斗结果，土耳其人有200艘战舰被击毁，另外70艘也被击伤，其庞大的战船只剩下了约30艘，还有约2万名士兵被杀。基督教一方的损失则要小得多，但也有约20艘军舰被毁，30艘受到重创，7000余人被杀，还有很多人受伤，这也许是自从遥远的阿克兴海战之后最大的海上血战与死亡了。

在勒班陀受伤的战士们中间，有一位后来成为西方文学史上最伟大的作家之一，他就是塞万提斯。他在这场战役中胸部中了两弹，左手永久性致残，后来他也总结了这次战斗，认为这是："过去、当今和未来最辉煌的伟业。"[3]

不用说，这辉煌的胜利在基督教世界激起了狂欢，不久之后，在威尼斯的圣马可教堂中为一些战死的英灵举行了葬礼，其间有人发表了演说，有这样的话：

> 他们以自己为例教导我们，土耳其不是不可战胜的，正如我们之前对他们的印象……因此，对我们而言，战争的开始就是末日，我们将迷失在漫漫长夜中，但如今这些人的勇气就像真实而富有活力的太阳一般，赋予我们这座城市历史上前所未有的最美好和最愉快的一天。[4]

的确如此！在此前，土耳其人显得如此强大，以至于基督徒们总是怀着一种绝望的心情与他们作战，因为他们都不相信自己可以战胜如此强大的敌人。但在这次勒班陀大海战之后，他们不再这样悲观了，发现土耳其人并不是不可战胜的，因此《大英百科全书》在有关唐·胡安的条目中也有这样的话：

> 在勒班陀之战中，联军几乎全歼了土耳其军队，因此也粉碎了土耳其人是不可战胜的神话。[5]

作为基督教的最高代表，罗马教会当然也兴高采烈，这时候的教皇庇护五世甚至创立了新的天主教节日，这个节日直到今天还保留着，名称叫"我们的玫瑰圣母"（Our Lady of the Rosary），因为据说是圣母玛利亚帮基督徒们战胜异教徒的。

尽管如此，这场勒班陀就战争本身而言并不是一场重大的胜利，或者一场影响深远的胜利，因为此战并没有改变基督教世界依然在实力上落后于土耳其人的事实，更没有改变威尼斯人打不过土耳其人的现实。

这样的结果就是，勒班陀之战后不到两年，1573年4月，威尼斯人就与土耳其人签署了和约，和约正式将塞浦路斯割让

地中海战史──── 第 20 章　勒班陀之战

这幅画描绘了勒班陀之战,下面手执镰刀的死神说明了这场战争的死者之众!
(Artist:Giorgio Vasari)

给土耳其，另外还要支付30万杜卡特金币的巨额赔款。所以，从战争的角度看，勒班陀事实上几乎等于无。因此之故，《大英百科全书》的《勒班陀之战》条目才指出："勒班陀之战实际上几乎没有什么实际上的价值。"[6]

《地中海史》中更是毫不客气地说：

尽管曾有过庆祝、欢呼与喝彩以及今天仍然流传着伟大的勒班陀传奇，但事实证明，作为最著名的海战之一的勒班陀战役并没有长远的战略重要性，那些大声悲叹的人们只能怪他们自己。[7]

---

[1] 见 *Encyclopaedia Britannica* 之 Santa Cruz, Alvaro de Bazán, Marqués de 条目。
[2] ［英］罗杰·克劳利 著：《海洋帝国：地中海在决战》，陆大鹏 译，社会科学文献出版社，2014年6月第一版，第397—398页。
[3] ［英］罗杰·克劳利 著：《海洋帝国：地中海在决战》，陆大鹏 译，社会科学文献出版社，2014年6月第一版，第400页。
[4] ［英］约翰·朱利叶斯·诺威奇 著：《地中海史》，殷亚平等 译，（中国出版集团）东方出版中心，2011年7月第一版，第355—356页。
[5] 见 *Encyclopaedia Britannica* 之 Juan de Austria 条目。
[6] 见 *Encyclopaedia Britannica* 之 Battle of Lepanto 条目。
[7] ［英］约翰·朱利叶斯·诺威奇 著：《地中海史》，殷亚平等 译，（中国出版集团）东方出版中心，2011年7月第一版，第359页。

第21章　地中海海盗
——不知海盗，无以知地中海

讲地中海的历史或者战史，不讲海盗是不行的。

海盗在地中海的历史中扮演了一个十分重要的角色，它让我们知道，地中海并不是和平之海，而是战争之海，即使在没有正规战争的时候，也会有海盗的战争，通过这种特殊形式的战争，它让我们知道人类本性之中那恶劣的一面，这种恶劣分子的特点一言以蔽之就是损人利己、以非法的方式攫取别人的财富，就像布罗代尔所言：

> 进行海上劫掠就是打仗，就是一场必须同城市、村庄和牲畜等打的仗，就是靠吃别人的食物来养活自己，使自己身强力壮。[1]

为什么一定会有海盗

在我看来，人类的本性之中一向有这样的基因，因此海盗也是自古有之的，就像自古就有罪恶一样，所以《地中海史》中说：

> 从有时间记录的时候起，人们就开始劫掠他们的同类；从第一艘可航海的船只建好之后，海盗就存在于地中海一带。[2]

可以这样说吧，只要有海洋就会有海盗，但海盗最早的起源却是在地中海。为什么呢？那道理是很清楚的：地中海是自古以来人类活动最频繁的海，也是文明起源最早的海，古代世界最早的几个文明，如古埃及文明与古西亚文明都诞生在地中海附近，克里特文明则更是就诞生在地中海上。

所以，这些文明的触角自古就深入到了地中海，于是自然而然地就有了海洋经济与海上贸易，这样一来也就自然而然地甚至必然地，就有了海盗。

海上会有海盗与陆上会有强盗其实是一样的，海盗不过是"海上的强盗"之简称而已。

古代的海盗

人类历史上最早的海盗是所谓的海民，据说他们来自南欧、小亚细亚半岛或者爱琴海中的一些岛屿，总之似乎古已有之，他们是职业的军人与海盗，拥有强大的武力，不但在海上劫掠，甚至会跑到陆上去，许多古老的文明如克里特文明与赫梯文明可能就毁于他们之手，不过后来两次大败在拉美西斯三世法老之手，才使得古埃及文明没有被他们毁灭。但也导致了爱琴海甚至整个地中海一度陷入了文明的黑暗之中，史称希腊黑暗时代。

到了古希腊时代，地中海当然还有海盗，实际上，希腊人的移民遍布地中海各地，尤其是爱琴海周围一带，这些人虽然大部分是正当的殖民者，在岛屿与陆地上公开地建立城邦，但也有的当起了海盗，专门劫掠海上的商船，因为这时候的地中海商业已经非常繁荣发达了，可以通过这种勾当很快发财致富，这甚至被时人认为是一种很好的也相当体面的职业，有时候人们与一个看上去身强力壮的陌生人打交道时，会客气地问他："朋友，你是商人还是海盗？"意思是两者都一样。事实中，有些人的确两者都兼。

但这时候海盗的规模可没有海民们大，也没有那么成集团，基本上只是个人行为而已，当然力量是很强大的，也对商船们造成了很大的伤害。

到了罗马时代，又一帮子著名海盗出现了，这就是伊利里亚人（Illyrians）。伊利里亚是今天巴尔干半岛中部靠近亚得里亚海的地区，这里很早以前就出产很厉害的海盗了，他们制造了一种特别适合于海盗勾当的船只叫勒姆巴士，可以装50来个人，没有风帆，全靠桨手，因此非常机动灵活。这些海盗主要在亚得里亚海和爱琴海一带活动，罗马政府一开始没把他们当一回事，但后来这些海盗们胆子越来越大，竟然抢劫了罗马的军粮船。罗马人这才决定干预，他们先派了使者去找统治海盗老巢的一位女王，叫她管束好她的臣民，却被杀掉了。罗马人大怒，派遣了一支由200艘军舰组成的大舰队前往伊利里亚，不久就征服了女王，将这里的领土都收归罗马，海盗们自然偃旗息鼓了。这是公元前228年左右的事。

伊利里亚海盗被打败后，又有一帮海盗来攻击罗马人了，这就是西里西亚海盗。

这些海盗和伊利里亚海盗一样，不但在地中海上大肆劫掠，还攻击罗马的官船，特别是那些贵人的船，因为不但可以抢到更多的财富，而且可以将船上的人抓来当人质索取高昂的赎金。

实际上，罗马官方对他们一直是相当

容忍的，甚至有些纵容，主要原因就在于海盗们可以为罗马人提供源源不断的奴隶，罗马人对这些奴隶是十分渴求的，所以对海盗们也睁一只眼闭一只眼。但后来，海盗们的胆子越来越大，捕获的船只也越来越多，而且无论什么样的船都敢捕，索要的赎金也越来越高。

还有，这时候罗马人从粮食到衣服几乎全部来自被征服国家，又靠海上运输把东西运回罗马，要是任凭海盗们肆虐，将会掐断罗马的生命线。此外，随着海盗们日益猖獗，不但抢掠商船，甚至开始攻击沿海地区，意大利沿海各地的沃土因海盗而变成荒原、许多贵人的妻子也变成了海盗头子们的压寨夫人。

在这样的情形之下，罗马人不得不开始反击，但现在的海盗已经是尾大不掉了，势力之强要远过于一般国家，而且海盗们神出鬼没，一般的战法对他们不管用。因此罗马人虽然屡屡征剿，但连连失利。

最后，他们只得请出了庞培，元老院为此授给他史无前例的大权：在整个地中海，包括沿岸近百公里范围之内，他拥有绝对权力，他可以在全罗马自由征募军队钱粮，国库的资金也可以随意动用，元老院还正式发函给各国王、各城邦，要求他们提供庞培所要求的一切支援。

至于军队，他共计有12万步兵、5000骑兵，以及由500艘战舰组成的庞大舰队，甚至还有25名元老级的助手。

得到这一切后，庞培以惊人的指挥艺术做了妥善安排：他把整个地中海划为八大战区，分别叫人统率军队以防备此区的海盗。他自己则在各地进行闪电般地来回巡视，督促各战区做好工作。

一切安排就绪后，他统领大军直扑海盗们的根据地西里西亚，他的来势之凶猛、装备之精良、准备之充分令散兵游勇般的海盗们未战之先已经胆碎。与此同时庞培告诉海盗们，只要他们诚心归附，将受到宽大对待。这里的海盗们听到这消息，怀着感激的心情向庞培献上了自己的宝剑，连同以前一切的虏获物。

元老院原以为艰巨无比的任务庞培只用了很短的时间便宣告完成，他俘获了海盗的近400艘战船，收复了120个海盗占据的市镇，摧毁了千艘以上的海盗船，上万海盗在海战中被杀，收降了无以计数的海盗，还缴获了无数金银珠宝，罗马则几乎没有损失。

而且，庞培所做的不是将所有海盗杀光，他深知这样无助于地中海的安宁。他只是剿灭了那些敢于反抗的海盗，对于投降者一律赦免，不但如此，还给他们一定的资金，条件是要他们离开大海，上岸定

这幅画描绘了庞培取得胜利后在罗马城进行的盛大凯旋式。
(Artist:Gabriel de Saint-Aubin)

居，成为诚实的劳动者。这时候地中海沿岸许多地方都荒凉了，这些前海盗的到来正好增补了人口的空缺。他的这个策略极为成功，大批海盗投降，心甘情愿地遵照庞培的指令，回到了岸上，过起正常人的新生活来，真可以说"回头是岸"啊！这是公元前50年左右的事。

正因为这样伟大的业绩，当然还有其他了不起的业绩，庞培后来获得了一个称号"伟大的庞培"。

经过庞培这次伟大的剿灭，一度横行地中海的海盗几乎销声匿迹了，地中海恢复了久违的——实际上自古就未有的——和平，并且将这种和平持续了数百年之久。

当然，海盗不会因此而一直消失，后来，随着罗马帝国的衰落，不再是强大的武力，海盗们自然而然地又滋生了，特别是当蛮族大规模入侵罗马之后，海盗们又一次猖獗起来了，这样的情形一直要持续到中世纪，这时候又出现了一些著名的海盗，就是维京人。

维京人本来生活在今天的挪威与瑞典所在的斯堪的纳维亚半岛上，说的也是古斯堪的纳维亚语。从8世纪晚期起，他们离开老家，驾着他们风格独特的船只，开始往欧洲其他地方发展，从西欧到中欧到南欧无处不往。由于他们拥有强大的战斗力，对当时的欧洲国家形成了巨大的威慑。最有名的维京人也许就是留里克了，他建立了基辅罗斯的留里克王朝，这也是俄罗斯历史的开始。

还有，维京人作为海盗和一般海盗不一样，他们是一个公开的海盗民族，从某种程度上说，他们建立了一个海盗国家。

维京人所入侵的地方也包括地中海，连北非甚至波斯湾他们也都曾入侵过，因此就活动范围而言，维京人是有史以来活动范围最辽阔的海盗。

不过，若讲有史以来最为著名的海盗，那就不是维京人，而是巴巴里海盗。

中世纪海盗

巴巴里海盗又称为土耳其海盗，从这个名字就可以知道他们的身份，他们就是与土耳其人联合在一起的海盗，所以，他们一方面是海盗，另一方面也是土耳其的海军。所以他们的行为有三种特点：

一当然是海盗，这也是他们行为直观的特点；二是为奥斯曼土耳其苏丹而战，是土耳其海军的一分子；三是为了伊斯兰教而战。因为他们都是穆斯林，他们的海盗行为针对的是基督徒，他们可不将自己的行为看成是普通的海盗行为，而是一种圣战，甚至可以说是为了报复此前的十字军东征，他们也将自己当成了伊斯兰的十字军，西征欧洲基督徒。所以他们有时候又被称为"巴巴里十字军"。

这些巴巴里海盗的基地在北非，主要是现在的阿尔及利亚、利比亚与突尼斯一带，他们甚至在这里建立了国家，活动范围基本上就是地中海，一度整个地中海都是他们的天下，他们才是地中海的海霸。

我们前面说过，穆斯林与基督徒的冲突早在阿拉伯帝国时代就开始了，可以说自从开始有了伊斯兰教就有了伊斯兰教与基督教之间的武装冲突，他们冲突的主要地点就是地中海，因为他们在地中海基本上是各据一边：穆斯林居东部，基督徒们在西部，这样一来，地中海就自然而然地成为了冲突最为激烈的地方。

而且，穆斯林袭击基督徒最早的形式之一就是海盗。据记载，最早在652年，一些海盗船就袭击了西西里岛最大的城市叙拉古，抢劫了大批财物，还抢走了800个人，将他们卖到了北非的奴隶市场。

海盗们进行海盗行为最主要的方式就是抢，不但抢财物，而且抢人。抢人的主要目的有两个：一是获得赎金，即倘若其亲戚家人想要将之救出来也可以，但要交赎金。至于赎金多寡则根据其人的身份而定，普通人就低些，越是重要人物就越高。当然最低也不能低到一个奴隶的价格,否则的话他们就卖奴隶算了。

由于大部分人海盗都要价很高,因此除了少数富人家,一般人家是不可能出钱赎人的。所以每年都有大批的欧洲基督徒被海盗抓走,卖到北非奴隶市场。举几个例子吧,如1544年,大海盗海雷丁即巴巴罗萨攻入了第勒尼安海中的伊斯基亚岛,抓走了4000来人,其中3000人被卖到了北非奴隶市场。1551年,另一个大海盗德拉库特将马耳他岛附近的戈佐岛上所有人都给抓了,将他们全部卖到了北非奴隶市场,达6000人左右。1554年,德拉库特又袭击了意大利东南部的维斯特,将5000人砍了头,另外6000人则成了奴隶。如此等等,不胜枚举。

据历史学家统计,仅仅从1530—1780年,250年间就有多至125万欧洲基督徒

这幅画描绘了留里克带着他的武士们从海上来到了古俄罗斯的情景。
(Artist:Nicholas Roerich)

被卖为奴隶。其中最有名的奴隶就是伟大的作家塞万提斯了，他是《堂·吉诃德》的作者，他曾参加了勒班陀海战，身负重伤，但此后继续征战，1575年9月，他的军舰受到土耳其人的突袭，他被俘虏了，并被卖到了北非阿尔及尔的奴隶市场，当了五年奴隶才幸运地被赎回。

塞万提斯算是最好命的奴隶了，其他绝大部分的奴隶可不是这样，过着暗无天日的生活，没日没夜地干活，长得好看的女子或者男童则更惨，会被卖为性奴，遭受无休止的性虐待，可以说生不如死。当然他们也有一条解救之路，就是皈依伊斯兰教，成为穆斯林，这样一来他们就马上可以获得自由，因为伊斯兰教禁止将穆斯林当成奴隶，但绝大部分基督徒宁肯当奴隶也不愿意背叛基督教成为穆斯林。

史上最惨的工作

在所有的奴隶之中，所谓的划桨奴隶的处境是最为可怕的，堪称有史以来最可怕的职业之一。这些划桨奴隶整天被用铁链锁在船底的一条长凳上，吃喝拉撒都不能离开，只披着一块麻布，几乎赤身裸体，吃的只是几块粗饼，每当船行时，监工都用牛筋制成的特殊的鞭子狠狠地抽打他们，逼使他们拼命地划，直到累死为止。一旦不能划船了，就立即被从船上扔进海里喂鱼。当船只受损的时候，他们是不可能逃跑的，因为他们被牢牢地锁住了，只能眼睁睁地等着被淹死。他们只有一条解救之道，就是他们当奴隶的船被基督教的舰只俘虏了，这时候他们就会被解放，获得自由。在勒班陀一役中，这样被解救出来的基督徒奴隶桨手就多达万人以上。克劳利用这样悲惨的文字描述了这些可怜的划桨奴隶：

> 划桨奴隶的生命常常是悲惨而短促的。他们只穿着亚麻马裤，除此之外一丝不挂，皮肤被烈日炙烤；他们被锁在狭窄的长凳上；长时间无法睡眠，有些桨手因此发疯；在一艘战船努力俘虏敌船或者拼命逃跑时，需要长时间的剧烈劳动，这时保持节拍的鼓点和监工的皮鞭——由晒干的公牛阴茎涂上焦油制成——鞭策着他们拼命划桨，哪怕精疲力竭了也不能停歇。桨手们拼死划桨的景象可怕得令人不敢直视。"对被剥夺自由的人来说，划桨是最无法忍受和最可怕的工作。"英国人约瑟夫·摩根描绘了这样的景象，"一排排身子半裸、忍饥挨饿、部分皮肤被晒得黝黑、身体精瘦的可怜，被锁在木板上，有时一连几个月都无法离开……裸露的皮肉遭到残忍的、持续的鞭打，被催促用力划桨，甚至超过人力可承受的范围，不断地继续最

猛烈的动作"。人们从基督教国家的港口起航时，常常听到这样的祝福："上帝保佑你，不要落到的黎波里的桨帆船上。"³

不过，我们可不要以为只有伊斯兰才有奴隶，才会当海盗把人当奴隶卖掉，基督徒一样会，就像基督教的船只上也会有划桨奴隶一样，《地中海历史》中曾经做了这样的描述：

> 和杀人犯坐在一条长凳上的，有可能是一个被俘的马耳他骑士，或者一个被宗教裁判所迫害的学者。大地主们对俘虏同辈还不太习惯，但热那亚人首开纪录，他们把抓到的威尼斯舰队司令用脚镣锁在船上。赤身裸体，手无寸铁，和其他奴隶一样在眉毛被剃去的地方用烙铁烧上记号。这个曾经号令千军万马的司令，如今和成千上万奴隶一起坐在长凳上为敌人划船。⁴

看到了吧，热那亚人会把这样的大人物来当划桨奴隶，海盗或者穆斯林们可不这样，他们会把这些人卖个高价，可不会把他们当划桨奴隶，很快就死掉。

还有，虽然巴巴里海盗是很有名的，但这可不意味着基督徒不会当海盗，地中海中的海盗一样有基督徒，但他们和只抢异教徒的穆斯林不一样，他们连基督徒的船只也一样抢，甚至抢得更多，因为更方便抢。对此布罗代尔曾有过不少记载，例如

1536年8月，一艘基督教的船只就被海盗们抢了，这些海盗们当然是基督徒，原因很简单：因为船上的几大块咸猪肉也被抢走了，要知道穆斯林可是绝不会吃猪肉的，碰都不会碰，所以一定是基督徒抢的。还有，1588年夏天，一些欧洲基督徒军人驾着一艘双桅船，在地中海公然当起海盗来，而且什么样的船都抢，只要抢得到！有时候甚至高官显贵也会这样干，例如1593年，一艘法国船"浸礼会信徒让"号就被多里亚亲王的手下抢了。1596年，一些法国的单桅三角帆船就在那不勒斯和西西里海岸一带当起了海盗。更令人觉得匪夷所思的例子是1575年，一艘法国的大帆船在的黎波里装载了许多准备前往亚历山大港的摩尔人和犹太人旅客，但船老板竟然把船开到了那不勒斯，然后将乘客和货物通通卖掉。⁵

当海盗的这些欧洲人有法国人和意大利人、希腊人等，当然还有英国人，英国人做得更绝，据《地中海历史》记载："（英国人）他们会俘获任何不属于友好国家的船只，杀掉船上的人，抢光货物，然后把船沉入海底。"⁶

事实上，若讲史上最厉害的海盗，除了巴巴里海盗之外就是英国海盗了，而且英国海盗也是和巴巴里海盗一样是半官方性质的，平时是海盗，转头就是英国的皇

这幅画描绘了在北非，美女们——都是来自欧洲的基督徒——被当商品一样买卖，她们都是巴巴里海盗从欧洲国家掳掠来的。
(Artist:Otto Pilny)

家海军了，典型的例子就是领导英国海军打败了西班牙无敌舰队的德雷克，他就是一个海盗，同时也是英国最优秀的海军军官，而且他打击的对象可不是穆斯林，而是基督徒，主要就是西班牙人。

海盗们之所以要当海盗，最主要的目的可不是为了宗教，而是为了求财，抢劫财物才是他们终极的目标，抢人的目的也是为了赚钱，每当抢到一条装载大量金银财宝的船只时是他们最为兴高采烈的事。据说1644年，一群巴巴里海盗们炫耀自己打破了世界纪录，因为他们抢到了一条装满了金子的船，上面的黄金价值现在的上千万美金。

对了，海盗们也有浪漫的时候，如海雷丁就曾对抢到的一个意大利美女一见钟情，立即娶了她。《地中海历史》中还记载了这样一件事：

强盗领袖斯卡拉，一个墨西拿贵族妇女的儿子，他是小时候被俘虏的，因为太想见到妈妈，所以要求和西西里岛的总督交涉。被拒绝之后，他蹂躏了这个岛的海岸整整四年。最后，他掌握了足够多的人质后，他的母亲获准与他会面。他和她在船上待了几个小时，然后把她送了回去，从此之后海盗再也没有碰过这座岛屿。[7]

可以说，从中世纪直到近代，在长达千年的岁月里海盗一直是地中海中最强大的力量之一，他们虽然经常打着宗教圣战的名义行事，但本质上依然只是海盗而不是战士,因为他们一切行为的主要目的就是为了抢劫财物,而且无法无天,与一般的强盗无异,因此他们才是海盗——海中的强盗。对于这些海盗,克劳利的一段话我们在这里也可以借用一下:

1580年之后的岁月里,海盗们也抛弃了苏丹的事业,开始自行在马格里布的荒芜海岸沿线杀人越货。地中海还将面临两百年的海盗肆虐,几百万白奴将在阿尔及尔和的黎波里的奴隶市场上出售。一直到1815年,也就是滑铁卢战役的那一年,还有158人被海盗从撒丁岛劫走;最终解除海盗威胁的是来自新大陆的美国人。威尼斯和土耳其被永远封锁在没有潮涌的地中海上,继续争夺希腊海岸,一直到1719年,但世界霸权早已转移到了别处。[8]

也就是说,虽然从1719年开始世界历史的中心已经不再是地中海,而是移到了地中海之外的世界,例如美洲新大陆以及非地中海国家的英国。但在地中海之中,海盗们依然在地中海中横行,一直到1815年都有欧洲基督徒被卖为奴隶。一个英国军官就在这一年到了北非的奴隶市场,看到了北非的基督徒奴隶的悲惨处境。

以上就是我们对地中海海盗及其历史的大致描绘了,下面我们要具体地来讲两次发生在地中海中的战争,即第二和第三次奥斯曼-威尼斯战争。

为什么要讲这两次战争呢?一当然是因为这是发生在地中海中的两次大战,二是因为指挥这次战争的土耳其海军统帅有一个共同身份,都是海盗,所以,这两次奥斯曼-威尼斯战争似乎也可以称为"海盗战争"。

第一次海盗战争

第二次奥斯曼-威尼斯战争爆发于1499年,这时候距第一次奥斯曼-威尼斯战争结束刚好20年,与第一次和第二次世界大战之间相距的时间差不多。

这时候,我们就要先来讲一个人了,这个人乃是奥斯曼土耳其军舰的统帅,也是海军史上著名的人物,他就是凯末尔·雷斯。

凯末尔·雷斯

凯末尔·雷斯生于1451年,出生地是加利波里,位于爱琴海北部。他很早就开始学习航海,并且显示了不凡的天赋,所以很早就成了统治优卑亚的土耳其贝伊的舰队司令。后来,继穆罕默德二世登位的苏丹叶兹德二世派他前往西班牙,去保卫格拉纳达,因为这个地方已经是穆斯林在伊比利亚半岛上的最后一个根据地了。

我们此前已经说过，早在 8 世纪初，穆斯林阿拉伯人已经登陆这里了，不久整个半岛落入了他们手中，但后来阿拉伯人的势力慢慢衰退了，欧洲人开始收复这里，逐步取得了成功，到 15 世纪末时已经只有南部的格拉纳达依然在穆斯林的统治之下，但基督徒们并没有止步，决意要将所有穆斯林从这块欧洲人的土地上赶走，于是从 1482 年起爆发了长达十年的格拉纳达战争。一方是阿拉贡的腓迪南二世和卡斯提尔的伊莎贝拉一世组成的联军，他们后来就结合而成统一的西班牙王国了；另一方就是格拉纳达的纳斯里德王朝。结果基督徒们取得了胜利，整个伊比利亚在由穆斯林统治 700 余年之后重新回到了基督徒手中。

正是在这样的背景之下，凯末尔·雷斯率领一支舰队到达了西班牙，登陆后攻占了南部城市马拉加，将不少基督徒抓了起来，送到了北非的奴隶市场，后来他又袭击了地中海中靠近西班牙的帕利阿里群岛以及科西嘉岛，甚至攻入了意大利，洗

这幅画所描绘的就是格拉那达战争最后的结局：阿拉伯人向基督徒投降，整个西班牙在被穆斯林统治了数百年之后重新回到了基督徒手中。
(Artist:Francisco Pradilla Ortiz)

劫了沿海一些村庄。

不用说这些都是海盗的做法了，这种做法也是穆斯林在地中海中一贯的做法，从他们之中也产生了历史上最著名而强大的海盗集团，凯末尔·雷斯就是第一个这样的海盗，即一方面是土耳其人的海军统领，同时又是大海盗，此后这一类海盗头子都在后面冠以"雷斯"的名字。

凯末尔·雷斯这时候的主要任务还是保卫格拉那达，但却已经没法保卫了，穆斯林已经失败了，格拉那达的统治者也投降了，将格拉那达交给了基督徒。在这样的情形之下，雷斯所能做的就是用他的舰队将大批不愿意生活在基督教的西班牙的穆斯林与犹太人运往奥斯曼土耳其。特别是犹太人，这个在欧洲各地不断遭到迫害的民族——他们不久之后就将在西班牙遭到大迫害——在土耳其人那里却得到了安宁，土耳其人甚至欢迎他们的到来，原因很简单：一则因为犹太人对他们的国家与信仰没有威胁，二则因为犹太人是很聪明能干的，可以为他们带来丰厚的税收甚至各种先进的知识与技艺。也许可以说，后来奥斯曼土耳其实力的进一步壮大是与犹太民族的贡献分不开的。

由于在欧洲表现出色，1495年时，叶兹德二世苏丹任命雷斯担任他的舰队司令。这时候的土耳其已经拥有了一支非常强大的舰队，特别是拥有了一种巨大的军舰，上面可以装载700名水手，还装备有当时最强大的舰炮。于是，雷斯开始率领这支强大的舰队横行地中海。

他首先带领一支舰队到达了意大利半岛之南的塔兰托湾，又抢掠了沿海一带。然后到了伊奥尼亚海，这里传统上一直是威尼斯人的地盘，但雷斯在这里俘获了多艘威尼斯人的商船，连人带货物都成了他的战利品。

就这样，雷斯在地中海中可以说是自由纵横、收获巨大，不用说其中很大一部分献给了苏丹，苏丹也格外垂青于他了。

到1497年时，他决定将自己的海军基地建在爱琴海东部的希俄斯岛（Chios），因为这里距小亚细亚半岛海岸不到10公里，很安全。此后他就以这里为基地开始掌控爱琴海，主要对手就是威尼斯人，此外就是罗德岛上的骑士们了，关于这个地中海中著名的小岛以及上面的骑士们的命运我们前面已经说过了。

除了以苏丹国家的名义当海盗外，雷斯还有一件重要任务，就是担任苏丹的运输队长，因为在地中海中这时候可不只有穆斯林，基督徒们也有舰队，他们也在干海盗式的勾当，到处劫掠土耳其或者说穆斯林的商船，于是，每当有重要的运输对象时，护航任务就落到了雷斯头上。例如

1498年时，他有一次从埃及运送300名香客前往麦加朝圣，同时附带运送了40万杜卡特的巨额金币。他不但将这些都安全送达，而且在路上顺带俘获了两艘基督徒船只。

雷斯一生最为重要的大事还是统领土耳其海军与威尼斯人大战，也就是第二次奥斯曼－威尼斯战争。

这时候，叶兹德二世已经下定决心要与威尼斯人在地中海一决雌雄，原因之一就是他看到了雷斯的厉害，相信只要交给他一支足够强大的海军，他就可以在地中海上打败威尼斯人，从而统治整个地中海。于是，他又建造了大批新战舰，将之交给雷斯指挥。

到1499年时，雷斯已经拥有了一支由近300艘战舰组成的庞大舰队，并且装备精良，甚至要胜过当时的欧洲军舰。

统领这支舰队，雷斯前往地中海搜索威尼斯舰队，寻找机会大战一场。

第一次用大炮的海战

第一场大战在1499年8月到来了，这就是佐齐奥之战。

佐齐奥之战在世界海战史上有相当重要的地位，因为在这场海战之中第一次用上了大炮。

我们知道，此前的海战，从遥远的古埃及古罗马直到15世纪，都是用冷兵器作战的，作战的方式无外乎两大类，一类是用舰只互相碰撞，这也是最传统的海战之法，古希腊人就是用的这种战法；另一类就是接舷战，也就是两只船靠在一起，然后船上面的战士往敌方的船只上跳过去，互相格杀，实际上是用陆战的方式打海战，罗马人是此道高手。这也是最残酷的海战，因为在这样的战斗之中，格斗的双方都是没有退路的，不像陆上，打不过可以跑，在这里只能死战到底，因为即使放下武器也难免一死。当然也还有其他战法，如双方在船上互相射箭、丢石块，或者最厉害的就是带火的东西了。但这样的战法威力一般不大。现在，到了佐齐奥之战，一种更为强大的海战武器到来了，就是大炮，它的威力是此前其他任何海战武器无法比拟的，也将是未来海战的主要方式——炮战。

与雷斯对战的是威尼斯海军统领安东尼奥·格里玛尼，作战地点是伊奥尼亚海中的佐齐奥岬角，位于希腊半岛的西南部。

这是一场威尼斯人没有料想到的遭遇战，因为格里玛尼出海时接到的任务只是运送一批金币，由于这时候威尼斯与土耳其并没有正式宣战，他甚至没有接到命令一旦遇到土耳其舰队是否要立即开战。不过战事事实上是由威尼斯人挑起的，他们发现土耳其战舰后，自以为还是地中海中的海霸，因此一些舰只没有请示司令就擅自攻击了土耳其人，土耳其人当然应战，于是第二次奥斯曼－威尼斯战争也就这么爆发了。

在第一天的战斗中，格里玛尼并没有亲自参加战斗，战斗的规模也不太大，但到了第二天，他就全军出战了，甚至下令若是谁怯战就立即处死。这时候，威尼斯人获得了来自法国人的援助。但是，在最后一天的战斗中，威尼斯人遭到了惨败，他们的多艘战舰被摧毁，许多人战死，其中包括来自威尼斯贵族世家的几个重要人物。

由于在佐齐奥之战中使威尼斯蒙受了惨重的损失，格里玛尼因此被判罪并流放了，但后来又被召回，还成为了威尼斯的总督。因为事实上在佐齐奥之战他并没有做错什么，之所以失败主要是因为这时候威尼斯人的海军实力已经不如土耳其人了，不但武器比不上，他的军舰数量也只有土耳其人的大致一半。

据说叶兹德二世对这次的胜利高兴非凡，因为这标志着土耳其人已经是地中海的新海霸了，于是他将雷斯俘虏的10艘威尼斯商船通通赏赐给了他，也就是说，不但船，还有船里的货物以及船上的人都是雷斯的了！这是一笔巨大的财富。

佐齐奥之战的失利对威尼斯人是一次巨大的打击，但他们并没有承认失败，而是迅速展开了反击。到了1500年5月，双方又进行了一次大海战，这就是摩多之战了。

海战的地点位于伯罗奔尼撒半岛西南摩多附近的伊奥尼亚海，雷斯又一次打败了威尼斯人并且占领了这时候依然属于威尼斯的摩多。不久，他在科孚岛一带的海上再次打败威尼斯海军。

此后，雷斯继续在伊奥尼亚海中到处攻击威尼斯人，不断俘获威尼斯商船，还炮轰沿海城镇，给威尼斯人造成了巨大的损失。直到在1500年11月才中止行动，回君士坦丁堡报捷去了。

此后，他还是到处攻掠，特别是到达了第勒尼安海，在这里洗劫了不少岛屿和沿海城镇，抓获了不少的商船与俘虏，不用说又得到了一大笔赎金或者将他们卖到北非奴隶市场大赚了一笔。

他甚至攻入了过去土耳其人一般不去的西地中海，在靠近西班牙的帕利阿里群岛一带攻掠，与西班牙人进行了激烈的战斗，又俘获了不少西班牙船只。

据说在他俘虏的这些船只上，他看到了一些奇怪的羽毛头饰还有一些从来没有见过的黑石头。原来，这些怪东西来自一块

地中海战史 —— 第21章 地中海海盗

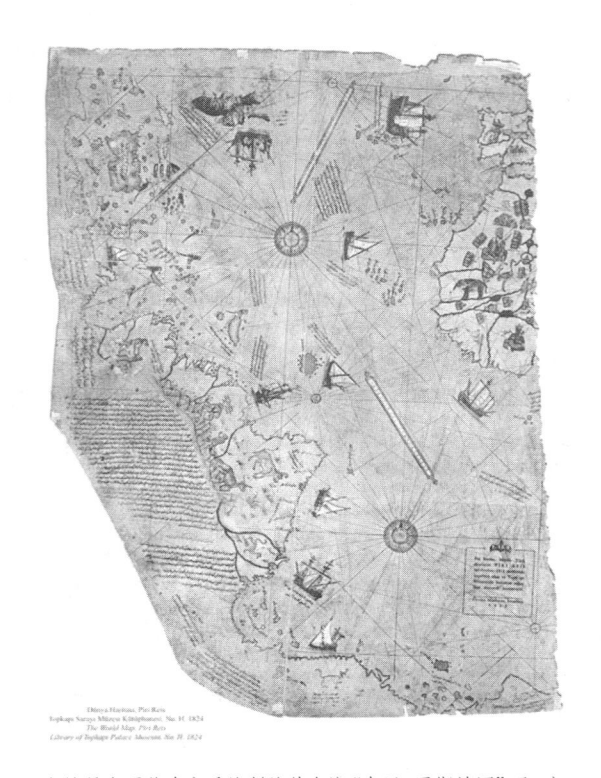

这就是由哥伦布亲手绘制的著名的"皮里·雷斯地图"了，这幅地图上不但有非洲和欧洲，还有南美洲的巴西，算得上是当时最完整的世界地图了。

新发现的大陆，他的俘虏之中就有一个人去过这些大陆——当然就是和哥伦布一起去的，这人随身还携带着一件宝贝，就是由哥伦布亲手绘制的海图。这些海图后来落到了雷斯的侄子皮里·雷斯手中——这时候他已经是雷斯的得力助手了，成了著名的"皮里·雷斯地图"，这幅地图上不但有非洲和欧洲，还有南美洲的巴西，算得上是迄那时为止最早最完整的世界地图了。

这时候，雷斯和他的土耳其舰队已经打遍整个地中海了，中间几无对手。所以这时候的地中海海霸已经不是威尼斯而是土耳其了，具体地说就是凯末尔·雷斯，他应该也是第一个可以称为地中海海霸的个人——因为他可以以一己之力率领舰队纵横整个地中海，这是前所未有的。

但雷斯并没有满足，他要超越地中海，到更辽阔而遥远的世界去。

于是，在洗劫了西班牙许多沿海城镇之后，雷斯一路往西，越过直布罗陀海峡，进入了大西洋。

进入大西洋之后，他沿着北非海岸航行，到达了非洲西北外海的加那利群岛，那里是西班牙领土，但西班牙人在这里只有很弱小的防军，因此倘若雷斯想，完全可以占领之。但他没有，因为这里距离土耳其本土太遥远了，占领也守不住的。此后他折而向东，重新经直布罗陀海峡进入了地中海，沿着北非海岸线一路向西，又捕获一些热那亚人的商船。此后才回土耳其去了。

当然这只是暂时的休息，不久之后他又带着他的舰队出发了，这是1502年7月的事。

不久他攻占了爱琴海东部属于圣约翰骑士团的科斯岛，然后横越爱琴海到达了西部，在那里攻击了仍属于威尼斯人的一些城镇。并且越过伯罗奔尼撒半岛到达了希腊中西部、依奥尼亚海沿岸的雷夫卡达岛，准备将这里作为他的新基地，以之不但控制依奥尼亚海，还可以控制亚得里亚海甚至整个东地中海。

若是雷斯成功了，就意味着他真要彻底控制整个东地中海了，这对威尼斯人是不可忍受的，等于说是杀了它。于是，威尼斯人尽全力组建了一支强大的舰队，并且得到了教皇、法国人、圣约翰骑士团即医院骑士团的加盟，庞大的联合舰队向雷夫卡达开去，而这时候雷斯的舰队只有50来艘战舰，他自知不敌，便撤军回君士坦丁堡去了，因为在那里的金角湾有土耳其人大批新舰，他要以之再战基督徒舰队。

1503年4月，他带领新舰队出发了，但不久之后就得了病，只能休息。

也就是在这时候，威尼斯人终于求和了，因为他们不但在海上接连失利，在陆上也是这样，土耳其人的骑兵再一次从巴尔干半岛冲入意大利半岛东北，不断向威尼斯本土逼近。

在这种情形之下，威尼斯人被迫再次求和，与土耳其人签订了和约。在和约中威尼斯将土耳其已经占领的地方正式割让，其中最主要的就是伯罗奔尼撒半岛上的摩多和科罗了，它们对于威尼斯共和国是极为重要的，不但是重要的贸易中心，而且是重要的海港，由于从亚得里亚海到地中海必须经过这里，所以在这里可以监视与管控整个依奥尼亚海，威尼斯人也一向将摩多与科罗视为"共和国的两只眼睛"。现在这两只眼睛失去了，对威尼斯人的打击之重可想而知。

至此第二次奥斯曼-威尼斯战争也是第一场由海盗指挥的大规模战争就结束了。

死于风暴

第二次奥斯曼-威尼斯战争结束后，雷斯的下一个打击目标是东地中海的罗德岛上的圣约翰骑士团，他占领了骑士团的几个岛屿，甚至攻击了罗德岛本身，不过没有占领之，这里将来还会有更大、更残酷的战斗。

此后他又到西地中海去了，在整个西地中海上到处攻掠，与西班牙人、热那亚人、法国人等不断地作战，炮轰他们的沿海城镇，俘虏他们的商船，总之所向无敌。

打过一阵后他又会回到君士坦丁堡休整一番，然后再带领他的舰队进入东地中海，他这时候的主要打击目标是罗德岛上的圣约翰骑士团，他不断地攻击罗德岛，甚至登陆作战，俘获了骑士们的不少船只。此后又再回到西地中海，在第勒尼安海一带不断地攻击，甚至还抽空去了埃及，帮助马木留克王朝攻打葡萄牙人，这时候已经是1510年了。

可以说，这时候整个地中海已经是雷斯的天下，他可以到处横行无阻。

然而，他终于遇到了一个强大得无法战胜的对手，这就是大自然。

1511年初，他和他的舰队在地中海遭遇了空前强烈的大风暴，他的舰队如同千余年之间的一个罗马大舰队一样，被风暴彻底摧毁了，其中也包括雷斯和他的军舰。

雷斯死了，但威尼斯人与土耳其人之间的战争并没有结束，到1537年，第三次奥斯曼-威尼斯战争又开始了。

第二次海盗战争

在讲这次战争之前，我们要先来讲一位比较特殊的历史人物，与半海盗半军人的雷斯不同，他是一个真正的海盗，并且比凯末尔·雷斯更加有名，也许堪称世上有史以来最著名的海盗，他就是海雷丁·巴巴罗萨。

史上最著名的海盗

巴巴罗萨这个名字在西方世界可谓家喻户晓，已经是海盗的代名词，当然也是恐怖的代名词，这个称呼就来自这位海雷丁·巴巴罗萨，我们此后也称他为巴巴罗萨。

巴巴罗萨的父亲是阿尔巴尼亚的土耳其人，后来移居到了莱斯沃斯岛，他名叫尤库普·阿卡，有四个儿子，其中两个非常有名，就是巴巴罗萨和他的哥哥了。他哥名叫奥鲁奇·雷斯，也是著名的大海盗，实际上，巴巴罗萨这个名字就来自别人对他哥哥的称呼，因为欧洲人听起来像巴巴罗萨，就这么叫开了，后来他哥哥被打死了，弟弟就继承了他的名字，也叫巴巴罗萨了，他实际上的名字是希札·雷斯，至于海雷丁这个名字，是这个时代的土耳其苏丹、著名的苏莱曼一世即苏莱曼大帝赐给他的。

所以，在讲巴巴罗萨之前，我们也要大致讲一下他的哥哥，第一位巴巴罗萨，也是名声仅次于弟弟的大海盗。

海盗之家

在有些人眼里哥哥比弟弟还要了不起，如《地中海史》中就这么说：

(奥鲁奇·雷斯)他一向英勇无畏，有时有些鲁莽，在杀出血路将要横行好几个世纪的那些恃强凌弱的海盗中，或许他是第一个并且是最伟大的一个。[9]

当然，事实上他没有弟弟伟大，成就也没有弟弟大。但弟弟是他带出来的。四兄弟中，老大留在家乡莱斯沃斯岛当父亲的助手做生意。老二就是奥鲁奇了，他很早就当了海员，后来就当了海盗，事实上这在当时是很自然的事，因为可以自由地劫掠那些基督徒的商船，这样的美事哪个不想干呢？——基本上只要有足够的胆量就可以了，他带着手下在东地中海一带当海盗，很快获得了成功，缴获了不少值钱

这就是史上最著名的大海盗海雷丁·巴巴罗萨，后成为海盗的代名词。

的商船，其中包括两艘教皇所有的大帆船，上面装满了非常值钱的货物。而且他不同于一般的海盗，是有着高智商的，除了自己的土耳其语外，还懂得意大利语、西班牙语、法语、希腊语、阿拉伯语等多种外语，堪称语言天才。

他主要的活动地点是北非沿海靠近今天的阿尔及利亚一带的海上。但有一次，就是在这一带，他被来自马耳他岛的医院骑士团的舰队袭击了，在战斗中失利，他的手下被杀死了，自己也被俘虏了，后来有人付了大笔赎金将他赎了出来。

这时候他已经是很有名的大海盗了,土耳其西南部的安塔利亚的领主将他召了去,给了他18艘战舰,对于一个海盗而言这简直是一支巨大的海军了,任务当然就是当海盗,专门抢掠基督徒的船只,不用说他的抢掠行动非常成功,也使他扬名整个地中海。

到了1503年,他还建立了自己的海军或者说海盗基地,这就是位于今天突尼斯附近海中的杰尔巴岛,这里有一个很好的海湾可以停泊船只。不久,他的弟弟希札也加入了进来,后来他们还要求当地的突尼斯苏丹允许他们使用东北部的拉古莱特港,苏丹也同意了,条件是获得三分之一的战利品。

凭着这些有利条件,这两兄弟可谓是纵横驰骋整个西地中海,不但劫掠船只,还不断地骚扰攻击欧洲基督徒们的沿海城镇,给他们造成了巨大的损失,就像给他们自己造就了巨大的名声一样。

于是,越来越多的其他海盗也慕名加入进来,其中最有名的就是德拉库特,当时他已经是一个有名的海盗,后来成了巴巴罗萨最重要的助手与继承者。不久,巴巴罗萨的大哥也入了伙,于是三兄弟就成了地中海海盗的代名词,也就是这个时候开始有了巴巴罗萨这个称呼。

有了这些帮手后,巴巴罗萨兄弟更加肆无忌惮地在地中海大抢特抢了,由于西地中海主要是热那亚人的地盘,他们抢的大部分船只都是热那亚人,有一次在一个月之内就抢到了23条船,然后才带着这丰

这就是现在风光优美宁静的杰尔巴岛,数百年之前是大海盗巴巴罗萨的老巢。
(Artist:Pascal Giroud)

厚的战利品回到他们在拉古莱特的基地。

当然，这些活动也不是全无代价的，奥鲁奇自己就在战斗中被打掉了一只手，他后来给自己装了一个银子做的假肢，继续战斗。

他们的海盗行为给欧洲基督教国家造成了难以承受的巨大损失，后者决定联合起来打击之。奥鲁奇也意识到了这一点，他向土耳其苏丹谢里姆一世奉献了不少珍贵的礼物，苏丹大喜，回送给他两艘战舰以及两柄镶嵌着钻石的宝剑。这是1515年的事。这对于他们的未来非常重要，因为这意味着他们已经是为苏丹而战了，也获得了苏丹的支持，要知道现在的奥斯曼土耳其已经是世界上最强大的国家之一。

第二年，巴巴罗萨三兄弟从西班牙人手里获得了一块面积辽阔的宝地，就是今天的阿尔及利亚，虽然西班牙国王查理五世派出了舰队前来征讨，但被巴巴罗萨兄弟打败了，奥鲁奇就顺理成章地成了苏丹，换言之就是阿尔及利亚的国王。

但奥鲁奇知道要是西班牙人拥有非常强大的舰队，真要是打起来他是打不过的，于是想到了一个好主意，他将自己的国家奉献给了土耳其苏丹，并且主动去掉了自己苏丹的名号。不用说谢里姆一世非常高兴，封奥鲁奇为贝伊，照样统治阿尔及利亚，还封他为西地中海总督，并且承诺给他最大的支援以反对欧洲的基督徒们。

面对实力越来越强大的巴巴罗萨兄弟，西班牙国王终于坐不住了，决定亲自出征。1518年，他亲率上万名西班牙士兵，沿陆路从西部向奥鲁奇发起了攻击，而奥鲁奇的兵力不到他的一半，精锐只是1500名土耳其士兵，战斗地点在阿尔及利亚西北的特莱姆森，战斗异常激烈，由于实力悬殊，奥鲁奇最终战败，他和大哥都被杀了。

当然，他的海盗事业并没有就此消失，因为他的弟弟希札继承了他，这就是最著名的巴巴罗萨了。

哥哥死后，本来，倘若这时候查理五世继续东进，完全可以轻易地占领整个阿尔及利亚包括突尼斯，但他没有，他满足于杀死奥鲁奇，然后收兵回国去了。于是阿尔及利亚自然落到了弟弟巴巴罗萨手中，成了他的基业。

哥哥的死更激起了他对基督徒们的恨，此后他的海盗行动更加频繁，也给欧洲人造成了更大的损失——因为他很快证明他比哥哥更加强大。他不但抢劫、摧毁了更多的商船，1519年时还打败了一支由西班牙人与意大利人组成的想要攻占阿尔及利亚的联军。不但如此，他还对欧洲大陆发动了更加猛烈的攻击，特别是攻击了法国南部一带，从普罗旺斯到土伦打了个遍，至于他的老对头西班牙他就更不客气了，不但洗劫他们沿海的土地和地中海中的岛屿，还劫掠了很多船只，有的更是从美洲殖民地回来的宝船，使他获得了巨量的财富。

他也没有放过意大利。1526年，他大部分时间都在意大利半岛沿海活动，在东部的亚得里亚海沿岸，从南部的克罗托内到中东部的卡斯蒂尼亚诺再到西西里岛北部的墨西拿都遭到了他的攻击与洗劫，大批船只被抢，抢不走的他就毁掉，他甚至到了半岛西部第勒尼安海沿岸的托斯卡纳一带，总之围绕着整个意大利半岛到处抢掠，使这里不但小孩子就是大人听到巴巴罗萨的大名都吓得脸色大变。

不过他也没有全然烧杀抢掠，同时一直在干另一件大事，就是帮助穆德哈尔（Mudéjar）回到伊斯兰世界。

穆德哈尔就是原来生活在西班牙的穆斯林，我们知道这里曾长期由穆斯林统治，后来欧洲基督徒打败了穆斯林，他们一开始还允许这些穆斯林生活在西班牙，但后来不允许了，将他们全部赶走了，一同赶走的还有犹太人以及所谓的摩里斯科——他们是一些表面上被迫改信了基督教但内心依然保持伊斯兰教信仰的穆斯林，他们的财产也被基督徒们抢走。不用说这激起了穆斯林们的强烈愤慨，导致了基督徒与穆斯林之间更大的仇恨。当时最强大的穆斯林国家土耳其自然责无旁贷，他们派出了大批船只将上述这些人接离了西班牙，其中接人最多的就是巴巴罗萨兄弟了，特别是巴巴罗萨，他仅仅在1529年就帮助约7万名摩里斯科逃离了西班牙。

这时候，土耳其已经有新苏丹了，就是苏莱曼一世。

这位苏莱曼一世又被称为苏莱曼大帝，由此可见他在土耳其历史上的地位之尊了，对于这样的地位，《地中海史》是这样说的：

在奥斯曼帝国的10位苏丹中，他仍然是最伟大的。苏莱曼不但极大地扩张了他的帝国，而且把其帝国建立在一个坚固的制度和法制的基础上；同时帝国也跻身于世界强国之列，这很大程度上要靠他的个人威望。[10]

上面的说法也有一个错误，就是奥斯曼土耳其的苏丹可不止10位，而是有36位，还不包括空位期中出现过的四位。

苏莱曼一世早在1520年就继承了苏丹之位，一直统治到1566年，在位46年之久。并且已经表现出足可以与"征服者"穆罕默德二世相匹甚至更有过之的征服之力。在他的统领之下，土耳其人发动了更加猛烈的征服之战。

他最有名的大战就是向欧洲进军。

他首先攻占了贝尔格莱德,我们前面说过,他的父亲穆罕默德二世曾经在这里吃了败仗,但他苏莱曼一世成功了。贝尔格莱德可是这时候整个欧洲防卫土耳其人进攻的桥头堡,它的失守极大地震惊了整个欧洲。由于贝尔格莱德的失守,匈牙利都很难避免被土耳其人征服。到1526年时,他不但征服了匈牙利,还在著名的莫哈奇之战中杀死了匈牙利的国王路易二世。但苏莱曼一世的目标可不止是征服匈牙利,而是要征服更强大的对手——奥地利。

不过,在对付奥地利之前,他先率领一支庞大无比的海军打下了罗德岛——这我们前面已经说过了。

到1529年秋天,苏莱曼一世率大军包围了奥地利的首都维也纳,这也是神圣罗马帝国的首都。倘若一旦失守,意味着几乎整个欧洲都将可能被土耳其人蹂躏。幸好一方面由于基督徒们的殊死抵抗,另一方面由于天气也帮了他们的忙,土耳其人被打败了,损失惨重。

乘着在陆上的胜利,基督徒们在地中海上也发动了进攻,他们在安得利亚·多利亚的率领之下,向摩里亚发动了进攻,占领了依奥尼亚海沿岸的科伦和勒班陀等地。苏莱曼一世知道,要想在海上战胜强大的对手,他也必须有一个强大的海军统帅才行,而在当时的伊斯兰世界还有比巴巴罗萨更合适的吗?当然没有。于是他向巴巴罗萨发出召唤。这是1529年的事。

苏丹的召唤当然不能怠慢,于是巴巴罗萨率领他的船队出发了,不过是一路打去的,包括打跑了多利亚亲自率领的舰队,还抓了好多条敌船,然后将大部分船只打发回他的老巢阿尔及利亚,自己只带着十多条船前往君士坦丁堡,也就是现在的伊斯坦布尔。

据说他随船携带的送给苏丹的礼物中包括200名基督徒美女,每个人手里都拿着送给苏丹的贵重礼物。苏丹自然龙颜大悦,授给巴巴罗萨的头衔可以说是空前的,他成了土耳其帝国的海军总司令、北非总督,此外还成了爱琴海中的许多重要大岛,如罗德岛、优卑亚岛以及希俄斯岛的统治者。

巴巴罗萨之所以能够如此成功,当然凭的不仅仅是他打仗的能力,而是他不只是一介武夫,还是一个谋略家甚至外交家,他最杰出的外交表现就在这时候出现了,就是和法国人建立外交关系。

这时候,法王弗朗西斯一世正与神圣罗马帝国的哈布斯堡王朝打得不可开交,为了打败对手,决定和土耳其人联合起来与哈布斯堡王朝作战，这当然正合土耳其苏丹的心意，自然也合巴巴罗萨的心意，于是他以及土耳其苏丹都和法国互派了大使，这是1534年的事，后来更正式成了盟友，共同打击哈布斯堡王朝。

这样的结盟使巴巴罗萨的力量更加壮大，他也更加胆大。1534年，他率领由80艘战舰组成的舰队从伊斯坦布尔出发了，目的仍然像以前一样即劫掠基督徒们的船只——但现在法国的除外。他首先进攻摩里亚，又收复了科伦和班勒陀等城。然后向意大利半岛扑去，从南到北一顿猛攻，洗劫了沿岸的许多城市与港口，如切特拉罗、维拉圣卢恰等，特别是劫掠了奥斯蒂亚，这里可是台伯河的出海口，从这里上溯可以直抵罗马。听说巴巴罗萨的舰队已经打到了奥斯蒂亚，罗马城里警钟齐鸣，市民们被告知巴巴罗萨快要打过来了，激起了大大的惊慌。

但他并没有攻击罗马，而是转向北非的突尼斯，这时候它的统治者是亲近基督教的哈桑苏丹，巴巴罗萨攻占了从前用过的基地拉古莱特，赶走了哈桑。哈桑向西班牙人求援。

西班牙人决心给巴巴罗萨致命一击，派出了一支庞大的舰队，包括300艘战舰以及两万多名士兵，朝突尼斯扑来。巴巴罗萨自知不敌，就溜之大吉，率军离开了突尼斯，又冲进了第勒尼安海，到处攻掠意大利半岛沿岸的城市。然后又转向西班牙，依然一路洗劫沿海一带，接着又回到了北非，因为这时候西班牙人的大舰队已经走了，他抓获了不少西班牙人和热那亚人的商船。总之西班牙人的庞大舰队一无所获。

这时已经是1536年了，他又一次接到了苏莱曼一世的召唤，回到了伊斯坦布尔，觐见了苏丹，当然还献上了丰厚的礼物，多达40万枚的金币，还有1000名年轻的女基督徒，以及1500名少年基督徒，这是献给土耳其国家的，此外送给苏丹的私人礼物："400多名穿着深红色衣服的年轻人，拿着金制或者银制的器皿，用珍贵的丝绸包裹着，刺绣的钱袋几乎要被金币撑破了。"[11]

这时候的巴巴罗萨已经是整个土耳其的英雄了，他不但获得了苏丹的宠爱，还获得了无数土耳其人的崇拜，苏丹知道只要有了巴巴罗萨，地中海就是他的天下——当然前提是要给他足够多的军舰。

不久之后，巴巴罗萨就带着一支由200艘战舰组成的新舰队出发了。他直扑意大利，洗劫了南部沿海的许多城市。然后又冲入爱琴海，凭着他的大舰队，一个个地占领了爱琴海中属于威尼斯的岛屿，如锡罗斯、埃伊纳、依奥斯、蒂诺斯、基西拉纳、克索斯，等等。然而对威尼斯最大的冲击是他对依奥尼亚海中的科孚岛的攻击，这里一直是威尼斯最重要的岛屿之一，不但物产丰富，而且地理位置异常重要，堪称整个威尼斯海洋帝国的心脏与眼睛。

巴巴罗萨虽然没有打下科孚岛，但他的洗劫仍给威尼斯人造成了巨大的损失，他们知道倘若不加反击，土耳其人迟早要攻占科孚，那将是威尼斯不可承受之重。但威尼斯人也明白依靠他们单打独斗已经不是土耳其人的对手，于是向当时的教皇保罗三世（Paul III）请求援助。

教皇知道他若再不出面，不但威尼斯危险，整个意大利乃至整个基督教世界都将面临威胁。于是他出面召集威尼斯、神圣罗马帝国、西班牙、马耳他岛的骑士团等，组成了一个"神圣同盟"——以后这样的同盟还有多次，与土耳其人开战了。这就是第三次的威尼斯-土耳其战争了。其中最主要的就是普雷韦扎战役。

普雷韦扎战役

普雷韦扎位于希腊西北部的依奥尼亚海域。是役，巴巴罗萨的舰队有122艘战船，神圣同盟一方则有多达300艘，双方的实力对比是大大有利于基督徒的，他们的统帅名义上是哈布斯堡王朝的查理五世，实际上则是热那亚的安东尼亚·多利亚。

战斗开始之前，神圣同盟一方先派军队想要占领普雷韦扎的要塞，但已经驻守在那里的土耳其军队猛烈抵抗，他们只好狼狈退走了。巴巴罗萨则派出他的军队登陆了普雷韦扎附近的阿克提姆，在那里架起了大炮。这马上被证明是极高明的战术。因为在阿克提姆的对岸就是普雷韦扎了，这就意味着土耳其人可以在岸上从两个方向同时炮击海中的基督教舰队，这样一来，基督教的军舰就根本不敢靠近土耳其人的舰队，只能远远地打炮——但他们的大炮这时候还没有土耳其人的打的远呢！所以，战斗开始之前就意味着土耳其人已经立于不败之地了，因为他们即使打不赢，只要往陆地一靠就万事大吉了。

排兵布阵方面，神圣同盟一方排出了四列横队，最前方是马耳他骑士和多利亚的侄子等的舰队，第二列则是多利亚统帅的中军，后面是教皇国和威尼斯人的舰队，最后是后备舰队。土耳其人则是排出了一个凹面的单列阵形，即中央往己方收缩，分左中右三军，中间是巴巴罗萨的主力，后面还有一支后备舰队。整体像一个"Y"。

虽然巴巴罗萨的战舰数量大大少于基

督徒们的，他还是采取了主动进攻的战术，首先发起了冲击，这让多利亚又吃了一惊，只见土耳其人那些比较小但却很快的军舰冲了过来，直扑基督徒的前军，两军很快接战。多利亚将中军按兵不动，他的计划是最好能够让大批土耳其人继续攻过来，一直冲到他们的岸炮不能打到的地方，然后他再发动猛攻，但这个策略没有奏效。结果，在土耳其人的猛烈攻击之下，不少神圣同盟的军舰被击沉烧毁，另外还有近40艘军舰和3000多名将士则成了土耳其人的俘虏。土耳其人则一条船也没有被击沉，只死了几百人。

这场战斗一直持续到当天晚上，第二天一早，统帅神圣同盟舰队主力的多利亚竟然不战而退，这时候他的大舰队都还没有参战！虽然威尼斯人、教皇国和马耳他的骑士们苦苦相求，但他置之不理，扬长而去。

就这样，普雷韦扎的海战以土耳其人的大胜而告终。

这也就意味着这第三次奥斯曼-威尼斯战争又以威尼斯人的失败而告终。这是1538年9月的事。

当然，这不但是威尼斯人的失败，也是整个基督教世界的失败，此后，基督教世界再也没有人敢来挑战土耳其人在地中海的霸主地位了。

关于这次普雷韦扎之败，布罗代尔是这样说的：

有人说过，基督教世界1538年的失败没有任何可以同土耳其1571年的灾难相比拟之处。这次失败只不过是一次退却、一次丧失威信而已。真实情况可能是这样的。但是，这次失败的后果和影响历时超过三分之一个世纪。[12]

第二年，巴巴罗萨已经牢牢地控制了整个爱琴海和伊奥尼亚海，可以这样说吧，在这时候的这两个大海之中，已经看不到一艘自由航行的基督教船只了。

在这样的情形之下，威尼斯人又扛不住了，只能再次向土耳其人求和。根据和约，威尼斯人放弃了整个摩里亚以及亚得里亚海东北的达尔马提亚的领地，以及爱琴海、伊奥尼亚海中还有亚得里亚海中所有被土耳其人占领的岛屿，此外还要赔偿30万杜卡特金币的巨款。这是1540年的事。

巴巴罗萨也以他的战绩而名扬天下，包括基督教世界，基督教的君主们也知道，只要巴巴罗萨还在土耳其人那一边，他们就不可能打赢，而反过来，只要巴巴罗萨站到他们一边，他们就可以打败土耳其人了。于是查理五世就想出了一个另类的主意，想要策反巴巴罗萨，提供的条件是成为他的海军总司令并且将西班牙在北非的所有领土都交给他统治。但巴巴罗萨拒绝了。

这样的拒绝让查理五世有些恼羞成怒，决定亲自出马再战巴巴罗萨。

1541年10月，查理五世亲自率军冲向阿尔及利亚，但不久之后舰队就遭到了暴风雨的袭击，虽然一部分军队成功登陆，但在与巴巴罗萨军队的战斗中并没有占到便宜。而且形势越来越不利于西班牙人，在这样的情形之下，查理五世只能灰溜溜地撤退了。

但巴巴罗萨没有放过他，不过这时候他不是以海盗的名义，也不是以土耳其苏丹的名义，而是以法王的名义和查理五世作战了，因为这时候的法国和土耳其已经结成了牢固的同盟，同时向西班牙人开战了。

为了支援法王，巴巴罗萨率领他的舰队进入西地中海，一路攻掠意大利和西班牙沿海地区，甚至进入台伯河，想要直攻罗马，在法王的阻止之下才停止进攻。他攻下了许多西班牙和意大利城市，其中最主要的是包围并且攻下了当时属于萨伏依公国的尼斯，这是1543年的事。他是以法王弗朗西斯一世的名义占领的，这里直到今天都是法国的领土。

此前，这座风景极为优美的历史名城一直没有被战火波及，但经过这次战火几成废墟。后来这罪孽被归到了巴巴罗萨名下，但据说实际上并不是巴巴罗萨和他的手下干的，而是随后而来的法国士兵干的：

掠夺和焚毁尼斯城，巴巴罗萨和萨拉森人都不应该受到责备，因为事情发生的时候他们已经离开……为了保护法国的荣誉，或者应该说是保护基督教的名声，暴行的罪责被栽赃给了可怜的巴巴罗萨。[13]

还有，据说当巴巴罗萨攻略南意大利时，在雷焦抓获了一个美丽的俘虏，就是雷焦市长的女儿，他爱上了她并且娶了她。

他还以法国友军的名义率领他的成千上万大军在土伦度过了1543年的整个冬天，把这里几乎改造成为了半个伊斯兰城市。

到了1544年，巴巴罗萨继续在意大利半岛到处发动攻击，又一次打败了多利亚的舰队，当然多利亚一方也有收获，就是在科西嘉的一次战斗中抓获了巴巴罗萨的重要帮手图尔古特·雷斯，让他成了可怕的划桨奴隶，但后来多利亚与巴巴罗萨达成了协议，释放了图尔古特，代价是3500杜卡特金币——这个图尔古特将成为巴巴罗萨之后基督教世界的另一个梦魇。

就在这一年，巴巴罗萨再一次得到了苏丹的召唤，因为这时候苏丹已经与查理五世达成了协议，双方停战了。

这样一来，他就无仗可打了，对于他

这幅画描绘了土耳其苏丹接见的隆重场面,可以想象当巴巴罗萨觐见苏丹时也是这个样子。

(Artist:Konstantin Kapıdağlı)

而言,也终于到了可以离开大海的时候,于是,在对西班牙与意大利沿海进行了最后一次洗劫后,他回到了伊斯坦布尔,从此生活在那里,将阿尔及利亚交给了他的儿子去统治。

此后他就在土耳其的首都养老了,这时候他已经成了土耳其人的英雄,不只是英雄,实际上就是活着的传奇。

巴巴罗萨死于1546年,死后被安葬在博斯普鲁斯海峡之畔的一座伊斯兰风格的塔陵里,现在还是土耳其人朝圣的地方。

对于他的死,克劳利有这样一段说法:

1546年夏季,八十高龄的巴巴罗萨在自己位于伊斯坦布尔的宅邸内因热病死去,广大群众对他哀悼不已。他被安葬在博斯普鲁斯海峡北岸的一座宏大陵墓内——后来所有出征远航的将士都要来灵前参拜——葬礼上"枪炮齐鸣,以圣徒应得的礼仪纪念他"。在几十年的恐怖之后,基督徒们几乎不敢相信邪恶之王真的已经死了。[14]

这里有一个错误，就是巴巴罗萨没有活到80岁，他生于1478年，死于1546年，只活了68岁。

巴巴罗萨死了，第三次奥斯曼-威尼斯战争也已经结束了。

我们下面要讲的是继巴巴罗萨之后的另一个大海盗——图尔古特·雷斯。

图尔古特·雷斯是一个土耳其名字，西方人一般称为德拉库特。

又一个大海盗

德拉库特1485年生于小亚细亚半岛西南海岸的一个小村子博德鲁姆，但他不是土耳其人，而是希腊人，在很小的时候就被土耳其海盗抓走了，后来他皈依伊斯兰教，成了穆斯林，因而获得了自由。他从小就显示了出众的作战天赋，因此12岁时得到了一个土耳其军官的青睐，将他带在了身边，从此从军。

1517年时，这位军官将他带到了埃及，参加土耳其征服埃及的战争，在战斗中表现极为出色，尤其是擅长打炮，几乎每炮必中，这为他以后的海盗人生打下了很好的基础。

后来，他的主人死了，不过他也从此可以自由地决定自己的人生了。

他加入了当时另一个有名的海盗兼土耳其海军将领西兰·雷斯的舰队，很快脱颖而出。但他不愿意久居这位西兰之下，不久就单干了，一开始当了一条海盗船的船长，但船主不是他，他要将四分之一的虏获物交给船主，但他很快抢到了足够的钱，弄到了一条属于自己的海盗船，他给自己的船装上了当时最厉害的大炮。由于他自己又是最厉害的炮手，因此他的船在地中海中可以说是所向披靡，堪称海盗中的海盗，他主要抢劫东地中海中的威尼斯商船。

但后来他遇到了巴巴罗萨，这对他的人生产生了重大影响，因为他看到了什么样的海盗才是最了不起的海盗，不由自愧不如，因此心甘情愿地加入了巴巴罗萨的队伍。不久之后，巴巴罗萨就发现了这位年轻的德拉库特拥有超群的才能，因此十分器重他，他们成了最好的合作者也是最好的朋友。巴巴罗萨还给了他12条海盗船，这样一来他就拥有自己的海盗舰队了。凭着这支并不算强大的海上力量，德拉库特更是如鱼得水，除了继续打击威尼斯人外，他还抢劫了从西班牙开往意大利的许多船只，劫掠了意大利半岛、西西里岛等地的许多沿岸城镇以及东地中海中的许多岛屿，收获巨大。

到了1538年9月，在我们前面讲过

的著名的普雷韦扎海战中，德拉库特担任了土耳其海军的中军统领，为取得大海战的胜利做出了关键性的贡献。

此后，德拉库特继续率领他的舰队在地中海中劫掠，成为了欧洲基督徒们最大的威胁之一，可以说仅次于巴巴罗萨本人。不久他被苏丹任命为北非突尼斯东部重镇杰尔巴的统领，拥有了自己的海盗基地。

也就是在这个时候，有一次，因为需要修理，他将舰队停泊在科西嘉附近的一个地方，遭到了安德里亚·多利亚的侄子加勒蒂诺·多利亚率领的热那亚舰队的突袭，德拉库特被逮住了。

此后，他先在加勒蒂诺的舰上当了四年最可怕的划桨奴隶，但他命大，还活着，后来，由于他的身份特殊，被带到热那亚关了起来。

爱将被逮对巴巴罗萨是巨大的打击，他先想出高价赎回，但热那亚人拒绝了。巴巴罗萨于是软的不成来硬的。1544年，这时候法国人与土耳其人已经成了盟友，巴巴罗萨率领一支由多达200多艘军舰组成的强大舰队出现在热那亚外海，他是从法国回来的，此前奉苏莱曼一世之命前往援助法王弗朗西斯一世与西班牙人作战，现在要回土耳其去了，先来到了热那亚。他将大舰队开到了热那亚外海，告诉热那亚人，要么作战，要么交出德拉库特，而且他不要热那亚人白交，愿意按规矩出赎金。这样的要求热那亚人不敢也没有理由拒绝，于是最后商定的赎金是3500个杜卡特金币，这诚然是一笔巨款，但对于德拉库特的价值而言是比都不能比的。

获得自由后，巴巴罗萨可没有责怪德拉库特，而是立即交给他一支舰队，让他在地中海中自由劫掠。结果不用说，德拉库特又横行地中海了，给基督徒们造成了巨大的伤害。出于报复，他打击的重中之重就是热那亚人，热那亚人受到的损失远远超过他们从德拉库特那里收到的赎金。当然这并不是热那亚人所愿意收的，他们是没有办法、不得不收。

1546年，巴巴罗萨去世后，德拉库特被苏丹任命为地中海舰队的统帅，指挥所有在地中海中的土耳其军舰。他率领舰队依旧在整个地中海中到处打击基督徒的势力，不但有传统的东地中海，而且到了西地中海，如1550年，他攻击了撒丁岛，甚至攻击了西班牙沿海的许多城镇，造成了巨大的破坏。

但就在这一年，他又一次差点被抓住了，就是当他的舰队停泊在他的老巢杰尔巴的时候，安德里亚·多利亚率领一支强大的舰队前来突袭，封锁住了他所在的港口，使他成了瓮中之鳖，眼看要全军覆没。但如狐狸一样狡猾的德拉库特熟悉地形，竟然连夜在港口的另一边挖通了一条水道，从这里溜进了广阔的地中海，逃之夭夭，然后一路逃往君士坦丁堡去了，沿途还顺便抓住了几条基督徒的船。

到了君士坦丁堡之后，苏丹没有责备他，而是交给了他一支由110多艘军舰组成的大舰队，还有上万名精锐的近卫军。他统领这支大军杀向基督徒们，攻击了西西里岛，又想要占领马耳他岛，他率领他的上万名士兵登上了马耳他岛，但很快就发现以这样的兵力是不可能占领整个马耳他岛的，于是转而又攻击附近的戈佐岛，又俘虏了大批基督徒。这是1551年的事。

就是这一年，他在北非攻占了重镇的黎波里，此前他已经被任命为现在的利比亚一带的统治者即贝伊，现在又成为了的黎波里的统治者，称桑贾克贝伊，等于是统治了几乎整个利比亚。

1552年时，看到德拉库特的才能几乎不亚于巴巴罗萨，苏丹任命他担任了一支强大的土耳其舰队的司令，他统领着这个舰队更是几乎肆无忌惮地攻击地中海沿岸的基督教地盘，同时也协助土耳其的盟友法国。可以说，这时候整个地中海没有哪里是德拉库特不敢去的，更没有任何基督教的沿海城市是他不敢攻击的。

面对如此强大的对手，基督教国家联合起来组成了一支大舰队，还是由多利亚统领着，与他展开了大战，其中最有名的一场就是波札之战。此前我们还讲过另一场波札之战，那是1300年6月发生的。

在这次波札之战中，德拉库特还有他来自基督教国家的盟友，即法王亨利二世派来的三艘战舰，德拉库特自己则有100来艘战船，结果德拉库特大胜。

苏丹不由龙颜大悦，更封他为贝勒贝伊，意思就是贝伊中的贝伊、将军中的将军，并且给了他一个此前从来没有人担任过的大官——地中海贝伊，即他是整个地中海的统治者，当然只对土耳其人来说是这样的。

这时候，由于法国与土耳其在法王弗朗西斯一世与土耳其的苏莱曼大帝的主持下结盟，因此德拉库特经常带着他的舰队帮法国人打仗，包括占领了科西嘉岛，他是以法王的名义占领的，因此占领后将之交给了法王，为此获得了3万杜卡特金币的报酬。

到了1556年，他从贝伊升为了帕夏，这是土耳其仅次于大维齐尔的高官了，等于是一方诸侯，他的称号是的黎波里帕夏。他带领他的海盗舰队继续到处攻掠。对了，这时候他还有了一个非常厉害的帮手与合作者，这就是皮亚拉帕夏。

最早的天才学校

皮亚拉是一个克罗地亚人，后来在战斗中被土耳其人俘虏了，就皈依了伊斯兰教，并且在德拉库特手下服役。由于显示了出众的天赋，这个年轻人被送往有名的艾德拉学校，这是土耳其一所专门为有天赋的且皈依了伊斯兰教的年轻基督徒开设的学校，以使他们成为未来土耳其国家的栋梁之才。这也许是世界上最早的天才学校了，因为它专门为那些天才们制订了特殊的教学计划，也提供了光明的前途。皮亚拉就是这样，他在艾德拉学校表现极为出色，因此毕业后就平步青云，很快就成为了桑贾克贝伊，也就是一方大员，这是德拉库特等这些人冒着性命才打出来的地位，他却轻松拥有。由于表现依旧杰出，他在39岁的时候就成为了整个帝国的海军统帅，后来他还当上了大维齐尔。

皮亚拉当上了帝国海军统帅，这就意味着德拉库特也在他之下了。对此德拉库特并没有嫉妒，他们也合作得很好。因为皮亚拉的确出色，虽然他不是海盗，而是一个学院派的指挥官，但作战也一样出色，例如他在1558年时率舰队占领了帕利阿里群岛，这里与西班牙本土相距很近，是西地中海中仅次于科西嘉与撒丁的大岛群，犹如在西班牙人眼中扎了一根刺，令

这就是土耳其史上著名的皮亚拉帕夏。
(Artist:Ray Agius)

他们难以忍受。

为了击败这个强大的对手，基督教世界以当时势力最强的西班牙为首，联合教皇、热那亚人和马耳他岛骑士团等组成了一支强大的联合舰队，与他又一次进行了大决战，这就是杰尔巴之战了。

关于双方的力量，基督徒这边有约50艘战舰，另有大致同等数量的辅助船只，有士兵约13000人左右，当然另外还有大批不参加战斗、只管划船的桨手。土耳其人的舰只和士兵数量略少于基督徒。

这次战斗一开始就对基督徒不利，他

们从西西里岛北部的墨西拿出发后，先到了马耳他岛，不久就遇到风暴，只能停泊在港口内，后来许多士兵因病死去。出发之后，本来想要直扑德拉库特的老巢的黎波里，由于天气不好，就转道攻击杰尔巴，很快就占领了。此后，他们匆忙在岛上修筑了防御工事。不久之后，1560年5月11日，基督徒士兵们看到远方海面上露出了桅杆的尖顶，悬挂着土耳其的旗帜，不由大惊失色，一方面是因为土耳其人的行动之迅速出乎他们的意料，他们都没有准备好作战。另一方面是因为他们此前已经被土耳其人打怕了。

原来，这是皮亚拉率领的土耳其舰队，从伊斯坦布尔直接开来的。虽然有些惧怕，基督徒们还是出海迎战。战斗很快就分出了胜负，这支土耳其海军是已经养精蓄锐、摩拳擦掌的渴战之师，基督教联军则是一支被天气和疾病弄得疲惫不堪的怯战之师，两军相战的结果自然是基督徒们大败。几个小时之后，基督徒们的大舰队就损失了一半，另一半逃进了杰尔巴岛的潟湖，土耳其人在外面进行了重重封锁。

面对绝望，基督徒的海军统帅，他是安德里亚·多利亚的侄子，竟然在晚上趁黑坐着一艘小船偷偷溜走了，余下的基督教海军顿时群龙无首，穆斯林们则在两天后就迎来了一位强力的帮手，就是德拉库特。他很清楚杰尔巴岛的地形，知道基督徒们在这里是待不长久的，因此并不进攻，而是严密地封锁了出海口。

三个月之后，饥渴难耐的基督徒们就投降了，土耳其人不但俘虏了另外一半军舰，还获得了大批俘虏，他们将其中的5000人送到了君士坦丁堡去邀功请赏。也就是，原来基督教联军的庞大舰队除了统帅一人和他的小船逃走之外，全军覆没。

这就是杰尔巴之战的后果，对于土耳其人而言，这场大胜足以媲美22年之前的普雷韦扎之战，它也标志着土耳其人已经是整个地中海的主人，也是千余年之前的罗马帝国之后，第一次地中海世界有了一个唯一的主人、一个地中海的新海霸。

还据说，由于在这次杰尔巴之战中杀死了大批基督教联军士兵，德拉库特便下令将这些尸体在杰尔巴郊外的一个地方堆起来，堆成金字塔的形状，后来尸体慢慢地腐烂了，变成了白骨，于是原来的尸体金字塔变成了白骨金字塔，它一直默默地、残酷地耸立着，三百来年之后，才由当地的一个神父请求当地领主同意掩埋它们，使它们入土为安。[15]

对于德拉库特而言，这也是他人生的巅峰，可以说，这时候的地中海既是土耳其的海，也是他德拉库特的海，德拉库特就是地中海的新主人，所以《罗马灭亡后的地中海世界》说：

　　自 1545 年至 1560 年的 15 年间，地中海西部成为"图尔古特之海"，再也没有国家和个人挺身而出抗击奥斯曼海盗。[16]

　　之所以从 1545 年算起，是因为此前的数十年地中海另一个主人，他就是德拉库特的伯乐巴巴罗萨。

　　我们也知道，巴巴罗萨和德拉库特都是海盗出身，他们共同统治地中海数十年，因此从这个角度上说，在 16 世纪初的 50 来年里，地中海是由海盗统治的，因此地中海称得上是"海盗之海"。

　　取得杰尔巴大捷后，对于德拉库特而言，也是他人生的巅峰了，因为他只是一介武夫，不可能像皮亚拉那样再往上爬，当上大维齐尔，管理整个帝国。他唯一能做的就是继续横行地中海，不断地劫掠地中海中基督教国家的岛屿以及沿岸地区，就像一个普通的海盗一样，抢夺财物，抓走人民，然后卖到北非的奴隶市场。这样的劫掠行动就不多说了。这时候他已经成为基督徒们眼中魔鬼的代名词。

　　德拉库特生命中的最后一幕发生在 1565 年。我们前面说过，这一年土耳其人向马耳他岛发动了围攻，结果失败，在战死的数万名土耳其人中就有德拉库特。

　　至于他死的情形大致是这样的：围攻马耳他岛的战事已经进行了几天之后，他才率领一支小舰队从他的领地的黎波里赶来，他在马沙马克谢特港（Marsamxett Harbour）的一个海岬登陆——他登陆的这个海岬现在还被称为"德拉库特地"，这时候土耳其军队正在主攻圣艾莫港，但依德拉库特的意思不应该先攻这里，而要进攻防卫薄弱的戈佐岛以及马耳他岛原来的首府姆迪纳，将这里作为基地然后才进攻大港，但他的建议没有被接受。于是他只得配合，并且发挥自己的强项，指挥对圣艾莫的进攻。

　　不久后的一天，1565 年 6 月 17 日，当他正在前线指导炮击时，一发炮弹在他身边爆炸，他身负重伤，几天后就死了。

　　这时候他已经 80 岁了，作为一个天天在刀口上舔血的海盗，能活这么久已经是很幸运的了。

两位特殊的海盗

　　后来还有过一些大海盗，我们就不一一述说了，但其中有两个挺特别，在这里也要专门述说一下。

　　这两个都不是土耳其人，而是地地道道的欧洲人，后来却与土耳其人混在一起，成了大海盗，就是简斯宗和杰克·伍德。

　　简斯宗本是荷兰人，生于 1570 年，早年在荷兰结婚生子，30 岁时当上了海盗，因

这幅画描绘了德拉库特在马耳他岛被打死的情形。

(Artist:Giuseppe Calì)

为这时候荷兰与西班牙正在打仗，只要获得特许就可以劫持西班牙的舰只，这实际上是一种在特殊情形之下合法的海盗行为，称为"私掠船"。但后来，西班牙与荷兰议和了，这种合法的海盗行为当然应该中止了，但这位简斯宗当海盗上了瘾，不肯放弃，就离开荷兰到了当时实际上被海盗占据的北非，并且在地中海上当起了正式的海盗。后来他被一群土耳其海盗俘虏了，将他抓到了阿尔及利亚，他便皈依了伊斯兰教，成了土耳其海盗穆拉特·雷斯。但后来他又干出了一件此前的海盗们从来没有干过的事，他联合一帮海盗头子，在摩洛哥的布赖格赖格河的出海口一个叫塞拉的地方建立了一个海盗共和国，这就是塞拉共和国，这也许是历史上唯一的一个真正的海盗共和国，他也被海盗们选举出来当国家领袖。

在他的治理之下，这个海盗国家真的繁荣兴旺起来了，甚至得到了其他一些国家的外交承认，这也说明了这位海盗真的有些治国之才。但他毕竟是个海盗，后来总统当厌了，又出海当起海盗来。有一次还回到了荷兰。据说当地的长官将他还在荷兰的妻子和孩子都带来，希望他不要当海盗了，好好回家过日子，但他拒绝了，不但离开了，顺便还带走了一些同样希望当海盗的热血荷兰青年。

此后他继续当他的总统和海盗，但1635年时被马耳他岛的骑士们抓住了，作为虔诚的基督徒，骑士们最痛恨三种人：穆斯林、基督教变节者和海盗，简斯宗偏偏三者兼具，自然受到了最特别的对待，他被关在岛上恶名远扬的黑牢里，遭受着非人的折磨。人生本来已经绝望，因为这个苦牢也以防卫严密著称，想自己逃出去是不可能的。但他的海盗朋友们经过精心策划之后，竟然将他救了出去！这在当时的整个基督教世界都轰动一时，当他回到北非时，成了海盗们眼中的超级大英雄，受到了最热烈的欢迎，从此过着幸福快乐的日子，直到死去。

至于杰克·伍德，他的人生没有简斯宗这么辉煌。不过他当海盗的原因也和简斯宗有些相似。

杰克·伍德生于1553年，死于1622年。本是英国人，也在英国长大，从小生长在海边，当了渔夫。后来英国与西班牙开战了，1588年时，英国人摧毁了西班牙的无敌舰队。这时候已经年过三十的杰克·伍德也干起了简斯宗曾经干过的事，就是在得到了伊丽莎白一世女王的特许状，这种特许状叫"letters of marque"，实际上就是一种"海盗特许状"，有了它就可以合法地抢劫某些国家的船只了，这应该是史上最特别的执照了吧！

有了这张海盗执照后，杰克·伍德就开始了他专门对付西班牙的海盗行为，但后来詹姆士一世和西班牙人谈和了，不再允许那样的海盗行为了。杰克·伍德只得又当起渔夫来，觉得很没意思，后来他加入了皇家海军，但还是觉得没有当海盗快活。于是，某天晚上，他和30来个朋友从普利茅斯的军港里偷了一艘三桅帆船战舰，然后一直往地中海而去，在那个海盗的天堂当起了真正的海盗。

当了海盗后，他是被同伴们选举成为船长的，因此是史上最早由选举产生的海盗船长之一。

他在地中海上干得有声有色，不久就发了大财，并且在突尼斯找到了基地，当地的统治者本来就和海盗是一伙的，自然愿意接纳这位来自欧洲的新型海盗。后来杰克·伍德干脆也皈依了伊斯兰教，还取了一个伊斯兰名字叫尤素夫·雷斯。他也因此而声誉大作或者说臭名远扬，成了当时英国人的耻辱，他们出了不少小册子甚至上演了戏剧去讽刺抨击他。但他对家庭倒还是有情义，虽然娶了别的女人，但还是定期给在英国的妻儿汇款。

后来他也像简斯宗一样，功成名就之后就退休了，在突尼斯过着阔气的日子，金钱、地位、美女一样不缺。

说完了这两位特殊的海盗我们就不说更多的海盗了，虽然海盗们此后的日子一直过得相当不错，因为商路的扩张——从地中海一直扩展到印度洋与太平洋，在17世纪和18世纪早期还曾出现过一个海盗的黄金时代，但这些已经不是地中海的事了。但在地中海，海盗们在相当长的一段时间里依旧猖獗，直到后来欧洲各国势力不断扩大，相对而言土耳其却日益衰弱，作为北非海盗的总后台，土耳其的衰落对他们的影响自然巨大。土耳其衰落后，他们只能独立支撑了，这时候海盗或者前海盗事实上也建立了一些独立国家，如突尼斯和阿尔及利亚，尤其是阿尔及利亚一直是北非海盗的大后方与主要基地。但阿尔及利亚作为一个国家并不强大，后来英法等欧洲强国派出舰队，到它门前示威，甚至炮轰沿海，使其统治者不得不签署协议，承认不再对他们搞海盗行为，这些协议海盗们是必须遵守的，否则就连巢穴都没有了。然而地中海上的商船主要就是这些国家的，这样一来，可供海盗们打劫的船只就越来越少了。

到了19世纪初，海盗们的实力更弱了，他们最后的打劫目标之一美国这时候也强大起来了，甚至向他们发动了两次海盗战争，打败了阿尔及利亚人，这时候已经是1816年了。

据说此前一年还有158人被海盗从撒

丁岛劫走，这应该是地中海中最后一次有记录的大规模海盗行为了。[17]

但这时候的海盗势力已经很小了。十余年之后，1830年，整个阿尔及利亚都被法国人征服了，阿尔及利亚成了法国的殖民地，作为最先进文明的西方国家之一，自然不会允许在它的领土之中存在海盗。

就这样，海盗终于消失在历史的地平线上。

然而，我们要记得的是，海盗曾经在地中海横行数千年之久，是整个地中海持续时间最长、最连绵不断的武力与暴力，较之正式的海战——这样的海战不可能是年年都有的，海盗进行的战斗或者说抢劫是从来不缺的。可以说，在长达数千年的岁月里，地中海中几乎每年都会有或大或小的海盗行为，至于原因，也许如布罗代尔所言：

> 正规的战争一旦停止，次要形式的战争——海上行劫和陆上抢劫便取而代之。这种形式的战争当然早已存在。它当时正在到处扩散，填占已经变得空荡荡的地区。这正像高高的乔木林一旦遭到砍伐，就把空间让给低矮的林下灌木丛或者丛林一样。[18]

现在，虽然海盗早已从地中海消失，但从历史的角度看，我们却不能忽略，海盗曾经是地中海历史的重要组成部分，想要了解地中海的历史，尤其是地中海的战史，不了解海盗是行不通的。换言之就是：

不知海盗，无以知地中海。

1　[法] 费尔南·布罗代尔 著：《菲利普二世时代的地中海和地中海世界》（下），唐家龙等 译，商务印书馆1996年12月第一版，第349页。

2　[英] 约翰·朱利叶斯·诺威奇 著：《地中海史》，殷亚平等 译，（中国出版集团）东方出版中心，2011年7月第一版，第307页。

3　[英] 罗杰·克劳利 著：《海洋帝国：地中海在决战》，陆大鹏 译，社会科学文献出版社，2014年6月第一版，第122—123页。

4　[德] 埃米尔·路德维希 著：《地中海历史》，刘毅 译，人民日报出版社2015年3月第一版，第186页。

5　[法] 费尔南·布罗代尔 著：《菲利普二世时代的地中海和地中海世界》（下），唐家龙等 译，商务印书馆1996年12月第一版，第347—348页。

6　[德] 埃米尔·路德维希 著：《地中海历史》，刘毅 译，人民日报出版社2015年3月第一版，第205页。

7　[德] 埃米尔·路德维希 著：《地中海历史》，刘毅 译，人民日报出版社2015年3月第一版，第206页。

8　[英] 罗杰·克劳利 著：《海洋帝国：地中海在决战》，陆大鹏 译，社会科学文献出版社，2014年6月第一版，第416页。

9　[英] 约翰·朱利叶斯·诺威奇 著：《地中海史》，殷亚平等 译，（中国出版集团）东方出版中心，2011年7月第一版，第312页。

10 ［英］约翰·朱利叶斯·诺威奇 著：《地中海史》，殷亚平等 译，（中国出版集团）东方出版中心，2011年7月第一版，第339页。

11 ［英］约翰·朱利叶斯·诺威奇 著：《地中海史》，殷亚平等 译，（中国出版集团）东方出版中心，2011年7月第一版，第322页。

12 ［法］费尔南·布罗代尔 著：《菲利普二世时代的地中海和地中海世界》（下），唐家龙等 译，商务印书馆1996年12月第一版，第422页。

13 ［英］约翰·朱利叶斯·诺威奇 著：《地中海史》，殷亚平等 译，（中国出版集团）东方出版中心，2011年7月第一版，第328页。

14 ［英］罗杰·克劳利 著：《海洋帝国：地中海在决战》，陆大鹏 译，社会科学文献出版社，2014年6月第一版，第116页。

15 参 The Last Crusaders: East, West and the Battle for the Centre of the World，Barnaby Rogerson，Published by Huchette Dital，第1565页。

16 ［日］盐野七生 著：《罗马灭亡后的地中海世界》（下），田建国等 译，中信出版社，2014年7月第一版，第189页。

17 ［英］罗杰·克劳利 著：《海洋帝国：地中海在决战》，陆大鹏 译，社会科学文献出版社，2014年6月第一版，第416页。

18 ［法］费尔南·布罗代尔 著：《菲利普二世时代的地中海和地中海世界》（下），唐家龙等 译，商务印书馆1996年12月第一版，第304页。

第 22 章 拿破仑的埃及之战

——这是拿破仑的失败，但更是东方的失败

我们知道，1789 年爆发了法国大革命。经过一番乱战之后，1794 年 7 月 27 日发生了热月政变，推翻了雅各宾派与罗伯斯庇尔的恐怖统治，后来成立了督政府，负责治理国家，但 1795 年 10 月 3 日保王党发动了"葡月暴动"，拿破仑在巴黎的大街上架起了大炮，将乱党轰得粉身碎骨，加上他在意大利取得的一系列大胜，顿时成为了法国人民的宠儿，在法国军政两界都拥有了巨大的影响力。

正是在这样的背景之下发生了法国对埃及的入侵。

据说，1798 年还在意大利的时候，拿破仑就提出了入侵埃及的计划，在他看来这样做有几大好处：一是可以为法国抢到埃及这块肥肉，而且这里可是地中海世界最古老的文明，也是西方文明的远祖，所以抢到的不仅是物质财富，更是精神财富；二是这时候法国最大的对手是当时的海上新霸英国，占领埃及可以大大地损害英国在中东的利益；三是这时候法国人已经想开凿苏伊士运河了，运河可是在埃及的领土上。总之在拿破仑看来，占领埃及是一个极高明的主意。

他的这个主张后来得到了督政府的支持，其实他们的主要目的可不是拿破仑所说的这些，而是这样一来，声誉如日中天的拿破仑就得离开巴黎和法国了，去到遥远的埃及，对他们的影响就要小得多了，他们的位子坐得自然也就更稳了。

于是，一支庞大的舰队在法国南部的土伦港悄悄地组建起来，之所以要悄悄地，是因为怕被英国人知道，这时候的英国人可是整个地中海的掌控者，一旦他们知道了法国人的计划也就意味着计划的失败。

1798 年 5 月 19 日，法国人终于准备好了，于是拿破仑向士兵们发表了一篇激动人心的演说，将古代的迦太基与扎马战役还有罗马人的光辉范例都拿出来激励战

这是19世纪一幅描绘热月政变的画作。经过政变，雅各宾派的恐怖统治被推翻，这也是后来拿破仑得以上台的前提。

士们，之后，便率领庞大的法国舰队从土伦港出发了。

他们首先前往马耳他岛，经过近20来天的航行，于6月中旬抵达。我们前面说过，1565年5月土耳其人曾经大规模进攻马耳他岛，但遭到失败，此后马耳他岛一直在医院骑士团的控制之下。这时候已经过了两百多年，他们的力量已经越来越弱，主要是因为随着时代的进步，贵族制度的消失，骑士也越来越少了，马耳他岛上的骑士们也大都是些老人，根本不能作

战，而且其中大部分还是法国人，他们更是拒绝和同胞作战。这就是当拿破仑到达马耳他岛时的情形。

一开始，拿破仑只是要求在岛上补充淡水与给养，但骑士团团长不肯配合，拿破仑一怒之下发动进攻，经过短暂的战斗，骑士们便投降了，此前土耳其人牺牲了上万人的性命而达不到的目的，拿破仑几乎毫不费力就达到了。此后他对马耳他岛进行了彻底改造，建立了现代化的行政管理机构，据说只用一个星期就将它改造

成了有类于法国一个省的样子。

此后拿破仑继续往埃及进发，到 7 月 1 日时就远远地望见了亚历山大城。这时候它已经不是埃及的首都了，相当破败。

上岸前拿破仑又发表了一番同样激动人心的演说，不但有精神上的鼓励，还有物质上的美好承诺，他说：当战士们从埃及回国的时候，他们获得的战利品将足以使他们每人拥有六阿帕的土地，大约相当于现在的两公顷，不用说激动得他的战士们浑身发抖。

在这样的激励之下，他们很快就上岸了，并且攻克了亚历山大城，不过事实上它也没做多少抵抗。

此后拿破仑率军东进，往开罗方向而去，一路都是法国士兵们从来没有见过的漫天黄沙，但他们在拿破仑的激励之下，忍受着难耐的饥尤其是渴，一路前行。到 7 月 21 日，大军已经抵达了距著名的吉萨大金字塔约 15 公里的地方，在这里遇上了前来迎击的当时统治埃及的马木留克骑兵，于是双方展开了大战，这就是著名的金字塔之战了。

金字塔之战

关于埃及的马木留克，我们在前面讲第七次十字军东征时已经说过了。领导那

这幅画描绘了拿破仑进入亚历山大城的情景。
(Artist:Guillaume-François Colson)

次十字军的是法王路易九世，他率军攻向埃及，直抵开罗，结果在法里斯库之战中被打得大败，不但军队大部被消灭，自己也成了俘虏，这是1250年的事。打败十字军的是一支新的强大力量，这就是著名的马木留克。

我们还说过，马木留克大都是来自高加索山区的突厥人，从小被阿拉伯人买来或拐来，然后拿到中东的奴隶市场上贩卖，那些最强壮者就被各国的苏丹买走，然后加以严格的军事训练，长大之后自然成为极为勇猛的战士。其中最为出色的就是埃及苏丹所训练的马木留克。虽然就名义上的身份而言他们只是奴隶——马木留克本来就是"奴隶"之意，但由于他们往往是苏丹军队的主力，特别是近卫军主力，因此深得苏丹器重，其将领也往往成为苏丹的心腹重臣。后来甚至统治了埃及，如马木留克兵的领袖拜巴尔一世后来就建立了自己的王朝。

到现在，500余年过去了，埃及虽然后来名义上属于奥斯曼土耳其，但实际上一直仍由马木留克统治，他们也一直以强悍著称。现在，这支传奇般的东方强军要与新兴的西方强军对阵了。

至于双方的力量对比，拿破仑的大军共有约25000人，马木留克方面则是6000马木留克骑兵，这也是埃及军队的精英与主力，此外还有大量步兵，总数据《大英百科全书》估计是4万，由穆拉德贝伊统帅。另一位易卜拉欣贝伊还统率一支相当大的军队，但他与战场之间隔着尼罗河，无法参战。

战区就在尼罗河西岸，再往西不远就是茫茫沙漠了。排兵布阵方面，法国人在北方，自西而东列阵，他们的左翼靠近尼罗河，共分成五个大型方阵，东西并列前行，右翼已经靠近沙漠了。另外还有一支小部队处于机动状态，攻击周围一些孤立的小村庄。埃及人则在南面，右翼靠近尼罗河，主要力量是步兵和一些非常陈旧过时的大炮，左翼则是强大的马木留克骑兵，之所以布置在这里，当然是因为这里地势平坦，适合骑兵的冲锋陷阵。

战斗伊始，由马木留克首先发起了冲锋，他们强悍的骑兵挥舞着战刀往法军的右翼扑来，但这时候拿破仑的排兵布阵起了决定性作用。

法军的特点是采用五个巨大的方阵，这五个方阵四面是步兵，从外到内一层一层地密集排列，中间则是骑兵和大炮还有弹药补给等。这种方阵一个很大的优势是敌军无论从哪个方向来攻，总会遇到密集的步兵子弹射击，方阵中心还有大炮向攻击者轰击。同时骑兵还可以随时为步兵运送弹药等补给。此前西方从来没有过这样的阵列，因此这是拿破仑一个了不起的战术发明，对后世很有影响。这种独特的布阵对战局产生了决定性的作用。因为马木留克骑兵们虽然极为勇猛，然而他们冲不破法国的方阵，反而在法军密集的枪炮协同攻击下大批被杀。

这种方阵还有一个特点就是机动，它可以不断地滚滚向前，只见法国的方阵合起来就像一条巨大的长龙一样或者一辆巨大的坦克一样滚滚向前，碾向埃及军队。先是打垮了攻击的马木留克，然后又攻向埃军的右翼步兵，他们更不是方阵的对手了，很快就被打垮。

战斗结果，法国只付出了300名左右士兵的牺牲就几乎全歼了埃及人的数万大军，这就是金字塔之战了，是东方近代的著名战例之一。

此战役不但有战术上的重要意义，还有历史性的重要意义。我们此前看到，自从古罗马之后，在东方与西方千年不断的血腥战争之中，东方总的来说一直处于优势与攻势，不但毁灭了东罗马帝国，而且牢牢地统治着属于西方欧洲人的大片土地，甚至一度控制了整个地中海。西方人也一直对强大的东方对手心存惧怕，很少敢主动攻击。

然而现在，经过金字塔战役，清楚地显示了东方已经不是西方的对手。原因很简单：西方一直在进步，东方却止步不前，自然越来越落后，而落后就要失败、就要挨打，这是自古之常理，也是历史之事实。

再来说金字塔之战，穆拉德战败后，往南逃往下埃及。至于另一位易卜拉欣的军队不久也被拿破仑击溃了，埃及就此被法国人占领。

但这种胜利只是暂时的。不久之后拿破仑就在海战中惨败，这就是发生于1798年8月初的尼罗河之战。

尼罗河之战

尼罗河之战发生于阿布基尔湾，这是位于东边的尼罗河与西边的亚历山大城之间的一个小海湾，靠近尼罗河的一个出口。当拿破仑率军登陆亚历山大城之后，他就上岸去征服埃及了，舰队交给了一个副海军上将指挥，他名叫"François-Paul Brueys d'Aigalliers"，有些不好译，我们就简称他为布鲁尔斯吧。

按照拿破仑的意思，布鲁尔斯可以将舰队开往阿布基尔湾停泊，也可以到科孚岛去。但布鲁尔斯选择了停泊在阿布基尔湾。因为他觉得在这里更安全些，一则可以避免在地中海中遭到英国舰队的拦截——这样一来他就完了，二则可以得到岸上法军的支援。

舰队到达阿布基尔湾之后，布鲁尔斯采取了一个自以为很可靠的战术。他将舰队停泊在阿布基尔湾内，并且要求所有舰只用铁链相互连接起来，成为一体，组成一个强大的海上堡垒。在西边还有一个小岛，上面有一个小要塞，里面有几门大炮，布鲁尔斯认为它们可以支援海上的作战。

这个办法理论上是行得通的，但在实际操作中却有着巨大的缺陷，主要是因为阿布基尔湾近岸处是一个沙洲，水很浅，因此不适合于大型军舰的停泊，此时布鲁尔斯又犯了一个大错，他也许是为了避免军舰的搁浅，于是在军舰与沙洲之间留下了一个大空隙，空隙里的水是深的，对方的军舰可以直冲进去。这样一来他的军舰就腹背受敌了。他以为岸上的炮台可以帮他防守这个空隙，但事实上这个炮台里面根本没有人。此外他的军舰之间空隙也过大，对于那些驾驶技术十分高明的英国水手而言，可以轻易地穿插而过，从而打破法国军舰之间的阵线。不是军舰之间有铁链连接吗？事实上不是，因为许多舰长根本不听布鲁尔斯的指挥，认为这样的连接妨碍了舰只的机动。

与此同时他还面临着另一个巨大的难题，就是后勤补给。拿破仑走时几乎带走了全部给养，他的舰队连吃的都没有，于是他只能去周围一带找粮。但他可是在敌对国家里，哪好找粮呢？当地的埃及人随时在偷袭他的找粮部队，造成了相当大的杀伤，而为了保护这些找粮的人，他另外还必须为他们配备保护他们的士兵，这样一来，他大约三分之一的兵力都不在船上，而在岸上。

总之，布鲁尔斯的设想也许是美好的，但现实却很残酷。不过布鲁尔斯也意识到了，但他相当地无奈。

另一件事使法军在战斗之前就陷入极度的被动。原来，布鲁尔斯为了上岸寻找粮食，将那些负责搜索敌情的舰只上的人员都撤下来了，因此他们对于英国人的到来感到很突然，并立即引起了惊慌，可以说是未战心怯。英国人则不一样，纳尔逊此前一直在辛辛苦苦地跑遍地中海寻找法国舰队的踪迹，后来他终于在亚历山大城外知道了法国舰队的动向，自然大喜过望，并且做好了充分的准备，要将法国彻底消灭或者自己战死。据说他在开战前就向军官们说："到明天这个时候，我要么会成为一个贵族，要么会在威斯敏斯特教堂获得一个坟位。"要么胜利，要么战死。这体现了一个军人最大的勇气。

具体的战斗情形是这样的：纳尔逊看到了法国舰队中那个巨大的缺陷，就是在海岸与舰队之间空隙过大，同时军舰之间的间隙也太大，特别是在法军旗舰"东方号"与其身后的军舰之间空隙太大。因此果断将舰队分成了三大部分，一部分往右，插入法国舰队的左侧，另一部分往左，攻向法国舰队的右侧，第三部分则担负穿插任务，就是插进间隙过宽的法国战舰之间，将它们的队形切断，特别是切断了旗舰"东方号"与后面军舰之间的联系，并且使它受到数艘英国军舰的包围轰击。

由于法国舰队是南北纵向排列，英国这样安排的结果就是基本上一艘法国军舰受到了两艘甚至三艘英国军舰的围攻。而与此同时，由于受到风向的影响，法国的大量后翼舰队根本无法投入战斗，只能看

这幅画描绘了法国旗舰"东方号"被毁灭的情景。
(Artist:Mather Brown)

着前方的战舰被优势的英舰摧毁。实际上，就整体数量而言英法之间差距并不大，法国17艘、英国是15艘。但由于纳尔逊这样巧妙的战术，使这次尼罗河之战中首日能够参战的法国战舰只有七艘，英国则是全员参战，参战舰只数量要超过法国人的两倍。

战斗在下午6点左右才开始，因此一定会延续到晚上，对此纳尔逊也早有准备，他下令在英国军舰的后桅上挂出了灯笼，以照亮英国海军的白旗，以与法国的三色旗相区别，这样一来就可以避免误伤自家军舰了。

战斗开始之后，具体战况完全按照纳尔逊的计划进行。英国舰队冲向法国舰队的两侧，从两侧同时发动进攻，法国军舰本来就人手不足——就是人手足时也打不过当时举世最强大的英国舰队，现在更不是对手了，因此不久之后法国最前面的军舰就有的被击毁，有的投降。到了晚上，由于纳尔逊的布置，英国人更取得了优势，法舰纷纷中弹起火。

也有法舰英勇作战，对英舰造成了不小的损伤，其中包括纳尔逊本人，他在舰上被弹片击中头部，他的右眼本来已经瞎了，掠过的弹片还把他的一块脸皮掀了起来，盖住了他的两只眼睛，他以为自己瞎了甚至快死了。但得知自己只是受皮外伤之后，立即草草缝好脸皮，重新投入战斗。

至于法国人的统帅布鲁尔斯，他也率领自己的旗舰奋勇战斗，他的军舰火力强大，将数艘英舰打成重伤。但在多艘英舰的围攻猛轰之下，不久也被击中受伤。特别是布鲁尔斯本人，他被一发炮弹几乎直接击中，差点被打成了两段，倒在甲板之上，很快就死了，但他临死也不愿意离开自己的战舰。

入夜之后，战斗更加激烈，对法军也更加不利。特别是"东方号"，它已经受伤，但仍在舰长的指挥之下拼命奋战。这时候，一艘英舰发现"东方号"下层的甲板一个地方有火苗蹿出。他经验丰富，立即判断这里受了伤，而且由于是下层甲板，只要这里受到重创，整艘军舰就完了。于是他立即将全部火力攻向这里。这个判断非常厉害！因为"东方号"的这个地方已经着火了，据说是因为法国人不久前刚在这个地方上了油漆，但没有将油漆桶小心地放进安全的储藏室去，而是就搁在原地。战斗之中刚好一块弹片击中了这里，要是没有这些油漆不会造成什么损伤，但灼热的弹片却引燃了那些油漆，火势迅速扩大，正当法国人灭火时，英国人看到了这里燃起的火焰，于是迅速攻向这里，对"东方号"造成了致命的打击。后来火势更蔓延到了弹药库，引起了大爆炸，将整个"东方号"烧得几乎四分五裂，沉入海底。

当天晚上，法国的整个锋线舰队包括旗舰全被歼灭了。

第二天早上，法国的剩余舰队虽然依旧有相当实力，可以一战，但昨天的一幕已经将他们吓破了胆，只有少数战舰坚持作战，另外有的很快就弃舰，往岸上逃走了，有的则投降了。只有四艘战舰突破英国人的围攻，逃走了。

最后法军有四艘军舰被击毁沉没，另外九艘被俘。至少2000人死亡，甚至可能有5000人，另有近4000人被俘。英国人则只有200余人战死，无一艘战舰沉没。

总之，尼罗河之战以英国海军的大胜告终。这也是近代西方世界最早、最重要的大海战之一。

注定的失败

尼罗河之战失败后，拿破仑还统领着他的大军在埃及，舰队的毁灭意味着他的陆军是不可能回到法国去了，也注定了他此次出征埃及的失败。

听到这个消息之后，据说拿破仑很镇定，不管怎样，他必须得好好留在埃及，这是没有选择的。

一开始，拿破仑想和埃及人做朋友，他宣称自己是"先知的好儿子"，并说自己对伊斯兰教很感兴趣，也许让有些埃及穆斯林认为拿破仑会皈依伊斯兰教呢。这当然是不可能的，这些只是拿破仑的宣传伎俩而已。

他还穿上了埃及人的长袍，在伊斯兰教的节日举行隆重的庆祝仪式。这些办法赢得了少数埃及上层分子的好感，但对广大埃及人民和伊斯兰人士而言是没什么用的。尤其是当他们听说了法国人在海战中的惨败后，非常高兴，随即开始激烈地反抗起拿破仑来了。特别是在开罗，埃及人举行了大起义，杀光了城内几乎所有法国人。拿破仑这时候正在城外与阿拉伯人作战，获胜后迅速回军开罗，很快将叛乱敉平。镇压这种城市之中发生的叛乱他是最在行的，就像在巴黎镇压保王党的叛乱一样，他也在开罗城中架起了大炮，一顿猛轰，大批反抗者就被打垮消灭了。而且此后直到拿破仑离开，埃及人再也不敢造反了。

此后，拿破仑想要实现他来到这里的目标，即在中东建立法国人的势力以消灭英国人在中东的影响。于是他率军离开埃及东进叙利亚。

不过，就在途中，他还关注了另外一个他早就想要做的项目，这就是苏伊士运河，他在运河可能开凿的一带仔细地考察了一番，甚至发现了早在公元前19世纪由辛努塞尔特三世法老所开凿的古代运河。

此后他率军北上，沿着地中海一路攻去，打败了这时候已经大军出动、向法军发动进攻的奥斯曼土耳其军队，直抵今天巴勒斯坦北部的阿卡（Acre），将之包围起来。

这时候已经是1799年4月了，阿卡城中有4万人以上的土耳其军队，另外强大的英国舰队也在海上支援他们，而拿破仑统领的法军不到1万。以这样的少量军队去进攻在坚固要塞中防守的敌军肯定是不够的，因此即便以拿破仑的厉害也难以取胜。两个月之后，在进行了好几次失败的攻城之后，拿破仑撤走了，这也许是他平生第一次的败仗了。

但这对他影响并不大，他安全地回到了埃及，并且在接下来的阿布克尔之战中取得大胜。在这次战斗中，拿破仑以不到8000法军进攻在海边筑垒防守的近2万名土耳其军队。虽然力量悬殊，但在拿破仑高明的指挥之下，土耳其军几乎是一战而溃。其中的一幕是，拿破仑最重要的大将之一缪拉看见土耳其的阵地中出现了一个空隙，立即率领他的骑兵飞一般地冲了进去，竟然一下子冲进了土耳其人的大本营，活捉了土耳其人的统帅。

这场胜利使得埃及人甚至有些崇拜他了，因为他打败的可是埃及的宗主奥斯曼土耳其人，在他们的眼中以前几乎是不可战胜的强军，现在竟然被拿破仑这样摧枯拉朽般地消灭了！拿破仑也再一次不仅在埃及，而且也在法国本土激起了一阵崇拜的热潮。

这对拿破仑的后一步计划极有帮助，因为，虽然取得了大胜，但拿破仑已经用他的远见卓识清楚地看到了，他在埃及是没有什么前途的，甚至将不可避免地走向毁灭。道理很简单：他既不能进——阿卡之败已经证明了，又不能退——地中海被英国人牢牢地控制着，倘若他一直留在埃及，等待他的只有一个后果，就是被消灭。

于是，不久之后，他悄悄地只带着几个心腹离开了埃及，后来回到了法国，将在那里、在整个欧洲掀起滔天巨浪。——至于何以能够成功地避开英国人在地中海到处游弋、专门监视法国人动向的大量战舰一直是个谜。

至于在埃及的军队，拿破仑交给了克莱贝尔（Kléber），他是有指挥才能的，在不久后的一场大战中还取得了胜利，但他在1800年6月被一个埃及的青年学生刺杀了。此后军队就由一个相当无能的人指挥了——其实即使有能也不行，不久之后就一再被英国人与土耳其人的联军打败，最终在1801年9月全军投降。

还有，此前拿破仑带来了法国最优秀的考古学家，以寻找古埃及的珍宝，这本来就是拿破仑出征埃及的主要目的之一。法国人投降后，将随军的考古学家们发掘出来的无价之宝也一并交给了英国人，其中最为珍贵的就是罗塞塔石碑，上面有古埃及象形文字、一种埃及通俗文字以及希腊文，后来伟大的商博良正是以之破译了古埃及的象形文字，为我们了解古老的埃及文明提供了最珍贵的基础。

倘若说拿破仑的远征埃及有什么贡献的话，应该就是这个了。

第 23 章　希腊独立战争

——这里一度是西方文明的中心，却沉落千年

倘若说地中海有一个国家是最值得我们关注的，那就是希腊了。

原因不言而喻——它乃是西方文明的发祥地，从哲学、文学、艺术、科学直到政治制度都奠定了西方文明的基础，至今仍深深地影响着西方世界。甚至可以说，现代西方文明就本质而言与古希腊文明是一致的，只在形式上有了变化而已。西方文明虽然现在与古希腊相比变化很大，但就根本特性而言还是一种古希腊文明——是一种长大了的古希腊文明。

这里的"长大"也并不意味着更为出色，因为古希腊文明的许多方面，如哲学、艺术或者文学，很难说现在已经被超越了。就像荷马的史诗一样，能够说它之后的哪部文学作品超越了它吗？当然不能。还有亚里士多德的哲学，能够说他之后哪位哲学家比他更伟大吗？那更是不可能的。

但是，这个伟大的希腊、这个西方文明的发祥之地，在漫长的历史时期大部分日子却过得相当悲惨。从公元前 4 世纪开始，它就被其他民族统治，从马其顿人到罗马人，特别是当东罗马帝国灭亡之后，从 15 世纪开始，一直被民族、文化、宗教都大异于希腊人与西方文明的奥斯曼土耳其统治，持续了 400 年之久。

这显然对整个西方文明来说都是一种耻辱。因此，当西方国家开始在力量上压过奥斯曼土耳其人后，便开始支援希腊人独立了，此时许多希腊人也站了出来，想通过武装起义争取民族的独立与自由，这就是希腊独立战争。

土耳其统治下的希腊

我们此前已经讲过了希腊人是如何被罗马人征服的，后来罗马帝国分裂之后，希腊归属东罗马帝国，并且成为了东罗马帝国的主要组成部分，特别是在文化上而

这就是拉斐尔的绝世杰作《雅典学院》，囊括了古希腊众多伟大的思想家与哲学家还有科学家。这也代表着古希腊文明的巅峰。此后，希腊人直到今天都可以说一直是江河日下，再也无复昔日的繁荣与伟大。

言，东罗马帝国文化的核心就是希腊文化，就像希腊语乃是东罗马帝国的官方语言一样。在这样的时候，希腊人自然不会掀起什么独立战争。

但在1204年出现了一个转折点，就是这一年，第四次十字军东征过程中，那些十字军不但没有去进攻穆斯林，反而攻占了同属基督教的东罗马帝国的首都君士坦丁堡，他们的大肆劫掠给当时西方世界最为繁华的大城君士坦丁堡造成了巨大的损害，此后再也没有恢复往日的繁荣，东罗马帝国同样也是如此，虽然后来得以复国，但却再也不能与昔日相比了。

当君士坦丁堡崩溃、东罗马帝国被所谓的"拉丁帝国"替而代之时，希腊也被分成了三部分，一部分由东罗马帝国皇帝伊萨克二世的表兄弟迈克尔·科穆宁·杜卡斯统治，作为传统东罗马帝国希腊领土的继承者，统治北部希腊。另一部分则是所谓的亚该亚侯国，统治希腊南部的伯罗奔尼撒地区，也就是后来的摩里亚。本来这里也是由迈克尔统治的，他在这里起兵反对拉丁帝国，后来一群法兰克骑士前来镇压，1205年夏天，迈克尔统领的希腊人在伯罗奔尼撒西南部的塞尼亚发生的科托拉斯橄榄园之战中被骑士们打败，因而失去了伯罗奔尼撒，于是撤退到了北部，在那里建立了自己的统治，称为伊庇鲁斯君主国，骑士们则在伯罗奔尼撒建立了亚该亚侯国。第三部分就是爱琴海中的岛屿了，主要由威尼斯人与热那亚人统治。

60多年后，东罗马帝国得以复国，希腊的大部分也重归东罗马帝国。但这时候的东罗马帝国已经远非往昔了，而且一天天地衰弱下去，领土也一天天地被他国占领了，包括希腊在内也是如此。一开始，塞尔维亚人入侵，占领了希腊半岛的相当一部分，后来奥斯曼土耳其征服了塞尔维亚人，乘机占领了属于塞尔维亚人的希腊地区，并且进一步南下，到15世纪，希腊的大部分已经被土耳其人占领了，东罗马帝国只留下南部的摩里亚。

当土耳其人在1453年攻占君士坦丁堡之后，旋即出兵摩里亚，消灭了这里的东罗马帝国残余势力。但后来摩里亚又归属了威尼斯人，于是在土耳其人与威尼斯人之间发生了两次摩里亚战争，以威尼斯人的失败告终。此后几乎整个希腊都属于奥斯曼土耳其了。

但还有少数例外，例如希腊半岛最南部的玛尼半岛，以及克里特岛的一部分，在相当长的历史时期内一直处于威尼斯人的统治之下或者实际上处于独立状态，与此类似的是在希腊的一些山区，由于土耳其人鞭长莫及，希腊人一直处于事实上的独立状态，只是名义上属于土耳其。

另外一个地方就是伊奥尼亚群岛，除了短暂的几个时期有少数岛屿被土耳其人攻占之外，土耳其人从来没有统治过这里，而是一直由基督徒统治，后来长期属于威尼斯，它最大的岛屿科孚岛一直是威尼斯人皇冠上的明珠，被称为"威尼斯的大门"，也是基督教世界抵挡土耳其人的桥头堡。

土耳其人一直想要攻占科孚岛，因为这里是西地中海的门户，只要他们占领了科孚岛就等于彻底打通了西地中海的大门，从此可以肆虐整个地中海了，其意义不亚于占领西西里岛就可以直抵意大利半岛。

早在1431年就开始了的小规模的进攻不算，土耳其人对科孚岛的大规模进攻就有四次。

第一次是1537年8月，一个庞大的土耳其舰队装载着25000名士兵登陆科孚岛，将岛上的乡村地区掳掠一空，然后围攻岛上的主要城堡安格罗卡斯特罗，但未能攻下，不得不撤走。

第二次是1571年，土耳其人又大举来攻，他们先占领了与科孚岛相对的希腊半岛上面的西沃塔和帕加，然后以这里为基地入侵科孚岛，又占领了大片地区，但科孚岛上几个防守坚固的城堡包括安格罗卡斯特罗依然屹立不倒。迫使土耳其人再度撤退。

第三次是1573年，土耳其人又做了同样的尝试，从已经属于他们的北非入侵科孚岛，但再次失败。

此后科孚岛相对平静了一百余年，到1716年，也就是最后一次奥斯曼－威尼斯战争期间，土耳其人最后一次大举入侵科孚岛，大有势在必得的架势，但科孚岛人民在德意志将军舒伦伯格的统领下英勇抵抗，再次打退了土耳其人。

虽然有一小部分地方没有由土耳其人统治，但在漫长的岁月里绝大部分的希腊一直属于奥斯曼土耳其，这也是希腊人历史之中最漫长而黑暗的篇章之一。对于这段时间希腊的情形我们也要简单述说一下。

在土耳其人的统治时期，希腊总的来说有一个特点，就是比较"矛盾"。

第一，这时候的希腊一方面是一个民族的熔炉，除了希腊人之外，生活着大量其他民族。首先当然是土耳其人，他们是统治阶级，也是希腊最"高贵"的族群。但此外还有许多的其他民族，如犹太人、亚美尼亚人、威尼斯人、热那亚人、塞尔维亚人、阿尔巴尼亚人、保加利亚人，等等，因此是一个比较典型的多民族混居社会。

但另一方面，希腊又始终是希腊人的希腊，因为在这里生活的人民主体始终是希腊人，就像希腊语而非土耳其语始终是希腊的主要语言一样。

第二，一方面，由于这些外来民族的到来，在希腊形成了许多新的特色，从饮食到服饰都是这样，使得这时候的希腊人看上去和古希腊人相当不一样，主要表现在衣饰方面，直到今天都是如此，我们可以看到，现在所谓的希腊民族服装与古希腊是大不一样的，而具有一种相当明显的土耳其色彩。但另一方面，总的来说，希腊的风土人情与生活习惯依然主要是希腊色彩的，是属于希腊人而非土耳其人或者其他民族的特色，这也是很明显的。

第三，一方面，在政治制度层面，这时候统治希腊的当然是土耳其人，土耳其苏丹也是希腊法理意义上的最高统治者，并且具有独裁专制的色彩，从这个角度而言希腊是没有什么自由可言的。但另一方面，土耳其人的统治又是相对温和的，即他们并不想消灭希腊人的民族特色,也并不想同化希腊人。而是让希腊人保持着相当程度的自由与自治,并且在商业与贸易上给予希腊人一定的特权,尤其那些上层希腊人更是如此。因此在土耳其人的统治之下,通过土耳其苏丹给予的各种特权,这些人获得了极大的利益,成为巨商大贾。

第四,在宗教方面,土耳其人一方面尊重希腊人的传统宗教信仰即东正教,允许他们有自己的教堂,自由地礼拜他们的上帝,并不加以干涉,甚至给东正教的领袖即普世牧首以很大的尊荣,使他成为希腊人的实际统治者之一,对希腊人的事务有很大的发言权。但另一方面,他们又允许希腊人改信伊斯兰教,并且对于改宗的希腊人给予税收上的优惠。因为根据伊斯兰的法律,只要信了伊斯兰教,他们就和土耳其人完全平等了,可以出任所有的官职,包括大维齐尔,事实上也有这样的希腊人当上了大维齐尔,如著名的帕尔加勒·易卜拉欣帕夏。

这位帕夏就是希腊人,出生于希腊的

这幅画描绘了一个俄罗斯东正教的领袖(即普世牧首)正在讨论神学问题。
(Artist: Vasily Perov)

帕伽，父亲是一个希腊水手，但他在小时候就被转化成了穆斯林，后来与苏莱曼大帝成了儿时好友，长大后又成了他的大维齐尔，由于他来自希腊，因此被土耳其人称为"欧洲来的大维齐尔"。他执政13年之久，即从1523年至1536年，一度在土耳其拥有几乎与苏丹一样大的权力。他所住的宫殿现在成为了"土耳其与伊斯兰艺术博物馆"。

这里要注意的是，虽然希腊人有转为穆斯林的自由与权利，但土耳其人并不鼓励他们这样做，原因很简单：倘若他们成了穆斯林，那么就只要交很少的税了，这对土耳其的财政当然是没有好处的。

第五，在社会地位方面，也是一方面土耳其人当然拥有最大的权力，并且法律规定只有穆斯林可以骑马与携带武器，土耳其人也在社会生活中处于最高等级，例如在雅典，土耳其人集中居住在雅典卫城附近的地带，这里是不准希腊的穷人们去的。但另一方面，土耳其人又并没有种族歧视的观念，穆斯林一个最大的特点是不搞种族歧视，只要是穆斯林，所有种族一律平等。而且希腊人只要愿意转信伊斯兰教，也可以比较轻松地跻身于社会高层，拥有很大的财富与权力，这样的希腊人在希腊和伊斯坦布尔都有。

不仅如此，有时候土耳其人甚至还强迫希腊人跻身社会的高层，这就是"儿童贡品"。

这是土耳其人一种很奇怪的政策，就是要求被压迫的欧洲民族尤其是希腊人将他们的一部分男女儿童进贡给政府或者说苏丹，但这样的进贡可不是要他们去当太监或者普通宫女这样低贱的职业，而是将他们转为穆斯林之后加以良好的教育与训练，长大后男童中的优秀分子一般会被训练成苏丹的亲兵，这些亲兵不但是土耳其军队的主力与精英，而且是苏丹的近卫军，拥有巨大的权力，甚至可以废立苏丹，例如我们前面提到过的奥斯曼二世，就是因为想废掉这些亲兵，在1622年5月自己被亲兵废黜并遭到杀害。女孩中美貌聪明者则会进入苏丹后宫，成为苏丹的嫔妃甚至皇后即女苏丹。

这样的例子我们前面也提到过，就是穆罕默德四世的宠妃拉比亚·古鲁什女苏丹，她原来就是希腊人，还在儿时就被送往了伊斯坦布尔，在那里接受了伊斯兰式的教育，后来出落得十分美丽又聪慧，穆罕默德四世将她收进了后宫，还和她生了两个儿子，后来这两个儿子都成为了苏丹。这不但说明土耳其人并不歧视希腊人，而且土耳其苏丹身上也流着希腊人的血。正因为如此，虽然许多希腊人很讨厌这种进贡，但也有不少希腊人愿意进贡，甚至贿赂有关官员，请他们关照自己的孩子，施以更好的教育，将来好出人头地。

从上面这些分析可以看出来，在土耳其人统治之下的希腊人的生活可以说是相当矛盾的，但并不是没有希望。因此希腊人一般来说都是愿意服从土耳其人统治的，甚至相较更愿意接受土耳其人的统治而不是基督教国家的人如威尼斯人。这从摩里亚战争与克里特战争的过程就看得很清楚，威尼斯人在战争中之所以失败，一个重要原因是他们得不到广大希腊普通人民的支持，许多希腊人甚至支持土耳其人与威尼斯人作战。其原因也并不复杂，原因就是希腊人是东正教徒，与欧洲以天主教为主体的宗教信仰实际上存在着巨大的差异，天主教也一直歧视甚至迫害东正教徒，他们一度攻占抢掠君士坦丁堡甚至灭掉东正教的主体与大本营东罗马帝国就是一个明证，这也在东正教徒与天主教之间埋下了永难抚平的仇怨与伤痛——这直到今天都存在。总之欧洲天主教徒包括威尼斯人对作为东正教徒的希腊人一向有所歧视，而这种歧视在土耳其人那里反而不存在。

正因为在土耳其人的统治之下希腊人还是有希望的，因此他们才愿意接受土耳其人的统治长达数百年。

早期的反抗

上面的说法并不表明在这数百年间所有希腊人都甘心接受异族与异教徒的统治，也有希腊人起来反抗，只是规模不大，几点星星之火而已，也并没有得到广大普遍希腊人的支持，这乃是他们失败的主要原因。

当然，这并不说明希腊人不想脱离土耳其人统治，他们当然还是想的，哪个民族都想获得独立与自由，这是常理，希腊人也不例外。特别是到了18世纪，当土耳其已经不再是一个强国，而是日趋衰弱之时，希腊人当然更不愿意处在这样一个衰弱的民族的统治之下了，于是慢慢地想要争取独立了。到了19世纪，当土耳其人衰弱到事实上无法再统治希腊时，希腊人终于起来起义了，并且发动了独立战争。

武力与独立

早在战争正式开始之前的19世纪早期，希腊人已经有了一个秘密的组织，叫"友谊社"，友谊社的目的就是为了将希腊从土耳其人的统治之下解放出来。

友谊社的行动得到了全世界各地特别是英国和美国的希腊人后裔的大力支持。希腊在西方各国的侨民也大力支持祖国的独立，其中包括生活在土耳其的希腊人，即所谓的法拉里奥希腊人。他们居住在伊斯坦布尔的希腊人聚居区，是希腊人中的最上层，拥有很大的财富与权力，但他们中的许多人也开始支持国家的独立，并涌现出了一位杰出的领袖即亚历山大·普西兰蒂斯。

普西兰蒂斯出生于1792年，年幼时他的家人就带着他逃到了俄国，后来他加入了俄罗斯军队，在俄军抗击拿破仑入侵时立下了战功，成为沙皇亚历山大一世的副官，因此青云直上，在年纪轻轻时就成为了大将军，加入友谊社后，他被选为领袖，开始策划起义。

他首先在土耳其人占领的另一个欧洲国家瓦拉几亚策动了起义，后来在今天罗马尼亚东北部的雅西正式宣布起义，这也是希腊独立战争的正式开始，这是1821年2月的事。

此后，他率领一支主要由希腊侨民和比较富有的家庭出身的年轻学生组成的军队在罗马尼亚南部的德拉加沙尼与前来镇压的土耳其大军展开了激战，这就是德拉加沙尼之战。但这时候，由于内耗——这一直是希腊人的通病，起义军的势力已经受到很大损失，他们本来就不多的军队到战斗开始时只剩下区区几百人，面对前来镇压的土耳其近万大军，哪是对手，不久就全军覆没，这是1821年6月的事。

失败后普西兰蒂斯开始了流亡生涯，而且变得一无所有，1828年凄惨地死去，据说是穷死的。他死前唯一的遗愿是将他的心脏挖出来送到希腊去。他的这个遗愿得到了满足，现在这颗心脏还被保存在雅典。

由于他为希腊人民的无私奉献与悲惨遭遇，他后来得到了广泛的尊敬，甚至在美国的密歇根州还有一个城市以他的名字命名，即伊普西兰蒂（Ypsilanti）。

普西兰蒂斯领导的起义虽然失败了，但已经燃起了星星之火，不久将成燎原之势。

以暴易暴

就在普西兰蒂斯举行起义后不久，1821年4月25日，另一位起义领袖热马罗斯主教在摩里亚北部的卡拉维塔向一面希腊旗帜进行了祝福，同时宣布起义，正式开启了希腊独立战争，后来这一天也被宣布为希腊国庆日。

起义者们向摩里亚的土耳其人发动了攻击，但他们不但攻击土耳其的军队，还杀向了普通的土耳其平民，据估摩里亚40%的土耳其人被杀掉了，其余的也是因为逃走了才幸免于难。

这样的暴行激起了土耳其人的极度愤慨，为了报复，土耳其人在他们统治的希俄斯岛对希腊人进行了大屠杀，这就是著名的希俄斯大屠杀。

之所以选择希俄斯岛，一是因为这里距小亚细亚半岛很近，不到五公里；二是因为这里有很多希腊人。希俄斯人一直在土耳其的经济与贸易中占有重要地位，种植业也很发达，土耳其人也一直尊重希俄斯的繁荣，甚至让希俄斯事实上处于一种近乎独立的状态。起义爆发后，希俄斯人也并没有直接参与起义，但不久一些其他岛上的希腊人冲上了希俄斯岛，对这里的土耳其人进行了屠杀，本岛也有些人开始积极参与这种危险的杀戮。这个与前面的屠杀交织在一起，当然最易成为土耳其人报复的靶子。

这样的结果就是，1822年4月22日，一支土耳其舰队装载着大批士兵登上岛屿，对当地人进行了系统的报复。据说土耳其军队接到的指令是杀掉所有3岁以下的儿童、所有12岁或者以上的男人、所有40岁或者以上的女人，只有那些愿意皈依伊斯兰教的除外。这种屠杀的结果就是，在希俄斯总共约12万人口中，最后幸存下来的只有四分之一，其余的大部分被杀掉或者卖为奴隶了，也有少数逃走了。最后岛上只剩下了2000人。至于被杀掉的人的具体数字，有人说超过5万，也有人说只有约2万。

土耳其人的暴行虽然事出有因，但还是在欧洲激起了广泛的指责，毕竟土耳其是一个政府，起义者只不过是一群无政府组织的百姓。更何况被杀掉的是基督徒，在欧洲人看来他们的命是比穆斯林的命重要得多的。因此欧洲各国对土耳其政府进行了严厉声讨，这也成了他们后来干预起义的重要原因，当时法国最杰出的画家之一德拉克洛瓦更为此画下了杰作，名字就叫《希俄斯的屠杀》。

希腊人的起义、希俄斯发生的可怕的大屠杀——当然主要是因为希腊在西方文明中的核心地位，这些都在欧洲激起了巨大的反响，许多欧洲人，既有百姓也有精英之士，纷纷参与到希腊独立战争中来，有人出钱，许多人更是直接参战。

在这些支持希腊人民独立事业的人当中最有名的就是拜伦了。

拜伦之死

拜伦是英国最伟大的诗人之一、浪漫主义的代表人物，他也为希腊发生的事所震撼，于是，他从热那亚乘船出发，越过亚得里亚海，先抵达了伊奥尼亚群岛，在这里他花费4000英镑——这在当时是一笔

这就是德拉克洛瓦的杰作《希俄斯的屠杀》。

巨款——将一艘船只改装成军舰，然后乘坐它抵达了希腊半岛西部的米索隆基，这是 1823 年 9 月 29 日的事。

这时候，在米索隆基活跃着起义军的一支，由亚历山德罗斯·马夫罗科扎托斯和马科斯·波沙里斯等领导，拜伦之所以要到这里来，就是因为这里乃是当时抵抗土耳其人最激烈的地方之一。

这位马科斯·波沙里斯我们要在这里讲一下。因为他是著名的苏里武士的著名领袖。苏里武士来自生活在希腊西北部邻近阿尔巴尼亚的苏里，这里的人一向以英勇善战而著称。他们很早就开始了反抗土耳其人的统治，波沙里斯就是他们的著名领袖之一。1803 年的时候，他们反抗失败，家乡被土耳其人占领了，于是他率领一部分苏里战士先到了科孚岛，后来加入了友谊社。当希腊独立战争爆发之后，他立即投身其中，率领一批苏里战士来到了被土耳其人包围的米索隆基。他积极投身战斗，表现出了很高的战斗素质与军事才能，赢得了起义者们的高度尊敬。

然而，就在拜伦到来前夕的1823年8月21日，因为他率领只有350名苏里战士夜袭土耳其军营，这里的土耳其士兵10倍于他们。虽然他们取得了不小的胜利，但波沙里斯却不幸头部中弹，英勇牺牲了。

其实，在波沙里斯和马夫罗科扎托斯的领导下，起义军们已经在1822年底成功地击败了土耳其人的包围，即第一次米索隆基之围。但土耳其人不甘心失败，这一年又来了，这就是第二次米索隆基之围了，它从1823年9月20日开始。也就是说，拜伦正是在它被希腊人包围之际抵达米索隆基的。但并不是完全的包围，米索隆基还有一个出海口，这时候并没有被土耳其人封锁，拜伦的舰只才得以进入。

要知道拜伦是当时全欧洲最知名的人士之一，是"诗坛的拿破仑"，希腊人等不到军界的拿破仑来帮他们，一个诗坛的拿破仑来也是很好的。何况他还带来了起义军急需的许多东西：除一艘装备好的战舰之外，还有两门宝贵的大炮、五匹战马、大量药品和其他军需物质，以及整整五万西班牙银币的巨款。这些钱主要是拜伦卖掉他的第二处祖产罗岱尔庄园得来的。

到达米索隆基后，他立即投入了战斗准备。两个来月后，围攻的土耳其人撤走了，他便和马夫罗科扎托斯商定转入进攻，目标就是附近的勒班陀，这里数百年前曾经发生过欧洲人抗击土耳其人的战斗中最为辉煌的胜利——勒班陀大海战，要是能够占领之，一定可以大大激发起义军的士气。

拜伦深知自己肩上担子很重，全副身心地投入了工作，如组织、训练起义军队伍，整顿这支农民起义军一向涣散的军纪，特别是要统一军队的领导，让它有一个坚强的核心。此外他还招募了500名骁勇善战的苏里武士，用自己的钱做他们的军饷，又从其他欧洲国家聘请军官来训练他们。他还特别注意军队的后勤，从军火粮秣到士兵的服装无不仔细关注。

除了这些与军事有关的工作外，还有一件事也耗费了他大量精力，就是团结起义军内部各派各系。虽然革命尚未成功，可这时候希腊起义者们已经开始内讧了，大家拉帮结派，各树山头。拜伦深知这种趋势若不加以抑制将对本来就不强大的起义力量产生毁灭性打击。他只得全力以赴，让这些帮派体系能够做到基本上团结一致、共同奋斗。

大家想想这一切要耗费多少精力？而一个人又有多少精力可以用来做这些

事呢？

详细的经过就不说了，如此忙碌劳累的结果就是抵达米索隆基不到三个月，拜伦就病倒了，而且经久不愈。

然而他并不把疾病放在眼里，仍强撑着身子如常工作。这年4月的一天，他又要出门，可这时正下着雨，甘巴劝拜伦稍作休息，等待雨停再走。甘巴是他美丽的情妇特雷萨伯爵夫人的哥哥、意大利烧炭党的领导者之一，自从拜伦投身革命之后他们就成了挚友，一直携手而战，这次他又随着拜伦来到了希腊。拜伦却回答他道：

"我要是连下雨也害怕，还算什么军人？"

他们继续冒雨前行，回来后拜伦便一病不起，病情越来越严重。

那时候欧洲人最通行的治病方法是所谓的"放血疗法"，就是用一把锋利的刀子在手臂上划条口子，让血流走。认为这可以包治百病。当然实际上是不管用的，许多人包括伟大的哲学家笛卡尔就是被这种可怕的疗法整死的，拜伦大概也是这样。这种疗法不但没有治好他，反而加重了他的病情。后来病情稍好之后，他又得了重感冒，使得病情进一步加重，变成了可怕的败血症，已经不可治愈，回天乏术了。

到了18日，拜伦自知大限将至，在病床上叹道：

"不幸的人们！不幸的希腊！为了她，我付出了我的时间，我的财产，我的健康；现在，又加上了我的生命。此外我还能做什么呢？"

第二天他就死了，时值1824年4月19日。

拜伦去世之后，不但全希腊为之哀悼，也在欧洲产生了巨大的反响，更多志士从各地赶来支持希腊人民的独立事业。

然而，这事业并没有因此而迅速获得成功，主要不是因为土耳其人强大，而是因为希腊人自己内讧，从1823年秋天开始，到1825年2月，希腊起义军之间竟然爆发了两次真正的内战，大家自相残杀，这就是所谓的希腊内战了。

内战大大地削弱了起义军的实力，土耳其人则得到了强援，就是来自土耳其的附庸埃及的强大舰队，他们先在克里特岛与塞浦路斯岛成功地击败了起义军，然后直扑希腊内陆，取得了一系列胜利。

在米索隆基，土耳其人也再次发动进攻，到1825年4月，在埃及舰队的支援之下，他们第三次包围之。

这一次土耳其人不但在陆上，还在海上封锁了米索隆基，守城的希腊人再也得不到任何外援了。但他们坚持抵抗、决不投降。

整整一年之后，城里已经弹尽粮绝

这就是德拉克洛瓦的名作《米索隆基废墟上的希腊》,也是整个希腊独立战争中的代表之作,或者说可以代表希腊人民的独立战争。

了，土耳其人终于攻了进去。许多希腊人宁愿自杀也不愿意投降，土耳其人展开了大屠杀，除了少数成功逃走的，其他人不是被杀就是被卖为奴隶。土耳其人事后还洋洋得意地在米索隆基的城墙上摆出了整整3000颗人头，以炫耀他们的胜利。这是1826年4月的事。

但他们这样做其实是很愚蠢的，这样的暴行再次激起了欧洲人空前的愤怒，著名画家德拉克洛瓦也再次画出了震撼人心的杰作《米索隆基废墟上的希腊》。

纳瓦里诺海战

这时候，欧洲主要大国再也不能无视土耳其人的暴行以及希腊人民的独立要求了。于是，当时三个最强大的欧洲国家英国、法国与俄国终于联合起来干涉，他们先在伦敦举行了会议，约定先要求土耳其人停止进攻，与起义者谈判，若土耳其人不答应就开战。但这时候土耳其人觉得自己快要赢得胜利了，哪肯谈判，于是，英法俄的干涉就开始了，他们派出联合舰队开进地中海，支援希腊人民与土耳其及其埃及盟军作战。

不久，联合舰队就与以埃及舰队为主的土耳其海军在伯罗奔尼撒西部的纳瓦里诺湾展开大战，这就是纳瓦里诺海战。

纳瓦里诺海战在海战史上也是有名的，因为它是最后一次使用帆船的大规模海战，此后的海战就是靠蒸汽机而不是风力驱动的了。

参战双方的兵力看上去差不多，英法俄联合舰队拥有22艘大小军舰，土耳其人则有20艘军舰外加5艘火船。但双方实际上的力量对比是相当悬殊的，主要是因为联合舰队的军舰拥有的火炮威力之大以及船员的战斗素质之高是土耳其人所无法比拟的，这已经在此前的海战中得到证明了。简言之就是，这时候土耳其国家的发展已经大大落后于欧洲，这种差距在军事力量上得到了鲜明而残酷的体现。

至于战斗的进程则相当特别。本来，土耳其人已经在纳瓦里诺湾中停泊，这里是土耳其人的地盘，但联军舰队奉命同样进驻这里，但是他们同时也得到要求，就是不可以主动攻击。

于是就出现了这样一幕奇景：土耳其人的战舰稳稳地停泊在海湾里，外面来了一大群的敌方舰队，这些军舰慢慢地开进了土耳其人占据的海湾，但双方都不开火，仿佛不是敌人一样。

也许是这种情景太让土耳其人没面子吧，毕竟这里是土耳其人的地盘，后来土耳其人发出信号，说不准他们进去。这时候联合舰队是以最强大的英国舰队一马当

纳瓦里诺海战。
(Artist:George Phillip Reinagle)

先的,后面跟着法国人,另一边则是最后跟进的俄国舰队,以两个纵队的方式进入海湾。

英国人清楚地告诉土耳其人,他们必须进入,倘若土耳其人敢先开火,他们将遭到灭顶之灾。大家心里都清楚,土耳其人是打不过强大的联合舰队的,就是其中一家都打不过,何况是三家联合作战!

一开始土耳其人也的确不敢开战,但后来看到联合舰队如此大模大样地开进了自家的海湾,对于一个军人而言可以说是公开的羞辱,于是土耳其人终于沉不住气了,他们放出了火船,准备烧掉敌舰——这应该不算用炮开火吧!英国人当然不能让这些火船过来烧自己,于是向火船开炮了,土耳其人也开始还击,海战就这么爆发了!

这时候还有另一幕奇景,就是开炮之时所有土耳其军舰都是停在泊位上的、不能移动,只能就地开火。联合舰队的大部分军舰也已经停泊好了,也只能停在那里开火。于是就造成了从来没有过的奇怪的大海战:绝大部分军舰都是停在那里的,而且是许多军舰停泊在一个水面并不开阔的海湾里,相互之间距离很近、彼此清晰可见,然后就这么停在那里猛烈开火,大炮互轰。

当然,总的来说是联合舰队占了便宜,因为它们毕竟还有一部分军舰可以自由移动,这种机动性在海战中是极为重要的，何况他们在火炮的威力上还有着巨大的优势。

战斗结果不用说了，土耳其人再次惨败，实际上整个舰队都被摧毁了。土耳其士兵虽然个个殊死奋战，但奈何他们的武器不行。至于联合舰队，虽然有几艘军舰也受了重伤，但无一艘沉没，军人的伤亡也不到土耳其人的十分之一。这是1827年10月20日的事。

此战之后，土耳其人并没有投降，苏丹甚至还以哈里发的名义向全体穆斯林发出了圣战的号召，要与欧洲基督徒决一死战。但这是没有用的，俄罗斯人乘机又一次发动了俄土战争，这就是1828—1829年俄土战争，也是漫长的俄土战争的第九次。一开始并不顺利，因为他们的统帅彼得·维特根斯坦元帅身体不好，后来他被撤换了，新帅统军在黑海沿岸再次打败了土耳其人，强迫土耳其人签署和约，再次割让了大片土地。

与此同时，法国人也出兵中部希腊，南部希腊早就在起义军的控制之下，在他们的支持之下，中部义军也乘势出击，迅速占领了大片地区。

在这样的背景之下，土耳其苏丹自知无力再战，于是双方终于坐下来谈判。

到1832年，各方召开了有关希腊独立的伦敦会议，英法俄三巨头决定建立独立的希腊王国，并指定德意志巴伐利亚的王子奥拓为国王，还商定了土耳其与新希腊的边界线。这条边界线将北部希腊的大片地区划给了土耳其，还同意向土耳其支付一笔巨款，作为其丧失了大片希腊领土的赔款。当然核心是承认了希腊的独立与自由，三强还同意为未来的希腊独立提供保证。

这样的条款土耳其人与希腊人都不满意，但也都可以接受——当然不接受也不行。

于是，根据上面的条款，各方于1832年5月7日正式签署了《君士坦丁堡条约》，希腊人在被土耳其人统治了四百余年之后，终于获得了独立与自由。

在本章的结尾，我要引用一下为希腊人民付出了生命的拜伦的名诗——《哀希腊》：

希腊群岛啊，希腊群岛！
你有过萨福歌唱的爱情，
你有过隆盛的武功文教，
太阳从你的提洛岛诞生！
长夏的阳光还灿烂如金——
除了太阳，一切都沉沦！

开俄斯歌手，忒俄斯诗人，
英雄的竖琴，恋人的琵琶，
在你的境内湮没无闻，

诗人的故土悄然喑哑——
他们在西方却名声远扬，
远过你祖先的乐岛仙乡。

巍巍群山望着马拉松，
马拉松望着海波万里；
我沉思半晌，在我的梦幻中
希腊还是自由的土地；
脚下踩的是波斯人坟墓，
我怎能相信我是个亡国奴！

有一位国王高坐在山顶，
萨拉米海岛展现在脚下；
成千的战舰，各国的兵丁，
在下面排开——全归他统辖！
天亮时，他还数去数来——
太阳落水时，他们安在？

他们安在？祖国呵！你安在？
在你万籁齐喑的国境，

英雄的歌曲唱不出声来——
英雄的心胸再不会跳动！
你的琴向来不同凡响，
竟落到我这凡夫手上？

……

满满倒一杯萨摩斯美酒！
树荫下，少女们起舞翩翩——
一对对乌黑闪亮的明眸，
一张张鲜艳的笑脸；
想起来热泪就滔滔涌出：
她们的乳房都得喂亡国奴！

让我登上苏尼翁石崖，
那里只剩下我和海浪，
只听见我们低声应答；
让我像天鹅，在死前歌唱：
亡国奴的乡土不是我的邦家——
把萨摩斯酒盏摔碎在脚下！

第 24 章　意大利之战
——两个英雄、一个国家统一了意大利

意大利与希腊一样，都是西方文明的两大早期核心，一个以文化名世，另一个则以武功名世，各有擅长，就像西方文化中的双璧一样，一文一武、交相辉映。

同时，希腊与意大利还有另一个特点——都是地中海大国，它们都是两个半岛，深深扎入地中海之中，可以称得上是地地道道地中海国家。所以，正如不了解希腊与意大利就无从了解西方一样，倘若不了解希腊与意大利同样也无从了解地中海。

正因如此，现在当我们要讲地中海时，当然要讲意大利。

还有，我们所要讲的并非地中海的整个历史，而是以战争为中心的历史，意大利恰恰也是这样，在这个国家漫长的历史之中，从遥远的古罗马开始就一直有着连绵不断的战争。

所以，讲意大利的历史时，换个角度说就是一部战争的历史。

分裂与战争

我们前面已经说过了古罗马及其崩溃，还有崩溃之后意大利一度被日耳曼蛮族东哥特人统治，后来查士丁尼大帝驱逐了东哥特人，重新将几乎整个意大利都纳入自己的版图。但那为时很短。不久之后，一支新的强大力量入侵了意大利，那就是伦巴第人。

伦巴第人最早生活在斯堪的纳维亚半岛南部，后来随着人口的繁盛，逐渐强大起来，并且开始往外掠取新的土地。他们先到达了日耳曼人生活的欧洲西北部地区，后来继续往南，灭掉了日耳曼人的一支格皮德人之后，力量更加壮大。于是继续南下，就到达了意大利半岛北部了。

这时候的意大利北部可以说是满目疮痍，由于连绵不断的战争，使这里几乎荒无人烟了，东罗马帝国与这里相距遥远，无暇顾及，因此伦巴第人得以轻松地进入并

且占领这里。然后继续南侵，又占领了意大利中部，后来他们在这里建立了伦巴第王国，这个王国也被称为意大利王国，这也是最早称之为"意大利"的国家了。

这个王国存在了两百余年，即从6世纪中期到8世纪中期。这时候，另一个更为强大的力量出现了，这就是另一支日耳曼人法兰克人，他们占领了原来属于罗马帝国的整个高卢地区，建立了强大的法兰克王国，后来更涌现了一个伟大的君主，这就是查理曼，由于其建立了一个大帝国，因此又被称为查理曼大帝。

查理曼大帝所要征服的主要目标之一就是南部的伦巴第人，经过一系列战争，他于774年灭掉了伦巴第王国，将其领土纳入自己的版图。

此后的事我们前面也提过了，814年，查理曼死了，他的儿子路易继位，840年路易死后，他的大儿子罗退尔继位称帝。三年后，他和两个弟弟在凡尔登签订条约，将国家一分为三：秃头查理获得法兰克西部、日耳曼路易获得法兰克东部、罗退尔获得法兰克中部和南部。

这三部分后来就形成了三个独立的国家，分别是法国、德国、意大利。

不过罗退尔领有的只是意大利的部分地区，其中南部依旧由一些伦巴第贵族统治，但不再称为王国，而是一个公国，后来它的势力不断壮大，一度在意大利中南部拥有大片领土，这就是贝内文托公国。但后来发生内战，到了849年，公国被一分为二，一部分还是称为贝内文托公国，另一部分则称为萨勒诺公国。

至于意大利半岛的最南部，这里长期忠于东罗马帝国。正因为如此，当阿拉伯人进攻东罗马帝国之时，自然也攻击了意大利南部尤其是西西里岛，这些我们前面都说过了。

但这只是大致的情形，实际上这时候的意大利已经是四分五裂。我们知道，中世纪的特点就是封建制，所谓封建就是封邦建国，由于种种原因，意大利产生了许多的小国家。到了1000年左右时，意大利已经被分割成了10个以上的大小国家，如伦巴第王国、维罗那侯国、托斯卡尼侯国、贝内文托公国、教皇国，当然还有著名的威尼斯共和国，等等。

后来，诺曼人也进入了意大利，这我们前面在讲西西里岛的历史时也说过了，诺曼人实际上主要就是来自法国诺曼底的一个家族，以罗杰一世为代表，征服了西西里岛与意大利南部地区，1130年圣诞节，在巴勒莫的大教堂，罗杰成为了西西里国王，后来他的儿子罗杰二世继续扩张，不但在南意大利拥有大片的领土，他还征服了地中海中的马耳他岛，此外在北非也占领了一些地方，总之是当时欧洲最强大的国家之一。这是11世纪的事。

但这个西西里王国也并不长久，后来归属了神圣罗马帝国，具体原因我们前面也提过了，由于罗杰二世没有子嗣，西西里岛归于了来自意志施瓦本的霍亨斯陶夫家族，因为他唯一的女儿嫁给了出自这个家族的亨利四世——他也是神圣罗马帝国的皇帝。这样一来，西西里岛也归于神圣罗马帝国的统领之下了，但在弗里德里希二世于1250年去世后，帝国分裂，到1266年时，西西里岛归于法国王子安茹的查理之手，同时他也在南意大利拥有大片领土。到了15世纪又转到了西班牙的亚拉冈王朝手中。

至于意大利的另外一个重要地区，即撒丁岛，本来一直是由东罗马帝国统治的，由于相距遥远，当东罗马帝国衰退之后，这里也成了一个独立国家，后来也归属了亚拉冈王朝。

除了这些比较大的国家之外，中世纪时，在意大利特别是北部还有许多独特的国家，即城市国家，这些国家有点像古希腊的城邦，面积不大，通常只有一个城市及其附近的郊区，大部分的城市国家只是一个或者几个城市而已。这些城市国家虽然面积不大，人口也不是很多，却在意大利乃至世界的历史之中扮演了重要角色，因为正是这些城市国家促成了伟大的文艺复兴。其中最伟大的代表当然就是佛罗伦萨了，从它诞生了许多伟大的文艺复兴巨匠，如艺术的三大师——达·芬奇、米开朗基罗与拉斐尔，还有文学的三大师——但丁、彼特拉各与薄伽丘，等等，都来自佛罗伦萨，所以其乃是文艺复兴的中心。此外还有米兰、那不勒斯、比萨、帕多瓦，等等，为数很多。

这些城市国家彼此之间为了争夺领土也互相争斗，甚至爆发战争，不过参战的主要是由雇佣军而不是城市平民，因为这些城市国家的领导者大都是些商人，城市本身也比较富有，因此他们都出钱请人帮自己打仗，这也是意大利城市国家战争的一大特点。但后来，一则由于可怕的黑死病的横行，它在1346—1353年间夺去了少则7500万、多则2亿的人口，占当时欧洲全部人口的一半甚至可能更多，其中意大利更是黑死病的重灾区，使其蒙受了巨大的损失。二则由于大家清楚地看到了这样的战争除了给彼此造成巨大的损害之外一无好处，因为事实已经很清楚：没有哪个城邦包括其中最强大的如威尼斯、热那亚或者佛罗伦萨以及米兰等有可能据有整个北意大利，更不用说整个意大利了。在这样的情形之下，上述几个大国就联合起来，于1454年签署了洛迪条约，结束了一度连绵不断的战争，后来更建立了一个意大利联盟，北意大利各个大国之间取得了均势，也达致了数十年的和平。

但也就数十年而已，到1494年，和平就结束了，因为意大利北面的强邻法国入侵了。

异族入侵

这次入侵实际上又是意大利人自己导致的，当时统治米兰的卢多维科·斯福尔扎为了对抗日益强大的威尼斯人，竟然主动将法国人引入了意大利。1494年，法王查理八世率军25000人进入意大利。对于这些小小的城市国家而言简直是一支无法抵抗的大军，因此他们也就不作抵抗，任由法国人进入比萨、佛罗伦萨，甚至进入了罗马。但唯有那不勒斯人不服气，杀了法王派来的使节。为了报复，法国人包围了那不勒斯，攻克之并将城中几乎所有人杀戮殆尽。这激起了意大利人的极大愤慨，但他们又怕打不过法国人，于是以威尼斯人为首，联合了意大利各主要国家，还有神圣罗马帝国以及西班牙人，组成了一个大同盟，向法国人开战了，原来引入了法国人的米兰人现在也后悔了，加入了反法阵营，并且成为积极分子。

一开始，查理八世的一位将军在意大利南部与那不勒斯人和威尼斯人组成的联军的战斗中取得了大胜，差点逮住了原来从那不勒斯逃走的国王斐迪南二世。这就是发生于1495年6月的塞米纳拉之战。

但这场胜利并没有带来多好的结果。因为意大利人现在联合起来了，还有了西班牙人这样的强援，查理八世知道终究打不过，就率军回法国去了。但以威尼斯人为主的联军在北部的帕尔马附近阻拦法军，于是双方在福尔诺沃展开了激战。

战斗过程相当残酷，但结果却不好说，双方都宣称自己是胜利者，并且都有道理。对于法国人而言，他们杀掉了更多的敌人，自己的损失只有一半，并且胜利地继续前进，回法国去了。对于盟军而言，他们抢走了法国人不少东西，当然更重要的是将法国人从意大利赶走了。而查理八世劳师动众，结果一无所获。从这个角度而言法国的确是失败者。这是1495年7月的事。

但这只是漫长的意大利战争的序曲而已，此后这样的战争还爆发了多次，包括1499—1504年的第二次意大利战争、1508—1516年的康布雷同盟战争、1521—1526年的意大利战争、1526—1530年的科涅克联盟战争、1536—1538年的意大利战争、1542—1546年的意大利战争、1551—1559年的意大利战争，等等，几乎无时不有，使整个意大利陷入持续不断的战争与动乱之中。

达·芬奇与蒙娜丽莎

对于意大利人而言，这些战争中的大部分和他们似乎是无关的，因为主要是由外国人及其雇佣军进行的，这些年间意大利尤其是各城市国家在继续发展，文艺复兴也在继续进行。

当然，它们对于正在进行的文艺复兴也不是没有影响的，例如1482年时，米兰公爵卢多维科·斯福尔扎请达·芬奇为他的父亲雕刻一座骑马像，达·芬奇答应了，并且为此进行了精心的准备，还画出了草图，至今依然保存着，被称为列奥那多的马（Leonardo's horse）。倘若真的能够雕刻出来的话，将是世界上最大的骑马像，然而1495年，当我们前面说过的第一次意大利战争爆发时，查理八世准备入侵米兰，为了抵挡法国人，米兰人将当时已经准备好的用来铸造马匹的大量青铜转用于铸造兵器了。这样一来，那匹将可能成为米兰新象征的巨马也就不可能诞生了。

还有，在康布雷同盟战争期间，1515年9月，法国人与瑞士人进行了一场大战，这就是马里尼亚诺战役，法军在法兰西斯一世的统领之下取得大胜，这时候与瑞士人结盟的就是米兰人，战后法兰西斯一世率军占领了米兰，为了摆脱危局，米兰人请教皇出面和法兰西斯一世进行谈判，达·芬奇作为当时最有名的人物之一也参加进来了。并且立刻赢得了法兰西斯一世的友谊与尊敬。此后，也许是作为停战条件之一，也许是自愿地，达·芬奇跟着法兰西斯一世离开了意大利，到了法国。后来，法兰西斯一世将位于昂布瓦兹——这时候是他的宫廷所在地——附近的一座小城堡克洛斯卢斯交给了达·芬奇，达·芬奇就在这里度过了生命中最后的三年时光。

我们或许想知道为什么达·芬奇的旷世名作《蒙娜丽莎》不是在意大利而是在法国的原因，原因就是当达·芬奇离开意大利时将它带走了，带到了法国。后来作为遗产交给了他的弟子和继承人、非常年轻英俊甚至性感的萨莱，萨莱又将之以当时的高价卖给了法兰西斯一世，所以自然归法国人所有了。

我想，倘若法国人入侵意大利得到了什么好处的话，这就是了！而且这好处是永恒的，其意义恐怕就是一座城也比不上吧！

长达百余年的意大利战争虽然结束了，但对意大利而言这同时也是其独立的结束，因为在意大利战争期间，欧洲的几

这就是堪称世界上最著名的画作《蒙娜丽莎》，现在是卢浮宫的镇馆之宝，也是法国的镇国之宝。

大力量法国人、西班牙人与德国人（神圣罗马帝国、即以奥地利为核心的哈布斯堡王朝）深深地介入了意大利，意大利已经不再是意大利人的意大利了，而成了各大国角力的战场，也成了战利品，胜利者得之、失败者失之。

拿破仑来了

一开始，西班牙人成了最大的赢家，取得了几乎整个北意大利的统治权，并且持续了一百余年，即从1559—1714年。1714年之后，作为西班牙王位继承战争结束后签订的乌得勒支条约的一部分，奥地利从西班牙获得了那不勒斯、米兰与撒丁等地，于是成为了此后统治意大利最大的外国势力。

又过了70余年，到1789年法国大革命爆发之后，奥地利成为反对大革命最积极的国家之一，由于它统治着北意大利，因此从这里出兵攻击法国，使法国面临腹背受敌的被动局面。为了摆脱困境，革命政府派出军队进入意大利，一开始取得了一些胜利，但后来陷入了难以自拔的困境。既不能进、又不能退。骑兵没有马、步兵没有枪，甚至连吃的穿的都没有。正是在这种情形之下，拿破仑被任命为意大利方面军司令，前来处理这个烂摊子。

拿破仑一到这里就显示了他大将之才中的另一种才能：善于鼓舞士气。他刚一上任就对他的士兵们发表了一通有名的演说，他说：

士兵们，你们缺吃少穿，共和国亏欠你们很多，但国家还没有力量还这笔债。我来是为了带领你们打进天下最富庶的平原，丰饶的省区、富裕的城镇，全都等着你们去处置。士兵们，你们面临这样的前景，能不鼓起勇气、支持下去吗？

听了司令的演说，饥寒交迫的士兵们眼前顿时出现了一盘盘烧鸡烤鹅、一匹匹绫罗绸缎、一块块金元银元，顿时口水直流，精神倍长。

拿破仑统领这支打扮得像叫花子却士气高涨的队伍，穿越阿尔卑斯山，向驻在那里的奥地利军队发动了进攻。

这时，奥军无论从人数还是装备上都要比法军强大得多，拿破仑决心以智胜之，采取了灵活机动的新战术。他看到奥军按常规兵分三路，分进合击，决定集中优势兵力，各个歼灭敌人。他先集中主力，向三路敌军中的中路发动了猛攻，当中路奥军发现自己面对的是法军主力时已经陷入了重围，在法军猛攻之下，立即土崩瓦解。

中路被歼之后，另两路敌军大惊失色，士气聚降，而且彼此失去了联系，只能各自为战。拿破仑乘机发动了总攻，这时的法军因为胜利斗志更盛，拿破仑亲率大军马不停蹄地穷追猛打，先后击溃了东西两路敌军。距他发动进攻之日不到一个月就已经兑现了对士兵们许下的诺言，把富庶的意大利平原踩在脚下。

他的胜利在法国和巴黎激起的反响是空前的，人们把他当成了民族英雄。因为以前法军在国外也取得过胜利，但从没有如此辉煌。

不过，意大利之战远没有结束，因为拿破仑下一步要面对的是更加强大的敌人。

得到在意大利惨败的消息，奥地利帝国政府立即再派大军驰援。富庶的意大利平原乃是奥地利的粮仓和钱包，他们怎能失去？

拿破仑先后面对的对手是三个：第一个是博利厄，第二个是维尔泽姆，第三个是阿尔文齐。这三个人都是当时久负盛名的沙场老将，足以与任何将领比肩——除了拿破仑。可惜的是，他们面对的恰恰是拿破仑，一到拿破仑面前，他们极为丰富的战争经验反而成了他们失败的主因。

我们在这里不再谈论后面的意大利之战的详情，它的内容比前面一战更为丰富多彩。这里只用简明扼要的几句话来概括：

拿破仑总是用极其巧妙而灵活机动的战术牵着敌人的鼻子走，使敌人疲于奔命，士气日渐低落。而且他往往能像前面的战斗一样，虽然总兵力远少于敌人，却能在一战中集中优势兵力，各个歼灭敌人。

一旦交战，拿破仑总是身先士卒，英勇非凡。如在著名的"通过洛迪桥的恶战"中，他亲率士兵，冒着对岸奥军的枪林弹雨，率先冲过了洛迪桥，占领了横跨波河的战略要道，被士兵们亲切地称为"小伍长"，因为他的行为好像他不是总司令，而是一个小伍长一样。

他的这些行为给了其他士兵一个最好的表率，所以，法军，从将军到士兵，在战斗中都个个奋勇当先。两军相遇勇者胜，勇敢加上高超的指挥艺术，法军哪有不胜之理？

还有一点，长远说来，这对他的成功也许更加重要，就是拿破仑对士兵的钟爱。这里举一个真实的例子：在攻打曼图亚这座意大利最坚固的要塞时，拿破仑率军急行整整一天一夜，到达曼图亚后才开始休息。但拿破仑没有，他到处巡视，后来到了一处岗哨，看到哨兵竟然睡着了。他什么也没有说，只是悄悄接过了哨兵的枪，替他站岗。

这个士兵终于醒过来时，发现了替他站岗的总司令。他吓得顿时出了一身冷汗，以为自己这次死定了，而且自己的确

这幅画描绘了拿破仑率军包围曼图亚的情景。
(Artist: Victor Adam)

该死。他绝望地跪倒在总司令面前。拿破仑将他扶起，告诉他自己并不责怪他，因为他们不但要艰苦作战，而且路途遥远，人很疲惫，打下瞌睡是合理的，他也会谅解，但以后一定要小心，因为倘若敌人这时候乘虚而入，可能导致他自己甚至全军的覆灭。

不用说，他这样的话立即通过这个哨兵之口传遍了全军，他赢得了士兵们的衷心拥戴。即便只为了拿破仑，他们也可以毫不犹豫地战死沙场。

正由于拿破仑上面这些优点，他接连击败了奥地利不断派来的精锐之兵和能战之将。最后，博利厄被赶走，阿尔文齐被彻底击败，更了不起的是，乌姆瑟尔这位年过七十、奥地利最负盛名的老将之一，在走投无路的情况下，向拿破仑交出了佩剑。而拿破仑为了尊重这位名将，当他走出曼图亚城门前来投降时，自己跑到外地去了。展现了拿破仑赢得胜利的另一项优秀品质——对敌人的宽容。

再有著名的曼图亚之围，发生于1796—1797年。

为了救援被围困在曼图亚的大军，奥地利人派出了多支救援部队，但都被拿破仑一一击败，并且极大地杀伤了奥地利人的有生力量。在这一年里，拿破仑以区区5万名装备不齐的疲惫之师横扫北意大利，取得了以下战绩：

包括15万名战俘、170面军旗，陆军缴获了550门攻城炮、600门野炮，海军还缴获了9艘64炮军舰和12艘32炮巡洋舰以及12艘海防舰。另外解放了波伦亚、斐拉那、摩吉纳、马撒-卡那拉、罗马尼阿、伦巴第等广大地区的人民。甚至还有一大批艺术杰作，包括米开朗基罗、提香、拉斐尔甚至列奥纳多·达·芬奇的巨匠的作品，其价值更是无以估量。

最后，拿破仑还献给法兰西人民一面军旗，这面军旗一面写着："祖国感谢意大利方面军"，另一面记录着以上的战绩。

正是挟着在意大利取得的辉煌荣誉，拿破仑回到了法国，但当时掌权的督政府和国民议会虽然一方面为拿破仑举行了最盛大的欢迎仪式，然而在他们热情无比的拥抱之下，拿破仑看到的却是嫉妒与危险。于是，一方面为了摆脱危险，另一方面为了继续扩张胜利果实，拿破仑决定远征埃及，但结果我们前面已经说过了。

埃及冒险失败后，拿破仑于1799年11月9日即共和历是雾月18日发动了雾月政变，兵不血刃地成了法国的统治者。

成了法国实际上的统治者后，拿破仑又把目光转向了他赢得荣誉的意大利。这时奥地利人又攻入了意大利，把拿破仑从它手里夺过来的土地又抢了回去。他的意大利方面军被击溃，残部有的逃回了法国、有的在意大利的深山老林流窜。

拿破仑决心重现在意大利的光荣。

这时的法军已经尽失当初拿破仑取得的光荣，拿破仑在重现光荣的过程之中又重现了他惊人的指挥艺术。

他先派深得士兵爱戴的马塞纳去担任意大利方面军司令。马塞纳一到达意大利，他的名字立即把已被打散的法军残部吸引了过来。至于拿破仑自己，他一方面装着要重建庞大的新意大利方面军，并且大张旗鼓地做着各种战争准备，包括从边境各地调兵遣将。另一方面却悄悄地在法国内地各省招兵买马，建立了一支全新的大军。这才是真正的新意大利方面军。

1800年5月，拿破仑大模大样地离开了巴黎，说是去视察新的意大利方面军。他也果真去视察了，但检阅一过，他立即悄悄奔向日内瓦，这时日内瓦尚在法军占领之下。拿破仑在这里勘测了附近阿尔卑斯山的圣柏纳德大山口。这里地势险要，要翻越它真是难于上青天。

但拿破仑决心就要在此翻越。

他亲统三万余大军来到了圣柏纳德山口，他的秘书布里昂后来在《回忆拿破仑》中写道：

第24章 意大利之战

这幅大卫的名作描绘了拿破仑率军通过圣柏纳德山口，穿越白雪皑皑的阿尔卑斯山的情形。

到了圣彼埃，路的外观就消失了。这支由骑兵和步兵组成的部队从此不得不用肩膀负担了全部军火，包括40门野炮和其他辎重。我们在怪石嶙峋和永久积雪的山顶攀行，这是只有羊倌、羚羊以及走私分子才敢来的地方。走在这样的悬崖峭壁上一失足就没命。头顶的冰川一枪就足以引起雪崩，所跨越的无底深渊里满是冰块雪堆……

拿破仑与最艰苦的炮兵们走在一起，即使在最危险的地方也镇定自若，他的榜样极大地鼓舞了士兵们，帮他们克服了难以想象的困难，跨越了天险。

当他们从天而降般地出现在波河平原上时，奥地利人完全没有料到，一些最重要的地段竟然无人防守，在法军的猛击之下，作鸟兽散。

但他也一度遭到优势敌人的攻击，全

军处于危殆之中,但关键时刻法军拼死战斗,终于在一天之内反败为胜。在战斗之中,拿破仑处处身先士卒,他的勇敢使他的士兵们更加勇敢,这是法军面对比自己占据大优势的敌人时仍能屡战屡胜的关键。

这就是有名的马伦哥战役,发生于1800年6月14日。

这一战后,拿破仑再次彻底击溃了奥地利大军,把一度失去的意大利重新夺了回来。这时他离开巴黎才一个月。

此后,几乎整个意大利都属于拿破仑了。他将意大利分成北南两部分,北部建立了所谓的"意大利王国",他自己当国王,并且是他所建立的法兰西帝国的一部分。南部则建立了那不勒斯王国,他的妹夫缪拉是国王。

后来拿破仑的命运我们也知道,1814年他因征俄失败而实力大损,最后在第六次反法同盟的大军压境之下,帝国崩溃了,不得不宣布投降。根据这一年召开的维也纳会议,意大利要恢复原状,也就是奥地利将重新恢复昔日的地盘,包括威尼斯以及北意大利的大片领土。

但这时候的意大利已经不是过去的意大利了,意大利人民已经觉醒了,他们要求建立属于自己的国家!

于是,一场新的运动——统一意大利的运动——就开始了,而它的起点就是维也纳会议。

意大利独立战争

维也纳会议之前,意大利是由拿破仑统治的,由于拿破仑采取了一系列措施惠及广大意大利人民,他们对拿破仑的统治比对奥地利人要满意得多,因此只要拿破仑仍在,他们是不会谋求统一与独立的,至少不会以激烈的手段去谋求。举个简单的例子说,拿破仑一开始成立的以他为总统的意大利共和国(后来更名为意大利王国)的副总统弗朗西斯科·梅尔齐就是意大利著名的爱国者,毕生追求意大利的统一。连他都愿意与拿破仑合作,何况其他意大利人呢!但对奥地利的统治则不一样,意大利人民可以说积怨已久,此前好不容易摆脱,正在庆幸时,突然又得到消息要恢复奥地利人在意大利的统治,这对于广大意大利人民而言无异于当头一棒,是他们无论如何不能接受的,于是他们就掀起了反抗奥地利统治的运动,换言之就是谋求意大利独立与统一的运动。

在统一运动之初起主要作用的是著名的烧炭党人。这个组织成立于19世纪初,参加者主要是一些中产阶级与知识分子,不但热爱意大利而且富有革命的浪漫主义精

地中海战史 —— 第 24 章　意大利之战

这幅画所描绘的就是马伦哥战役。

(Artist: Baron Lejeune Louis-François)

神，也非常勇敢，但由于他们总是一小撮人，热衷于搞小规模的密谋式暴动，因此成不了气候。原因不难理解：几十个几百个革命者面对成千上万的奥地利大军时，他们如何是对手呢？但不管怎样，他们在欧洲是很有名的，连拜伦也是积极的参加者，甚至准备和他们一起进行武装起义，不成功才跑到希腊去的。

除烧炭党人之外，独立运动最重要也最有名的两个领导者就是两个朱塞佩，即朱塞佩·马志尼和朱塞佩·加里波第。

这两位都是历史上有名的人物，因他们对祖国的忠诚与无私奉献而一直受到广泛的崇敬，我们在这里都要介绍一下。

马志尼与"青年意大利"

马志尼1805年出生于热那亚，他的父亲是一个大学教授，也是法国大革命中雅各宾派的支持者，他的母亲则是一个著名的美人以及虔诚的冉森派基督徒。出生在这样的家庭，使马志尼从小就受到了良好的教育，14岁就上了大学，21岁就获得了法学博士学位，此后他成为了一个律师、作家与记者。这时候在意大利已经兴起了独立运动，最有名的组织就是烧炭党，于是马志尼也在1827年参加了这个组织，很快成为其中的重要一员，但几个月后就因为从事革命活动而被捕入狱，四年后才被放出来。

此后，他来到了法国南部的马赛，在这里有许多意大利人，大都是因为搞革命而被迫流亡到这里的。革命活动外，他在这里还遇到了一个在他生命中扮演过重要角色的人，就是西多妮。西多妮比马志尼年长一岁，长得很美，也是一位意大利流亡者，她的丈夫同样是一位革命者，但这时候已经去世。马志尼经常去她家中拜访——她的家也是革命者们的一个活动中心，很快两人就擦出了爱的火花，并且同居，后来生了一个儿子，可惜早逝。

在马赛，马志尼建立了自己的革命组织，叫"青年意大利"，目标是在意大利建立"统一、独立、自由的共和国"。这个组织与烧炭党人不一样，烧炭党人总是想组织一小撮人搞秘密活动，在马志尼看来这是行不通的，想取得革命的胜利就要发动全体人民起来共同奋斗，他后来的起义活动也都是这样子的，不再是小规模的暴动而是大规模的起义。

马志尼的宗旨很快获得了相当的成功，他的支持者遍及意大利。到1833年已经有6万之众，完全可以组成一支大军了。他准备这一年在北部的萨伏依发动第一次起义。但起义前就被当地政府知道了消息，迅即遭到镇压，大批革命者被捕，其中12人被处死，马志尼最好的朋友、青年意大利热那亚分支的领导人鲁菲尼也自杀身亡，不用说这对马志尼是沉重的打击。

但他并没有气馁，他逃到了瑞士，在那里继续组织起义，这时候另一个人也参加了青年意大利，这就是加里波第，并且迅速成为最为活跃且能干的革命领袖之一。

1834年，马志尼在瑞士被捕，后来被驱逐到了法国，不久又在巴黎被捕，但很快被释放，因为他答应离开法国到英国去。

到达英国后，他在这里更活跃了，他创办了一份叫《人民使徒》的刊物，宣传革命。刊物迅速获得了成功，但也遭到了统治阶级的仇恨，特别是在意大利，有些人甚至因为读了他的杂志就被处死了。

马志尼还办了一所学校，使生活在伦敦的贫穷的意大利孩子也能接受教育。这时候，他的青年意大利已经不但在意大利，在全欧洲都产生了巨大的影响，类似的组织如"青年波兰"、"青年德意志"、"青年瑞士"等纷纷成立，甚至土耳其也现出了"青年土耳其"，后来还有了一个总的组织叫"青年欧洲"。他还给欧洲乃至世界各地许多革命人士写了大量信件，以宣传他的革命理想。这些都使得他成了伦敦最知名的人士之一，也赢得了不少杰出的英国人的友谊，其中包括我们熟悉的思想家与作家卡莱尔——名著《英雄、英雄崇拜以及历史中的英雄》的作者。

1843年时，发生了这样一件事，在当时也引起了轰动。就是他的两个支持者，都是年轻的奥地利海军军官，准备来意大利投身革命，结果刚在那不勒斯登陆就被捕并处死了。马志尼高度怀疑这是因为英国当局私下拆开了他写给两个革命者的信，在其中得知了他们的行踪并将消息透露给了那不勒斯当局。经过调查，被证明的确如此！这种公然侵犯公民基本隐私权的行径在英国引发了人们的愤怒，也使马志尼得到了更多的支持者。

到1848年，这一年欧洲许多地方都爆发了革命，这些革命与马志尼思想的影响是分不开的，在意大利当然也是如此，特别是米兰人民，他们发动起义，赶跑了奥地利人并且建立了自己的政府。马志尼听到这大好消息后，立即赶到了米兰，但他在这里并没有受到自己意料中的欢迎，为什么呢？因为这时候已经爆发了第一次意大利独立战争，米兰就是战争的中心地之一，但这次战争并非像马志尼所设想的一样将建立人民政府，而是由当时的皮埃蒙特-撒丁王国的国王查理-阿尔伯特收获了革命的果实，并且这时候他已经对奥地利宣战，发动了正式的国家之间的战争。

原来，1848年革命爆发之后，一直想统一全意大利的查理－阿尔伯特想火中取栗，将奥地利人从意大利赶走，好达成他的理想。于是，他联合当时意大利最强大的另外两支力量，即教皇国与两西西里王国，一起向奥地利人宣战，从而发动了意大利独立战争。

双方的第一次大战是戈伊托之战，发生于1848年5月，奥地利人失败了，不过这是一场小规模的战斗，双方死亡的人也很少，加起来不过数百人而已。但是，由于担心倘若查理－阿尔伯特继续胜利将会影响到教皇以及西西里国王的利益，后者在戈伊托之战后就将军队撤走了，只剩下撒丁人在继续作战，而他们要面对的是强大的奥地利人，这当然是不利的。因此，在不久后于1848年7月的库斯托扎战役中，奥地利人取得了胜利，乘胜占领了米兰，将查理－阿尔伯特和他的军队赶回了自己的国家。

但查理－阿尔伯特并没有气馁，他积蓄力量，不到7个月之后，他又向奥地利人开战了。

这次他遭遇了更大的失利，先在伦巴底，然后于1849年4月的诺瓦拉战役中，他

这幅画所描绘的就是诺瓦拉战役，是役撒丁王国惨败，意大利暂时失去了独立的机会。
(Artist:Albrecht Adam)

都被击败了，特别是在诺瓦拉战役中，他出动了45000人的军队，这可以说几乎是他此时的倾国之兵了，奥地利人则有7万大军，但这只是奥地利军队的一小部分，由于实力悬殊，且又没有得到外部的支援，包括意大利同胞们的支援，查理-阿尔伯特再次战败，并且是大败，奥地利人甚至打到了他的首都都灵附近。

面对这样的失败，查理-阿尔伯特只得以退位来承担责任，将王位让给了自己的儿子维克托·伊曼纽尔，自己退隐到了葡萄牙，不久就在那里去世。

作为战败的后果，撒丁王国被迫支付6500万法郎的巨额赔款给奥地利人。第一次意大利独立战争以意大利人的失败、奥地利人的胜利而告终。

对于马志尼而言，那场战争与他无关，不是他要的人民起义。而且这样的起义已经有了，特别是在罗马，罗马人民举行了起义，加里波第听到这消息也率军奔向罗马，教皇一看形势不对，逃往法国去了，起义者们成立了罗马共和国，马志尼到达罗马之后，因为他的崇高声望，被选为共和国的总理。

但好景不长，不久，查理-阿尔伯特被击败了，法国人也出兵支援教皇，在拿破仑著名的大将尼古拉·乌迪诺的儿子查理·乌迪诺的统率下进抵罗马，经过两个月围攻，攻陷了罗马城，马志尼和加里波第被迫再一次走上了流亡之路。这是1849年7月底的事。

马志尼则先跑到了马赛，后来又逃到了瑞士。

此后，马志尼又举行了一系列起义，但都失败了，这对于他的意志与声望都是相当沉重的打击，他慢慢地变得消沉了，成了一个怀疑主义者——不相信意大利能够获得独立。

但事实上，这时候的意大利独立运动已经是黎明前的黑暗，不是因为马志尼的起义产生了多大效果，那被证明是没多大用处的，因为意大利人民很难大规模地参加起义，而小规模的起义面对奥地利大军时根本没有胜机。所以，意大利独立的方式已经很清楚：就是必须基于意大利的本土王朝即撒丁王国，这个王国所拥有的力量是任何起义者所不可能拥有的。但马志尼没有看到这一点，所以在屡遭挫折之后，对意大利的未来一片悲观失望。

特别是，马志尼这时候与独立的最主要力量撒丁国王以及他的首相加富尔发生了严重对立，他反对加富尔的政策，加富尔则称马志尼为"刺客头子"。

在马志尼反对的加富尔的政策之中包括他与当时的法兰西第二帝国的皇帝拿破仑三世的联盟，为此，1859年2月马志尼甚至和当时一些知名的意大利革命人士公开发表了一份反对宣言。但历史证明马志尼的反对错了,因为他所反对的撒丁王国与法国的联盟已经发动了第二次意大利独立战争。

在第一次独立战争中败于奥地利之后,撒丁王国的国王特别是他的首相加富尔清楚地认识到,只依靠撒丁王国的力量是不可能战胜强大的敌人的,他们必须寻求外援。而当时最好的甚至唯一的外援就是法国。

我们知道,法国与意大利山水相依,历史以来就有着极为密切的联系,而且以当时的法国之强大,只要它肯援助,那么意大利的独立是不可避免的:奥地利不可能打得过撒丁王国与法国的联盟。

为了获得与法国结盟的机会,加富尔策动撒丁参加了1853年爆发的克里米亚战争。在这次战争中,英国、法国、土耳其与撒丁王国联合起来向俄罗斯人及其盟友希腊人作战,战争规模巨大,可以说是西方世界有史以来最大规模的战争之一。英法土耳其出动了近百万大军,撒丁也贡献了近2万人的军队——对于他们而言这也是一支大军了。俄罗斯人则出动了70万大军,不过它的盟友希腊人只出动了约1000人——这对于刚刚独立的希腊而言也不小了。战争地域从黑海一直延伸到白海与波罗的海甚至中国所在的远东地区,中心则是克里米亚半岛。经过多番血战,1856年以俄罗斯人的失败而告终。战争的损失也是惊人的,其中联盟一方死伤近30万,俄罗斯人则超过40万,仅战死者就超过20万。

撒丁参加了克里米亚战争之后,与法国自然就有了联盟关系,因此再联盟一次也就有些自然而然了。

1858年初的一次暗杀行动终于正式促成了这时候统治法国的拿破仑三世与撒丁王国的结盟。主要原因就是因为拿破仑三世曾经是一位意大利烧炭党人,但后来只顾及在法国夺权,抛弃他原来曾经为之奋斗的事业了。这在烧炭党人中激起了极大的怨恨,因此一个烧炭党人菲利斯·奥尔西尼准备暗杀拿破仑三世,失败后在庭审中公开道明原因就是他认为拿破仑三世背叛了烧炭党人,然后从容就义。这在当时引起了巨大的反响,许多人包括一向富有革命浪漫主义精神的法国人都同情意大利人,对拿破仑三世心生不满。这对拿破仑三世触动很大,而且他了解烧炭党人的特点:真革命是不行的,但这样的小暗杀可是他们的强项。倘若不帮助意大利人获得独立,恐怕这样的暗杀活动将会层出不穷,要是成功一次他就完了。这终于使他下定决心与意大利结盟了。

地中海战史 ——— 第 24 章　意大利之战

这幅画描绘了克里米亚战争，俄罗斯大败，从此失去了欧洲军事强国地位。
(Artist:Valentin Ramirez)

于是，就在暗杀发生之后不久，他与加富尔签署了一份秘密协议，协议中规定法国将帮助意大利获得统一，作为报偿，撒丁王国将把意大利北部与法国相邻的萨伏依和尼斯割让给法国。要知道这两片地方可都是富饶的宝地。对拿破仑三世而言这可谓一举三得：既摆脱了暗杀的危险，又帮助意大利人获得了独立，更为法国增添了两块宝贵的领土。

三王会战及其两个后果

签署秘密协议后，拿破仑三世派出了一支近 20 万人的大军通过铁路开赴意大利北部——这也是历史上第一次大规模地通过铁路运送部队，撒丁王国也出动了倾国之兵，多达近 8 万，因为他们知道这是为意大利获得统一的最好的甚至唯一的机会了！而且双方都是由君主亲自出马统帅部队。奥地利人则出动了近25万大军，一开始由朱莱指挥，初战失利后皇帝弗朗茨·约瑟夫一世亲自出马统帅。因此这可以说是一场真正的"三王会战"，也是西方历史上最后一次参战各方均由君主亲自出马指挥的大规模会战。

到了1859年6月，三位君主在意大利北部的索尔费里诺进行了大会战，这就是索尔费里诺之战。

这场战争规模巨大，双方参战的兵力都达13万左右，但并不精彩，因为并没有什么高明的战略指挥，原因就在于主要的两个指挥者即法国和奥地利的皇帝都并没有直接指挥军队作战的经验，因此双方基本上是硬碰硬的遭遇战与阵地战：要么是在行军途中遭遇，于是展开血战；要么就是向敌人的阵地发起猛烈的冲锋，然后又是一场血战。正因为如此，战场景象极为残酷血腥，尤其是许多战斗是通过双方拼刺刀分出胜负的。我们可以想象：当成千上万人在战场上用刺刀相互搏杀时，那是何等的残酷与血腥，那是比通过子弹与

这幅画所描绘的就是索尔费里诺之战，从中可以感受到战场的可怕。

(Artist:Carlo Bossoli)

大炮的攻击要残酷与血腥得多的！

正是因为这样的血腥，产生了两个在历史上都产生了深远影响的结果：

第一个结果是战争的结束。

亲自指挥作战的拿破仑三世看到如此血腥的战斗场面，被深深地震撼了，心生退意。同时普鲁士政府也表明了态度，可能与同属德意志民族的奥地利结盟参战。这样一来法国就被动了。于是他释放出了结束战争的意向，这很快得到了在这次的索尔费里诺战役中还处于被动的弗朗茨·约瑟夫皇帝的响应。这样一来，拿破仑三世也不管撒丁国王了，私下里和弗朗茨·约瑟夫达成了协议：法国退兵，此后奥地利将包括米兰在内的意大利北部的伦巴底的绝大部分地区交给法国，法国马上将之转让给撒丁。但这时候已经被撒丁人或者说意大利起义者占领的意大利中部则必须交给原来的统治者，也就是那些公爵侯爵之类的封建领主。

协议签署后，拿破仑三世就退兵了。这样的协议内容暴露之后，在意大利激起了人们激烈的反对，因为这等于只有北意大利回归了意大利，但中部和南部的广大地区依然处于分裂状态，这对于志在统一整个意大利的撒丁人以及广大的意大利人民来说是远远不够的，简直是一种背叛。

但不管怎样，随着法国人的退出，第二次意大利独立战争就结束了。

索尔费里诺战役的第二个结果同样意义深远，就是导致了著名的国际红十字会的建立。

原来，当战役正在激烈进行的时候，瑞士人亨利·杜南偶然来到了索尔费里诺，他不但是一个富有的商人，而且热衷于慈善事业，他目睹了战场上的惨象，看到参战双方的大批士兵就躺在战场上，浑身是血、肠穿肚烂，大批士兵只要得到及时的治疗就不会死去，但正因为得不到合适的救治才悲惨地死去。他被深深地震撼了，于是立即行动起来，组织当地的人民，包括妇女与儿童，一起来帮助那些战场上的受伤者，对他们进行救治。他自费购买了有关的药品与设备，甚至说服法国人释放了被他们俘虏的奥地利军队中的医生，一起来为双方的伤兵服务。

对了，他的基本宗旨就是要为所有参战人员服务，无论他是属于哪一方。通过他们的努力，大批士兵得以保住生命。他的行为也得到了普遍的赞誉。后来，他根据这个经历写成了一部著作，叫《索尔费里诺回忆录》，在书中明确地提出来要建立一种国际性的组织即国际红十字会，以帮助参战的各方救治伤员。

他的主张产生了广泛的影响，终于导致了1863年2月17日一次标志性会议的召开，并正式成立了国际红十字会。到1864年8月，12个国家正式签署了日内瓦第一公约，后来又相继推出了三份公约，共同组成了《日内瓦公约》，主要就是规定了交战各方应该如何对待参战人员尤其是战俘，并且制订了相应的规则。直至今天都是参战各方必须遵守的国际公约，否则就是犯罪。

因为在成立国际红十字会中所取得了卓越成就，亨利·杜南在1901年获得了诺贝尔和平奖，这也是最早的诺贝尔和平奖。

我们再来说意大利的独立。

通过与奥地利私下达成协议结束第二次意大利独立战争后，虽然法国表面上同意意大利中部要恢复原状，但只是一份徒有其表的协议而已，并没有真的去帮助奥地利人达到这个目的。同时这时候意大利中部的广大地区也已经被撒丁王国占领了，它是不可能将到手的地盘让出去的。奥地利人也已经无力干预。在这样的情形之下，1860年，在英国与法国的支持下，中部意大利正式归属到了撒丁王国。

在此前提下，1861年，撒丁王国正式宣布成立意大利王国，撒丁国王伊曼努尔二世成为了新的意大利王国的国王。

后来，为了纪念意大利的统一，在威尼斯广场建立了伊曼努尔二世纪念堂。

威尼斯广场是罗马城的中心，交通十分便利，罗马第一大火车站特鲁米尼火车站就在它的东侧，好几路公共汽车和地铁也通向这里。广场还是罗马好几条主要大街的交汇点：北面是科尔索大街；西边是维克多·伊曼努尔二世大街，从这里可直通梵蒂冈；西南是玛契罗剧场大街。

威尼斯广场呈"∩"形，广场内面对伊曼努尔二世纪念堂的地方有一大片绿地，右手边的威尼斯大厦是一座文艺复兴早期建筑风格的博物馆，外观和色彩都很朴实；广场正中央那栋既雄伟又典雅的白色建筑就是伊曼努尔二世纪念堂了。

伊曼努尔二世纪念堂艺术上讲属于新巴洛克风格，这种风格建筑一个主要特点是看上去很华丽。

纪念堂是一座洁白的大理石建筑，从下往上分成四大级，第二级上有伊曼努尔二世的镀金青铜雕像。他高高地跨在马上，俯瞰着千年以来首次统一的意大利。

在他脚下的基座上，白色大理石的群雕一字排开，群雕下面燃烧着熊熊"圣火"。无论刮风下雨，都有两名卫兵守护着"祖国祭坛"。这是意大利的无名烈士墓，墓碑上的铭文是："祖国统一，人民自由。"

这样，经过了多年奋斗之后，意大利至少名义上统一了，当然还没有完全统一，因为还有南部广大地区没有回归。

但这些事情与毕生追求统一的马志尼关系不大，他也并没有参加，甚至反对加富尔——这位统一的实际上的居功至伟者——的许多政治决策。但不管怎样，意大利王国建立起来了，也为最后的统一奠定了基础。

还有，这个新生的意大利王国对马志尼也表达了一定的善意，1867年曾经邀请他在意大利众议院领有一个席位，但他拒绝了。又将自己的热情投入到尚未统一的意大利南部，主要是西西里岛，1870年时曾经在那里发动起义，但失败并且被捕，但不久后就被释放了。因为这时候意大利的统一已是大势所趋。

但马志尼没有等到这一天，1872年时，他因胸膜炎逝世于比萨。

但毕竟意大利已经获得了初步的统一，人们对这位将毕生精力贡献给意大利的统一与独立的伟人还是表达了足够的敬意，他的尸体由当时一位著名的科学家戈里尼进行了防腐处理，然后好好地保存下来了，他正式的葬礼则在热那亚举行，有超过10万人参加。

我们前面说过，1861年时成立了意大利王国，但这时候王国的领土只及于意大利的北部与中部。这时候的意大利实际上还是分裂的，有五个相互独立的政权，除了意大利王国外，还有依然占领着威尼斯的奥地利人、占领着罗马及其附近地区的教皇国、占领意大利半岛中部及南部广大地区以及西西里岛的"两西西里王国"，三个部分倘若不统一，那么意大利就不能说是统一的。

这几个地方最后都统一了，而导致了统一的人就是另一个对意大利的统一做出伟大贡献的人物——加里波第。

两个世界的英雄

加里波第堪称世界历史上的传奇人物之一，他1807年出生于意大利北部的尼斯，后来这里被撒丁王国割让给了法国——加里波第为此抱恨终身，由于生长在海边，他从小与大海打上了交道，1832年时成了一艘商船的船长。

他人生的大转折发生在1833年，这一年他遇到了马志尼并加入了他的"青年意大利"，并且发誓从此为意大利的独立与统一而奋斗终生。

此后他不折不扣地履行了这神圣的誓言。

不久后，他积极参加了马志尼领导的一次失败的起义，此后热那亚的法庭缺席判处他死刑，也就是说一旦抓住他就要被处死。于是他先逃到了法国南部的马赛，此后，他做出了人生中另一个重大的决定，离开法国到南美洲去。

经过一番曲折,终于抵达南美后,加里波第立即参加了这时候南美正在进行的一场轰轰烈烈的独立运动。

当时巴西南部的一个州想要从巴西独立出去,举行了起义,还成立了一个独立的国家"皮拉蒂尼共和国",当时的巴西是"巴西帝国",皇帝自然不会允许这种独立,派军队镇压。加里波第将这个皮拉蒂尼共和国当成了他的意大利共和国,立即投身战斗,参加了1835年9月爆发的拉伽慕芬战役,战斗十分激烈而残酷,双方战死者达两万余人。巴西政府军虽然取得了胜利,但也付出了巨大的代价,后来终于与起义军达成了协议,起义者放弃了独立要求,但获得了特赦以及对这个州的管治权。

正是在这场战役中,加里波第与一个美女相遇了,就是后来成为他妻子的安妮塔·加里波第,他们并肩战斗、生死相依,他们的爱情故事也是史上伟大的爱情传奇之一。后来在一次战斗中,安妮塔被俘,这时候她已经怀孕了,但她设法逃了出去,钻尸堆、骑马穿越无边的原始森林与杀人的沼泽、在水中挣扎游泳好几个小时,总之历尽千辛万苦,终于找到了加里波第,后来两人还生了四个孩子。

参加完巴西的起义后,加里波第又跑到了巴西南部的乌拉圭,当时那里正发生了残酷的内战,内战双方都有来自外国的支持。1842年时加里波第成为了乌拉圭舰队的统帅,并且成立了一个"意大利军团"参加内战,他支持的一方还获得了英国人和法国人的支持,敌对一方的主要支持者就是巴西人了。因为在战争中的杰出表现,他获得了一个从来没有人得到过的光荣称号:"两个世界的英雄"。

不过战争最后还是以乌拉圭的失败而结束,但这对加里波第来说关系并不大,因为他最关心的始终是自己的祖国意大利。1848年,当革命的烽火在欧洲到处点燃的时候,他毅然率领自己的一些支持者回到了祖国。

这时候他的支持者已经有了一个专门的称呼,就是"红衫军",之所以得到了这个名称,就是因为他们都身穿红色的衬衫,据说是某次起义者们从一间工厂里夺来了一大堆红衬衫,加里波第分发给他的战士们,这样一来,由于这样特别而统一的装束,从此就成为了他的军队的象征。

刚回到意大利,加里波第就投奔到了撒丁国王的麾下,但国王并不信任他,他只得离开,后来又到了米兰,参加了这里正在进行的第一次意大利独立战争,结果我们前面说过了,以撒丁王国的失败而告终,但加里波第率领他的战士们取得了几场战斗的胜利，证明了他的军队英勇善战。

此后，加里波第率领他的战士们到达了罗马，原因我们前面也说过了，就是罗马人民起来反抗教皇的统治，成立了罗马共和国，马志尼成为政府的领导者，在他的强烈要求之下，加里波第成了共和国军队的统帅，率军与前来支持教皇的法国军队苦战。一开始取得了胜利，但不久法国的增援大军来了，包围了罗马城。明显地，起义者们不可能战胜法国大军，于是经过谈判，加里波第率领他的战士们撤出了罗马城，据说当他做出这样的决定时，说了这样的话："只要我们在哪里，哪里就是罗马。"也就是说，不一定要在罗马进行战斗，只要仍在战斗，哪儿都可以。这是1850年7月的事。

但问题是他在哪里都待不下去，这时候他已经成了意大利几乎所有政府的敌人。奥地利、法国、西班牙、那不勒斯的军队都在追击他，在这种情形之下，他不得不经由地中海逃到了摩洛哥北部的丹吉尔。

这时候加里波第身边的人已经只剩下少数几个，而且几乎身无分文。多亏当地一个有钱的意大利商人向他提供了资助，还说要买一条船交给他来指挥。由于船在美国，加里波第就一路远航，到达了纽约。此后他就不再是战斗英雄加里波第了，而是成了一个商人和船长，为了谋生而赚钱，从美国的东边跑到了西边，甚至驾驶着他的船横渡太平洋到过中国的广东，这是1852年4月的事。

在美国他还遇到了一个南美独立运动中的女英雄曼努埃拉·萨恩斯，她曾经是南美伟大的独立之父西蒙·玻利瓦尔的情妇，玻利瓦尔去世后她一直生活在美国。至于他们之间有没有亲密关系，就不好说了，因为加里波第是很好色的，堪称登徒子，一生阅女无数。

1853年时，加里波第终于离开美国，他先到了英国，几个月后就回到了意大利的热那亚，这时候已经是1854年5月了，距他第二次离开祖国已经五年。

此后，由于得到了一笔遗产，他在撒丁岛附近购买了一个小岛卡佩勒拉，在上面种粮种菜，当起农夫来，这是他人生中最平静的岁月。

到了1859年，第二次意大利独立战争爆发了，由于他的崇高声誉，他被伊曼努尔二世任命为大将军，但并没有派他指挥正规军，而是让他招募了一些志愿者，组成了一支部队，名叫"阿尔卑斯山猎人兵团"。这等于是公开支持伊曼努尔二世了，而与一向和国王作对的马志尼产生了激烈的冲突，因为马志尼的目标是在意大利建立共和国,而不是君主国。

不过这时候马志尼的力量已经不大了,加里波第才是最有力量的意大利独立英雄。

第二次意大利独立战争的结果我们也知道了,成立了独立的意大利王国,但对于政府将他的故乡尼斯割让给法国人,加里波第始终极力反对,甚至后来在尼斯举行了一次武装暴动,结果失败,直到今天尼斯都是法国的。

千人远征

这时候,我们说过,意大利王国的领土只有北部,还有三支强大的力量统治着中部和南部的广大地区,特别是两西西里王国,统治着其中的绝大部分地区。意大利要想获得独立就要将这个两西西里王国灭掉。

1860年4月,在西西里岛上的墨西拿和首府巴勒莫爆发了反抗王国政府的起义,加里波第得到这个消息后,立即做出了反应,组织了1000名左右的志愿者,组成了一支志愿军,身着红衫,于5月抵达了西西里岛。

加里波第率领这支红衫军登陆西西里岛之后,立即展开了攻击,并且在不久后的一次战斗中以少胜多,大败敌军,这使得他顿时威震西西里,许多西西里人加入到了他的队伍。到5月中旬,他以伊曼努尔二世的名义宣布自己是西西里的总督,旋即包围了西西里的首府巴勒莫,在当地人民的支持下顺利攻克之。

他继续进军,到7月底时已经占领了整个西西里岛。这时候距他登陆西西里只有两个多月,由于他出发时只带了1000人,他仅仅凭着这1000来人就在两个多月的时间里占领了地中海的第一大岛西西里岛,这不能不说是一个奇迹,因此这个了不起的业绩后来就有了一个专门的历史名称,叫千人远征。

占领西西里岛之后,他在英国海军的帮助之下,越过墨西拿海峡登陆意大利半岛,这时候的加里波第已经成了意大利人眼中的民族英雄,他到处受到了热烈欢迎,遇到的抵抗也很少,因此他一路势如破竹,到9月初已经胜利进入了两西西里王国的首都那不勒斯城。

但战争并没有结束,敌人还有一支强大的军队,两军于1860年9月底到10月初在意大利中南部的沃土诺河附近展开了激战,这就是沃土诺斯之战。

这应该算是加里波第亲自指挥的最大一场战役了,他的红衫军已经有24000人,面对的两西西里军队超过4万,经过苦战,他失利了,被迫撤退。他心知凭自

这幅画所描绘的就是加里波第亲自指挥的最大一场战斗——沃土诺斯之战，不过归于失败。
(Artist:Giuseppe Vizzotto Alberti)

己的力量是不能完全征服两西西里王国的，于是向伊曼努尔二世求援。

本来准备坐收渔翁之利的伊曼努尔二世当然不能坐视，立即派出大军前来驰援，这样一来两西西里王国就打不过了，不久国王被迫流亡，整个两西西里王国便都归意大利人所有了。

据说，1860年10月26日发生了这样一幕：加里波第和伊曼努尔二世在意大利西南部的泰亚诺的一座桥上相遇了，两人握手言欢，举行了友好的会谈，加里波第将他征服的广大领土全部奉献给伊曼努尔二世国王，自己则回到卡佩勒拉岛上种粮种菜去了。

不过他这回的日子过得并不平静，据说1861年美国内战爆发之后，由于当时的美国政府苦无良将，因为美军中绝大部分将领都是南方人，此时几乎全都回南方参加叛乱去了。于是以林肯总统为首的美国政府想请加里波第担任美国军队的统帅，并且派人与加里波第进行了接触，但加里波第拒绝了，原因很简单：他还有重要使命没有完成，就是没有为意大利得到完全的统一，还有威尼斯特别是罗马没有回归祖国。

这时候的罗马还在教皇的统治之

下，由法国军队保护着，加里波第不能容忍意大利最重要的城市与当然的首都不属于意大利，下定决心要将之征服。

他再次启程前往西西里岛，在那里召集义军，很快召集了两千来人，率领他们前往罗马。但这次他遇到了强大的阻力，就是伊曼努尔二世也不敢贸然支持他，因为这就意味着要与强大的法国人作战，他可没有这样的勇气。他的军队甚至阻止加里波第的行动。但加里波第不顾一切往前冲，终于，他和他的志愿军们在南意大利的阿斯普罗蒙特山附近与前来阻挡他们的意大利军队发生了武装冲突，结果加里波第的军队寡不敌众，被击败了，许多战士被俘虏了，其中包括加里波第本人，他也因负伤被俘，这是1862年8月的事。

意大利政府当然不能把他怎么样，要知道这时候的加里波第已经是整个欧洲甚至世界的英雄了，意大利政府把他的伤治好之后就放了他，他回到了自己的小岛上过了一段时间，然后去英国访问，在那里受到了从政府到人民的热烈欢迎，当时的首相帕默斯顿也会见了他。据说他在参观一家工厂时还在那里种了一棵树，现在还枝繁叶茂呢！

到了1866年，加里波第大喜过望地得到了一个好消息，政府这次全力支援他的行动了，不过这次的行动不是针对罗马的，而是针对依然占领威尼斯的奥地利人的。

这时候意大利政府已经与普鲁士政府结成了联盟，共同反对奥地利人，1866年爆发了奥地利－普鲁士战争，根据意大利人与普鲁士人之间达成的协议，胜利后意大利人就可以收回威尼斯了。

于是，奥普战争爆发之后，意大利政府随即派军进攻奥地利，掀起了第三次意大利独立战争。

意大利政府公开要加里波第出来帮忙，加里波第当然求之不得，立即举起大旗，重组他的"阿尔卑斯山猎人兵团"，不久就组成了4万大军，在意大利北部的贝泽卡地方向奥地利人发动进攻，击败了他们。这就是贝泽卡之战，发生于1866年7月。

但在此前奥地利人与意大利人之间已经进行了两场战役，一场是库斯托扎之战，发生于6月，结果显示了意大利军队的既无勇又无谋：奥地利人本来想抄意大利人的后路，出其不意地攻击其后卫部队，结果并不成功，两军遭遇了，这时候一些奥地利士兵发起攻击，并没有取得什么实际战果，但这小小的攻击却在意大利军中引发了恐慌，使得他们的大军都裹足不前。造成了整个战役的失败，损兵近万。

更重要的是发生在海上的丽萨之战。

史上第一次铁甲舰之战

丽萨海战的地点位于亚得里亚海东北岸的达尔马提亚丽萨岛附近,发生于加里波第指挥的贝泽卡之战的前一天,是近代西方一场比较重要的海战。主要原因就是这时候出现了一种新型的战舰,即铁甲舰。

我们知道,此前的军舰都是木制的,用铁做是不可能的,主要并不是因为会沉,而是因为动力。古代军舰或者说船只的动力来自于风,风的力量是比较有限的,一艘铁制外壳的船比木制的必然要沉重得多,这样的重量风帆是驱动不了的。但后来瓦特发明了蒸汽机,它所能提供的动力要远大于风帆,因此人们就可以制造用厚重的铁甲包裹起来的军舰了,也可以在上面装载重量更大、火力也更猛的大炮了。这些铁甲舰此前已经制造出来了,但首次大规模的使用就是在这次丽萨海战之中。

在这次海战中,意大利舰队拥有12艘铁甲舰,此外还有10艘巡洋舰和4艘炮舰,总吨位近7万吨,奥地利舰队则拥有7艘铁甲舰,此外还有6艘巡洋舰以及12艘炮舰,总吨位只有5万吨左右。显然

这幅画描绘了丽萨海战中的场面,意军大败,军舰被毁,人们纷纷坐着救生艇逃生。
(Artist:Constantine Volanakis Naval)

双方的力量对比有利于意大利人，因为作战力量最强的铁甲舰他们比奥地利人要多得多。

然而战况却与实力大相径庭。主要原因就在于意大利人的老毛病，一是怯懦，就像在前面的库斯托扎之战中的情形一样，虽然也有一些士兵奋勇作战，但只是少数，大部分官兵都不敢死命作战，一旦处于下风就想逃跑。二是指挥无方，缺乏谋略。这次意大利舰队的司令是佩萨罗，他在战斗之中把一个将领的无能与胆怯暴露无遗。例如他的舰队实力明显居于上风，但当听说奥地利人正在主动找他们求战的时候，就不由未战先怯，想赶快躲到丽萨岛上去，一想又不能，于是只好硬着头皮迎战，但发出的命令一再更改，于是整个舰队就未战先乱了。此外，他的军官们也不团结，甚至在战斗中互相拆台。例如佩萨罗将他的舰队分成了三队，但第一队与第二队之间竟然出现了一个大空隙，奥地利人很快看到了这个空隙，迅速插进，并向比较薄弱的前卫舰队发动猛攻，这时候第三部分即后备舰队本该迅速投入战斗，但在整个海战期间，后备舰队竟然在那里隔岸观火，根本不参加战斗，使意大利人的力量优势顿时化为乌有。在这样的情形之下，意大利人的失败可以说是必然之事。

战斗的具体情形大致如下，奥地利的舰队司令是塔根霍夫，相对于意大利的指挥官而言，他可高明得多也勇敢得多了。他率领力量相对薄弱的舰队在亚得里亚海中主动出击，到处寻找意大利舰队。找到之后，立即将自己的舰队展开，他也是分成三队，就像三个"V"形，但他的是一队接着一队，前后紧随，就像一把尖锐的刀子一样插向敌人。特别是当他发现意大利人的舰队之间竟然有一个大缺口时，立即毫不犹豫地插进这个缺口，然后集中火力围攻力量较弱的一队，特别是看到哪艘敌舰落了单，立即用数舰将之包围猛攻，直到将之打沉。

海战结束之后，意大利人惨败，两艘强大的铁甲舰被击沉，奥地利人则只有一艘军舰受伤，还不是铁甲舰，死亡人数不及意大利人的十分之一。

战后，意大利舰队的司令佩萨罗后来因为无能与胆怯受到了军法的审判，要是在英国肯定会被枪毙的，但在意大利只是被革职了事。

从上面可以清楚地看到，在三场战役之中，奥地利人赢得了两场胜利，而且是最大规模的两场，依靠加里波第取得胜利的那场规模要小得多。因此若就奥地利与意大利人之间的战争，无疑胜利者是奥地利人，而根据惯例，奥地利人是要得到胜利果实的。但这次不一样，虽然奥地利人在和意大利人作战之中胜利了，但在与意大利人的盟友普鲁士人的作战之中大败，特别是在规模巨大、决定性的柯尼格拉茨战役中被普鲁士人击败了，只得求和。这样一来，作为普鲁士的盟友，意大利人也属于胜利的一方了，而根据停战协议，奥地利人只得把威尼斯割让给意大利人。

不用说奥地利人是很不服气的，他们分明地表达了对意大利人的蔑视，不愿意直接割让，连意大利人自己也不好意思从战胜者手中接受战利品。于是后来的方案就是，奥地利将威尼斯割让给法国人，法国人随即将之让给意大利，但意大利必须再次确认法国人此前在第二次意大利独立战争中获得的利益，即将尼斯与萨伏依割让给法国。

这就是第三次意大利独立战争的结果了，意大利人虽然大大地丢了脸，但毕竟获得了威尼斯，在统一的道路上迈进了一大步。

我们再来说几句加里波第，只有他率军打败了奥地利人，此后他继续前进，准备再次发动攻击，然而就在途中接到了意军总司令的命令，说和谈开始了，停止前进。

据说接到这样的命令之后，加里波第的回答用意大利语只有一个词"Obbedisco"，用英语说就是"I obey!"译成汉语就是："我服从命令！"不用说语气是很愤愤不平的，又满是无奈。

终归统一

第三次独立战争结束之后，统一意大利的最后一个障碍就是罗马了。

罗马是意大利当仁不让的首都，也是所有意大利人的骄傲，但这时候依然属于教皇国，在教皇的统治之下。之所以不能攻击之，不是因为教皇的力量强大，而是因为拿破仑三世是教皇的公开支持者，派出大军驻在罗马、保卫教皇，这样一来意大利政府当然不敢开战，因为无异于向法国宣战，这是他们无论如何不敢的。

但加里波第决不能容忍，在他看来，将罗马作为意大利未来的首都是第一要务、是必须的，当他看到政府在法国人面前唯唯诺诺，像只小兔子时，自己又组织了一支志愿军向罗马进军，但装备很差的志愿军怎么打得过法国人呢？他被打败了，又负了伤，然后政府又将他抓了起来，当然很快又将他放了，他又回到了自己的小岛上，这是1867年的事，这也是加里波第最后的战斗了。

后来，他虽然被选入意大利议会，但对议院的辩论并无兴趣，大部分时间在他的小岛上度过，73岁时又娶了一个妻子，不过这女人早就和他同居了,他们已经有了三个孩子。

两年后,1882年,加里波第去世,享年75岁。

生前他立下遗嘱,要求丧事从简,但意大利人还是以隆重的仪式安葬了他们伟大的民族英雄,至今位于他的小岛上的坟墓依然是意大利人的瞻仰之地。

加里波第去世时并没有多少遗憾,因为他毕生追求的神圣事业——统一意大利——已经完成了。

具体情形是这样子的:1870年爆发了普法战争,由于普鲁士人曾经帮助他们收复了威尼斯,意大利人对普鲁士人一向有好感,当然站到了普鲁士一边。

战争爆发之后,拿破仑三世将驻扎在罗马的法国军队召了回去。这样一来教皇就没有靠山了,于是意大利政府派军进入了教皇国,兵不血刃地占领了罗马,意大利终归统一。

第 25 章　达达尼尔海峡之战
——这是一场不应该被遗忘的地中海大战

达达尼尔海峡之战于我们是比较陌生的，它是第一次世界大战中最大、最惨烈的战役之一，也是地中海历史上发生的最大战役之一，但由于失败者是英法，所以以英法为主体的战史往往不大讲它，我们在这里要补上这一课。

大背景

第一次世界大战爆发于1914年，背景并不复杂，强大起来的德国想要挑战欧洲的传统秩序，不但想要在欧洲占领更多领土，还要在全世界扩张殖民地，这必然导致传统诸强的反对，首当其推的当然是英国，它绝不能容忍产生一个新的强大对手，于是传统诸强英国、法国与俄罗斯等国联合起来组成协约国，与以德国为中心的同盟国展开了激战。

同盟国中除了同属德意志民族的德国与奥地利之外，还有另一个国家，就是土耳其。

为什么土耳其会和奥地利结盟呢？它们不一向是仇敌吗？这就是两害取其轻了。这时候的土耳其人已经深深地意识到沙皇俄国才是他们最大的敌人，奥地利不过是想在巴尔干半岛上和他们相争而已，但俄罗斯却想要占领他们的首都伊斯坦布尔，想要亡他们的国！所以，相对俄罗斯这个心腹大患而言，奥地利人只是癣疥之疾而已！所以只要谁和俄罗斯人站在一起，就必定是土耳其最大的敌人。而在当时，俄国已经与英法结盟，对抗德国和奥地利。这样一来，土耳其人就自然而然地倾向与德奥结盟了，加上这时候德国人对土耳其人允诺了许多好处，例如胜利后土耳其可以从高加索、里海沿岸、伊朗等获得许多领土等。这些地方反正不是德国人的，德国人只是慷他人之慨而已。但这样的好处是英法不可能答应的，更不用说俄国人了。

而且此前，土耳其人已经与德国人打得火热。这时候的德国可以说是西方列强中唯一与土耳其人没有重大利益冲突的国家，并且显然已经成为了最强大的国家之一。已经感到国家危机四伏、被称为"欧洲病夫"的土耳其人于是向德国人敞开怀抱。德国人当然高兴，毕竟土耳其人还拥有辽阔的领土，是欧洲传统强国之一，有这个盟友当然是好事。

不过土耳其人一开始并没有与英国作战的打算，毕竟英国人曾经帮过他们的大忙，要不是英法等挺身而出，说不定它们都要被俄国人灭掉了！但两艘军舰最终使土耳其完全倒向了德国人一边。

原来，一战爆发前，土耳其曾在英国订购了两艘大型军舰，后来战争迫在眉睫，英国人于是将这两艘已经造好了的军舰留为己用。这让土耳其人十分恼火，狡猾的德国人立即伸出了橄榄枝，将自己的两艘重型巡洋舰"戈本"号与"布列斯劳"号送给了土耳其人。这可是当时最先进而强大的战舰，土耳其人大喜过望，认为这才是真朋友。

这样的结果就是，在第一次世界大战之中，土耳其站到了德国人一边，向英法俄宣战，战争爆发之后，就与俄国人在高加索山一带展开了激战。

我们在这里只讲地中海。

地中海本无战事，此前，英国人曾于1887年2月与意大利签订《地中海协定》，双方都保证维持地中海、亚得里亚海以及黑海的现状，后来德国、奥匈也加入了协定。不久之后，英国、奥地利和意大利再次协议，不但要维持地中海现状，而且要维持地中海东岸即所谓近东的现状，主要目的是要压制沙皇俄国对奥斯曼土耳其帝国的威胁，这就是《第二次地中海协定》。倘若这个协定得到了切实执行，地中海中当然不会有战事了，俄罗斯人是不可能再次在地中海中冒险与英国人对抗的。但由于协定中没有明确规定各方就承担的具体义务以及执行规则，因此实际上是无果而终。

第一次世界大战爆发之后，其战场主要在欧洲大陆的东西两线：在西线，英法联军与德军大战；在东线，俄军与德奥军队大战。拜人类随着科学发展而日益强大起来的战争技术所赐，战争的规模与死亡的惨烈是此前任何战争都无法比拟的。

在地中海中，由于无论奥地利还是德国都没有强大的海军，也根本不想在地中海中与英国人作战，土耳其人更不敢在地中海上挑战英国，因此本无战事。但后来却发生了一场大战，这就是我们要讲的达达尼尔战役，由于主要战斗发生在海峡旁的加里波利半岛，因此又称为加里波利战役。

之所以会在距当时的主要战线西线与东线都很遥远的地中海发生这场战役是有其特殊原因的。

当时，西线已经打了两次规模巨大、极为残酷的战役。首先是第一次马恩河战役，爆发于1914年9月，参战的英法军队超过100万，损失兵力超过26万。其次是第一次伊普尔战役，发生于1914年10月，参战的协约国兵力更多达440万，损兵近6万。两场战役中德国人的伤亡虽然稍小，但也很惨重。这样巨大的伤亡是参战的哪一方都难以承受的。此后战争就转入了僵持状态，双方都挖掘深深的壕沟，固守待变。

但俄罗斯人的困境更甚。从1914年8月26日开始，东线德军向俄第2集团军发动猛攻，只用3天便全歼之，俄总司令萨姆索诺夫自杀，12万余俄军被歼。此后俄第1集团军也被全歼，在10多天的时间内，俄军被歼灭整整两个集团军，损兵折将25万余人。德军的损失不到俄军的1/10。

在这种情形之下，俄国人只得向盟友求援。

达达尼尔海峡之战

正是在这样的背景之下，英国人开始考虑向土耳其发动进攻。倘若能够占领土耳其，或者至少占领达达尼尔海峡，协约国便可以通过地中海和黑海向俄罗斯提供其急需的援助。

这时候，一个在第二次世界大战中将名扬四海的人丘吉尔——此时他担任英国海军大臣，提出了一个计划，就是派遣舰队进入达达尼尔海峡，然后将陆军兵力运送到岸上，从而占领整个海峡。一方面可以打通支援俄罗斯的运输线，同时还可以促使仇恨土耳其人的希腊人与保加利亚人加入协约国作战。丘吉尔还以为对付土耳其这位欧洲病夫是不用费多大劲儿的，只要一支小部队就可以了。

于是，1915年2月，英国的"皇家方舟"号军舰抵达了达达尼尔海峡，土耳其人惊讶不已地发现，从这艘军舰上面竟然升起了几架飞机，向他们的阵地飞来！他们当然不会知道"皇家方舟"号乃是历史上第一艘"航空母舰"，不但配备有强大的火力，而且装载了好几架飞机，不过还不是作战飞机，而是侦察机。这些飞机在海峡做了一番侦察后，根据获得的情报，英法舰队便开始向海峡沿岸的土耳其阵地发动了炮击，打响了达达尼尔海峡之战的第一枪。

此后英国继续增兵，一支强大的舰队开往海峡，同时法国人也派出了舰队，英法联合舰队试图通过海军的轰炸就占领达达尼尔海峡。

4月，一支由近20艘大型战舰组成的强大舰队来到了达达尼尔战役的最狭窄之处，也就是加利波里半岛一带，发起了猛攻。但很快失败了，主要是因为土耳其人不但在海峡两岸有坚固的堡垒，同时还在海峡里面布置了大量水雷。英国人当然知道这些水雷的存在，也派出了扫雷艇清扫之，土耳其人的火力对付英国人的重型巡洋舰也许有些吃力，但对付这小小的扫雷艇还是管用的，将它们要么击沉要么赶跑了，水雷根本没有被清除。然而英法舰队还是继续进攻，不久两艘英国的大舰"不可抗拒"号与"大洋"号就触雷沉没了。另一艘强大的无敌级战列巡洋舰"不屈"号以及两艘法国军舰也同样因触雷而重创。而且相当明显地，倘若继续进攻，将有更多的军舰被击沉，这样的前景使得英国人害怕了，只得退出了海峡。海峡之战的第一次大规模进攻就此失败。

不用说对于土耳其人而言这是一场了不起的胜利，这种胜利的滋味他们已经很久没有尝到过了，从百年之前开始，一场接着一场的失败已经使他们痛苦甚至绝望，现在竟然打败了强大的英法联军！这对于他们而言是一场伟大的胜利，举国狂欢！

联军本来认为只要靠海军就可以打败一向孱弱的土耳其军队，现在吃了大亏，再也不敢托大了，即知道仅仅靠舰队是不能打败土耳其人的，于是便想改用陆军，发动一场陆上攻击，以占领达达尼尔海峡两岸，这样一来海峡自然就归他们控制了。

于是，英国人专门组成了一支大部队，命名为地中海远征军，由汉密尔顿担任统帅，主要由这时候英国的殖民地澳大利亚和新西兰的志愿兵组成，总人数近8万，通过地中海被运往达达尼尔海峡，向最狭窄处的加利波里半岛发起了进攻。他们的目标是将土耳其人赶走，好让扫雷艇安全地清除水雷。

这时候的英国人仍有些看不起土耳其人，认为他们不禁打，但他们很快就会发现根本不是这么一回事。

本来，英国人想在4月初就发起登陆进攻的，他们也的确做着这样的准备，但运输的延误以及天气的不利使他们的进攻计划被推迟到了4月底。这又对他们产生了极为不利的影响。本来，土耳其人在达达尼尔海峡两边的防卫力量并不强大，甚至国内也并没有强大的武装力量可以抵抗英法联军的进攻。倘若他们在舰队的进攻失败后立即登陆作战，完全可能将达达尼尔海峡两岸的土耳其军队赶走甚至歼灭，但一个月的延误使这一切变得很困难了。因为土耳其人已经清楚地意识到，敌人来到达达尼尔海峡不只是炫耀一下武力，或者恐吓一下他们，好让他们保持中立什么的，而是想要占领海峡，甚至要灭他们的国家。于是土耳其人紧急动员，建立了一支强大的部队，即第五军，军队实际上的统帅是德国将军山德斯，许多高级军官也都是德国人。我们知道，德国人海战不行，陆战可是行家里手，而土耳其士兵本来就英勇善战，比英法士兵更不怕死，在他们的训练与指挥之下，这支土耳其部队已经拥有了强大的作战能力，可以说并不亚于登陆的英法军队。特别是军队的主力一开始是澳大利亚人与新西兰人，他们并非正规军，而是临时召集的志愿军，战斗技能是比较有限的。

针对英国人可能发动的进攻，山德斯做了精心而相当正确的准备。一方面他认为敌人最有可能进攻的地方是加利波里，因为这里是控制海峡的咽喉之地，所以两边都是最可能的登陆点，于是他在这里布置了相当强大的防卫力量；另一方面他也清楚，倘若将全部兵力集中在这里，使其他地方的防御薄弱，敌人完全可能选择

这幅画描绘了达达尼尔海峡之战中英法士兵发起的冲锋，最后都归于失败，且死伤惨重。

那些地方登陆，倘若他们在其他地方成功登陆并且建立坚固的桥头堡，再加上强大的海上支援，土耳其人就被动了。因此他将最主要的力量置于后方中部，也就是只要发现敌人主攻哪里，就扑向哪里。

这也是战争——无论是陆战还是海战——中取胜的关键之一，就是要保持一支强大的后备部队，以随时增援己方的薄弱之处或者进攻敌人的薄弱之处，这样既可以防止可能的失败，而且往往可以迅速制胜——倘若敌方出现薄弱之处的话，无论是此前的布匿战争、勒班陀大海战，还是现在的达达尼尔海峡之战都体现了战争的这把"制胜之钥"。

到了4月25日，协约国的进攻开始了，他们的进攻套路与山德斯预想的差不多，主要进攻地点就放在加利波里半岛的最南端，即环绕着半岛尖端的地带，这里北面就是爱琴海，南面则是达达尼尔海峡，他们将这里划分为五个攻占点，北面的攻击点由澳新军队负责，首先发起进攻，但同时一支法国军队也在半岛对面登陆小亚细亚半岛，实际上是佯攻。

面对澳新军团的是土耳其人的第57团，他们的人数较之敌人要少得多，装备也不好，甚至子弹都不够，但他们战斗极为勇敢，虽然澳新军团士兵很快就冲上了海滩，但土耳其士兵死战不退，最后子弹打光了，他们就与敌人拼刺刀，直到全部战死。山德斯的布置这时候起了关键作用，强大的土耳其第19师派出了支援。这个师的师长就是凯末尔，后来的土耳其共和国国父，正是他提出了正确的建议，指出敌人主要的登陆地点会是加利波里并得到了山德斯的认同，从而集中力量防卫此地，这可以说是胜利最主要的基础，因为倘若他们将主力放在了别的地方，如法国人登陆的加利波里对面海岸，那么加利波里半岛就很可能被快速占领，这样一来胜利就会属于协约国军队了！

加利波里的其他四个登陆点同样发生了残酷的战斗，协约国军队不要命地攻，土耳其军队更加不要命地守，他们的步枪机枪将冲上岸的敌人一个个撂倒，最初登陆的士兵几乎无一幸存，例如在半岛最南端，英军都柏林团登陆进攻，最后1000余名的官兵中只有11个人幸存，军官更只有一个人活了下来。

即使这样，协约国军队并没有取得进展，在土耳其人的殊死抵抗之下，只有少数一些士兵冲上了陆地，大部分军队仍被困在海上或者海滩上，死伤惨重。

更不利的是，这时候山德斯的战略已经显示出作用了，他清楚地看见了敌人主要的攻击地点就是加利波里半岛，而此前的兵力部署以及其他措施就是针对这种可

这幅画描绘了达达尼尔海峡时期的凯末尔将军，他当时是土耳其军队中最精锐的第19师师长，在战役中表现极为出色，凯末尔后来成为现代土耳其国父。
(Artist:Remzi Iren)

能性的，例如不但强大的后备兵团部署在方便调往此地的地方，而且已经将这一带沿线的路都修好了，以利于部队的快速调动。特别是第19师，在凯末尔的指挥之下极为英勇善战，他率军扑向加利波里，将本来已经取得一点进展的英军击退了，并且付出了惨重的伤亡。

当然协约国军队也有一些小战果，如几艘英国与法国潜艇成功地穿过达达尼尔海峡进入了马尔马拉海，在那里攻击了一艘土耳其人的运兵船，造成了土耳其人数以千计的伤亡，还一度成功地切断了海峡两岸的联系，这种联系对于土耳其人是至关重要的，因为他们的许多部队在加利波里对面的小亚细亚半岛上，要通过海峡将兵力运往加利波里。不过几艘潜艇不可能对战局产生根本性的影响。土耳其人还进行了反击，击沉了几艘潜艇。

由于以土耳其人现在的力量一时也不能将协约国军队赶离加利波里半岛，于是在接下来的几天里，双方处于僵持状态。但这种状态对协约国军队是不利的，他们的目标就是在半岛上建立牢固的据点甚至占领之，这个目标根本没有达到。

此后的战斗情形我们就不仔细说了，简言之就是协约国军队拼命进攻，想要在半岛上占领更大的地方，好让大批部队登陆，土耳其人则拼命防卫，甚至反击。

这时候，在海上，土耳其人的大炮也不断向近岸的英国舰队猛轰。此时他们在海上也有了帮手，就是德国人的潜艇，这导致了英国两艘大型战列舰以及一艘驱逐舰先后被击沉。英国人被迫后退，这就使得已经登陆部队失去了海军的强力支援，更加被动了。

到了5月19日，土耳其人主动向澳新军团发动了大规模的反击，四万余名土耳其士兵冲向澳新军团阵地，但前一天通过飞机的侦察，军团已经预先知道了这次进攻，做好了相应的布置，结果，虽然土耳其人不要命地端着刺刀往前冲，但无异于自杀，成千上万名士兵倒在澳新军团的阵地前沿。

由于大批尸体躺在那里，惨死的场面使双方达成了暂时的休战，好清理战场上的尸体。

这样的战斗一直持续着，协约国不断地增加兵力，由进攻开始时的5个师增加到了15个师，总兵力近60万，其中英国军队占了绝大部分，有近50万。不难看出来，英国人已经将这里看成主战场，当然或许是为了大英帝国尊严的缘故，因为他们无法容忍竟然不能打败他们一向轻视、过去甚至仰仗他们保护的土耳其人。土耳其人同样不断地增兵，但毕竟国力有限，后来的总兵力也不过30万出头。但他们的优势在于凭险固守，而且他们的战士也有着强烈的战斗意志与勇敢精神，更有山德斯与凯末尔这样的将才的指挥，因此在战斗中丝毫不居下风。

不久之后，英军统帅汉密尔顿已经清楚地看到再这样打下去注定要失败，于是在8月初做出了最后的努力，就是在加利波里西南的苏弗尔湾发动了一次大规模登陆攻击。这本来是个好机会，一方面是因为这时候的英国政府又派来了一支强大的援军，另一方面是因为土耳其人在这个地方没有驻守重兵，因此登陆部队得以顺利上岸。可惜的是，指挥这次行动的英国将军弗雷德里克·斯托普福德相当无能，登陆后理应马上继续进攻，并且建立强大的桥头堡以利于后续部队的增援。但他没有，于是战机转瞬即逝，土耳其人很快看出来了英国人的意图，山德斯立即往这里派出了大批援兵，特别是他命令凯末尔率领强大的19师发起反击。在土耳其人疯狂的进攻之下，协约国军队在这里就像在加利波里其他地方一样，再也无法建立稳固的防线，更不用说建立大规模进攻的桥头堡了。

战机的贻误使汉密尔顿勃然大怒，撤了斯托普福德的职，但这对战局并没有起什么作用。这时候，在东线的巴尔干战场，协约国也陷入了被动，德国、奥匈帝国和保加利亚的70万大军从四面八方涌入协约国的盟友塞尔维亚，塞军虽然英勇抵抗，但不久就全军覆灭。为了援助塞尔维亚，英国政府打算从加利波里撤军，但遭到汉密尔顿的反对，主要是因为这样做太没有面子了。在这样的情形之下，英国政府干脆将汉密尔顿也撤了，由查尔斯·门罗爵士接任，这时候已经是1915年9月了。

门罗的任务比较简单，就是撤军并在撤军过程中尽量减少损失。但他并没有马上撤退，而是又坚持了一阵子，但不久就发现只能撤退了，不但因为土耳其人已经士气高涨，要击败他们是很难的，而且因为天气一天比一天冷起来了，很快就到了年底，土耳其的冬天是很冷的，协约国士兵们却还穿着单衣，很多士兵被冻伤甚至冻死了。门罗知道，再打下去恐怕要全军覆没了。

于是他迅速地全军撤退了，由于他撤退的技术很是高明，当他将近10万名士兵从加利波里海滩撤走时，土耳其人简直还没有反应过来。

他们不但将所有人都撤走了，还把大部分武器装备也带走了，少部分没带走的则被毁掉了。

当最后一个协约国士兵离开加利波里半岛时，已经是1916年1月9日了。

在为期约8个月的加利波里战役中，协约国共投入了近60万兵力，其中绝大部分是英军，土耳其人则投入了30余万兵力，最后的结果是，协约国损失兵力超过25万，是整个第一次世界大战中最大的挫败之一。土耳其人也损失惨重，但他们毕竟是胜利者。这场胜利也唤起了他们失去已久的民族自豪感，这对于土耳其的现代史产生了根本性的影响，例如凯末尔因此一战成名，为他日后成为土耳其共和国的国父奠定了坚实的基础。

当然加利波里战役的失败并不等于协约国的失败，这也并不是第一次世界大战决定性的战役，只是土耳其民族的决定性战役而已。

第一次世界大战的结局我们也知道。到1918年11月30日，已经绝望的德军统帅部决定做临死前的一击：命令基尔港的水兵出海与英国海军决一死战。这时基本上保存完好的海军是德国最强大的军力。这种命令真是太荒唐了，谁都知道，这等于叫他们去送死！水兵们如何会答应，他们以起义来回答。这消息顿时传遍全国，激起了全德革命狂潮。德国一片混乱。

在这种情况下，德国首相强行宣布德皇退位。两天后，德国宣布投降。

第一次世界大战结束了。

第 26 章 二战中的地中海搏杀

——更大规模的战斗，更加惨重的损失

第一次世界大战结束之后，地中海一时平静了，不但战争没有了，海盗也没有了，但这只是暂时的平静。不过 20 来年之后，第二次世界大战就爆发了，于是地中海再次燃起了战火。

我们知道，第二次世界大战法西斯协约的主力是德国与日本，另一个法西斯国家意大利则基本上不堪一击，但这只是指陆上，海上则不大一样，意大利人展现了相当强的战斗力与勇敢精神，甚至赢得了对手的称赞。

还有，由于德国的海军是很弱的，除潜艇外，其他军舰整个战争中基本上龟缩在军港内，鲜有出击，更不可能前来地中海了，因此在地中海作战的就只有意大利的海军了，所以第二次世界大战在地中海发生的海战主要就是在意大利与英国的海军之间展开的。

最早的海战发生在 1940 年 6 月，英国地中海舰队在坎宁安海军上将率领下，在克里特岛南部海域袭击了一支从意大利开往利比亚的护航运输队，此后还到了利比亚的班加西和托布鲁克港，炮击了港口内的意军。

意大利海军司令总部得知英军地中海舰队的行动后，立即命令位于墨西拿的 3 艘巡洋舰"波拉"号等迎击，但没有相遇，海战当然也没有打响了。

第一次比较有名的战斗发生在曼德海峡。

孤艇奋战

这是一次比较特殊的海战，正因为比较特殊，才比较有名。

之所以特殊，是因为它是由一艘意大利潜艇与几艘英国海上军舰之间进行的战斗。

早在开战前的 1940 年 6 月，意大利海军就将 8 艘潜艇派往红海，准备在那里

游弋偷袭，但其中的一艘"托里切勒"号由于受伤，失去了下潜的能力，于是艇长只能开回意大利去修理，并且只能像普通军舰一样在水面航行。一开始还顺利，但到了6月23日早晨，在曼德海峡一带被英国的炮舰"肖尔汉姆"号发现了，它立即发出警报，它附近的另外3艘驱逐舰和2艘炮舰一齐扑了过来，包围了只能浮在水面的"潜艇"。

显然，"托里切勒"可以说是完全没有胜利的可能，也不可能逃脱敌人的追击，已经陷入绝境，英国人要求他们投降，但艇长佩洛西拒绝了，并且主动向英舰开火。这时候潜艇上面只有几枚鱼雷、1门100毫米口径的火炮和4挺机枪，而面对的英国军舰足有18门120毫米口径火炮、4门102毫米火炮和几十挺机枪。但"托里切勒"号毫不畏惧，猛烈开火，结果其第二发炮弹就击中了"肖尔汉姆"号，给它造成了重伤，不得不退出战斗。

但其他5艘军舰依然像马蜂一样围绕着"托里切勒"号猛烈攻击，"托里切勒"则一面灵巧地躲避攻击，同时不停反击，并且将仅有的100毫米火炮集中攻打英军的驱逐舰"卡尔通姆"号，准确击中，并且发生了爆炸，使其在烟焰冲天中沉没于大海。

其他英舰当然不可能退却，依然对着"托里切勒"一阵猛打，但"托里切勒"顽强地坚持了下来，就这样一直打了四个小时后才终于击中了"托里切勒"号的驾驶舱，佩洛西艇长也受了伤，并且潜艇操纵完全失灵，眼看就要沉没。在这样的情形之下，佩洛西艇长只得下令弃艇，后来有部分艇员包括佩洛西被英舰救起。

不过，终于胜利了的英军没有得意洋洋，而是向勇敢的对手表达了充分的敬意，当佩洛西被救起登上"坎达哈尔"号英舰后，迎接他的不是战俘待遇，而是英军官兵的军礼。据说"坎达哈尔"号舰长罗伯逊中校还怀着由衷的敬意向佩洛西说："虽然我们以五对一，但既不能击沉你艇或俘虏你们，甚至也不能迫使你们投降。"后来他们还在亚丁港为佩洛西等被救起的人员举行了正式的欢迎宴会，英军亚丁港基地司令对佩洛西祝酒说："你方打得非常英勇，无论如何都不能说胜利是属于英方的。除我方所受的损害外，我方各舰发射700发炮弹和用光了500条机枪子弹带，尽管这样，却还没有击沉你艇。"[1]从这个例子就可以看出来，在海战之中，意大利人是勇敢而机智的，这也是意大利人此后在二战的地中海海战中一直会有的情形。

当然，由于双方实力的巨大悬殊，意大利海军想要战胜大英帝国的海军是不可能的——更不用说后来美国海军也来地中海参战了。

北非登陆战役

美国海军是在北非登陆战役中才在地中海大规模参战的，这次北非登陆是第二次世界大战中第一次大规模登陆战役，也是整个第二次世界大战的转折点之一。

战争爆发于1942年11月。这时候，英军已经在1942年10月至11月间在埃及的阿拉曼地区向德、意军队发动了自东而西的大规模攻击，取得了战略上的优势。

为了在非洲彻底打败敌人，美、英盟军从11月8日开始实施了"火炬作战计划"，就是登陆北非，然后由东向西对德、意军队发动进攻，造成两面夹攻之势。

之所以选择在北非登陆，是因为这里的突尼斯、阿尔及利亚、摩洛哥等地区属于法国维希政权，并未被德国占领。根据盟军情报，这里的法军并不效忠德国人与维希政府，对盟军的登陆应该不会做猛烈抵抗。

不过盟军也做了充分的准备，尤其是准备了相当庞大的兵力。除强大的陆军与空军外，还有强大的海军，包括650余艘各类军舰，其中战舰约有450艘，包括战列舰3艘、航空母舰7艘、巡洋舰17艘、驱逐舰64艘等等，可以说是迄今为止地中海从来没有聚集过的庞大海军力量。

这些海军被编成西部、中部、东部3个特混舰队，其中西部特混舰队是直接从美国本土出发的，将在摩洛哥西海岸一线实施登陆，主要目标是攻占战略重镇卡萨布兰卡，指挥官是美军海军少将休伊特，登陆兵则由巴顿指挥，他不久后将名扬天下。

中部海军特混舰队则从英国本土出发，在地中海的奥兰地区实施登陆，指挥官是英国的特鲁布里奇海军少将。

东部海军特混舰队同样从英国出发，兵力3万余，由英军与美军混合组成，英国海军少将巴勒担任指挥官，在阿尔及尔方向登陆作战。

由于已经考虑到维希政府的法军可能不会做激烈抵抗，因此登陆部队早就接到命令，只有在登陆时法军主动开火的情况之下才准许开火，即如果敌海岸炮兵和舰艇不开火，盟军士兵不得主动开火射击。

结果一如所料，法军只在某些地方做了轻微的象征性抵抗，大部队兵不血刃地顺利登陆，到11月8日已经进入了阿尔及尔城，随即也进入了奥兰和卡萨布兰卡等重镇。到了11月10日夜间，驻守北非的法军接到了总司令达尔朗海军上将的命令，停止了所有抵抗，北非登陆顺利完成。

不过登陆之后，当盟军占领阿尔及利

亚沿海的主要军事基地以及城镇，开始自西向东朝突尼斯推进，接近比塞大时，遭到了德国与意大利军队的猛烈抵抗。

特别是德军，向盟军发动了猛烈的反击。因为这时候盟军遇到了一个强劲的对手——隆美尔和他的非洲军团。

这时候，我们要将视线转向整个第二次世界大战之中最著名的将军了，讲述一下他的经历特别是在北非的战斗——这里也是地中海沿岸，这也许是第二次世界大战之中最著名的经典之战了，隆美尔可以说是虽败犹荣，据此奠定了他在整个战争史上的重要地位。

血战大漠

按理说，德国在北非不应该有战事，因为这里并没有德国的殖民地，在整个非洲都没有。这里的战事是由墨索里尼引起的。

意大利在非洲有一个相当庞大的殖民帝国，包括北非的利比亚和东非的厄立特里亚、埃塞俄比亚与索马里。这些殖民地对于资源贫乏的意大利来说极为重要。1939年第二次世界大战爆发后，由于意大利与德国结盟而成了英国的敌人。这样，拥有强大海军的英国牢牢控制住了地中海，完全可以断绝意大利与它的殖民地之间的交通。意大利人当然也清楚这点，因此一开始并没有与英国正式交战。1940年5月，德国入侵法国，法国迅速溃败，看到这样的情形，墨索里尼在6月10日对英法宣战，不久法国就投降了，维希政府与意大利签订了停战协定，但英国还在与意大利交战，主要交战地就在北非。但意大利陆军根本不是英国陆军的对手，甚至连英国陆军中的印度与非洲土著部队都不如。在那些零星的小规模战斗中，意军的伤亡是英军的10倍甚至20倍。

到这年12月，英军在北非展开了对意军的第一次大规模攻势，仅两天工夫就俘虏了意军近4万人。1941年初，英军停顿了一段时间后再次攻击，从埃及往利比亚杀来，沿着地中海南岸挺进，一路势如破竹，到1月底已攻占了利比亚北部重镇托布鲁克，俘获意军近6万。

意军的孱弱使英军想到了迅速征服利比亚，将意军赶出非洲的可能性，于是决定来一次更大规模的进击，以包围歼灭在利比亚的意军主力。这次行动从1月底开始，英军兵分两路：一路往北，由澳大利亚师仍沿地中海沿岸前进，英国师则先往南切入，再向西前进，从南北两面包围意军。这次行动大获全胜，几乎全歼了意大利第10军团。

总之，从1940年12月到1941年2月，短短的两个多月时间里，英军从东往西横扫利比亚800余公里，仅俘虏的意军就达13万余名，还有400余辆坦克、近千门大炮、几千辆汽车以及其他大批辎重。英军自己的死伤则不足2000人，其中死者约500人。还有，获得如此辉煌胜利的英军并不是一支大军，只是由奥康纳将军率领的被称为"西部沙漠部队"的第13军，人数最多时也只有约3万人。

这时候，奥康纳的下一个目标自然是乘胜前进，一举端掉意军在利比亚甚至整个非洲的兵力，达到这个目标应该是易如反掌的，因为这时候意军在北非只剩下5个兵力最弱且斗志尽失的师。

但英军的胜利没能持续多久，因为德国人来了。

看到自己的轴心国伙伴如此不堪一击，希特勒又羞又恼，但又不能不管。于是，1941年初，希特勒决定成立"非洲军团"，包括第5轻摩托化师和第15装甲师，由隆美尔担任指挥官。

自此，隆美尔就开始了他在北非的战斗，并且一举成名，被称为"沙漠之狐"。

沙漠之狐

埃尔文·隆美尔1891年生于德国南部符腾堡州海登海姆一个普通的教师家庭，生性羞怯，从小爱耽于幻想，希望长大后当工程师。然而他的父亲要他从军，他服从了。1910年他以候补军官身份加入军队，两年后成为陆军少尉。1914年参加了第一次世界大战，由于作战极为勇猛，1915年晋升上尉，并在此期间取得多枚勋章。

一战结束后，隆美尔主要在军事院校执教，曾就教于德累斯顿步兵学校和波茨坦战争学院，同时从事战争战术研究，成绩斐然。

隆美尔生平最重要的事件是与希特勒的相遇。1933年，希特勒当上总理后，在军队中留心寻找将才，自然注意到了业已声誉鹊起的隆美尔。1934年，希特勒和隆美尔在戈斯拉尔第一次会面，几乎一见面希特勒就喜欢上了隆美尔，其原因之一是隆美尔个子很小，但极富军人的威仪，因此他这样一个人物站在希特勒身后时，他的矮小、瘦弱将希特勒衬托得特别高大，很大地满足了个子也不高的希特勒的虚荣心。隆美尔天生的军人气质又凛然生威，令希特勒感到有他在身边格外安全。

1937年时隆美尔写出了《步兵攻击》一书，立即轰动德国与整个欧洲，至今被西方奉为经典军事教材。次年隆美尔就被任命为维也纳新城战争学院院长。

在《步兵攻击》中，隆美尔总结出了十多条被现代许多兵家奉为格言的教条，我们这里试举几条：

1. 进攻、进攻、再进攻！
2. 谁先开火，并能进行最猛烈的集中射击，谁就能取胜。
3. 只要有可能，就要采取欺骗措施。
4. 在所有进攻战斗中，都要利用心理因素，在敌人中间制造恐慌。
5. 所有诸军兵种协同进攻战斗，都要用最简单的方式进行周密的协调。
6. 每当部队休息时，都要实施侦察。
7. 不管在进攻中还是在防御中，始终要派出警戒分队。
8. 部队必须学会悄然无声地运动。
9. 部队只要在一地停留超过短暂时间，就应修筑防御工事。

这些条例虽然简明，却无不实用，而且德军在作战时也确实是这么做的，这也是他们具有如此强大的战斗力的主要原因之一。

1939年，在德国国防军袭击波兰前不久，隆美尔被希特勒召进了他的元首大本营并担任指挥官，并且没有按惯例经过总参谋部培训就被直升为少将。

第二次世界大战爆发后，隆美尔先是担任了希特勒的卫队长。1940年2月，希特勒进攻西欧国家之前，任命隆美尔为第7装甲师师长，这时他迅速认识到装甲部队的力量并将这种力量发挥得淋漓尽致。由于他那出其不意的闪电式攻击，常常出现在敌军完全意想不到的地方，使他的第7装甲师赢得了"幽灵师"的称号，他本人也获得铁十字骑士勋章。

现在，当希特勒要组建非洲军时，他想到了隆美尔。为什么呢？主要是因为非洲军远在非洲作战，希特勒需要一个他既对其指挥才能充分信任、能独当一面，又对他忠心耿耿的人，在德国的将军们中，将这些特点融合得最好的就是隆美尔了。

于是，1941年2月，隆美尔晋升中将并被任命为非洲军团司令。

节节胜利

1941年2月，甫一抵达北非，隆美尔立即着手调动意军，并拟订作战计划，准备等非洲军团到来后立即开始实施。

从这时起他就是一只不折不扣的"沙漠之狐"了，将他在《步兵攻击》中"只要有可能，就要采取欺骗措施"的战法淋漓尽致地表现出来。例如，为了不让英军摸清虚实，他事先命令部队做了几百辆假坦克，并在登陆场进行了"阅兵"，而真正的坦克则悄悄驶往预定地点锡尔特。

英军根本没有想到隆美尔会这么快就发起进攻，因此隆美尔的攻击让他们措手不及。3月底德军就占领了欧盖莱，隆美尔从这里往东横扫，4月1日占领了布瑞加港，3日攻克了昔兰尼加首府班加西，这里也是南地中海的重要港口之一。在隆美尔这种大举进攻下，英军全线溃退。意军总司令认为隆美尔全凭运气"侥幸"取得这些成功，要适可而止，下令停止前进。但隆美尔对意大利人的这种怯懦嗤之以鼻，他的目标是整个昔兰尼加，然后是尼罗河、埃及，甚至更远！

攻陷班加西之后，隆美尔集中兵力攻打默基里，以截断英军第3装甲师的退路。在隆美尔的严厉督促下，德军不顾战斗减员，冒着英国空军的猛烈轰炸全速前进，甚至夜间也不停止，终于收拢了网口，将默基里要塞团团围住。经过激战于4月8日攻克之。英军第2装甲师连同印度第3装甲旅被全歼。包括师、旅长在内的3000多人成了俘虏。此前一天，隆美尔的一个侦察分队还抓到了英军第13军司令奥康纳将军，他是英军最著名的指挥官之一，也是在整个战争中轴心国抓到的含金量最高的战俘。

到4月11日，德意军队已经进抵巴第亚和塞卢姆并越过了地中海南岸最重要的军港之一托布鲁克，从而在陆上将之包围。

托布鲁克也是南地中海的重要港口。默基里要塞失守后，英军已经将剩下的全部兵力集中于托布鲁克要塞内，总兵力近4万人。要塞也有坚固的防御工事，分内外两道，地堡和反坦克壕纵横相连，外面还有一条近60公里长的海岸公路。德军只要占领了要塞，便可利用这里储备的巨量军用物资，为其攻打埃及提供最佳基地，因此英军决心死守。

4月13日开始，隆美尔向托布鲁克发起了猛攻。然而，托布鲁克不是默基里，德军的攻击遭到凶猛反扑。战斗一开始，刚刚踏上北非的德军第15装甲师师长普里特维茨便阵亡了，纵横交错的反坦克壕阻挡住了德军坦克的前进，使它们成了英军炮兵射击的靶标。这期间，满载武器弹药和给养的英国军舰源源不断驶进托布鲁克港，英军给养充分，有恃无恐。那些意大利人一看势头不妙，撒腿就跑。隆美尔失利了。

从5月中旬开始，英军在塞卢姆及其附近的哈勒法耶展开反击，战况异常激烈，阵地数次易手，经过10天残酷的战斗，隆美尔终于稳住了阵脚，挫败了英军的进攻，迫使其再次撤退。

不久，一个代号为"老虎"的船队为英军运来了大批新式坦克和运输车辆等，从5月28日开始，英军实施了"战斧作战"计划，意图赶走托布鲁克外围的德军并向西推进。

英军以两个师又两个旅的兵力向敌军阵地扑去，这时候隆美尔手头只有一个师和几个完全不中用的意大利营。战斗在灼热的高温和令人窒息的沙尘暴中进行,英军英勇冲杀,德军则凭借坚固的工事死守,不停地发射反坦克炮,击毁了不少英军坦克。由于英军不顾伤亡地连续冲击,又有兵力上的优势,不久隆美尔防线的中间地带卡普佐堡失守,整个防线面临崩溃。

但就在此时,英军由于其左右两路的进攻没有奏效,指挥官担心自己的侧翼受到攻击,放慢了推进速度。隆美尔立刻抓住这个机会,命令主力部队放弃正面阵地,在深夜时火速运动到英军侧翼并迅速攻击。好像从天而降的德军把英军吓呆了,一哄而散,远远地逃回了埃及。满心指望以"战斧"砍倒隆美尔的丘吉尔首相大失所望,解除了中东地区总司令韦维尔的职务,由奥金勒克取代。

但不久之后,1941年6月22日,德军开始进攻苏联,这样一来,非洲的战事对于德国人而言一下子变得无足轻重了。虽然如此,希特勒还是对隆美尔大加褒扬,将他的部队升格为装甲兵团,同时晋升隆美尔为上将,还答应再拨一个师给他。这样他一共就有三个德国师了,他必须用这区区三个师在遥远的非洲去对抗英美在欧洲的整个陆军兵力。要知道,此时英美只在北非有陆战呢!

英军在不断调兵遣将,首先是将西部沙漠部队组建为第8军团,包括一个装甲师、3个装甲旅、7个步兵师,共约12万人,由在东非将意大利人打得一塌糊涂的坎宁安将军指挥。德意军队就人数而言与英军差不多,然而其中只有1/3是德军,2/3则是毫不中用的意军。尤其是在战斗中至关重要的坦克,德意军队只有英军的约1/5。

1941年11月中旬,英军开始进攻了,这就是他们策划已久的"十字军作战"。这个计划中英军的作战目标主要是解托布鲁克之围并占领昔兰尼加。但一开始英军就在托布鲁克外遭受重创,几天后,奥金勒克就撤了坎宁安的职,新司令里奇将军向隆美尔军队发动了更加猛烈的进攻。

到12月上旬,由于兵员损失严重又得不到补充,隆美尔的日子越来越难过,面对英军源源不断开来的精锐部队,隆美尔决定全面后撤,他先是放弃了托布鲁克之围,接着又放弃了班加西,甚至放弃了整个昔兰尼加。这时已是1942年年底了,隆美尔已经撤到了班加西以西,在那里,他已经弹尽粮绝的部队终于得到了补充——意大利海军给他运送来了大量作战物资。

至此,在这场冬季大血战中,德意军共损失近4万人,其中德军近1.5万,非洲装甲兵团的3名师长全部被俘或战死。不过,在英军如此优势兵力的打击之下,他仍然率领部队安然退却，并且保存了实力，不可谓不高明。其实他这样退也是一个战术：拉长了英军的补给线与防卫线，使其兵力分散，对于他日后的反击大为有利。更重要的是，通过这次战斗，就连英国人自己也认识到了，虽然他们的战斗素质比意大利人强，但比起德国人来就不如了。

这时候又发生了另一场大战，就是1941年12月7日日本偷袭珍珠港，第二次世界大战全面爆发。

到了1942年，隆美尔的境况开始好转，德国空军渐渐掌握了北非和地中海的制空权，意大利海军也源源不断地开来了补给船，给隆美尔卸下了新型坦克和航空汽油等。隆美尔这时候又在悄悄做着进攻准备了。他一连几个晚上不睡觉，苦思冥想，又发现了妙招。他先是大量制造准备后撤的假象，为了防止英军窃密，他甚至将反攻计划瞒着柏林最高统帅部。

1月21日，他发起了闪电般的反攻，英军措手不及，好不容易得来的地盘迅即又还给了敌人，德军缴获了大量战利品。28日夜间，德国广播电台中断了节目，插播了隆美尔的新胜利。希特勒兴高采烈，来自北非的胜利再次引发了德国上下法西斯式的狂热。

此后几个月，双方都没有大的动作，然而这只是暴风雨前的宁静。

空前激烈的战斗从1942年5月27日开始，隆美尔以手中的全部兵力，包括3个德国师和6个意大利师，共9万人，另有560辆坦克和约700架飞机，向英军猛扑过去。英军则有6个师和另外4个旅，共10万人，近900辆坦克和600架飞机。20万大军在北非的漫天黄沙中展开决战，这是一场空前激烈的厮杀。

第一天，隆美尔为了达到战术的突然性，以意大利师正面佯攻，自己率领主力突击部队急速迂回，从背后打击英军，但由于英军的英勇反击以及意大利师的不中用，他的计划开始并没有成功。相反，德意军队处于四分五裂的地步，处境十分险恶。到29日，隆美尔放弃了原先的作战计划，将装甲部队收拢在一起，对英军阵地薄弱之处进行突击，隆美尔身先士卒，率领士兵冲锋。6月1日德军轰炸机群赶到，对英军阵地进行了地毯式轰炸。英军士兵伤亡惨重，被隆美尔强攻的阵地因无力坚持，被迫投降，这样隆美尔就在英军防线上撕开了一个宽达10公里的大口子。之后隆美尔立即攻打英军防线南端的比尔哈希姆。这个要塞由自由法国的4000名官兵坚守。德国空军对要塞进行了多次狂轰滥炸，法军被迫撤退。攻克要塞的第二天，德军乘胜猛攻英军侧翼及后背。英军见大势已去，将部队撤出了防线，沿海岸仓皇撤往埃及。德军再次包围了托布鲁克。

6月20日凌晨，德军向被重重围困的托布鲁克发动猛攻。这时英军已经士气低落，甚至对隆美尔和德军产生了恐惧心理，德军仅用一天时间就攻占了托布鲁克港和城区并击沉了港湾里起锚欲撤的6艘英国舰只。第二天一早，托布鲁克守军司令率3万余名英军士兵投降，还将港口内巨量的军用物资拱手送给了快要弹尽粮绝的德军。而隆美尔之所以如此狂猛地进攻，原因也在这里，如果他不用最猛烈的攻击硬压英军投降，再打下去他自己就危险了！

托布鲁克的陷落像一颗重磅炸弹爆炸，在埃及和英国本土引起了巨大的恐慌。英军沿着海岸公路拼命逃跑，一直退到距托布鲁克300多公里的阿拉曼一带，才在那里建立了新防线。

在德国，隆美尔的胜利又一次引发一场狂热的喧闹。德国广播电台洋洋得意地宣布隆美尔攻克了托布鲁克，希特勒也是得意忘形，立即晋升隆美尔为陆军元帅，这一德军至高至尊的军衔使年仅51岁的隆美尔简直受宠若惊。

攻陷托布鲁克要塞后，隆美尔将目光投向了埃及。6月22日，德军进入埃及。为了趁英军立足未稳发起进攻，隆美尔严令德军先头部队加速前进，德军在一昼夜间竟前进了200公里，许多士兵走着走着就睡着了，就是用这种强行军，隆美尔在7月份又打了一个胜仗，俘虏了6000名英军，缴获了大批军用物资。然而这几乎是他在非洲的最后一次胜利了，此后的路将越来越难走。

终归失败

8月初，丘吉尔亲临开罗，来收拾这里的残局。他撤换了大批将领，任命亚历山大为中东地区英军总司令，更重要的是，任命了蒙哥马利为第8军团司令。

这位蒙哥马利（Bernard Montgomery）也是第二次世界大战中的名将，他最有名的地方是打败了隆美尔。不过，谁都没有把他看成是比隆美尔更厉害的军事天才，就像没有人认为威灵顿是比拿破仑更能打仗一样，他们之所以能胜利，依赖的是实力，他们最了不起之处就是没有让比他们更能打的对手以少胜多、以弱胜强而已。

蒙哥马利在阿拉曼哈耳法山一带修筑工事，准备在这里与德军决一死战，决不后退。事实上他也无路可退了，从这里撤退就意味着失去整个埃及甚至整个非洲。

8月31日拂晓，德军开始进攻了。德军的进攻像以前一样猛烈，但这次他们失败了，主要原因有三：

一是英军士兵知道他们已经无路可退，必须在这里决一死战。要知道他们可不是意大利人，他们的勇敢并不亚于德军。二是他们早就修筑好了坚固的工事。三是他们也有了一位优秀的新指挥官蒙哥马利。在这样的条件下，作为进攻者的一方自然大吃其亏。然而隆美尔已经没有吃亏的资本了，他进攻的兵力甚至还不如敌人防守的兵力强，更严重的是，他的补给日益枯竭。

到9月2日晚，隆美尔不得不撤退了，理由很简单：他的坦克快要没油了。

隆美尔撤退时，蒙哥马利并没有追击，因为他知道，如果追击隆美尔这只沙漠之狐，很难不被他反咬一口。

到9月7日，哈耳法山的战斗结束了。

实际上，就在这个时候，英军不但在陆上与德军作战，在海上也展开了行动，目标就是已经被德军占领了的托布鲁克港。

9月13日，英军驱逐舰"西基"号和"祖鲁人"号从埃及亚历山大港出发，在海上同防空巡洋舰"考文垂"号和一支驱逐舰队会合，另外还有20余艘摩托鱼雷艇和登陆艇，这些军舰上共有500名士兵，准备在托布鲁克登陆作战。

第二天凌晨，英国空军先对托布鲁克港进行了猛烈的轰炸，以压制其火力，然后开始登陆作战。但港口内的德、意守军猛烈反击，把已经登陆的英军击退，同时停泊在港内的意海军摩托登陆艇和护卫舰等也向英国舰艇猛烈开火，成功地压制住了英军的攻势。到早晨，英军更是暴露在明亮的阳光之下——他们原来是准备乘着夜色突袭的，结果无论是军舰还是登陆的士兵都成了靶子，在德意海陆空军的联合打击之下，英军损失惨重，巡洋舰"考文垂"号和两艘驱逐舰被击沉，多艘摩托艇和登陆艇也被击毁，登上了海岸的几百名士兵除被杀死的外其余都当了俘虏，总之托布鲁克登陆计划以惨败告终。

但海上的胜利并不意味着陆上的，这里才是主战场，而在这里的战斗德意军已经大势不妙了。

更加不妙的是，这时候隆美尔身体又出了毛病。长期以来他都有低血压病，不时头晕目眩，这时还出现了胃肠功能紊乱等症状。隆美尔把医生诊断的结果电告柏林，并推荐施姆登接替自己担任临时指挥官。9月下旬，隆美尔动身回国。在希特勒的官邸，隆美尔汇报了北非战场的形势，并参了意大利人一本。意大利人的怯懦与无用希特勒同他一样清楚，但他有什么办法呢？人总得有一个朋友，墨索里尼恐怕是这个广大的世界上希特勒唯一的朋友了。汇报后，隆美尔来到维也纳，在塞麦宁山脚下开始了安宁舒适的治疗。

然而英国人怎么会让他安心养病呢！从10月23日起，英军以1000多门大炮、8个步兵师、4个装甲师近20万之众，向德军发起"闪电战"，德军临时司令官施姆登在前线遭到炮击，从汽车中摔出来，心脏病突发而丧命。隆美尔立即赶回北非，重掌指挥权。

隆美尔抵达前线司令部时，德军正面临严峻的形势。开战48个小时后，强大的英军已轻碾过德军前沿阵地，德军损失严重。隆美尔率军奋战，抵挡住了英军的攻势。但实力已经远较隆美尔强大的蒙哥马利没有让敌人喘息，反而加强进攻。11月2日他开始实施"增压"作战，德军在英军优势兵力的打击下伤亡惨重，仅两个装甲师就由9000人减为2000余人，坦克仅余30辆。隆美尔深知硬拼只会死路一条，便下达了撤退命令，同时他也向远在柏林的希特勒发去了电报，说明由于英国空军和地面部队都占有绝对优势，德军有覆灭之危险，只能撤退。希特勒接到电报后立即向隆美尔发去了一封"不胜利，毋宁死"的回电。但隆美尔可不是那种视士兵之命如草芥的将军，他"将在外，君命有所不受"，断然下令撤退。

这个撤退过程甚至比战斗还难，这时候的蒙哥马利深知自己拥有绝对优势的兵力，只要能抓住德军就可以一鼓歼之，于是一路穷追猛打。

蒙哥马利之所以有这样的信心，是因为这时候与隆美尔的残缺之军作战的不但有他强大的第8军团，还有更为强大的美军。

这时美英已经改变了美国出钱、英国出人的作战方式，建立了联合作战指挥部，强大的美军将直接参与作战。

1942年8月底，联合指挥部制订了一项计划——这就是我们前面说过的"火炬"作战计划了，根据这项计划，英美在伦敦建立了一个盟军总部，由艾森豪威尔担任英美盟军的联合总指挥，目的就是要在北非进行大规模的登陆作战，彻底消灭隆美尔的非洲师。

强大的英美盟军占领法属北非后，开始从西往东攻击，直扑这时候已经撤退到了突尼斯的隆美尔。

德军受到了东西两翼的夹击，而且两翼的敌人都极为强大，远远超过其实力。

隆美尔自从撤出阿拉曼防线后，一路并没有坚守，而是不停地往西狂奔，放弃了整个利比亚防线，包括托布鲁克、班加西等，一直退入突尼斯。在这超过2000公里的漫长撤退途中，蒙哥马利几次试图通过两翼迂回包抄逮住隆美尔。但他用这种战术无异于班门弄斧。虽然隆美尔疾病缠身，但仍统领残军穿过了茫茫沙漠，一直到达突尼斯。

他到这儿的目的不是要建立新的防线，而是想从这个距意大利西西里岛最近的地方渡过地中海，回到欧洲。他深深知道，再打下去无异于自蹈死地！他甚至也知道，面对盟军几乎是无穷无尽的战争资源——无论人力资源还是物质资源——德国已经不可能打赢这场战争了。

1942年底，隆美尔已经率军进入突尼斯，到了突尼斯东北角的迈贾兹巴卜，再退就是地中海了。

隆美尔就在这里设立了防线，甚至迅即展开反击，挡住了盟军的推进。这天中午，他接到了意大利最高统帅部的电报，说鉴于他的健康状况，准备解除他的司令官职务，由意大利的梅塞将军接替，但隆美尔不愿意放弃他的部队，任由他们在这里等死。

同时，隆美尔还在寻找机会对盟军展开最后一击，不久他就找到了机会，他发现在比塞大一带美军第2军与其他盟军部队有些脱节，立即向其展开了猛烈进攻，美军被迅速击退，阵亡3000余人，被俘约4000人，被逐退了80多公里。然而这也是隆美尔在非洲大陆的最后一场胜利了。

这时已经是1943年初了，隆美尔向希特勒递交了一份对时局清醒而悲观的评估报告，建议与盟国和谈，他的报告与建议都遭到了希特勒的拒绝。使隆美尔极其失望，从希特勒的拒绝里他也看到他不再被信任了。他的病也一天比一天痛苦地折磨着他，他决定立即去治疗，经罗马到了德国，先后觐见了墨索里尼和希特勒，然后治病去了。

约两个月后，5月1日，英国第8军团在右、自由法国军队在中右、英国第1军团在中左、美军第2军在左，在炮兵与空军强大火力的支援下，向轴心国军队发动了最后的进攻。这时德意军队的补给线早已经被彻底断绝，几乎弹尽粮绝，隆美尔又不在，根本无法与强大的盟军相抗衡，经过一番垂死挣扎，5月13日，残余的德意军队放下了武器。

北非战事到此结束。

在为期近3年的北非作战中，轴心国在这里共损失了近百万军队，绝大多数是意军，被击沉了240万吨船只，被击落了约8000架飞机，被击毁了6000余门大炮、近3000辆坦克和7万辆汽车，损失不可谓不惨重。

我们前面讲了英美盟军在北非陆上的战斗，现在我们再来看海上。

大战地中海

在第二次世界大战的海战之中，有两

场最重要的海战都与隆美尔的非洲战役有关，这就是两次锡尔特湾海战。

锡尔特湾海战

第一次锡尔特湾海战发生在1941年12月。我们上面说到，1941年11月中旬，英军开始进攻了，这就是他们策划已久的"十字军作战"。这个计划中英军的作战目标主要是解托布鲁克之围并占领昔兰尼加。到12月上旬，隆美尔兵员损失严重，全面后撤。之所以会如此，就是因为这时候意大利海军与英军进行了第一次锡尔特湾海战。

到1941年底，德国人和意大利人都已经清楚地认识到，倘若不给隆美尔的非洲军团运送大量补给，整个非洲战争就要失败了，以《地中海海战》中的话来说就是："对利比亚的补给不仅是当务之急而且绝对是生死攸关的问题了。"于是意大利海军决心不惜一切代价做到这一点。

为此，意大利海军组织了一大批军用物资以及相应的运输船队，为了保证安全，还组建了强大的护航舰队。

12月16日，由8艘驱逐舰护航的运输船队离开了那不勒斯港，往地中海对岸的利比亚出发。为了应对很可能到来的英国海军的袭击，意大利海军还在墨西拿海峡以南部署了两个舰队，一个包括战列舰"杜里奥"号、巡洋舰"阿奥斯塔"号、"蒙太库科利"号等，另有4艘驱逐舰。另一个在更远处，包括战列舰"利托里奥"号、"多利亚"号、"恺撒"号、巡洋舰"果里齐亚"号等，另有10艘驱逐舰。力量空前强大，可以说意大利海军将全部军力都派出来了，孤注一掷、务求必胜。

到这一天的下午5时30分，本来处于运输队最远处的第二个支援舰队中的"利托里奥"战列舰突然看见东方已经开始昏暗的地平线冒出了密集的烟雾和防空炮火弹幕。原来这是英国军舰正和意大利船队干着同样的事——运送补给，英军是往马耳他岛送、意军则是往利比亚送，这支英国舰队阵营庞大，拥有7艘巡洋舰和16艘驱逐舰，这时候遭到了德国空军的轰炸，正用军舰上的防空炮火进行还击。意大利海军和陆军不一样，远没有那么孱弱，见此情景，"利托里奥"立即主动向英军舰队冲去，并在距敌舰还有3万多米的距离上就开始发炮攻击，其他意大利军舰也开足马力，朝英舰冲去。

一看遭到海、空军的联合攻击，特别是意大利海军那种毫不畏惧地猛冲猛打的态势，英军舰队司令魏安将军有些胆怯了，不敢应战，想要撤退。于是一面派出驱逐舰抵挡，一面放出烟幕，同时主力后撒。但意大利军队已经扑上来了，首先是双方的驱逐舰猛烈交火，接着意大利的巡洋舰"果里齐亚"号也开火了，并且第一次炮火齐射就直接击中了一艘英国驱逐舰，同时另一艘意大利驱逐舰也使一艘英国驱逐舰遭到重创，几乎沉没。但英国的主力已经撤退或者说逃跑了，双方军舰之间的直接交战就此结束。不过意大利人已经胜利了，因为他们重伤了两艘敌舰，自己则没有多少损失。

见英舰撤退了，意舰也没有追击，而是继续护送补给船队顺利抵达了利比亚，给隆美尔送去了急需的作战物资。正是这些物资才使得隆美尔有资本可以反攻英军，占领托布鲁克，这我们前面已经说过了。

但第一次锡尔特湾海战还没有完。英国舰队也是护送物资到马耳他岛的，撤退之后，他们也顺利到达了马耳他，此后，英国舰队便掉过头去找意大利人算账了，也许是觉得刚才的逃跑太伤自尊，要找回场面。

他们朝利比亚冲去，但倒霉的是，他们在的黎波里港一头闯进了意大利海军布下的水雷网，结果巡洋舰"海王星"号和驱逐舰"坎大哈"号触雷沉没。另外两艘巡洋舰"曙光"号和"贞妇"号也受到重创。可以说是损失惨重。

这就是第一次锡尔特湾海战了，不用说意大利海军取得了大胜。显然，意大利的海军和陆军完全不一样，相较于陆军的胆怯孱弱，他们的海军则要勇猛顽强得多。

正因为如此，他们在第二次锡尔特湾海战中同样取得了胜利。

第二次锡尔特湾海战发生在第一次锡尔特湾海战仅仅三个来月后，即1942年3月。

这次又是英军要给马耳他岛运送补给。由于马耳他岛所处的位置十分重要，所以一定要守住，德国人和意大利人则想攻占它，于是围绕马耳他岛展开了激烈的战斗。不过直接的战斗不是海战，而是空战，是从陆地起飞的德军飞机对马耳他岛守军进行大规模空袭，以击溃岛上的英军，英军想要守住马耳他就要不停地往岛上运送补给。

3月20日上午，一支由4艘商船组织的运输船队在巡洋舰"卡尔利塞耳"号和6艘驱逐舰的护航之下从非洲的亚历山大港出发了。当天晚上，另外两艘巡洋舰"埃及女皇"号和"尤利阿里斯"号、"狄多"号等还有4艘驱逐舰也出发了，另有7艘驱逐舰从这时候还没有被隆美尔占领的托布鲁克港出发，也前往支持，可以说英国人也是倾地中海之兵力要完成这一运输任务。甚至英军的第8军还向隆美尔发动了一次主动攻击，好引开德意军队的注意力。但一开始英军就遭受了损失，两艘鱼雷艇在突尼斯一带被发现，一艘被击沉，另一艘投降。

到 21 日下午，巡航在地中海中的意大利潜艇发现了以"埃及女皇"号为核心的英国舰队，立即发出了情报，意军接到情报之后，立即大举出动，派出了包括"果里齐亚"号在内的三艘巡洋舰和 4 艘驱逐舰从墨西拿港出击，另外战列舰"利托里奥"号还带领 4 艘驱逐舰从塔兰托港出发攻击。

到了这天晚上，英军的所有军舰都会合了，这时候它们已经是一支拥有 5 艘巡洋舰和 18 艘驱逐舰的强大舰队，而他们要面对的只是意军的一艘战列舰、3 艘巡洋舰和 8 艘驱逐舰，由于一艘发生机器故障中途退出，实际上只有 7 艘。

到了第二天下午，双方军舰遭遇了，一开始，英国的巡洋舰以为遇到了敌人强大的战列舰，便立即放出烟幕掩护想要撤退，意大利的军舰则主动求战，于是英军舰队又用上了另一招，就是大量的施放烟幕，自己隐身在烟幕之中，想乘敌舰冲进烟幕时再行攻击，但意大利人哪会上当，不肯进入烟幕，但为了求战，只是尽量地靠近烟幕中的敌舰并发射炮火，对英舰造成了强大的威慑。

在这样的情形之下，英军便出动了比较小型机动的驱逐舰钻出烟幕发动攻击，特别是针对"利托里奥"号进行攻击，发射炮火与鱼雷。但"利托里奥"火力强大，重创了进攻的英军驱逐舰。同时另外的意军舰也击伤了多艘英军舰只。

这时候天已经越来越黑了，这对意军十分不利，因为他们不像英国舰队，晚上有雷达指引，可以继续作战，他们没有雷达，夜战是很吃亏的，海上的风浪也越来越大了，在这样的情形之下，意军舰队便奉命返航了。

这就是第二次的锡尔特湾海战了，由于上述各种原因，持续的时间虽然不短，但双方正式交火的时间并不长，但就在这不长的交火之中，意军已经取得了不小的胜利，英军主力"埃及女王"号被击伤，另外四艘驱逐舰也受到重创，意军则几乎没有损失，只有一艘军舰甲板被划伤了一点。总之又是意军取得了完全的胜利。

对于这次失败，我们上面提到过的英国舰队的统帅、著名的海战高手坎宁安上将后来写道：

不要错误地设想在这一次战斗中意方是无能的。我们的驱逐舰……碰上了沉重而准确的炮火，仅仅是由于老天爷的帮助，许多军舰才没有沉没，而有更多的军舰受到严重的创伤。[2]

以上两次锡尔特湾海战都是意大利人取得了胜利，但我们可不要以为意大利的海军比英国海军强大，那是不可能的，要知道这时候的地中海并不是主战场，而且英国海军也只将小部分兵力投入到了地中海，意大利则是投入了其全部海军力量。而且，即使这样，他们在地中海的海战之中——这样的海战在第二次世界大战发生了多次——整体来说并没有占到便宜，相反，是吃了亏的，有的甚至是吃了大亏，我们也来讲下其中最大的两次，一次是夜袭塔兰托。

来自航母的袭击

塔兰托位于像靴子似的意大利半岛的靴跟部，当时是意大利海军最重要的军港，三面环山，一面水域宽阔，并且有内外两个港区，港湾设施经过长期建设，也相当完善，因此集中了意大利海军的大部分舰艇，包括巨型战列舰 4 艘、还有重型巡洋舰 8 艘、轻巡洋舰 5 艘、驱逐舰 16 艘、潜艇 21 艘，以及许多护卫舰鱼雷艇等，并且还有强大的陆军航空兵，虽然不隶属于海军，但也可以配合海军作战。

但它也有一个毛病，就是位置太靠南，稍往南就是浩瀚的地中海了，因此容易受到来自海上的袭击，意军对此却并没有太大的警觉。

正因为如此，所以早在战前，英军原来的地中海舰队司令庞德就曾提出一旦对意开战，就要对之发动空袭，摧毁基地中的意军舰队。

正式开战后，英军很快做出了空袭的决定，并为此集中了庞大的兵力，准备参战的包括整个地中海舰队，共分成 5 个兵力群，即突击群、掩护群、侦察群、佯动群和战果扩大群。试图毕其功于一役。

其中突击群由新型航空母舰"光辉"号为主力，另有 4 艘巡洋舰、4 艘驱逐舰担任具体的攻击任务，具体承担任务的是航空母舰上的 21 架剑鱼式舰载机，将分两波进行攻击。掩护群由 2 艘战列舰、2 艘巡洋舰和 12 艘驱逐舰组成，目的是掩护突击舰队。侦察群则由驻扎在马耳他岛上的岸基航空兵组成，任务是对塔兰托进行不间断侦察，以了解敌情。佯功群则由 3 艘巡洋舰和 2 艘驱逐舰组成，任务是向一支这时候正在海上的意大利运输船队发动袭击，以转移敌人的目标。战果扩大群则由驻希腊机场的轰炸机群组成，本来的任务是在突击成功后进一步去摧毁塔兰托的船坞，使其失去作用。但后来没有实施。

庞大的舰队于 1940 年 11 月 6 日下午从埃及亚历山大港出发，与此同时，英军还同时派出了几支运输船队，以使敌人分不清英军的主攻方向，甚至以为英军只是寻常的战争物资运输而已。

到了8日中午，英军舰队抵达了克里特岛与马耳他岛之间的海域。这时候被1架意军侦察机发现，意军得到情报后，派出了7架轰炸机来攻，但遭到从"光辉"号上起飞的舰载战斗机的拦截，2架被击落，共余5架扔下炸弹逃跑了。但不久又有10架意军战机来袭，但意军飞行员本领实在太差劲，扔下的炸弹无一命中，而向"光辉"号扑来的战斗机倒被击伤1架，其余的又逃跑了。——可以想象，要是意军的飞行员也像"托里切勒"号上的水兵一样厉害，英军这次袭击行动是不可能成功的。

事实上可不是，此后，按照计划，佯攻舰队脱离主舰队出发了，主力则依计划向目标前进。

到了11日下午，突击群就位，舰载飞机从航空母舰上起飞了，这时候距离塔兰托港约有270公里。担任第一波攻击的是12架"剑鱼"飞机，到了塔兰托港上空后已经是晚上了，先投下了照明弹，然后轰炸机根据照明弹照亮的目标发动了攻击，丢下了鱼雷和炸弹。第一波攻击后不久，第二波攻击又来了，又投下了鱼雷和炸弹，不过有一架飞机被意军的高射炮火击中坠落。

在这次空袭中，英军以极小的损失，就是两架飞机，一架还是出故障返回的，就使得意大利海军蒙受了惨重损失，其中击沉了战列舰1艘，重创2艘，还击伤了多艘巡洋舰等其他舰只，并且对整个港口进行了大破坏，使之几乎不可再用。此后，意大利海军的大型军舰就不能再在这里停泊了，转移到了西南的那不勒斯港，等于是相对远离了地中海主要作战水域，这对它以后的地中海之战是非常不利的。

当然更重要的是，意大利海军的势力本来就弱于英国，这样一来就更弱了。

又一次马塔潘角之战

我们要讲的英意地中海之战中的第二场大战是马塔潘角之战。

前面我们说过了夜袭塔兰托港，给意大利海军造成了巨大损失。与此同时，英国海军以为意大利海军已经无力与他们对抗了，就颇有些肆无忌惮地开始向意大利各个港口发动袭击，以英军总司令的话来说就是"想怎么干就怎么干"。但这时候强大的德军飞机已经来地中海参战了，并且将英国在地中海中最强大的力量即新型航空母舰"光辉"号炸伤了，使之不得不退出地中海，远赴美国大修。这样一来，地中海中意大利人最害怕的对手不在了，加上希特勒的催促，于是墨索里尼政府决定与英国海军来一场大战，这就是马塔潘角之战了。

此战并非双方互相邀战，而是意大利先派出四个舰队袭击英国往马耳他岛护送物资的运输舰队，它们从不同港口出发，最后汇集于墨西拿西南海域。包括一艘战列舰、7艘巡洋舰、13艘驱逐舰，可以说是主力尽出。这是1941年3月的事。

得知意军的动向，坎宁安也调集了强大的舰队，分别从埃及的亚历山大港和希腊比雷埃夫斯港出发攻敌，包括一艘航空母舰"可畏"号、三艘战列舰、四艘巡洋舰、13艘驱逐舰。

就兵力而言英国人显然要强大一些，因为它有航空母舰，还有三艘巨大的战列舰，但意军的战舰主要是新型的战列舰以及重型巡洋舰，所以双方的力量实际上相差并不大。

到了3月28日黎明，意军的"维托里奥·万内托"号巡洋舰通过一种从军舰上发射的小型侦察机发现了英军舰队，统帅伊亚金诺上将下令最前面的第三分舰队立即投入作战，他自己则带着"维托里奥·万内托"号前往支持。不久，第三分队望见了英舰，双方立即接近，进入射程之后就开火了，马塔潘角之战就此展开。

这时候双方都在高速前进的状态之下，因此虽然互相开火，但都没有击中目标，大约一小时后，伊亚金诺看到这样的战斗意义不大，而且现在他们已经远离港口了，又没有飞机支持，打下去恐怕不利，于是下令返航，向基地驶去。

但英军却不想这么算了，在后面跟踪追击，看到这样的情形，伊亚金诺又下令第三分舰队掉转航向，向敌人攻击。这次造成了一艘英国巡洋舰受伤，于是英军又放烟幕弹然后撤退了。

但这并不是真的逃跑，不久，6架英国鱼雷机出现在空中，甚至还有轰炸机，它们直接向意军的旗舰扑来，并且采取了新的战术形式，即首先以轰炸机去吸引意舰的高射炮火，接着三架鱼雷机出其不意地从舰后方接近，并且是贴着水面飞来的，使意舰来不及躲避，然后从三个方向上投下鱼雷，虽然有一架鱼雷机被击落了，但有一枚鱼雷击中了目标，使之受到重创，只得脱离战场。

最强大的对手被打伤跑了，英军舰队立即赶了过来，这时候已经是夜晚了，它们像袭击塔兰托一样，先向敌人舰群投射照明弹，并且打开了探照灯，三艘火力强大的战列舰立即以大口径火炮向意舰猛烈开火，同时英军的驱逐舰也开始射击，这样的协同射击威力巨大，两艘意舰不久被打伤，失去了动力，舰长被迫下令弃船，但他自己没有离开，而是与舰同沉。另一艘则发生爆炸，包括舰长在内的绝大部分军兵都沉入海底了。它们都是重型巡洋舰，随着它们的沉没，意军战力更弱了。

不久，另一艘驱逐舰也受了重伤，舰长下令弃船，但他自己却不肯上救生艇，据说他十分镇静地点起一支香烟，不久便与他的军舰一起消失在海面。

还有其他军舰也受了伤，有的沉没了，有的受伤脱离了战场，英军的损失则小得多，只有一艘巡洋舰受伤，被击落了两架战机。意大利海军则失去了三艘重型巡洋舰、2艘驱逐舰，作为海军主力的战列舰也受了重创，另有多达3000余名水兵葬身鱼腹。可谓损失惨重。

经此一役，意大利海军已经注定要失败了。不过他们仍没有就此悲观绝望，而是继续战斗，并且取得了几次胜利，但不可能挽回整个战争的败局。后来，在盟军于北非登陆之后，地中海局势就更是一边倒了。

大结局

到1943年7月，盟军开始向意大利本土发动攻击，首先占领了班泰雷利亚岛，它是意大利号称最坚固的海军基地，但盟军依靠绝对的空中优势进行了持续而猛烈的空袭，使岛上的守军根本无力反击。接着盟军登陆部队便上岛了，不久就顺利占领了这"固若金汤"的基地，总共耗时不过十来天。这也是世界战争史上最早的依靠持续猛烈的空中轰炸取得胜利的战例之一。

紧接着盟军便向西西里岛发动了进攻，为此准备了强大的海陆空三军兵力，结果不难预料，尽管守岛的德意军多达35万，但只有5万是德军，其余意军战斗力极弱，在盟军绝对优势的兵力与火力的突击之下，不久就土崩瓦解。

这时候意大利的海军地面舰队已经鲜有出来作战的了，参战的只是一些潜艇，虽然也取得了一些成果，击沉了一些盟军的登陆艇和商船之类，但自己也有多艘被击沉或被盟军俘获。

此后，盟军继续进攻，意军已经陷入绝境，到了1943年9月8日，意大利政府正式宣布投降。此后，残余的意大利海军舰只被要求转移到盟军控制的港口，但许多在途中遭到德军飞机轰炸，葬身大海。还有的由于停泊在德军控制的港口，不能离开，水兵们就凿舰自沉了。一度是地中海最强大力量之一的意大利海军就此消失了，第二次世界大战中的地中海之战也至此结束。

意大利投降一年零八个月后，到1945年5月8日，德国人在柏林签署了一份无条件投降书，至此德国正式投降。

又到了这年的8月15日，由于受到原子弹的轰炸，苏联对日作战，日本宣布无条件投降，第二次世界大战也就此结束了。

这幅画描绘了盟军在西西里的登陆。

(Artist:Charles David Cobb)

---

1 ［意］布拉加丁 著：《地中海海战——第二次世界大战中的意大利海军》，蔡鸿干 译，海洋出版社，1982年5月第一版，第22页。
2 ［意］布拉加丁 著：《地中海海战——第二次世界大战中的意大利海军》，蔡鸿干 译，海洋出版社，1982年5月第一版，第162—163页。

第 27 章　新时代的地中海战事
——这是一种新的、极不对称的战争

二战之后，虽然世界整体来说比较平静了，但地中海并没有平静，因为二战结束仅仅 11 年之后，地中海就发生了一次战争，这就是英法两国联合起来侵略埃及。

为什么英国与法国要联合起来侵略埃及呢？这还要从苏伊士运河说起。

苏伊士运河之战

苏伊士运河贯通了地中海与红海，通过红海可以直达印度洋，然后又可以直达太平洋，由此从欧洲可直达亚洲的太平洋与印度洋沿岸各港口。在运河开通以前，从欧洲到达这些地方平均要远 8000 到 1 万公里，期间节省的时间与经济成本可想而知。而且红海与地中海之间距离也并不遥远、地形也不复杂，因此自古以来人们就想开凿一条运河贯通地中海与红海。据说早在埃及第十二王朝，生活于公元前 19 世纪的法老辛努塞尔特三世（Senusret III，这个名字就是"苏伊士"一词的来源）就曾经下令挖掘一条这样的运河，不过连接的是红海与尼罗河，这条运河一直使用了约 500 年之久，直到公元前 13 世纪的拉美西斯二世时期才渐渐荒废。

后来，据伟大的古希腊历史学家希罗多德在《历史》中记载，大约在公元前 600 年，尼科二世也想要挖掘运河，不过没有成功。

到了公元前 250 年左右，这时候已经是希腊人建立的托勒密王朝了，托勒密二世也进行了挖掘工作，并且取得了初步成功，一直被断续地使用和废弃。特别是古罗马时代，公元前 117 年左右，这时候罗马的五贤帝之一图拉真在位，曾经长期使用运河。但到了 8 世纪时期，这时候已经是阿拉伯人统治埃及了，阿拔斯王朝的哈里发阿曼苏尔完全废弃了运河。

历史又过了千年之后，到了 18 世纪末，拿破仑曾经侵入埃及，他就想在这里

美丽的苏伊士运河。
(Artist:Albert Reiger)

修建运河以连接地中海与红海,可惜不久他在埃及就被英国人打败了,运河自然开不成了。

但法国人并没有放弃努力,后来一直想要开通一条这样的运河。到了1855年左右,当时法国驻埃及的领事费迪南德·德·雷赛布子爵获得了当时统治埃及的奥斯曼土耳其帝国驻埃及的总督塞伊德帕夏的特许状,可以开凿一条连接地中海与红海的运河,运河工程后来主要由澳大利亚工程师雷格勒力设计。

为此,雷赛布在1858年底成立了苏伊士运河公司,开始开凿运河,不用说需要大量劳动力,这些劳动力大都从埃及的穷人中雇佣,由于工作条件十分恶劣,加上天气酷热、食物不足,工地卫生状况极差,导致大量工人死亡,据说总死亡人数多达12万!

但无论怎样,运河还是建成了,于1869年11月17日正式通航。

苏伊士运河建成后,虽然取得了巨额的经济收益,塞伊德帕夏的继任者也受益不菲,但他为了一次性获得更多的钱,还是在1875年将运河的股份卖给了英国,也就是英国人获得了运河的控制权,并且在此驻军,此后一直由英国实际上控制运河。

到了1952年7月,埃及以纳赛尔为首的自由军官组织推翻了法鲁克王朝,并于次年建立了埃及共和国,具有很强民族意识的新埃及政府要求英国放弃对运河的控制权,英国人同意了,将军队撤出了埃及。

但纳赛尔并没有就此止步。1956年宣

布将苏伊士运河收归国有，这就意味着英国不但不能控制运河，就是从中获得收入也不能了。这当然引起了英国和法国的强烈不满，因为它们在原来的运河公司里都有庞大的利益。

正在这时，1956年10月，爆发了以色列与阿拉伯国家之间的第二次中东战争，以色列军队攻入埃及，不久占领了运河东岸的西奈半岛，在这里与埃及军队发生了大规模战斗，埃及军队处于劣势。乘此机会，英国与法国要求埃及政府放弃运河国有化，但遭到拒绝。于是两国政府决定诉诸武力，侵入埃及，这就爆发了二战后在地中海一带的又一次较大规模的战争，即塞得港登陆作战。

1956年11月初，英、法两国首先出动大批战机——超过1000架次，对埃及运河一带的各个军事目标进行了狂轰滥炸。到了11月5日，英、法出动了军队，包括伞兵和步兵，公然入侵埃及，并且在塞得港一带登陆。

为了此次入侵，英法动用了23万人的强大兵力，另有战机650余架，战斗舰艇130余艘，其中包括航空母舰6艘、战列舰1艘、巡洋舰7艘、驱逐舰18艘，以如此庞大的兵力对付还属于第三世界穷国的埃及，简直有石头砸鸡蛋的架势。

这样公然的侵略激起了埃及人民的强烈反抗，虽然从武器到兵力都远不如对手，但他们仍然奋勇抵抗。英法大军的目标本来是想一举迅速占领整个运河地区，造成控制运河的事实，然后再强迫埃及政府答应他们的要求，但这个目标并没有达到。虽然南进的英法军队不久就占领了大部分运河区，但遭到了埃及军民的顽强抵抗，埃及政府也调集举国之兵，在运河区一带与英军激战。特别是在塞得港，英、法的第一批伞兵着陆后不久就大部分被埃及军民消灭掉。后来尽管英、法出动了8万人的强大兵力从海陆空立体进攻，但塞得港的军民始终坚持抵抗，侵略者也始终没有占领整个城市。

英法的公然入侵也遭到了世界其他国家的强烈反对，特别是广大阿拉伯国家，不但纷纷与英、法断交，对英、法实行石油禁运，而且大力援助埃及。英法这种行为甚至遭到了当时的两个超级大国苏联与美国的反对，美国在联大紧急大会上提出了立即停战的议案，苏联甚至建议与美国共同出兵制止英法的侵略行为，甚至向英、法发出了最后通牒，宣布不惜用武力恢复埃及的和平。

这样一来，英、法政府不得不让步，11月6日就宣布停火。不久之后开始撤军，到22日英法军队全部撤离了埃及。后来，到了1957年3月8日，入侵西奈半岛的以色列军队也撤走了，埃及成功地收回了苏伊士运河的主权。

这也是第二次世界大战之后第一场发生在地中海海上及周边的战争。

除此而外，大约同时，地中海东岸还有一场更大规模的战争，就是以色列与阿拉伯国家之间的中东战争（Middle East War）。

战争根源

犹太人是一个非常古老的民族，古时称为希伯来人，他们和迦南人、阿拉伯人都是西亚古代闪族的后裔，他们同其他古老民族一起共同生活在地中海东部现在叫作巴勒斯坦的地方，公元前1025年，犹太人一度建立了统一而强大的国家，大卫和他的儿子所罗门统治的时代更是他们的黄金时代。但后来这个犹太人的国家逐渐衰落、分裂，终于为异族所灭，犹太人也为异族所统治，统治他们的先后有巴比伦人、波斯人、马其顿人、罗马人、阿拉伯人，等等。特别是当罗马帝国统治犹太人时期，由于犹太人不服从罗马的统治，不断反抗，遭到罗马人的残酷镇压，大批犹太人被迫离开了家园，迁移到了欧洲各地，巴勒斯坦的犹太人就很少了。

到了公元7世纪，阿拉伯人在战胜东罗马帝国后占领了巴勒斯坦一带，后来阿拉伯人不断迁入，形成了现在的巴勒斯坦阿拉伯人，而这时候犹太人早就从巴勒斯坦迁走了，巴勒斯坦也早已经成了阿拉伯人的家园，他们就是巴勒斯坦人了。

然而犹太人念念不忘自己古老的家园，到了19世纪末，犹太人在世界各地掀起了犹太复国主义运动。这个运动简言之就是号召犹太人重新迁回巴勒斯坦，在那里建立自己的国家。这时候的犹太人已经在世界上，特别是在欧洲与美国取得了很大的成功，占有了巨大的财富，他们也有能力这样做了。于是许多犹太人从世界各地大批移居巴勒斯坦。

到了第一次世界大战期间，巴勒斯坦成了英国的"委任统治地"，英国人将之分为东西两部分，东部称外约旦，后来成为了约旦王国，西部仍称巴勒斯坦，包括今天的以色列、约旦河西岸和加沙地带。犹太人在英国拥有极大的财富与势力，例如著名的罗斯柴尔德家族就是犹太人，在他们的影响之下，英国政府对犹太复国主义也持支持态度，于是更多的犹太人移居巴勒斯坦。然而这时候在巴勒斯坦已经生活着大批巴勒斯坦阿拉伯人，他们在这里已经生活了千年之久，早就将这里当成了故乡，大批犹太人的涌入自然威胁到了他们的利益，于是几乎必然地，在犹太人与巴

这就是巴勒斯坦，虽然是《圣经》中上帝应许给犹太人的"流奶与蜜之地"，但实际上主要是荒漠与不毛之地，就如画中这样的景象。
(Artist:John Singer Sargent)

勒斯坦人之间发生了冲突，但还没有到发生战争的程度。

第二次世界大战结束后，在英美苏等国的推动之下，1947年11月联合国通过了第181号决议，即巴勒斯坦分治决议。决议规定，在2.7万平方公里的巴勒斯坦领土上分别建立犹太国和阿拉伯国，首都耶路撒冷国际化。到1948年5月14日，以色列国宣告成立了。

这本来没有什么，但问题就出在领土的划分上。根据分治决议，阿拉伯国领土约占当时巴勒斯坦总面积的43%，犹太国领土占另外的57%，但当时的巴勒斯坦人口中阿拉伯人实际上是比犹太人多得多，占总人口的2/3以上，但他们只占有不到一半的土地。更令阿拉伯人不能容忍的是，阿拉伯国的领土大部分还位于丘陵和贫瘠地区，犹太国则不然，虽然人口不到总人口的1/3，却不但占据了巴勒斯坦总面积的近六成，大部分还处于地中海沿岸一带，交通便利且土地肥沃。

个中原因是因为在当时的联合国内，犹太人及其同情者的势力比阿拉伯国家大得多，所以才会通过这种明显不公平的决议。

对于这样的决议，不但巴勒斯坦人不同意，也遭到了整个阿拉伯世界的强烈反对。因为巴勒斯坦人也是阿拉伯人，他们是同一个民族。据说当时的沙特国王曾经这样说："我们同情犹太人，可是他们建国要在我们的土地上割让领土？历史上谁在迫害犹太人？穆斯林吗？既然德国人杀害犹太人就在德国划出一块土地给他们好了，为什么要损害与犹太人的苦难毫无干系的巴勒斯坦人民的利益？"

这样的话当然不是完全没有道理的，历史上的确伊斯兰教并没有迫害犹太人，例如在先知穆罕默德看来，犹太人乃是"有经者"，即信奉先知的人，[1]对于这样的人，穆罕默德说只要他们服从统治，而且纳税，就有信仰自由，拥有自由履行其宗教仪式的权利，更不会迫害他们。所以历史上阿拉伯人从来没有迫害犹太人。迫害犹太人的是基督教与欧洲人，但现在却要伊斯兰教与阿拉伯人去承担后果，这从道义上当然是讲不通的，必然会激起整个阿拉伯世界的强烈反抗，这种反抗的极端后果就是战争。

所以，从根本上来说，这个显然不公平的联合国决议乃是阿拉伯与以色列发生战争的根源，也是今天巴勒斯坦问题的根源，甚至是伊斯兰恐怖主义的主要根源之一。

那份决议通过后不久，以色列就宣布建国了，但巴勒斯坦人和阿拉伯人强烈反对这个决议，没有建立阿拉伯国，其结果就是在以色列与阿拉伯国家之间的5次中东战争了，又叫阿以战争。

五次阿以战争

第一次中东战争发生于1948年5月15日凌晨，这时候以色列刚刚在前一天建国，阿拉伯国家联盟七个成员国集结军队4万多人向以色列发起进攻。

战争早期阿拉伯人取得了胜利，但不久后以色列发动反攻，又取得了胜利，并乘机占领了大片联合国决议属于巴勒斯坦人的领土，近百万巴勒斯坦人被赶出家园，沦为难民。

第二次中东战争我们上面说过了，就是英法与以色列人想联合起来控制苏伊士运河，所以又叫苏伊士运河战争，最后失败。

第三次中东战争主要起因是巴勒斯坦解放组织的成立。

1964年5月28日至6月4日，巴勒斯坦各界代表在阿拉伯联盟的支持下，在耶路撒冷东城区成立了巴勒斯坦解放组织，并且建立了武装力量"法塔赫"。此后，法塔赫不断袭击以色列，并且日益壮大，对以色列的安全构成了严重威胁。

于是，1967年6月5日，以色列举国动员，对巴解组织的主要支持国埃及、约旦和叙利亚发动了战争。先是一场空中战争，以军乘埃军早饭和军官上班前戒备稍有松懈的时机，大规模空袭埃及各空军基地，将埃及空军的绝大部分战机摧毁于地面。接着又击毁了叙利亚和约旦大批战机。此后，占据了制空权的以军出动强大的兵力快速突击，4天之内就占领了加沙地区和埃及的西奈半岛，并且攻占了耶路撒冷东城区和约旦河西岸地区，以及叙利亚的戈兰高地。约、埃、叙和巴勒斯坦人损失极为惨重，停火之后，以色列又扩大了约6.5万平方公里的控制区，又有几十万巴勒斯坦人被赶出家园，沦为难民。

即使后来停火了，阿以之间仍不时有冲突，包括海上对抗，例如埃及海军舰艇在1967年10月使用舰舰导弹击沉了以军的驱逐舰"埃拉特"号，这是世界上第一次用导弹击沉军舰，也可以说是世界上最早的导弹海战，开启了人类海战的新时代，将成为此后海战最主要的武器。

第三次中东战争惨败后，阿拉伯人并没有屈服，而是不断积聚力量，到1973年10月6日，埃及与叙利亚突然分别在西线向西奈半岛和北线戈兰高地同时向以军发起进攻，发动了第四次中东战争。

战争一开始，由于以色列认为阿拉伯人再也不敢主动进攻，防备有些松懈，所以埃及军队顺利突破了以军著名的巴列夫防线，击毁了大量以军坦克，以军的王牌装甲旅几乎被全歼，同时在海上向以军舰艇发动了猛攻，以色列猝不及防，埃军大胜。

以色列面临亡国之虞，立即动员了全部力量，总兵力达到近40万，在南北两线展开了大反攻。并且主攻较弱的北线，首先用强大的空军向叙地面部队和防空导弹阵地展开了猛烈攻击，甚至空袭了叙利亚各大城市，造成了恐慌。

到1973年10月11日，以军在地面发动攻击，一路势如破竹，甚至直接威胁到了叙利亚首都大马士革，还击败了来援的伊拉克和约旦等国的军队。

就在北线激战的时候，南线的埃军以为有机可乘，投入举国之兵，包括上千辆坦克，对以展开总攻，但以军也做好了充分准备，不但投入了约800辆坦克，还采取了步、坦、炮协同作战的方式，此外还从空中用武装直升机和其他战机发射了大量新式武器——空地导弹，击毁了大量埃军坦克，迫使埃军在进攻的当天就撤退了。但此后转入僵持状态。

但这种状态并没有持续，因为以色列

军中涌现了一个杰出的统帅，就是阿里埃勒·沙龙。此时他是以色列一个装甲师的师长。他根据美国提供的高空侦察情报，发现埃军主力东渡，后方兵力空虚，于是想出了一个主意，不但可以摧毁埃军最厉害的武器——萨姆-6型地空导弹，还可以直捣埃及防守空虚的后方。

于是，10月16日这一天，在埃及前线，一队坦克开了过来，埃及士兵以为是自家人，就放他们过去了，实际上这是沙龙此前缴获的埃军坦克，里面坐的是以军士兵，并且是沙龙精心挑选的几百名会讲阿拉伯语的官兵，他们全都换上了埃军服装，所以看上去完全像埃军的样子。沙龙是行动的总指挥，具体负责这次行动的则是内塔尼亚胡。

进入埃军后方后，这些伪装的以军立即发动了突袭，不久就摧毁了几乎全部萨姆-6型地空导弹，并且继续突击，将沿线的埃军基地、炮兵阵地、雷达站、输变电站、军车等全部摧毁，并打死打伤大批埃军，其中包括1名将军。要知道这些人都是最强悍的以色列士兵，普通埃军哪是对手。

此后，由于对以军飞机造成最大威胁的萨姆-6型地空导弹被摧毁了，以军取得了制空权，立即向埃军发动了大规模空袭，将埃军的几乎所有机场和战机都摧毁了，随即猛烈轰炸埃军的地面步兵与装甲兵等，在这样猛烈的空中打击之下，埃军可以说是溃不成军。

此后，沙龙率领他的装甲师越过苏伊士运河，快速突击，不久成功地包围了埃及第3集团军，埃及无力再战，被迫停火。

埃及战败了，叙利亚当然也无法再战，不久双方在联合国安理会的调解下停战，最大的结果是后来埃以签署了和平条约，以色列撤出了西奈半岛——它本来也不可能长期占领这里，但从此埃及就等于退出了阿以战争，随着阿拉伯国家中最强大的埃及的退出，其他阿拉伯国家更不是以色列的对手了。

此后还有第五次中东战争，这次战争就不是由阿拉伯人主动发动的了，因为他们已经没有了这样的实力，而是以色列主动入侵，所以又称以色列入侵黎巴嫩战争。

以军之所以要入侵黎巴嫩，主要是因为这里已经是巴解组织总部和其领导的游击队的主要驻地，甚至控制了黎巴嫩南部和首都贝鲁特一带，成为黎巴嫩的"国中之国"，并以此为根据地不时向以色列北部地区发动攻击，因此以色列决定拔除这个心腹之患。

1982年6月4日，以色列首先出动飞机空袭了贝鲁特和黎南部巴解游击队基地，接着出动4个旅约2万余人，在武装直升机和海、空军及炮兵火力的强大支援下，分西、中、东三路向巴解游击队发动猛烈突击，并攻击了支援巴解的叙军贝卡谷地。

巴解的游击队当然更打不过以色列的正规军。后来经联合国调停，以色列停火了，并从黎巴嫩撤军，条件是巴解组织也同意撤离贝鲁特。此后巴解组织分散到了许多国家，更多巴勒斯坦人成了难民，这个问题直到今天都没有解决，估计将来也很难解决。

以上就是五次中东战争了，这也是第二次世界大战之后地中海周边最大的战争了。

又一次锡尔特湾之战

1981 年，在地中海还发生了另一场小小的战争，战争的地点就是我们在上面第二次世界大战海战中所说过的锡尔特湾，所以这是又一次锡尔特湾之战。

这次战争是在美国与利比亚之间进行的。这时候的利比亚早就不是意大利的殖民地了。1969 年 9 月 1 日，卡扎菲领导"自由军官组织"发动"九月革命"，推翻了伊德里斯王朝，建立了阿拉伯利比亚共和国。这倒没什么，但问题是卡扎菲迅速走向了反美，第二年就下令收回美国在利比亚的空军基地，赶走了基地内的美军。一年后又废除了前国王与美国签订的军事和经济协议，并声称美国是阿拉伯人民的头号公敌。利、美两国的外交关系也由大使级降为代办级。

这自然引起了美国的强烈不满。但卡扎菲没有止步。1973 年，他为了限制美国舰船在地中海的活动，宣布整个锡尔特湾都是利比亚的领海，这可是地中海的战略要地，美国当然不会承认。双方关系还在进一步恶化，到 1977 年，卡扎菲改国名为"大阿拉伯利比亚人民社会主义民众国"，等于正式投靠了苏联，成了社会主义阵营的一员。这不但与美国，也与整个西方世界对立起来了。到 1979 年底，利比亚公开支持伊朗反对美国，示威者甚至焚烧了美国驻利比亚代办处，双方撤回了驻对方的外交人员，等于彻底断交。

在这种情形之下，美国对卡扎菲当然是必欲除之而后快。到 1981 年 8 月，已经做了精心准备的美国宣布要在地中海举行军事演习，并且将第 6 舰队开进了锡尔特湾。虽名为演习，但规模惊人，有 20 余艘舰艇，其中包括航空母舰 2 艘，其战斗力远非卡扎菲的利比亚可比。但卡扎菲毫无顾忌，派出了战斗机飞到锡尔特湾上空，与美机发生了交火，结果被美机击落 2 架战机，美机则毫发无伤。

这是美国与利比亚在锡尔特湾的第一

次冲突。

平静了几年之后，到1986年3月，双方在锡尔特湾再次发生了冲突。

原因又是军事演习，这次美国又派出了第6舰队，组织了强大的航空母舰特混编队，包括多达34艘战舰以及50余架战机，又进入了锡尔特湾。

这次卡扎菲宣布了一条所谓的"死亡线"，位于北纬32度30分，声称进入这条线就要发动攻击。但美国人哪理这一套，3月24日特意派装载了专门对抗导弹攻击的"宙斯盾"进入了所谓的死亡线，利比亚发射了多枚导弹，但在美国先进装备的拦截之下没有击中目标，反倒暴露了自己的雷达站与导弹基地。结果到了晚上，擅长夜战的美军战机起飞了，不久就摧毁了利比亚的雷达站与导弹基地，还在锡尔特湾内击沉了利比亚五艘苏制导弹艇。

其实这时候利比亚也拥有貌似强大的海军力量，例如陆上有导弹基地与探测来袭之敌的雷达站，海上有导弹艇甚至导弹驱逐舰，天上还有战机，这些武器大都是苏制先进武器，技术上并不落后，而且是在自己的家门口对付来犯之敌，有天时地利人和之优势，然而这些通通毫无作用，美国实际上只是派了三艘军舰和几架飞机进入锡尔特湾就将利比亚人打得落花流水，自己几乎毫发无伤。

仅仅过了一个月之后，看到卡扎菲的军队如此不堪一击的美国人更大胆了，直接派出战机对利比亚本土进行了空袭。

当然这次空袭也是有借口的，就是说卡扎菲支持恐怖主义。以此为借口，当时的里根政府对利比亚进行了代号"黄金峡谷"的空中突袭。

这次美国军舰没有进入锡尔特湾，而是停留在地中海中部，以达到袭击的突然性。具体情形是，以"美国"号和"珊瑚"号航空母舰为首的美第6舰队派出了200余架飞机，飞临利比亚上空。美机先用反雷达导弹击毁了利比亚的许多雷达站，其他未被击毁的也被迫关闭，因为一旦开启就等于暴露自己，立即会遭到摧毁。但这样一来整个利比亚的防空系统就等于成了瞎子，只能靠原始的高炮对付美军战机，作用当然有限。

结果，美军根据事先早就侦察好的路线，只用不到20分钟就空袭了大批目标，而且都是军事目标，摧毁了利方大批雷达站、军事基地、军营、军用机场等。正式用于空中轰炸的飞机不过10余架，结果仅仅摧毁的利军战机就有20余架——它们根本没有起飞就被摧毁在机场。在美军对卡扎菲住所的攻击中，卡扎菲1岁半的养女被炸死，5岁左右的两个儿子被炸成重伤，卡扎菲自己也受了轻伤。

美军自己只被高射炮击落了一架战机，两名飞行员死亡，这已经是与利比亚三次交战以来的最大的甚至唯一的损失了。

　　这就是现代化战争，这样的战争可以用三个字来形容，就是"不对称"。即双方的损失极不对称，这种不对称的原因，一方面是技术的先进性，掌握技术先进的武器的一方往往可以取得优势；但同样重要的是必须得有熟练掌握这些先进武器的人，否则即使有了先进武器，由于不会用或者不会熟练地用，也只有被动挨打的份儿。

　　总之，我们要永远铭记的是，想要取得现代战争的胜利，不但要有先进的武器，更要有会使用先进武器的人，换言之就是，在现代战争之中，武器固然重要，但人同样甚至更加重要。

　　至于更为具体的内容，就是这次空袭是一次立体的、海空紧密结合甚至融为一体的攻击。所以当时的美国国防部长温伯格在战后非常兴奋，得意地称这次行动是"一次成功的空海军联合作战"。

　　这种海空的融合也将是未来海战的必然形式。换言之就是，要在未来的海战之中取得胜利，首先就要取得空中优势，制空权将决定制海权。

　　这就意味着，在发展海军的同时必须发展空军，只有同时拥有了强大的海军与空军，才可能在未来的海战中取得胜利。

　　倘若对未来的海战可以做出预言的话，这就是了。

---

[1] 参《古兰经》5：51 "信奉引支勒的人"。

尾声：地中海的新海霸

——地中海的未来将会怎样？请拭目以待

至此我们就讲完了人类历史上围绕地中海进行的战争了，包括在地中海进行的海战以及地中海周边的战争，正因为如此，本书才不是《地中海海战史》而是《地中海战史》。

现在，在我们这个时代，或者说在第二次世界大战之后的时代，若问谁是地中海的新海霸，答案是不言而喻的，那就是美国。第二次世界大战之后的美国如同第一次世界大战之前的英国，成了全世界海洋独一无二的霸主，当然也成了地中海的霸主，在地中海拥有了地中海周边所有国家联合起来也不能匹敌的强大武力。

美国第六舰队又被称为地中海舰队。第六舰队成立于1950年2月，其作战范围包括整个欧洲和西非以及北非的沿海海域，核心战区则是地中海及其沿岸地区，现在的司令部就设在意大利西南、地中海北岸的那不勒斯港，平常情况下拥有20至30艘舰艇，其中包括航空母舰，是地中海及其沿岸地区最强大的武装力量，也是地中海现在的真正"海霸"。这也是直到今天地中海的整体局势——由美国独霸地中海，在可以预见的将来也是如此。

在本书中最后要补充的一点是我们中国海军与地中海的关系。

随着中国的崛起，地中海一带已成了我们重要的贸易地区，中国在地中海拥有的利益可以说丝毫不亚于世界上的其他国家包括美国。实际上就经济利益而言，作为世界第一的贸易大国，中国才是在地中海拥有最大利益的国家，我们也是这些国家整体而言最大的贸易伙伴。在这样的情形之下，倘若从长远角度来看，中国在地中海拥有一定的海军力量是必须的，因此我们的海军未来会经常性地游弋在地中海上，甚至成为地中海另一支强大的力量。

这个过程也许已经开始了，因为我们的海军事实上已经到达了地中海，并且在这里举行了军事演习，这就是中俄"海上联合-2015（1）"联合军事演习。

可以预见，在不久的将来，随着中国海军力量的不断增加，这样的演习还会有，规模也会更大。

图书在版编目(CIP)数据

地中海战史 / 文聘元著. —北京:商务印书馆,2018(2018.11重印)
ISBN 978-7-100-15949-4

Ⅰ. ①地… Ⅱ. ①文… Ⅲ. ①地中海区－战争史
Ⅳ. ①E19

中国版本图书馆 CIP 数据核字(2018)第 047178 号

权利保留,侵权必究。

地中海战史

文聘元 著

商 务 印 书 馆 出 版
(北京王府井大街36号 邮政编码100710)
商 务 印 书 馆 发 行
北京新华印刷有限公司印刷
ISBN 978-7-100-15949-4

2018 年 4 月第 1 版　　　开本 787×1092　1/16
2018 年 11 月北京第 2 次印刷　印张 30
定价:88.00元